150
scripts
pour
Flash CS3

150 scripts pour Flash CS3

David Tardiveau

EYROLLES

ÉDITIONS EYROLLES
61, bd Saint-Germain
75240 Paris Cedex 05
www.editions-eyrolles.com

Remerciements

Merci à Fanny pour ces moments passés sur MSN à tester certaines animations et pour la relecture de quelques passages du livre.

Merci à Melux pour ses relectures.

Enfin, merci à Marine et Marjorie qui ont vu mon dos et mon tête-à-tête avec l'écran de l'ordinateur pendant quatre mois… Promis, j'attends deux mois avant d'écrire le prochain livre !

Avant-propos

Pourquoi un tel ouvrage ?

Lorsque vous rencontrez un problème en ActionScript, vous disposez de différentes sources d'information pour vous aider : en particulier, les forums vous permettent d'interroger la communauté des flasheurs. Prenez-vous le temps d'y rechercher si un *post* ne correspond pas à la question que vous vous apprêtez à déposer ? En parcourant les sujets des principaux forums, on peut en effet constater que les questions sont nombreuses et précises.

Vous pouvez également décider d'approfondir vos connaissances en ActionScript, généralement de manière académique ou par autoformation. Dans les deux cas, l'analyse d'exercices et de cas existants constitue alors un axe majeur de l'acquisition des bases.

Enfin, si vous n'avez ni le courage ni le temps de rechercher la solution d'un problème dans un forum ou d'apprendre par vous-même, il vous reste toujours la possibilité d'interroger des spécialistes.

Mais en production d'animations Flash, si les problèmes et besoins de développement sont récurrents, il n'existe pas cependant une seule solution de déploiement pour développer une partie d'un programme.

C'est en partant de ces différents constats qu'est née l'idée d'écrire un ouvrage référençant les techniques les plus fréquemment rencontrées en production.

En tant qu'enseignant, je constate que les difficultés d'apprentissage reposent toujours sur les mêmes problèmes : explications trop précises lors d'une première approche (souvent dans un souci d'exhaustivité), trop techniques et de ce fait trop abstraites. C'est pourquoi l'approche pédagogique utilisée dans ce livre s'appuie sur des techniques d'enseignement qui ont fait leurs preuves. Certains scripts seront parfois moins optimisés qu'ils pourraient ou devraient l'être, mais ce sera dans un souci d'accessibilité à un large public.

Nous ne sommes pas là pour critiquer les ressources mises à disposition des flasheurs sur Internet, mais il faut reconnaître que la majeure partie des sites proposant des tutoriaux sont rarement pertinents. Bien souvent, les webmasters (et/ou rédacteurs, auteurs d'articles) ne se mettent ni à la place ni au niveau des apprenants. Certes, toutes ces ressources ne s'adressent pas uniquement aux débutants, mais un certain nombre d'entre elles manquent leur cible en raison de leur degré d'abstraction. D'autant qu'un apprentissage s'effectuant par paliers, on peut être novice à plusieurs niveaux. Un expert ne devrait jamais oublier que ce qui lui paraît évident ne l'est pas pour tout le monde. Nous garderons donc à l'esprit ces directives tout au long de nos analyses.

Compatibilité des scripts de ce livre

Chaque animation est introduite par un texte justifiant l'intérêt de sa présence dans ce livre, tandis que le fichier .fla correspondant sera disponible en ligne.

Pour exploiter un script de l'ouvrage, il vous suffira d'ouvrir le fichier d'extension .fla, sans aucune manipulation supplémentaire. En revanche, si vous souhaitez utiliser un script du livre dans un nouveau document Flash CS3, il faudra que ce document soit de type ActionScript 2 pour que le script soit compatible.

Remarque
Pour développer en ActionScript 1 ou 2 à partir de Flash CS3, vous devez sélectionner Fichier Flash (ActionScript 2.0) lors de la création d'un nouveau document.

Les différents niveaux de développement en ActionScript

Quelle est la crédibilité de l'auteur face aux propos qui vont suivre ?
En tant qu'enseignant qui dispense des cours en ActionScript 2 et ActionScript 3, et auteur d'ouvrages traitant des deux versions du langage, j'ai conscience des différences de niveaux qui existent entre les individus en matière de programmation. Il est donc inutile d'essayer d'enseigner l'ActionScript 3 à ceux qui auront plus de facilités à apprendre l'ActionScript 1 ou 2.

L'ouvrage que vous avez entre les mains est sorti après la version CS3 de Flash. Vous pourriez en toute légitimité vous demander si les scripts de ce livre sont compatibles avec cette nouvelle version et quel est le public visé. Rassurez-vous, si l'auteur et les éditions Eyrolles ont décidé d'éditer une nouvelle version de cet ouvrage, c'est parce que Flash CS3 utilise l'ActionScript 1 et 2, et l'ActionScript 3. Dans ce cas, où sont les différences ?

ActionScript 1 et 2

Aujourd'hui, face à l'ActionScript 3, peut-on affirmer que l'ActionScript 1 et l'Action-Script 2 sont des langages obsolètes qu'Adobe conserve dans un souci de compatibilité ou sont-ils encore fonctionnels et utiles ? Il est intéressant de répondre à cette question par une série d'autres interrogations :

- Est-il nécessaire de faire appel à un architecte et/ou un menuisier pour fabriquer soi-même une étagère ?

- Est-il nécessaire de faire appel à un maquettiste et un imprimeur pour réaliser un faire-part de naissance, etc. ?

- Est-il nécessaire de faire appel à un électricien pour installer un réseau électrique dans une pièce ?

En fonction de vos compétences, peut-être pourriez-vous fabriquer vous-même cette étagère et concevoir un faire-part de naissance, mais la mise en place de l'installation électrique pourrait être plus difficile. Qu'en est-il de vos compétences en matière de programmation ? Êtes-vous un professionnel dans ce domaine ou ressentez-vous un besoin plus ou moins ponctuel en matière de développement en ActionScript ?

Nous souhaitons ainsi vous montrer que vous ne devez pas avoir de complexes à développer en ActionScript 1 ou 2 plutôt qu'en ActionScript 3, ce dernier nécessitant de réelles compétences en programmation, ainsi qu'une aptitude à appréhender des notions difficiles et souvent abstraites, liées à la programmation orientée objet.

En tant qu'enseignant depuis près de quinze ans, j'ai pu constater à quel point chacun d'entre nous est plus ou moins réceptif aux informations qui peuvent lui être délivrées. Nous possédons tous des blocages conscients ou inconscients, des facilités, des acquis et des lacunes, liés à notre histoire respective, et c'est pourquoi chacun apprend plus ou moins vite... D'ailleurs, si l'accès au développement informatique était si facile et si évident, la société Adobe n'aurait pas décidé de conserver trois versions du langage ActionScript.

Avant d'aller plus loin, tentons d'expliquer ce qui diffère entre ActionScript 1 et Action-Script 2. Rappelons pour commencer que la version 2 de l'ActionScript est sortie en 2003 avec l'arrivée de Flash MX 2004. La syntaxe pointée, apparue en 2002 avec Flash MX, existait alors déjà. Contrairement à ce que beaucoup soutiennent, l'ActionScript 2 ne se caractérise pas par la syntaxe pointée. Il est donc inexact d'affirmer que les gestionnaires de type `on(press)` relèvent de l'ActionScript 1 et ceux de type `instance.onPress` de l'ActionScript 2. Ce qui caractérise réellement l'ActionScript 2, c'est le fait de pouvoir écrire ses propres classes dans des fichiers externes (dont l'extension est `.as`). Pour ces deux premières versions du langage, le vocabulaire est ainsi commun à 99 %, et c'est dans la façon de développer et d'écrire les scripts qu'il faut distinguer ActionScript 1 et ActionScript 2. Pour être plus précis, on parle de programmation orientée objet en ActionScript 2, alors qu'en ActionScript 1, on parle de programmation structurée ou séquentielle. Cet ouvrage est compatible avec ActionScript 1 et ActionScript 2 puisque les lignes d'instructions sont valables pour les deux versions du langage. Alors que l'ActionScript 3 est sorti, si vous avez acheté ce livre, c'est que vous n'aurez sûrement pas besoin de vous lancer dans la programmation orientée objet.

> **Remarque**
> Adobe ne mentionne que Fichier Flash (ActionScript 2.0) lorsque vous souhaitez créer un nouveau document car c'est le même type de document pour l'ActionScript 1 et l'ActionScript 2. Seule l'approche dans la programmation diffère comme nous l'avons expliqué plus haut.

ActionScript 3

Comme nous l'évoquions dans le paragraphe précédent, c'est votre besoin en matière de développement qui a motivé votre choix et vous a poussé à acheter ce livre. Même si en ActionScript 3 il est encore possible de programmer de manière structurée, la syntaxe n'en est pas pour autant accessible. Par ailleurs, sachez que le vocabulaire diffère complètement entre l'ActionScript 1, 2 et 3. Pour avoir un aperçu de ce dernier et vous rendre compte des différences au travers de nombreux exemples, rendez-vous sur le site www.yazo.net.

Bouton ou clip ?

Nous utiliserons parfois le terme Bouton pour désigner une occurrence sur laquelle l'utilisateur peut cliquer. Il s'agira dans 99,9 % des cas d'occurrences de clips. Il est très important que vous compreniez dès à présent que l'utilisation des symboles de type Bouton est généralement déconseillée. Il est en effet impossible de définir une variable dans l'occurrence d'un bouton ou d'utiliser les méthodes de la classe MovieClip(). Ayez donc le réflexe de créer des symboles de type Clip et non de type Bouton pour créer dynamiquement vos interfaces.

Doit-on utiliser les composants ?

Si vous démarrez en ActionScript, la réponse à cette question est embarrassante ! Pourquoi programmer ce qui existe déjà, me direz-vous ? Les composants vous évitent en effet de redévelopper ce qui l'a déjà été par d'autres que vous : menus, textes défilants, éléments de contrôle de médias, calendriers, barres de chargement, etc. Mais lorsque vous apprenez une langue, est-il préférable de retenir des listes d'expressions ou d'apprendre sa grammaire et son vocabulaire ?

En fait, il est fortement conseillé d'apprendre d'abord l'ActionScript sans faire appel aux composants, même si vous devez redévelopper ce qui l'a déjà été, car votre objectif principal est de maîtriser ce langage. Utiliser des morceaux de code que vous ne comprendrez que dans leur contexte ne vous fera pas progresser. Il vous faudra donc connaître les notions élémentaires, telles que les techniques de l'algorithme, les gestionnaires, les méthodes de la classe MovieClip() et les classes intégrées.

En revanche, dès lors que vous aurez compris les grands mécanismes de l'ActionScript et ceux des composants, ne réinventez pas la roue !

Structure de l'ouvrage

Le livre s'articule autour de cinq grandes parties.

La première partie vous présentera des animations dédiées aux techniques relatives au contrôle des éléments composant une interface. Vous découvrirez ainsi différents types de menus et boutons, des scripts de contrôle du déplacement d'occurrences sur la scène, des techniques de construction dynamique de l'interface, et bien d'autres encore.

La deuxième partie est consacrée à la découverte des techniques de contrôle des médias. Il est conseillé de se référer dans un premier temps aux explications données en annexe de ce livre si vous ne connaissez pas la technologie Flash Media Server (anciennement Flash Communication Server).

La troisième partie est très importante car elle vous permettra de comprendre les contraintes de traitement et de mise en page du texte dans une animation.

La quatrième partie vous démontrera que la réalisation de jeux en Flash ne présente pas forcément de difficultés particulières. Nous avons principalement retenu des jeux pour enfants qui sont utilisés dans de nombreux sites, ainsi que des jeux plus classiques de tir, de grattage et de machine à sous. En simulant un jeu de dames en réseau, vous découvrirez également comment créer un jeu multijoueur.

Enfin, la cinquième partie est dédiée aux techniques de contrôle de la scène d'une animation.

En annexe, vous trouverez des explications et des scripts (entiers ou partiels) récurrents qui vous sont proposés tout au long de l'ouvrage. Nous avons en effet préféré regrouper les explications communes à plusieurs animations que d'expliquer plusieurs fois le même point dans différentes analyses et augmenter ainsi inutilement le volume de ce livre.

Structure d'une étude de cas

Comme vous pourrez le constater, la présentation d'une animation à l'autre est toujours identique : elle s'appuie sur une structure précise qui facilite la compréhension de l'analyse des scripts.

Titre de l'animation

Un petit texte de présentation explique l'intérêt de l'animation et son fonctionnement dans certains cas.

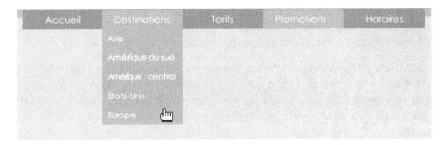

Figure 1
Légende des figures

Rappel
Pour certaines animations, nous rappelons une ou plusieurs bases, et nous vous mettons en garde sur les pièges à éviter.

Description du fichier

Indication de la version de Flash Player compatible avec l'animation

Chemin d'accès : *NomDunDossierPrincipal/NomDunSousDossier/NomDeLanimation.fla*

Nous vous décrivons ici la construction de l'interface de l'animation, c'est-à-dire les occurrences et textes dynamiques présents sur la scène, et indiquons leurs noms.

Dans certaines animations, nous énumérons des procédures, sous formes de listes numérotées. Par exemple :

1. Procédure 1.
2. Procédure 2.
3. Procédure 3.

Script

Le script vous est ensuite présenté…

```
var menus = ["Destinations", "Tarifs", "Promotions", "Horaires"];
var destinations = ["Asie", "Amérique du sud", "Amérique central", "Etats-Unis", "Europe"];
```

…s'en suit l'analyse

Analyse

Ligne 1 : dans certains cas, nous analysons ou expliquons le script ligne par ligne.

Rappel
Quelques petits commentaires ou rappels peuvent venir apporter une aide complémentaire.

Lignes 7 à 9 : certaines lignes d'instructions sont analysées et/ou commentées globalement.

Bogues éventuels

Pour certaines animations, nous vous mettons en garde sur des risques d'erreurs et/ou nous insistons sur l'importance de certaines lignes.

Téléchargement des animations utilisées dans cet ouvrage

Vous pouvez télécharger toutes les animations que nous décrivons dans ce livre à l'adresse suivante : www.editions-eyrolles.com.

Table des matières

CHAPITRE 10

Contrôle et affichage du temps

CHAPITRE 11

Déplacement de personnages ou d'objets

Partie V

Autres fonctionnalités

ANNEXE

Introduction

Se préparer à la lecture de l'ouvrage

Comme nous l'évoquions dans l'avant-propos, nous préférons nous assurer que vous maîtrisez certaines bases de l'ActionScript avant de vous lancer dans la lecture de cet ouvrage. Nous vous encourageons donc vivement à parcourir les quelques pages qui suivent car elles présentent des rappels élémentaires nécessaires pour une bonne compréhension des analyses des études de cas proposées dans ce livre.

En fin d'ouvrage, l'annexe vous fournira des explications communes à plusieurs études de cas. À l'inverse, cette introduction vous offre en amont un rappel des notions élémentaires telles que :

- l'utilisation du XML dans Flash ;

- l'interprétation du nom d'une occurrence ;

- la gestion des lignes d'instructions contenues dans une boucle `for()` ;

- le sens du mot-clé `this` selon les contextes.

Il ne s'agit ni de simples introductions, ni d'explications académiques exhaustives. Ces notions sont primordiales pour un développeur Flash et nous les utiliserons très souvent dans nos études de cas, c'est pourquoi nous commencerons par les étudier ensemble ici.

Utilisation du XML dans Flash

Comprendre le XML dans Flash

Aujourd'hui, il est très difficile de concevoir un développement sans faire appel à un fichier XML, mais à quoi sert exactement cette technologie ?

Lorsque vous avez besoin de manipuler des données dans une animation Flash, dans le but de les traiter ou de les afficher sur la scène au moment de la lecture d'un fichier .swf, plusieurs solutions s'offrent à vous.

- Les variables peuvent contenir ces informations, mais il en faudra autant que vous avez de valeurs à stocker/traiter. Cette technique n'est donc pas adaptée.

- Les tableaux présentent l'avantage de pouvoir contenir plusieurs valeurs, mais le manque de souplesse dans le traitement des données contenues fait de cette technique une solution inadaptée.

Dans ce cas, quelle autre possibilité avons-nous ? Dans certaines applications, l'utilisation d'un fichier texte contenant des paires `variable = valeur & variable2 = valeur...` pourrait nous suffire, mais cette technique reste proche de celle du tableau. La meilleure des solutions reste tout de même l'utilisation du XML. Malheureusement, cette dernière solution a mauvaise réputation auprès des novices car elle semble compliquée par l'apparence des documents qu'il est nécessaire de générer en XML et des lignes d'instructions en ActionScript qu'il faut saisir. Relevons le défi !

Le principe d'un fichier XML est de contenir des balises qui en imbriquent d'autres. Avant d'aller plus loin et d'être trop technique, commençons par ce petit exemple à la portée de tout le monde, y compris les néophytes.

Imaginons un bâtiment, celui d'une bibliothèque, qui contiendrait quatre étages proposant des publications classées par thèmes. Au premier étage, des livres pour les jeunes, au deuxième, des publications scientifiques, au troisième des romans et CD et enfin au dernier étage les publications de presse. Voici à quoi pourrait ressembler la structure principale du document XML.

```
<Bibliotheque>
    <Accueil></Accueil>
    <Jeunes></Jeunes>
    <Sciences></Sciences>
    <Loisirs></Loisirs>
     <Presse></Presse>
</Bibliotheque>
```

Vous remarquerez qu'une balise ouverte est obligatoirement fermée. Si elle ne l'est pas, le document n'est pas valide et il sera alors impossible de le parcourir, comme dans l'exemple suivant où la balise `<Sciences>` est mal fermée.

```
<Bibliotheque>
    <Accueil></Accueil>
    <Jeunes></Jeunes>
```

```
    <Sciences><Sciences>
    <Loisirs></Loisirs>
    <Presse></Presse>
</Bibliotheque>
```

Remarque

Parser un document, revient à lire et interpréter le contenu d'un document. Le terme « arbre » est également un synonyme de « document XML ».

Simplifions davantage notre premier exemple afin d'y ajouter des valeurs.

```
<Bibliotheque>
    <Accueil>1</Accueil>
    <Jeunes>3</Jeunes>
    <Sciences>2</Sciences>
</Bibliotheque>
```

Les trois chiffres que nous venons d'ajouter correspondent au personnel affecté à chaque étage.

Avant d'aller plus loin, apportons un premier mot de vocabulaire. Le nœud est un terme qui désigne un niveau dans un document. Il contient deux balises, une qui indique son ouverture et une autre qui indique sa fermeture. Entre les deux balises, on place une valeur.

```
<Jeunes>3</Jeunes>
```

L'exemple ci-dessus est donc un nœud dont le nom de balise est Jeunes, il contient une valeur, à savoir le chiffre 3.

Il existe une autre syntaxe qui ne contient qu'une seule balise. Dans ce cas, elle ne peut contenir que des attributs, mais pas de valeurs.

```
<Jeunes effectifs= "3"/>
```

Dans l'exemple ci-dessus, la balise dont le nom est Jeunes contient un attribut intitulé effectifs dont la valeur est 3.

Dois-je utiliser plutôt des valeurs ou attributs ? On se pose souvent cette question. Ne choisissez pas de créer tous vos documents XML avec des nœuds contenant des valeurs sans attributs et inversement. Selon la nature de vos besoins, vous combinerez d'ailleurs sûrement les deux. Vous découvrirez au travers des différentes études de cas de ce livre, que les exemples sont tous très différents.

Remarque

L'avantage d'utiliser les attributs est de pouvoir faire référence à un nom sans se soucier de sa position.

Avant d'apprendre à charger un document XML dans un SWF, comment fait-on pour le créer ?

Créer un document XML

La technique est très simple, commencez par lancer un éditeur de texte qui gère de préférence l'UTF-8, puis suivez ces instructions :

1. Créez un nouveau document.
2. Saisissez le script simplifié (5 lignes de script figurant page 3).
3. Enregistrez votre document sous le nom biblio.xml.

> **Remarque**
> Assurez-vous que l'encodage du fichier est en Unicode ou en UTF-8. Utilisez le bouton Options ou le menu local déroulant dans la fenêtre d'enregistrement pour définir ou vérifier le format. Parfois, ce réglage doit se faire dans les menus du logiciel ou dans sa barre d'outils, car il s'agit d'un attribut ou d'une propriété de la page.

Les spécialistes en XML pourraient crier au scandale ! « Il ne parle même pas de l'encodage, ni de la version du XML qu'il faut préciser sur la première ligne du document ». Oui, ce document est vraiment simplifié, mais nous devons apprendre le strict minimum pour commencer. Cette structure fonctionne très bien, il n'y a aucune raison pour que nous soyons exhaustif à ce niveau-là des explications.

Charger un document XML

Quel est le code en ActionScript qui permet de charger le contenu de ce document dans un SWF ?

```
var charge = new XML();
charge.load("biblio.xml");
```

Voilà, c'est tout ! Le contenu du fichier biblio.xml est à présent dans le SWF et plus particulièrement dans l'instance intitulée charge qui est comparable à une variable. Il aura suffi de créer une instance de la classe XML avec le constructeur new puis de charger le fichier au moyen de la méthode load() de la classe XML(). Le player Flash a chargé le contenu du fichier, puis il a lu toutes les lignes du document.

> **Remarque**
> La première ligne d'un document XML porte le numéro d'index 0. Dans notre exemple, nous avons deux nœuds dont les numéros d'index sont 0 et 1.

Avant de continuer les explications, nous devons résoudre un premier problème. Si un saut de paragraphe a été inséré entre les deux lignes Jeunes et Sciences, est-ce que le player Flash doit comptabiliser la ligne vide comme un nœud ?

```
<Bibliotheque>
    Jeunes>3</Jeunes>

    <Sciences>2</Sciences>
</Bibliotheque>
```

Est-ce que le nœud <Sciences> porte l'index 1 ou 2 ? Il serait très difficile de se passer des sauts de paragraphe générés volontairement pour espacer les lignes, structurer ainsi l'arbre et faciliter sa lecture. Si une ligne de commentaire est ajoutée, comment préciser au player Flash qu'il ne s'agit pas d'un nœud ? Tout simplement en lui signifiant que les blancs (lignes vides et commentaires) doivent être ignorés.

```
var charge = new XML();
charge.load("biblio.xml");
charge.ignoreWhite = true;
```

Attention

N'oubliez pas de saisir un W majuscule au milieu de la propriété ignoreWhite.

À ce niveau-là de l'explication, nous avons bien compris que le contenu du document XML se trouve dans charge. Mais comment lire les nœuds contenus dans l'instance ? Avant de répondre à cette question, une autre se pose.

Vous constaterez rapidement que certains documents XML peuvent être très longs, donc très lourds à charger. Lorsque la ligne d'instruction charge.load("biblio.xml") s'exécute, les données sont-elles dans la mémoire vive de l'ordinateur en une fraction de seconde ? Tout dépend de la vitesse de votre connexion à Internet et du poids du document. Quoi qu'il en soit, le temps de chargement du fichier XML sera beaucoup plus long que le temps d'exécution des lignes d'instructions de votre script. En partant de ce constat, il est plus facile de comprendre pourquoi nous n'avons pas le droit d'ajouter la ligne suivante :

```
var charge = new XML();
charge.load("biblio.xml");
charge.ignoreWhite = true;
vAffichage = charge;
```

La variable vAffichage est celle d'un texte dynamique sur la scène. En exécutant ce script, nous pourrions nous attendre à ce que le contenu de l'instance vienne s'afficher sur la scène. Et bien non ! Il faut d'abord s'assurer que le contenu du document XML est bien chargé en mémoire vive de votre ordinateur avant de tenter de faire appel à lui. Nous devons donc ajouter ce gestionnaire :

```
var charge = new XML();
charge.load("biblio.xml");
charge.ignoreWhite = true;
```

```
charge.onLoad = function() {
    vAffichage = charge;
};
```

Au moment où le chargement est terminé, la variable `vAffichage` va enfin pouvoir contenir `charge`.

Voilà, si vous n'êtes pas sûr(e) d'avoir tout compris, nous vous invitons vivement à relire ces explications car nous allons à présent essayer de comprendre comment lire un nœud.

Lire un nœud

Attention

Avant toute chose, il est important que vous sachiez que les nœuds d'une instance XML fonctionnent sur le même principe que les entrées d'un tableau. Le premier nœud porte l'index 0.

La technique est une fois encore très simple, soyons méthodiques et n'allons pas trop vite. Imaginons que nous ayons deux textes dynamiques sur la scène dont les noms de variables sont `nbrPersonnesJeunes` et `nbrPersonnesSciences`. Voici à quoi devrait ressembler le script de votre animation pour placer le contenu de l'instance `charge` sur la scène.

Remarque

À partir de maintenant, nous ne reprenons plus les trois premières lignes du script, elles seront à chaque fois sous-entendues.

```
charge.onLoad = function() {
    nbrPersonnesJeunes = charge.childNodes[0].childNodes[0];
    nbrPersonnesSciences = charge.childNodes[0].childNodes[1];
};
```

Mais que signifie `charge.childNodes[0]` ? Pour mieux comprendre, voici le contenu d'un document XML qui n'est pas valide, mais néanmoins accepté par Flash.

```
<Bibliotheque>
    <Jeunes>3</Jeunes>
    <Sciences>2</Sciences>
</Bibliotheque>
<Piscine>
    <Bassin>3</Bassin>
    <Administratif>2</Administratif>
</Piscine>
```

Après chargement du fichier XML, nous pouvons dire que l'instance `charge` contient l'ensemble des balises. Donc, nous devons toujours commencer une ligne d'instruction par `charge` pour y faire référence. Maintenant, pourquoi écrire `childNodes[0]` systématiquement après le nom de l'instance ? Dans notre exemple d'origine la première et unique balise s'intitule `Bibliotheque`. Il n'existe pas d'autre balise à la racine. Elle porte donc le numéro d'index 0, d'où le résultat `charge.childNodes[0]`, c'est-à-dire le nœud dont l'index est `0` dans l'instance `charge`.

Dans le dernier exemple donné, nous avons deux balises à la racine. `Bibliotheque` et `Piscine`. Imaginez qu'un arbre ait deux troncs à la base ! Ce ne serait plus un arbre ! Même si la nature le tolère sûrement, en XML, cela n'est pas possible. Alors le script qui va suivre est accepté en ActionScript, mais pas dans les applications qui gèrent correctement le XML.

```
nbrPersonnesJeunes = charge.childNodes[0].childNodes[0];
nbrPersonnesBassin = charge.childNodes[1].childNodes[0];
```

Les deux lignes suivantes vont s'afficher dans les textes dynamiques sur la scène.

```
<Jeunes>3</Jeunes>
<Bassin>3</Bassin>
```

Retenons donc que la valeur du premier `childNodes` ne peut être différente de `0`.

Pourquoi ne peut-on pas obtenir 3 à la place de `<Jeunes>3</Jeunes>` ? C'est à nous d'indiquer au player Flash qu'il doit aller plus loin dans l'arborescence. Si nous reprenons donc correctement notre code, voici à quoi il doit ressembler :

```
nbrPersonnesJeunes = charge.childNodes[0].childNodes[0].firstChild;
nbrPersonnesSciences = charge.childNodes[0].childNodes[1].firstChild;
```

Essayons de traduire ce que comprend le player Flash.

```
charge.Bibliotheque.Jeunes.firstChild;
```

Le mot `firstChild` revient à écrire `childNodes[0]`, c'est-à-dire la première information contenue dans un nœud. La valeur 3 est donc considérée comme un nœud, tout du moins considérée comme la première information contenue dans `charge.Bibliotheque[0].Jeunes[0]`.

Imaginons à présent que les nœuds `<Jeunes>` et `<Sciences>` en contiennent d'autres.

```
<Bibliotheque>
  <Jeunes>
    <Personne>Laurence</Personne>
    <Personne>Lola</Personne>
    <Personne>Manon</Personne>
    <Personne>Julie</Personne>
  </Jeunes>
  <Sciences>
    <Personne>Pascale</Personne>
    <Personne>Celia</Personne>
    <Personne>Charlene</Personne>
  </Sciences>
</Bibliotheque>
```

Notre fichier XML ne se contente plus de contenir des numéros indiquant les effectifs, mais des noms de personnes affectées aux étages des Jeunes et des Sciences.

Pour lire Julie, il faut donc demander au player Flash de passer par les nœuds suivants :

```
vResponsable = charge.childNodes[0].childNodes[0].childNodes[3].firstChild;
```

Sur la scène, un texte dynamique dont le nom de variable est vResponsable va afficher le mot Julie.

Vous savez à présent parcourir tout un document. Nous n'aborderons pas dans ce chapitre la combinaison du XML dans Flash avec les boucles for() car de nombreuses études de cas font appel à cette combinaison. Nous analyserons la structure du script, mais pour l'instant, revenons plutôt sur une notion très intéressante. Jusqu'à présent, nous avons utilisé des valeurs telles que : 3 et Julie, mais que sont les attributs en XML ?

Lire un attribut

Le document XML suivant présente à nouveau une partie des effectifs de notre bibliothèque, mais sous une forme différente. Imaginons en effet que nous ayons de nombreux nœuds, c'est-à-dire de nombreuses lignes. Est-il indispensable d'avoir une valeur pour chaque nœud ?

```
<Bibliotheque>
  <Jeunes>
    <Personne nom="Laurence"/>
    <Personne nom="Lola"/>
    <Personne nom="Manon"/>
    <Personne nom="Julie"/>
  </Jeunes>
</Bibliotheque>
```

Cette syntaxe présente l'avantage de simplifier votre document car les lignes y sont moins longues et plus claires dès lors qu'on a compris la notion d'attribut.

Voici une méthode pour lire un attribut.

1. Commencez par préciser le chemin du nœud dont vous souhaitez lire un attribut.

```
vResponsable = charge.childNodes[0].childNodes[0].childNodes[3]
```

2. Ajoutez le mot attributes séparé par un point.

```
vResponsable = charge.childNodes[0].childNodes[0].childNodes[3].attributes
```

3. Pour finir, indiquez le nom de l'attribut.

```
vResponsable = charge.childNodes[0].childNodes[0].childNodes[3].attributes.nom;
```

Précisons qu'une balise peut contenir plusieurs attributs comme dans l'exemple suivant.

```
<Personne nom="Laurence" age = "35" profession ="Enseignante"/>
```

Si vous le souhaitez, vous pouvez combiner les attributs et les valeurs dans une balise. Voici ce que cela pourrait donner :

```
<Personne age = "37"  yeux ="noirs" taille ="165">Laurence</Personne>
```

Pointer directement sur un nœud grâce à la propriété idMap

Avec l'arrivée de Flash 8, une nouvelle propriété a fait son apparition… et quelle propriété !

Dans Flash MX 2004 et les versions antérieures, pour atteindre un nœud précis, vous deviez parcourir toute l'arborescence de votre instance XML. Avec le player Flash 8, vous avez la possibilité d'utiliser la propriété idMap pour pointer directement sur un nœud qui doit posséder obligatoirement un attribut intitulé id, quel que soit son niveau.

Prenons l'exemple d'un fichier intitulé societe.xml dont la structure est la suivante :

```
<Bibliotheque>
    <Personne id="Marie" nom="Dupond">
        <Profession>Enseignante</Profession>
        <Age>27</Age>
    </Personne>
    <Personne id="Marc" nom="Martin">
        <Profession>Coursier</Profession>
        <Age>24</Age>
    </Personne>
    <Personne id="Jérôme" nom="Durand">
        <Profession>Responsable de département</Profession>
        <Age>35</Age>
    </Personne>
</Bibliotheque>
```

Ce document contient trois nœuds enfants de niveau 1 à la racine. Chacun possède deux propriétés intitulées id et nom. Pour pointer sur le nœud 2 de niveau 1 (Jérôme Durand), il faudrait utiliser le script suivant :

```
charge = new XML();
charge.load("societe.xml");
charge.ignoreWhite = true;
charge.onLoad = function() {
    resultat = charge.firstChild.childNodes[2];
};
```

Il existe une solution plus simple qui fait appel à la propriété idMap.

```
charge = new XML();
charge.load("societe.xml");
charge.ignoreWhite = true;
charge.onLoad = function() {
    resultat = charge.idMap["Jérôme"];
};
```

Comme vous pouvez le constater, il est plus aisé de faire référence à une information qui parle davantage qu'un numéro. Attention toutefois à certains abus : que se passe-t-il s'il existe plusieurs Jérôme dans notre arborescence ? Et bien ce sera le dernier nœud qui possède cette valeur d'attribut qui sera retenu.

Par conséquent, utilisez cette technique avec des valeurs qui doivent être uniques d'un nœud à l'autre, telles qu'un numéro de sécurité social, une clé primaire propre à un enregistrement, un code personnel, etc.

Notre exemple est volontairement simple pour cette première approche du XML. Précisons tout de même que la propriété idMap est également très intéressante pour les nœuds dont le niveau est élevé, cela permet de raccourcir les chemins. Voici une comparaison, partons de ce nouveau document.

```xml
<Bibliotheque>
<Jeunes>
    <Personne id="Marie" nom="Dupond">
        <Profession>Enseignante</Profession>
        <Age>27</Age>
    </Personne>
    <Personne id="Marc" nom="Martin">
        <Profession>Coursier</Profession>
        <Age>24</Age>
    </Personne>
    <Personne id="Jérôme" nom="Durand">
        <Profession>Responsable de département</Profession>
        <Age>35</Age>
    </Personne>
</Jeunes>
<Sciences>
    <Personne id="Eva" nom="Girondon">
        <Profession>En retraite</Profession>
        <Age>58</Age>
    </Personne>
    <Personne id="Daniel" nom="Duvent">
        <Profession>En congés paternité</Profession>
        <Age>26</Age>
    </Personne>
    <Personne id="Georges" nom="Maltris">
        <Profession>En maladie</Profession>
        <Age>35</Age>
    </Personne>
</Sciences>
</Bibliotheque>
```

Pour afficher En retraite dans un texte dynamique intitulé etatActuel sur la scène, voici les deux méthodes :

• avec utilisation de la propriété idMap :

```
charge.onLoad = function() {
    etatActuel = charge.idMap["Eva"].childNodes[0].firstChild;
};
```

• avec la référence à un chemin relatif à la racine :

```
charge.onLoad = function() {
etatActuel = charge.firstChild.childNodes[1].childNodes[0].childNodes[0].firstChild;
}
```

Informations complémentaires

Nombre de nœuds

Très souvent, vous aurez besoin de connaître le nombre de nœuds contenus à l'intérieur d'un autre. C'est la propriété `length` qui vous permettra de compter ces lignes. Dans notre dernier exemple, le nœud <Jeunes> en contient 3. Voici la ligne d'instruction qui permet de renvoyer cette valeur.

```
nbrNoeuds = charge.childNodes[0].childNodes[0].childNodes.length;
```

Vous constaterez que le dernier `childNodes` n'est pas spécifié, c'est normal car vous souhaitez obtenir le nombre de tous les nœuds et non un en particulier ! Il ne faut pas aller trop loin. Comme nous l'avions fait précédemment, essayons de traduire cette ligne d'instruction.

```
nbrNoeuds = charge.Bibliotheque[0].Jeunes.tousSesNoeuds.length;
```

Nom d'un nœud

Dans certains cas, il s'avère très pratique d'exploiter le nom d'un nœud s'il est représentatif. Dans cet exemple, nous constaterons qu'il est très aisé de lire cette information.

```
<Bibliotheque>
  <Jeunes>
    <Personne>
        <Nom>Dupond</Nom>
        <Profession>Enseignante</Profession>
        <Age>27</Age>
    </Personne>
  </Jeunes>
</Bibliotheque>
```

```
vNom = charge.childNodes[0].childNodes[0].childNodes[0].childNodes[0].nodeName;
vProfession = charge.childNodes[0].childNodes[0].childNodes[0].childNodes[1].nodeName;
vAge = charge.childNodes[0].childNodes[0].childNodes[0].childNodes[2].nodeName;
```

Utilisez le mot `nodeName` comme vous l'avez fait avec `attributes`. La seule difficulté reste une fois encore d'indiquer le bon chemin, mais là il n'y a pas de piège !

Premier exemple

Imaginons ce scénario qui contiendra des imbrications :

Vous vous rendez dans la bibliothèque de votre ville, car vous avez besoin d'un ouvrage. Arrivé à l'accueil qui se trouve au rez-de-chaussée, on vous indique que quatre étages sont à votre disposition. Les horaires vous sont communiqués ainsi que les jours d'ouverture. Il s'agit d'un bâtiment de cinq étages. Le premier est consacré aux livres pour les jeunes enfants. Le deuxième regroupe les publications scientifiques destinées aux étudiants et professionnels.

Le troisième étage propose des romans et une CDthèque (CD-Rom et CD audio). Le qua-trième est consacré à la presse (publications quotidiennes, hebdomadaires et mensuelles uniquement). Enfin, le dernier étage auquel vous n'avez pas accès est réservé à l'administration. Essayons de représenter votre bibliothèque sous forme de diagramme.

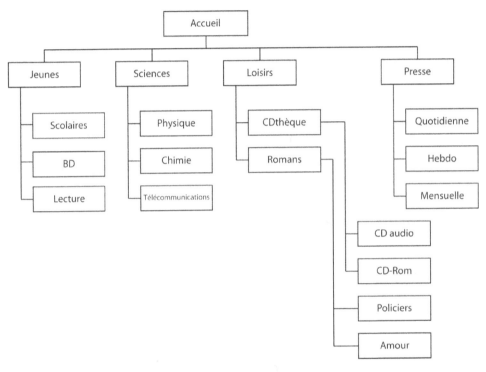

Figure I-1

La structure d'un document XML s'appuie sur ce genre de diagramme.

L'effort de compréhension que vous avez à faire pour lire ce diagramme est minime car nous vous avons expliqué préalablement sa signification. Nous n'allons pas tout de suite vous présenter le fichier XML correspondant avec des articles dans les avant-derniers nœuds, vous pourriez prendre peur. Commençons plutôt par une représentation simplifiée.

```
<Bibliotheque>
<Jeunes>
    <Scolaires></Scolaires>
    <BD></BD>
    <Lecture></Lecture>
</Jeunes>
<Sciences>
```

```
    <Physique></Physique>
    <Chimie></Chimie>
    <Telecommunications></Telecommunications>
</Sciences>
<Loisirs>
    <CDTheque>
        <CDAudio></CDAudio>
        <CDRom></CDRom>
    </CDTheque>
    <Romans>
        <Policiers></Policiers>
        <Amour></Amour>
    </Romans>
</Loisirs>
<Presse>
    <Quotidienne></Quotidienne>
    <Hebdo></Hebdo>
    <Mensuelle></Mensuelle>
</Presse>
</Bibliotheque>
```

Première observation : deux balises peuvent se suivre sur la même ligne ou l'une sous l'autre. Cela n'a aucune importance. Si vous avez une seule information à enfermer entre deux balises, autant le faire sur une seule ligne. Dans le cas des balises <Jeunes> et </Jeunes>, vous constatez qu'il y a plusieurs informations à stocker, vous n'avez plus le choix, vous êtes obligé de le faire sur plusieurs lignes.

Pour faciliter davantage la lecture de ce document, nous allons découper l'arbre XML en plusieurs parties.

Cet exemple représente la bibliothèque et ses étages.

```
<Bibliotheque>
    <Jeunes></Jeunes>
    <Sciences></Sciences>
    <Loisirs></Loisirs>
    <Presse></Presse>
</Bibliotheque>
```

Voici une autre structure qui aboutit au même résultat.

```
<Bibliotheque>

    <Jeunes>
    </Jeunes>

    <Sciences>
    </Sciences>

    <Loisirs>
    </Loisirs>
```

```
    <Presse>
    </Presse>

</Bibliotheque>
```

Penchons-nous à présent sur le troisième nœud. Il possède deux nœuds enfants.

```
<Loisirs>
    <CDTheque>
    </CDTheque>
    <Romans>
    </Romans>
</Loisirs>
```

Ces deux nœuds possèdent à leur tour des nœuds enfants :

```
<CDTheque>
    <CDAudio></CDAudio>
    <CDRom></CDRom>
</CDTheque>
```

et

```
<Romans>
    <Policiers></Policiers>
    <Amour></Amour>
</Romans>
```

Nous allons nous arrêter là, vous l'aurez compris, lorsque vous ouvrez une balise, deux solutions s'offrent à vous.

• Vous ajoutez deux autres balises (ouvrantes et fermantes) avant de la fermer.

• Vous la fermez après avoir simplement saisi une valeur.

Après cette démonstration, essayez de lire le document suivant en faisant abstraction dans un premier temps des données qu'il contient (les livres et CD).

```
<Bibliotheque horaires="8H00-12H00 et 13H00-17H30" joursOuverture="Du lundi au samedi">
<Jeunes>
   <Scolaires>
       <Livre numero = "00001"  editeur = "Hachette">La France de 1900 à nos jours</Livre>
       <Livre numero = "00002"  editeur = "Bayard">Mathématiques en 6e</Livre>
   </Scolaires>
   <BD>
       <Livre numero = "00034"  editeur = "Casterman">Toto en Amérique</Livre>
       <Livre numero = "00035"  editeur = "Casterman">Toto au Tibet</Livre>
   </BD>
   <Lecture>
       <Livre numero = "00370"  editeur = "Le Péron">Les aventures de Marine</Livre>
       <Livre numero = "00371"  editeur = "Le péron">Qui est arrivé au Tibet ?</Livre>
   </Lecture>
</Jeunes>
<Sciences>
```

```
    <Physique>
    </Physique>
    <Chimie>
    </Chimie>
    <Telecommunications>
    </Telecommunications>
 </Sciences>
 <Loisirs>
    <CDTheque>
       <CDAudio>
          <CD numero = "100001" editeur = "Plusieurs grammes">Brel</CD>
          <CD numero = "100002" editeur = "Plusieurs grammes">Gainsbourg</CD>
       </CDAudio>
       <CDRom>
          <CD numero = "200001" editeur = "Montarnace">Le soleil jaune</CD>
          <CD numero = "200002" editeur = "Montarnace">Gribiste le chaton</CD>
       </CDRom>
    </CDTheque>
    <Romans>
       <Policiers>
          <Livre numero = "00642"  editeur = "Dective">Qui a tué le grand ?</Livre>
          <Livre numero = "00643"  editeur = "Dective">Sur les traces de Robert</Livre>
       </Policiers>
       <Amour>
          <Livre numero = "00798"  editeur = "Lovatrice">Ils s'aiment dans le vent</Livre>
          <Livre numero = "00799"  editeur = "Lovatrice">L'amour impossible</Livre>
       </Amour>
    </Romans>
 </Loisirs>
 <Presse>
    <Quotidienne>
       <Journal numero = "900001" date ="03/02/1970">Le matin</Journal>
       <Journal numero = "900002" date ="03/02/1970">Le soir</Journal>
    </Quotidienne>
    <Hebdo>
       <Magazine numero = "900008" date ="03/02/1970">Le nouveau regardeur</Magazine>
       <Magazine numero = "900009" date ="03/02/1970">La femme au drapeau</Magazine>
    </Hebdo>
    <Mensuelle>
       <Magazine numero = "900032" date ="02/1977">Problèmes Constants Magazine</Magazine>
       <Magazine numero = "900033" date ="02/1977">Meilleurs Achats Consommateurs</Magazine>
    </Mensuelle>
 </Presse>
 </Bibliotheque>
```

Voilà, nous venons de créer un document XML que vous seriez susceptible de devoir concevoir en mélangeant valeurs et attributs. Se passer de l'un ou de l'autre aurait été dommage.

Deuxième exemple

Prenons l'exemple d'un coursier qui doit tous les jours aller chercher une enveloppe dans une société X pour l'emmener dans une autre. Christophe, notre coursier, connaît bien la société X, il n'a plus besoin de demander à l'accueil qu'on lui apporte le paquet qu'il doit transporter, il va le chercher directement.

La structure d'un document XML est comparable à n'importe quelle construction immobilière qui représente un ensemble composé de sous-parties. L'enveloppe que doit aller chercher Christophe se trouve quelque part sur une étagère dans les locaux de la société commanditaire. L'immeuble est composé d'étages qui contiennent des services ou départements qui, eux-mêmes, contiennent des bureaux ou pièces qui contiennent à leur tour des armoires avec des étagères. Sur une même étagère, il y a des parties. À gauche de l'étagère, au centre et à droite, ce sont autant d'emplacements différents sur lesquelles on peu placer des documents.

Christophe doit donc aller chercher une enveloppe qui se trouve au troisième étage, au service du courrier, bureau 320, dans la troisième armoire (en partant de la gauche), sur la première étagère en partant du haut. Comment pourrions-nous représenter cette hiérarchie s'il s'agissait d'un document XML ?

La société X a choisi de répartir un service par étage, nous pourrions donc déjà représenter sa structure sous cette forme :

```
<SocieteX>
   <Commercial></Commercial>
   <Technique></Technique>
   <Communication></Communication >
   <Administratif></Administratif >
</SocieteX>
```

Pour l'instant, nous avons un document XML qui contient quatre nœuds enfants à la racine. Le troisième nœud (dont le numéro d'index est 2, car le premier porte le numéro d'index 0) est l'étage Communication. Ajoutons-lui des services.

```
<SocieteX>
<Commercial></Commercial>
<Technique></Technique>
<Communication>
   <CommInterne>
   </CommInterne>
   <CommExterne>
   </CommExterne>
   <Courrier>
   </Courrier>
</Communication >
<Administratif></Administratif >
</SocieteX>
```

Les services de communication interne et externes et de courrier ont été ajoutés. Si nous essayons maintenant d'imaginer à quoi pourrait ressembler un service ou un département dans une entreprise, nous avons deux solutions. Soit, ce sont des *open spaces*, soit des bureaux qui délimitent les emplacements des différents employés et donc des activités. Au service du courrier, deux personnes ont été affectées. Hervé et David. Ils ont chacun leur bureau. Dans celui de David, il y a trois armoires.

```
 <SocieteX>
<Commercial>
</Commercial>
<Technique>
</Technique>
<Communication>
   <CommInterne>
   </CommInterne>
   <CommExterne>
   </CommExterne>
   <Courrier>
      <Bureau numero = "319" occupant = "Hervé TIVERT" />
      <Bureau numero = "320" occupant = "David LOUIS">
         <Armoire></Armoire>
         <Armoire></Armoire>
         <Armoire>
            <Etagere> courrierExpeditionCoursier.pdf </Etagere>
            <Etagere></Etagere>
            <Etagere></Etagere>
         </Armoire>
      </Bureau>
   </Courrier>
</Communication>
<Administratif>
</Administratif>
</SocieteX>
```

La troisième armoire possède trois étagères. Souvenez-vous, c'est sur la première que Christophe, notre coursier, doit prendre le pli.

La représentation du document XML est faite, à présent, comment pointer vers ce nœud ?

```
charge = new XML();
charge.load("SocieteX.xml");
charge.ignoreWhite = true;
charge.onLoad = function() {
   pliAPrendre = charge.childNodes[0].childNodes[2].childNodes[2].childNodes[1]
   ➡.childNodes[2].childNodes[0].childNodes[0];
};
```

Si vous n'avez pas lu le début de ce chapitre, une première question vous vient sûrement à l'esprit : pourquoi y a-t-il autant de nœuds et surtout à quoi correspondent-ils ? Pour répondre à cette question, nous allons à nouveau essayer d'interpréter chaque `childNodes`. Commençons par rappeler que `charge.ChidlNodes[0]` est obligatoire, c'est pour indiquer le chemin des nœuds à aller chercher.

```
charge.childNodes[0].communication.courrier.bureau320.armoire3.etagere1
```

> **Attention**
>
> La syntaxe de l'exemple ci-dessus n'est pas valable, il s'agit d'une explication sur la base d'une métaphore.

Le tableau suivant va vous permettre de comprendre comment nous pourrions parcourir le document XML.

Tableau 1 Correspondance des nœuds et étages

Étages	Code
Commercial	`charge.childNodes[0].childNodes[0]`
Technique	`charge.childNodes[0].childNodes[1]`
Communication	`charge.childNodes[0].childNodes[2]`
Administration	`charge.childNodes[0].childNodes[3]`

Retenons à présent que le nœud qui nous intéresse est celui de la communication, c'est-à-dire `charge.childNodes[0].childNodes[2]`. Voici un deuxième tableau qui vous propose les différents services disponibles à l'étage de la communication.

Tableau 2 Correspondance des nœuds et services

Services	Code
Communication interne	`charge.childNodes[0].childNodes[2].childNodes[0]`
Communication externe	`charge.childNodes[0].childNodes[2].childNodes[1]`
Courrier	`charge.childNodes[0].childNodes[2].childNodes[2]`

La ligne d'instruction qui nous intéresse est celle du service courrier. Vous l'aurez compris, il suffit de compter à chaque fois à partir de 0 et de compter le numéro de ligne, appelé « index », qui correspond à l'information recherchée.

Pourquoi y a-t-il un dernier `childNodes[0]` ? Une fois encore, pour répondre à cette question, essayons de comprendre ce que nous renverrait la ligne suivante si elle ne contenait pas le dernier `childNodes[0]` :

```
pliAPrendre = charge.childNodes[0].childNodes[2].childNodes[2].childNodes[1]
➡.childNodes[2].childNodes[0]
```

```
<Etagere>courrierExpeditionCoursier.pdf</Etagere>
```

La ligne d'instruction vous renvoie le nœud que vous avez spécifié. Vous souhaitez obtenir le contenu de ce nœud. Dans ce cas, vous disposez de trois solutions :

- vous ajoutez `childNodes[0]` ;

- vous ajoutez `firstChild` ;

- vous n'ajoutez rien, mais vous cochez la case d'interprétation des balises HTML du texte dynamique ou de saisie dans lequel le résultat sera affiché.

Figure I-2

Cochez cette case pour demander au player Flash d'interpréter les balises contenues dans un texte dynamique ou de saisie.

Interprétation du nom d'une occurrence

Lorsque vous faites référence au nom d'une occurrence, vous précisez le chemin et cela représente parfois une première difficulté pour les néophytes. Nous ne reviendrons pas sur cette notion, car ce n'est pas ici l'objet de ce rappel. En revanche, nous allons détailler la méthode à employer pour faire référence à une occurrence qui a généralement été créée dynamiquement. Commençons par cet exemple :

```
_root.attachMovie("balle", "balle_inst", 1);
balle_inst._x = 50;
balle_inst._y = 50;
```

La première ligne d'instruction a pour fonction de prendre dans la bibliothèque de l'animation, un symbole disponible dont le nom de liaison est `balle` et de le placer sur la scène. L'occurrence obtenue est alors appelée `balle_inst`. Rappelons que le chiffre détermine le niveau, c'est-à-dire le plan de l'occurrence par rapport aux occurrences qui se trouvent et se trouveront sur la scène. Si aucune autre occurrence n'occupe le niveau 1 (ou 0), celle-ci sera toujours en arrière-plan des autres.

Les deux lignes d'instructions qui suivent la première que nous venons d'analyser, permettent de placer précisément l'occurrence obtenue. Dans cet exemple, il n'y a aucune difficulté, mais voyons à présent le cas où plusieurs occurrences auraient à êtres placées sur la scène.

Il n'est pas question de dupliquer ces trois lignes d'instructions autant de fois qu'il y a d'occurrences à placer sur la scène. Il faut donc employer une boucle.

```
for (i=0; i<=10; i++) {
    _root.attachMovie("balle", "balle_inst"+i, i);
    _root["balle_inst"+i]._x = 15+i*35;
    _root["balle_inst"+i]._y = 50;
}
```

Observez bien, la méthode `attachMovie()` est associée à _root. Cela signifie donc que les occurrences qui vont êtres obtenues seront placées sur la scène. Si nous avions une occurrence déjà présente sur la scène dont le nom serait `tableauControle_inst`, nous aurions pu saisir cette ligne d'instruction :

```
tableauControle_inst.attachMovie("balle", "balle_inst"+i, i);
```

Vous l'aurez compris, neuf exemples sur dix disponibles dans les publications traitant de l'ActionScript font généralement référence à _root, mais ce n'est pas la seule solution. Dans ce cas, voici à quoi devront ressembler les deux lignes qui suivent :

```
tableauControle_inst ["balle_inst"+i]._x = 15+i*35;
tableauControle_inst ["balle_inst"+i]._y = 50;
```

Rappelons que les crochets symbolisent l'appartenance. Dans l'exemple suivant, janvier et février sont bien des valeurs du tableau intitulé mois.

```
var mois = ["janvier","février","mars","avril","mai","juin"]
```

Si nous reprenons notre exemple ci-dessus, balle_inst est bien une occurrence de _root (ou de tableauControle_inst). C'est donc la seule solution pour faire référence par concaténation à tous les noms des occurrences numérotées. Avez-vous déjà nommé une occurrence "balle_inst"+i dans la palette Propriétés ? Les guillemets et l'opérateur ne sont pas autorisés dans les noms d'occurrences et de variables ! Si vous saisissiez donc la ligne d'instruction suivante, la player Flash serait incapable de l'interpréter.

```
"balle_inst"+i._x = 15+i*35;
```

Cette erreur est facile à comprendre à partir du moment où vous retiendrez que devant une propriété ou une méthode, seuls les noms d'instances (occurrences) ou de variables sont admis.

Astuce

Pour simplifier votre script, nous aurions pu saisir les lignes d'instructions suivantes.

```
for (i=0; i<=10; i++) {
nelleOccur = _root.attachMovie("balle", "balle_inst"+i, i);
nelleOccur._x = 15+i*35;
nelleOccur._y = 50;
}
```

Pour finir, nous allons vous présenter une syntaxe dont l'avantage est qu'elle permet d'économiser plusieurs lignes de codes lorsque vous devez régler les propriétés d'une occurrence placée sur la scène avec les méthodes `attachMovie()` et `duplicateMovieClip()`.

```
_root.attachMovie("carte", "carteFrance_inst", 1, {_alpha:60, _x:130, _y:60, _rotation:15});
```

et

```
nomduneoccurrence.duplicateMovieClip("nomcopie", 2, {_alpha:60, _x:130, _y:250,
➥_rotation:15});
```

Gestion des lignes d'instructions contenues dans une boucle for()

Pourquoi est-il nécessaire d'apporter un complément d'informations sur les boucles que vous connaissez sûrement ? L'ActionScript vous propose de définir les scripts associés à une occurrence créée dynamiquement, mais cela peut poser un problème. Prenons l'exemple suivant :

```
for (i=0; i<=10; i++) {
    _root.attachMovie("photo", "photo"+i, i);
    _root["photo"+i]._x = 30+i*50;
    _root["photo"+i]._y = 50;
    _root["photo"+i].onPress = function() {
        nomDeLaPhoto = this._name;
    };
}
```

Si vous lancez une animation contenant ce script, toutes les lignes d'instructions ci-dessus ont été exécutées à l'exception de celle qui se trouve dans le gestionnaire onPress.

Cette ligne ne va s'exécuter qu'au moment où l'utilisateur cliquera sur une photo.

```
nomDeLaPhoto = this._name
```

Dans le texte dynamique qui se trouve sur la scène, celui dont le nom de variable est nomDeLaPhoto, le nom de l'occurrence sur laquelle l'utilisateur va cliquer va s'inscrire.

this._name est une information relative à l'occurrence, *celle* qui contient cette ligne d'instruction. *Cette* occurrence précisément. Rappelons que « celle » ou « cette » se traduisent notamment en anglais par « this ».

Le mot-clé this fait donc référence au nom de l'instance qui se trouve devant le gestionnaire dans lequel il se trouve.

```
_root["photo"+i].onPress = function() {
    nomDeLaPhoto = this._alpha-=5;
};
```

Le script ci-dessus signifie qu'à chaque clic sur l'occurrence à laquelle est rattachée ce script (pa exemple, photo3 si i vaut 3), cette même occurrence va devenir de plus en plus transparente.

Figure I-3

Le mot-clé this fait bien référence au nom de l'occurrence qui se trouve devant le gestionnaire d'événement.

Maintenant, essayons de comprendre pourquoi le script suivant renvoie toujours la même valeur et notamment souvent une erreur.

```
photosDeClasse = ["Marine", "Marjorie", "David", "Pat", "Sandy", "Manon"];
for (i=0; i<6; i++) {
_root.attachMovie("photo", "photo"+i, i);
_root["photo"+i]._x = 30+i*50;
_root["photo"+i]._y = 50;
_root["photo"+i].onPress = function() {
   nomDeLaPhoto = photosDeClasse[i];
};
}
```

La première question que nous vous poserons est : en combien de millisecondes s'exécute cette boucle ?

La réponse est simple, mais surtout logique : moins d'une fraction de seconde, car c'est ce qui caractérise le principe des boucles for() et while(). Ajoutons et précisons qu'à la fin de l'exécution de la boucle, i vaut 6. Vous n'allez pouvoir cliquer sur une occurrence qu'à la fin de la boucle qui sera de toutes les façons plus rapide que vous. Au moment où vous cliquerez sur une occurrence, i vaudra donc déjà 6 !

La ligne d'instruction suivante s'était exécutée au moment de la boucle.

```
_root["photo"+i].onPress = function() {
```

À ce moment-là, i valait une valeur très précise. Imaginons qu'il s'agissait de 3, dans ce cas, lorsque vous cliquez sur l'occurrence intitulée photo3, la ligne d'instruction contenue dans son gestionnaire s'exécute. Souvenez-vous qu'au moment où vous allez cliquer sur une des photos, i vaut 6. Alors que peut vous renvoyer la ligne d'instruction suivante ?

```
nomDeLaPhoto = photosDeClasse[6];
```

Une erreur ! En effet, l'entrée numéro 6 n'existe pas. La première entrée du tableau porte le numéro d'index 0 et la dernière le numéro 5.

Attention, le problème n'est pas celui de l'entrée qui n'existe pas. Nous pourrions avoir dix entrées dans notre tableau, alors un clic sur toutes les photos renverrait tout de même la valeur de la sixième entrée du tableau. Dans ce cas, comment faire pour obtenir la troisième entrée du tableau au moment du clic sur la photo intitulée photo3 ?

Pour commencer, n'oubliez pas que la première entrée d'un tableau porte l'index 0. Donc nous n'allons pas cliquer sur l'occurrence photo3 pour obtenir la troisième entrée du tableau, mais sur l'occurrence photo2. Comme il existe une occurrence intitulée photo0, photo2 est bien la troisième occurrence. Ce problème de décalage ne surviendra que dans les cas où vous travaillerez avec des tableaux. Reprenons, il ne s'agissait que d'un détail minime par rapport à notre problème majeur.

```
photosDeClasse = ["Marine", "Marjorie", "David", "Pat", "Sandy", "Manon"];
for (i=0; i<6; i++) {
_root.attachMovie("photo", "photo"+i, i);
```

```
_root["photo"+i]._x = 30+i*50;
_root["photo"+i]._y = 50;
_root["photo"+i].sonNumero = i;
_root["photo"+i].onPress = function() {
    nomDeLaPhoto = photosDeClasse[this.sonNumero];
};
}
```

Rappelons que dans le script ci-dessus, toutes les lignes d'instructions s'exécutent au moment de la boucle à l'exception de la ligne qui est contenue dans le gestionnaire onPress. Si vous avez bien observé, nous avons ajouté une nouvelle ligne :

```
_root["photo"+i].sonNumero = i;
```

Au moment de la boucle, nous avons associé à chaque occurrence, une variable intitulée sonNumero qui a pris pour valeur celle de i, donc différente et propre à chaque occurrence. L'occurrence intitulée photo4 contient une variable intitulée sonNumero qui vaut 4. Ne peut-on donc pas dire que la variable qui vaut 2, c'est *celle* de l'occurrence qui s'appelle photo2 ? Si nous pouvions traduire *celle* par this et réciproquement, voilà ce que nous obtiendrions dans notre script.

```
photo4.onPress = function() {
    nomDeLaPhoto = photosDeClasse[this.sonNumero];
};
```

ou aussi

```
photo4.onPress = function() {
    nomDeLaPhoto = photosDeClasse[cette occurrence sur laquelle je clique.sonNumero];
};
```

Vous l'aurez compris, dès que vous définissez un gestionnaire onPress dans une boucle for(), vous ne pouvez pas faire référence à la variable locale (i dans notre exemple), car elle renvoie toujours la même valeur. Vous devez donc associer une variable à chaque occurrence.

Astuce

Une technique consiste à récupérer le numéro figurant dans le nom pour l'utiliser comme valeur. L'exemple suivant vous en fait la démonstration.

```
photo4.onPress = function() {
numero = this._name.substr(5, 1);
trace(numero);
};
```

Le sens du mot-clé this selon les contextes

Si vous avez lu les trois explications précédentes de ce chapitre, nous avons évoqué le sens de ce mot-clé, vous en savez donc sûrement un peu plus. Mais selon sa position dans un script, que signifie ce mot-clé ? Partons de l'exemple suivant :

```
this._rotation = 180 ;
```

- Cette ligne d'instruction se trouve sur la première image-clé de la timeline principale de votre animation. Lorsque vous tenterez de lire cette dernière dans la page d'un navigateur ou dans un projecteur, toute la scène s'affichera à l'envers, une rotation de 180° ayant été appliquée avant l'affichage des éléments qui la composent.

- À présent, imaginons qu'elle se trouve sur la première image-clé de la timeline d'une animation (un fichier SWF) que vous chargez par le biais de la commande loadMovieNum(). La scène de votre animation principale ne va pas bouger ; en revanche, l'animation chargée va s'afficher à l'envers (retournée de 180°).

- Pour finir, imaginons qu'elle se trouve sur la première image-clé de la timeline d'un clip. Lorsque vous placerez ce clip sur la scène, l'occurrence issue de ce symbole s'affichera sur la scène retournée à 180°.

Prenons d'autres exemples…

```
personnage.onPress = function() {
    this._rotation += 5;
};
```

this fait référence au nom de l'occurrence qui se trouve devant le gestionnaire, c'est-à-dire personnage.

```
decor.onEnterFrame = function() {
    this._x += 5;
};
```

this fait référence au nom de l'occurrence qui se trouve devant le gestionnaire, c'est-à-dire decor.

```
_root._alpha = 0;
_root.onEnterFrame = function() {
    this._alpha += 3;
    if (this._alpha>=100) {
     delete this.onEnterFrame;
   }
};
```

Rappelons que _root fait référence à la scène. Ainsi, la première ligne d'instruction va plonger la scène dans le noir (si la scène est noire). Ce script a donc pour effet de rendre la scène transparente, puis elle le devient de moins en moins. Lorsque son opacité dépasse les 100 %, le gestionnaire est tout simplement détruit.

Partie I

L'interface

C'est le quotidien de la plupart des flashers et développeurs Flash. Créer un menu, le programmer pour qu'il se déroule, déplacer une occurrence par *drag & drop* (ou glisser-déposer, en français), réaliser un panier, construire dynamiquement un écran, ce sont autant de tâches que vous pourriez être conduits à mener pour un développement. Ce chapitre met donc l'accent sur les techniques suivantes :

- l'optimisation d'une animation ;
- la création de menus et boutons ;
- la réalisation de variateurs ;
- la gestion d'un panier et des formulaires ;
- la gestion des effets de *scrolls* (menus et listes déroulants), des panoramiques et transitions ;
- la construction dynamique de l'interface ;
- le contrôle du temps et de son affichage ;
- le déplacement de personnages et d'objets sur la scène ;
- l'enregistrement de données dans des cookies et bases de données ;
- l'obtention d'informations relatives à la scène.

Ces techniques sont toutes aussi importantes les unes que les autres, mais nous devons tout de même mettre en avant le fait qu'il est primordial d'être capable de gérer du XML dans une animation Flash. C'est pourquoi nous avons très souvent utilisé cette technologie dans nos études de cas. Par ailleurs, la construction d'une interface doit vraiment se faire dynamiquement. Il est une règle qu'il faut essayer de pousser au maximum de vos limites, placez et créez tout dynamiquement sur la scène, évitez de déposer vous-même un symbole sur la zone de travail (il serait d'ailleurs impossible de le supprimer). Avant de vous lancer dans la lecture de ce livre, assurez-vous que vous comprenez bien les points abordés dans le chapitre précédent.

1

Optimisation d'une animation

Il est très facile de réaliser une animation, avec ou sans interpolation, contenant éventuellement du code, car des centaines de sites sur Internet vous proposent des tutoriaux pour vous aider à faire vos premiers pas en Flash puis en ActionScript. Allez-vous respecter toutes les règles élémentaires qui figurent généralement dans les notes et autres remarques de l'aide officielle de Macromedia Flash ? Sans avoir la prétention d'être exhaustif, nous allons mettre en avant certaines techniques qui vous permettront d'obtenir des animations/scripts optimisés, c'est-à-dire rapides à l'exécution, pas trop lourds, faciles à mettre à jour, et respectant certaines conventions propres à la programmation.

Techniques d'optimisation d'une production en Flash

Nous n'allons pas commencer par vous présenter une animation « optimisée », ni nous arrêter sur des conseils relatifs à la programmation en ActionScript, mais plutôt vous énumérer des règles qu'il est fortement conseillé de suivre si vous voulez optimiser votre productivité, votre code et l'exécution de vos animations.

Prise en main du logiciel

- Dès le début de la création d'une animation, réglez sa cadence, c'est-à-dire la vitesse de défilement de la tête de lecture. Dans le menu Modification>Document..., réglez le chiffre figurant à droite de l'étiquette Cadence à 20 au minimum.

Nous vous conseillons de pousser cette valeur à 30. Réglez également la largeur, la hauteur et la couleur de la scène. Cette dernière pourra toujours être changée, mais il est déconseillé de changer les dimensions d'une animation en cours de développement.

- Puisque vous êtes dans cette fenêtre Propriétés du document, profitez-en pour régler la cadence, la largeur, la hauteur et la couleur de la scène de vos prochaines animations de façon définitive. Cliquez simplement sur le bouton « Établir comme valeur par défaut ».

- Enregistrez votre animation avant même de travailler dessus car dans certains cas, elle devra posséder une identité, c'est-à-dire être physiquement présente sur le disque dur de votre ordinateur sous forme de fichier.

- Dès le premier lancement de Flash, configurez la disposition des palettes sur votre écran afin de ne pas avoir à les bouger continuellement, ce qui ralentirait votre productivité. Enregistrez alors cette disposition via le menu Fenêtre>Enregistrer la disposition des panneaux…

- Ayez le réflexe d'utiliser les raccourcis présentés ci-dessous. Il en existe de nombreux autres, c'est un minimum à s'imposer pour optimiser sa productivité.

Tableau 1-1 Raccourcis clavier à connaître

Raccourci	Résultat
F6	Créer une image-clé reprenant le contenu de la précédente sur le même calque.
F7	Créer une image-clé vide.
F5	Ajouter des images. Si la tête de lecture se trouve avant la dernière image d'un calque, le raccourci insère des images après l'image sélectionnée. Dans le cas contraire, des images sont ajoutées entre la fin du calque et l'image sélectionnée.
F8	Transformer une sélection en un Symbole.
F9	Afficher/Masquer la palette Action.
La lettre V seule	Sélectionner l'outil Flèche noire (Outil Sélection).
Les lettres R et O	Sélectionner respectivement les outils Rectangle et Ovale.
Ctrl + B Commande-B (Mac)	Pour « casser » une occurrence et récupérer son contenu. Dans le cas d'un texte, vous obtenez des lettres séparées. Une nouvelle exécution du raccourci transforme chaque lettre en forme vectorielle.
Ctrl + Entrée Commande-Entrée (Mac)	Permet de lire l'animation en plein écran (tout du moins sans les palettes).
Ctrl + Shift + Entrée Commande + Shift + Entrée (Mac)	Lancer l'animation en mode débogage.
Ctrl + K et Ctrl + I Commande + K et Commande + I (Mac)	Afficher respectivement les palettes Aligner et Info.

Avant de démarrer un projet

- Si vous travaillez en équipe, définissez des règles, validez les documents de travail que vous allez partager.

- Si vous travaillez seul, imposez-vous une rigueur dans le rangement de vos fichiers en commençant par créer des dossiers et sous-dossiers qui vont contenir les fichiers servant à la réalisation de votre projet.

- Parmi les documents de travail évoqués ci-dessus, vous devez avoir une charte graphique et une arborescence. Il existe de nombreux autres documents, mais ces deux-là sont primordiaux. La charte graphique définit les codes couleurs retenus pour l'interface du projet ainsi que l'iconographie (par exemple pour la représentation des boutons) qui va ponctuer vos animations. L'arborescence recense les différents écrans qui vont composer votre ou vos animations. Dans le document présentant la charte graphique, l'écran du sommaire et quelques autres pages types doivent également figurer.

- Lorsque vous avez une charte graphique accompagnée des directives d'ergonomie (définition de l'emplacement des éléments qui composent l'interface), pensez au découpage de vos animations. En effet, une animation n'est peut-être pas constituée d'un seul SWF. Par ailleurs, répertoriez les parties dynamiques des parties statiques qu'il faudra intégrer directement dans Flash au moment de la composition de votre scène. Vous devez concevoir votre projet sous forme de modules qui s'intègrent les uns aux autres. Par conséquent, préparez vos médias externes.

- Définissez les noms de vos fichiers. Attention, ce livre s'accompagne d'animations à des fins pédagogiques. Nous avons donc retenu des noms de fichiers en dos de chameau (avec des majuscules en début de chaque mot, pour faciliter la lecture). Prenez l'habitude de ne jamais utiliser de capitales dans les noms de vos fichiers, cela limitera ainsi les risques d'erreurs lorsque vous ferez référence aux noms de vos fichiers SWF. Rappelons que cette extension est le format d'exportation de vos animations d'extension .fla (format de travail des documents Flash).

- Utilisez des noms représentatifs du contenu des fichiers (les animations). Si vous travaillez en équipe, convenez d'une nomenclature que tout le monde devra respecter.

- Il y a de fortes chances que vous utilisiez des fichiers XML, pensez dans ce cas très rapidement à leurs structures. Anticipez sur les besoins à venir en ajoutant des balises (des nœuds) que vous n'utiliserez peut-être pas.

- Avant de réaliser une animation, il est important d'essayer les choix techniques non maîtrisés dans des animations séparées. N'essayez pas de nouvelles techniques dans un document de travail, vous risqueriez d'abîmer votre fichier.

- Évaluez le temps nécessaire au traitement des médias (images, textes/XML, sons et vidéos) avant d'avancer une date de livraison de votre projet. Cette partie-là de la production est souvent sous-estimée, ce qui repousse la date de livraison.

- Préparez vos symboles modèles, c'est-à-dire ceux qui vont être utilisés plusieurs fois dans une ou plusieurs animations.

Optimisation via l'ActionScript

- Le premier conseil que nous vous invitons vivement à suivre est relatif à la saisie de vos scripts. Le tableau suivant vous présente des lettres qui vous permettent d'insérer facilement du code. Rappelons le principe d'application. Appuyez une seule fois sur la touche Échap, relâchez-la, puis appuyez successivement sur les deux touches souhaitées.

Tableau 1-2   Raccourcis clavier à connaître

Commande	Lettres du raccourci
Function(){}	F + N
if(){}	I + F
for(){}	F + R
delete	D + E
getURL()	G + U
loadMovie()	L + M
removeMovieClip()	R + M
startDrag()	D + R
stopDrag()	S + D
stop()	S + T

- Nous vous conseillons également de placer votre code sur une seule image-clé. Dans tous les fichiers d'exemples des études de cas de cet ouvrage, vous constaterez qu'un calque a même été créé spécialement pour contenir les scripts. Certaines animations contiennent un ou deux scripts dans des symboles, cela permet de rendre plus simple le développement de ces études de cas. Tout le code d'une animation peut et doit de préférence se trouver sur une seule image-clé.

- Il est indispensable de placer des commentaires dans vos scripts afin d'en faciliter sa relecture par une autre personne ou par vous-même plusieurs jours après. Utilisez donc un double slash devant chaque ligne ou enfermez vos lignes d'instructions entre /* */.

```
//Les valeurs des variables pointDepartBordGauche
//et pointDepartBordDroit ne peuvent être
//considérées comme négatives
```

- ou aussi

```
/*Les valeurs des variables pointDepartBordGauche
et pointDepartBordDroit ne peuvent être
considérées comme négatives*/
```

- Utilisez les caractères d'insertion de commentaires pour désactiver temporairement l'exécution d'une ou plusieurs lignes d'instructions.

```
//voitureRouge._x+=5 ;
//voitureVerte._x+=5 ;
//temps+=3 ;
```

- ou aussi

```
/*voitureRouge._x+=5 ;
voitureVerte._x+=5 ;
temps+=3 ;*/
```

- Lorsque vous rédigez un script, il contient obligatoirement plusieurs parties. Pour séparer ces dernières, utilisez deux slashs marquant ainsi un changement. Si vous souhaitez marquer un changement plus important, vous pouvez insérer deux lignes.

```
placePersonnage._x=placeDefinitiveX ;
placePersonnage._x=placeDefinitiveY ;
//
//
cadreChargement.onEnterFrame = function() {
    this._alpha += 5;
```

- Vous ne devez pas nommer vos variables n'importe comment ! Commencez par ne jamais utiliser de majuscule en début de mot (il s'agit d'une règle réservée pour les noms de classes). Vous savez sûrement que vous n'avez pas le droit d'utiliser non plus des caractères spéciaux et accentués dans le nom de vos variables, cependant, il est plus facile de lire un nom lorsqu'il est écrit en dos de chameau. La variable `nbrlignesta-bleauventes` est plus difficile à lire que `nbrLignesTableauVentes`. Si vous souhaitez être plus précis dans le nom de vos variables ou uniquement dans certains cas de votre choix, vous pouvez opter pour l'ajout d'un préfixe, la lettre « v » par exemple, mettez dans ce cas la deuxième lettre en majuscule : `vScore`, `vJours`...

- Lorsque vous nommez des occurrences, vous devez faire preuve de la même rigueur. Nous vous conseillons fortement d'ajouter le suffixe `_inst` qui signifie instance (traduction d'occurrence en anglais). Vous obtiendrez ainsi `personnage_inst` ou `personnage_occu`. À la lecture de ces mots dans vos scripts, il n'y aura aucun doute, il s'agira bien d'occurrences.

- Pensez à effectuer les raccourcis Commande + Shift + F (Mac) ou Ctrl + Shift + F (PC) dès que vous finissez la saisie de lignes d'instructions. Cela permet de ré-indenter vos lignes de code et de vérifier les éventuels bogues. Malheureusement, vos structures de tests `if()` sur une seule ligne seront redéfinies sur plusieurs lignes.

- Lorsque vous le pouvez et si vous ne réalisez pas une animation qui devra être exportée en Séquence Quicktime, préférez le code aux interpolations de mouvement. Consultez la rubrique Déplacement de personnages ou d'objets pour plus d'explications.

- Optez plutôt pour les masques dynamiques. Ceux que vous pouvez obtenir par le biais des calques manquent de souplesse.

- Créez vos occurrences dynamiquement (seule possibilité de les supprimer dynamiquement) *via* la commande `attachMovie()` ou `createEmptyMovieClip()`.

- Gardez à l'esprit qu'il est préférable de charger des sons et images dynamiquement, c'est-à-dire en utilisant le code, plutôt que de les importer dans la bibliothèque.

- Vous constaterez très rapidement que les fonctions sont indispensables. Pensez donc à bien découper vos projets et vos scripts en de multiples fonctions que vous pouvez appeler de façon modulaire.

- Supprimez les occurrences et variables que vous n'utilisez plus.

- Préférez `this` à `_root` lorsque vous ne savez pas si l'animation sur laquelle vous travaillez est susceptible d'être chargée dans une autre animation.

En cours de projet

- Pensez à créer régulièrement des copies de secours de vos fichiers. Alors que vous venez de finir la saisie de quelques lignes d'instructions importantes, effectuez un dernier enregistrement de votre document, puis enregistrez-le à nouveau sous un autre nom en changeant le suffixe (par exemple : `variateur1.fla`, puis `variateur2.fla`).

- La recommandation ci-dessus ne suffit pas. Nous vous conseillons vivement de faire une copie de secours de vos fichiers sur un serveur distant ou un deuxième disque dur. Cela ne sert à rien de faire une copie sur une partition du même disque. Pour limiter les risques de perte d'un document, il est préférable dans la théorie et dans la pratique, d'avoir deux copies plus l'original sur trois volumes ou supports différents. N'attendez pas non plus la fin de la journée pour faire des copies de secours ! Au maximum toutes les demi-heures et c'est déjà beaucoup.

- Pensez à utiliser la commande `trace()` pour afficher dans la fenêtre de sortie, les valeurs que vous souhaitez surveiller simplement.

- Structurez vos animations en utilisant des calques et surtout en nommant ces derniers.

- Limitez le nombre d'images-clés dans une animation, car plus elles sont nombreuses, plus vous alourdissez votre animation.

Pièges et autres bogues récurrents

Lorsque vous rédigerez vos premiers scripts, vous constaterez que les bogues surviennent très vite si vous manquez de rigueur et/ou d'expérience. Voici les quelques pièges que vous pouvez éviter facilement si vous êtes vigilant.

- Les majuscules ne s'utilisent qu'à des endroits précis et surtout pas en début de mot.

- Prenez garde de toujours cliquer sur une image-clé ou sur la scène (en dehors d'une occurrence) avant de cliquer dans la fenêtre Action afin d'y saisir votre code. Vous risqueriez de placer au début de votre apprentissage, des scripts sur les occurrences de votre scène, et cela générerait alors une erreur.

- Dans une structure conditionnelle `if()`, si vous devez évaluer une égalité, utilisez un double égale et non un seul. Essayons de comprendre ce qu'il se passe si vous omettez un signe égale. Pour affecter une valeur à une variable, vous utilisez la ligne d'instruction suivante : `var nbrLignes = 12 ;`. Vous définissez ainsi vous-même la valeur à stocker dans la variable. Vous affirmez que la variable `nbrLignes` vaut 12. Une affirmation est vraie (`true`) par définition. Rappelons que le résultat d'un test dans les parenthèses d'une structure conditionnelle doit renvoyer `true` ou `false`. Si vous-même placez `true` ou `nrLignes = 12`, cela revient au même.

- Le chemin d'un fichier que vous chargez en ActionScript est relatif à la page HTML qui contient le SWF. Lorsque vous chargez des images et des sons, soyez donc vigilants.

- Gardez toujours à l'esprit qu'il est impossible d'attribuer un gestionnaire à une image qui n'est pas chargée complètement. Vous devez alors utiliser la classe `MovieClipLoader()`. De nombreuses études de cas dans ce livre utilisent cette classe.

Réaliser un préchargement

Commençons par rappeler l'utilité d'un préchargement appelé également *preload* avant d'expliquer la technique de sa mise en place.

Le principe de lecture d'un SWF dans une page web repose sur une lecture en streaming. Plus précisément, après quelques secondes de chargement des premiers kilo-octets du fichier, l'animation se lance. Si le débit de votre connexion à Internet n'est pas assez rapide, votre animation ne se jouera pas correctement car des coupures viendront interrompre la lecture quelques fractions de secondes (ou bien même plusieurs secondes).

Réaliser un préchargement consiste donc à arrêter la tête de lecture sur la première image-clé de votre animation, laissant ainsi suffisamment de temps à votre ordinateur pour charger les kilos-octets contenus dans votre fichier (le SWF). Durant le chargement, votre script gère une animation permettant de faire patienter l'internaute, ainsi qu'un test qui surveille la fin du chargement.

Rappel

Le gestionnaire `onEnterFrame` est valable pour toutes les images de l'animation dès lors qu'il a été exécuté une fois. Il est donc indispensable de le supprimer avec la commande `delete` dès qu'il ne remplit plus aucune fonction.

Description du fichier

Flash Player 6 et ultérieur

Chemin d'accès : ***Interface/Optimisation/Preload.fla***

L'image-clé 1 ne contient qu'un texte dynamique dont le nom de variable est `affichageChargement`, ainsi qu'une occurrence intitulée `jaugeDeChargement`. Cette dernière correspond à un simple rectangle dans le sens de la largeur, qui va s'étirer peu à peu au moment du chargement. Dessinez-le à sa taille finale, celle qu'il aura lorsque le chargement sera terminé et que votre barre indiquera la fin de ce préchargement.

Toutes les autres images-clés, à partir de la 2, contiennent le reste de votre animation.

> **Remarque**
>
> Il est important de préciser que la scène de l'image-clé 1 ne doit contenir que peu d'éléments, elle doit être extrêmement légère. Évitez donc de placer des bitmaps.

Le fichier ne contient qu'un seul script sur la première image-clé de la timeline principale, voici les quatre étapes de développement.

1. Arrêter la tête de lecture.

2. Boucler sur la première image-clé avec le gestionnaire `onEnterFrame`.

3. Animation pour faire patienter l'internaute.

4. Vérifier si la fin du chargement est effectif.

Les lignes d'instructions suivantes représentent le code principal de votre script.

```
chargeEnCours = _root.getBytesLoaded();
  partChargement = Math.ceil((chargeEnCours/poidsAnimation)*100);
  affichageChargement = partChargement+" %";
```

L'affichage du caractère % peut être retiré, dans ce cas n'oubliez pas d'enlever l'opérateur servant à la concaténation.

Script

Avant de démarrer l'analyse de cette étude de cas, voici le script nécessaire pour son exécution.

```
1 stop();
2 var poidsAnimation = _root.getBytesTotal();
3 _root.onEnterFrame = function() {
4          chargeEnCours = _root.getBytesLoaded();
5          partChargement = Math.ceil((chargeEnCours/poidsAnimation)*100);
6          affichageChargement = partChargement+" %";
7          jaugeDeChargement._xscale = partChargement;
8          if (partChargement == 100) {
9            delete _root.onEnterFrame;
10            gotoAndStop(2);
11          }
12 };
```

Analyse

Ligne 1 : la tête de lecture est arrêtée pour les raisons évoquées en introduction à cette étude de cas.

Ligne 2 : dans une variable, nous stockons le poids total de l'animation.

Lignes 3 et 12 : gestionnaire qui permet d'exécuter en boucle les lignes d'instructions qu'il contient.

Ligne 4 : dans une variable, nous stockons le poids de l'animation à un instant T. Cette ligne d'instruction est exécutée en continu grâce au gestionnaire, la valeur de cette variable progresse ainsi de 0 à 8654 (si le poids total de l'animation est de 8654 octets).

Ligne 5 : une variable stocke le résultat du calcul qui évalue le rapport de l'animation chargée par rapport au poids total. La méthode ceil() permet d'arrondir le résultat du calcul à l'entier supérieur.

Lignes 6 et 7 : affichent le pourcentage de l'animation chargée et ajustent l'échelle horizontale de l'occurrence intitulée jaugeDeChargement.

Figure 1-1

L'affichage du pourcentage et le réglage
de l'échelle horizontale de l'occurrence
se font grâce aux lignes 6 et 7.

25 %

Note

Il existe trois méthodes qui permettent d'arrondir un nombre. floor() arrondit à l'entier inférieur, round() à l'entier le plus proche et ceil() à l'entier supérieur. Math.round(6,51) arrondit ainsi à 7, alors que Math.round(14,48) arrondit à 14.

Lignes 8 à 11 : test qui vérifie si le chargement est terminé, en comparant le nombre d'octets chargés par rapport au nombre total d'octets contenus dans l'animation. Dans ce cas, la tête de lecture est envoyée sur l'image 2. Le gestionnaire est détruit car il ne joue plus aucun rôle.

Pour réaliser un preload ou préchargement, il est donc important de comprendre que la première image-clé doit non seulement être légère, mais également bloquée le temps du chargement.

Remarque

Dans cette étude de cas, nous avons volontairement construit une animation avec des images bitmaps présentes dans la Bibliothèque, cela permet de simuler une animation avec un poids important. Il aurait été préférable d'opter pour un chargement des images en ActionScript si vous aviez dû réellement réaliser une telle animation.

Bogues éventuels

Dans certains cas, le preload semble ne pas fonctionner ou démarrer tardivement. Les trois explications suivantes vous en donnent les raisons.

- Dans une animation, plus le nombre de symboles contenant des liaisons est important, plus long sera le décalage entre le lancement de votre animation et l'affichage de la première image-clé. À chaque fois que vous attribuez donc un nom de liaison à un symbole, gardez à l'esprit que vous retarderez l'affichage du preload.

- L'utilisation des pointillés dans une animation alourdit considérablement le poids de vos fichiers SWF. Il est donc déconseillé de placer trop de tracés en pointillés sur la première image-clé.

- La jauge et l'affichage ne fonctionnent pas car vous avez concaténé la ligne 5 avec une chaîne de caractères.

2

Les menus

Au sein des pages HTML, plusieurs modes de navigation sont possibles, mais généralement le clic sur des hyperliens est la solution retenue pour changer de page. Et pourtant, en DHTML, nous pourrions obtenir des menus bien plus attractifs que ceux qui sont généralement proposés. Flash se positionnait au début de son introduction dans le monde du multimédia, comme un logiciel d'animation. De nombreux flashers ont donc proposé des menus originaux, mais c'est avec la puissance croissante de l'ActionScript que les effets associés aux menus ont été de plus en plus impressionnants ! Au quotidien, les commanditaires réclament malgré tout continuellement les mêmes menus et veulent ce qui est à la mode. Nous avons donc réalisé les menus typiques que vous pouvez rencontrer sur Internet, tout en essayant de proposer des solutions faisant appel au XML, ce qui facilite le déploiement de nouveaux menus et les mises à jour.

Barre de menus

Cette étude de cas vous propose un développement très simple. Une barre de commandes est initialement masquée au-dessus de la scène, seul un demi-cercle clignotant est visible.

Figure 2-1
Cette barre de commande ne déroule aucun menu, mais exécute directement une action.

Lorsque vous placez votre curseur sur ce dernier ou sur le haut de la scène, la barre descend. Vous pouvez alors cliquer sur les différentes commandes qui la composent, déclenchant ainsi une action. Dans notre exemple, nous contrôlons la tête de lecture d'un clip dont une occurrence se trouve sur la scène.

> **Rappel**
>
> Pour optimiser votre animation, évitez d'utiliser le gestionnaire `onEnterFrame` pour vérifier si la souris se trouve dans le haut de la scène, optez pour une surveillance du mouvement de la souris avec le gestionnaire `onMouseMove`.

Description du fichier

Flash Player 6
et ultérieur

Chemin d'accès : ***Interface/Menus/Barre.fla***

Deux occurrences se trouvent sur la scène. La première intitulée `barreMenu` en contient cinq autres dont les noms commencent par `bt` (par exemple, `btAccueil`). La deuxième occurrence s'intitule `contenu` et contient cinq images-clés.

L'animation ne contient qu'un seul script sur la première image-clé de la timeline principale. Sa structure est très simple car l'animation l'est aussi. Voici les trois étapes de développement.

1. Créer deux fonctions qui gèrent la descente de la barre de commandes et sa remontée.

2. Créer un gestionnaire qui surveille le déplacement de la souris.

3. Programmer les boutons contenus dans la barre de commandes pour qu'ils déplacent la tête de lecture de l'occurrence `contenu`.

Script

```
 1 descenteBarre = function () {
 2     _root.onEnterFrame = function() {
 3         barreMenu._y += (11.5-barreMenu._y)*0.2;
 4         if (Math.abs(11.5-barreMenu._y)<1) {
 5             delete _root.onEnterFrame;
 6         }
 7     };
 8 };
 9 retraitBarre = function () {
10     _root.onEnterFrame = function() {
11         barreMenu._y += (-13.5-barreMenu._y)*0.2;
12         if (Math.abs(-13.5-barreMenu._y)<1) {
13             delete _root.onEnterFrame;
14         }
15     };
16 };
```

```
17 //
18 _root.onMouseMove = function() {
19      if (_root._ymouse<10) {
20          descenteBarre();
21      }
22      if (barreMenu._y>-13 && _root._ymouse>23) {
23          retraitBarre();
24      }
25 };
26 barreMenu.btAccueil.onPress = function() {
27      retraitBarre();
28      contenu.gotoAndStop(1);
29 };
30 barreMenu.btDestinations.onPress = function() {
31      retraitBarre();
32      contenu.gotoAndStop(2);
33 };
34 barreMenu.btTarifs.onPress = function() {
35      retraitBarre();
36      contenu.gotoAndStop(3);
37 };
38 barreMenu.btPromotions.onPress = function() {
39      retraitBarre();
40      contenu.gotoAndStop(4);
41 };
42 barreMenu.btHoraires.onPress = function() {
43      retraitBarre();
44      contenu.gotoAndStop(5);
45 };
```

Analyse

Lignes 1 à 8 : création de la fonction permettant de faire descendre la barre de commandes. Elle contient un gestionnaire onEnterFrame qui permet d'exécuter en continu les lignes d'instructions 3 à 6, si le curseur de l'utilisateur est situé à moins de 10 pixels du haut de la scène. Le bouton clignotant n'a donc aucun effet, si ce n'est d'attirer l'attention.

Ligne 4 : un test s'assure que la barre de commandes est arrivée à sa destination, c'est-à-dire le onzième pixel du haut de la scène. Si c'est le cas, le gestionnaire onEnterFrame est détruit à la ligne 5.

Lignes 9 à 16 : dans le même esprit que les lignes 1 à 8, cette fonction gère la remontée de la barre de commandes.

Lignes 18 à 25 : ce gestionnaire surveille le mouvement de la souris. C'est notamment cette partie du script qui exécute les deux fonctions que nous venons de créer en fonction de la position de la souris.

Lignes 26 à 45 : il s'agit simplement des gestionnaires qui s'exécutent lors des clics sur les commandes. La tête de lecture du clip de l'occurrence `contenu` est déplacée sur une image précise après que nous ayons demandé à la barre de retrouver sa place d'origine.

> **Remarque**
>
> Flash est capable de placer une occurrence à 11,3 pixels.

Menu déroulant

Cette étude de cas est très intéressante, car il s'agit de la première animation qui utilise la méthode `attachMovie()` pour construire dynamiquement le menu. Dans de nombreuses animations de ce livre, nous utiliserons des boucles `for()` avec cette méthode pour obtenir des constructions dynamiques. Il est donc important que vous compreniez bien cette animation.

Par ailleurs, nous affectons également un gestionnaire `onPress` à chaque occurrence, c'est une action que nous réaliserons dans de nombreuses études de cas.

Lorsque vous aurez bien compris la notion de construction dynamique d'un menu, nous vous invitons à consulter l'animation intitulée `XML.fla` qui utilise des données en provenance d'un fichier XML pour remplir ses menus.

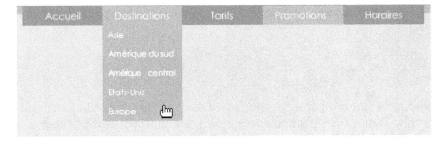

Figure 2-2
Ce menu est composé d'occurrences de clips placées les unes sous les autres...

> **Rappel**
>
> Si vous n'êtes pas habitués à construire des interfaces dynamiquement, veuillez consulter les trois derniers rappels du préambule du livre : interprétation du nom d'une occurrence, gestion des lignes d'instructions contenues dans une boucle `for()`, et sens du mot-clé `this` selon le contexte.

Description du fichier

Flash Player 6
et ultérieur

Chemin d'accès : ***Interface/Menus/Deroulant.fla***

Comparable à l'animation précédente, une occurrence intitulée barreMenu a été placée sur la scène. Elle en contient cinq autres dont les noms commencent par bt (par exemple, btAccueil). La deuxième occurrence s'intitule contenu et contient cinq images-clés.

L'animation ne contient qu'un seul script qui se décompose en trois parties :

1. La création des tableaux servant à remplir les noms des commandes de menus.

2. La création des fonctions de construction et destruction d'un menu.

3. La programmation des « boutons » de la barre de commandes.

Remarque

Vous constaterez que cette animation ne réalise aucune action au clic sur une commande d'un menu. Ajoutez les lignes d'instructions de votre choix à la ligne 35.

Script

```
 1 var menus = ["Destinations", "Tarifs", "Promotions", "Horaires"];
 2 var destinations = ["Asie", "Amérique du sud", "Amérique centrale", "Etats-Unis", "Europe"];
 3 var tarifs = ["Enfants", "Adultes", "Etudiants", "Seniors"];
 4 var promotions = ["Vacances", "Hors-saisons", "Fêtes"];
 5 var horaires = ["Matin", "Après-midi", "Soirs"];
 6 //
 7 _root.etatMenu = false;
 8 //
 9 barreMenu.btAccueil.onPress = function() {
10       detruireMenu();
11 };
12 //
13 for (i=0; i<=menus.length; i++) {
14       barreMenu["bt"+menus[i]].sonNumero = i;
15       barreMenu["bt"+menus[i]].onPress = function() {
16             if (_root.etatMenu) {
17                 detruireMenu();
18                 _root.etatMenu = !_root.etatMenu;
19             } else {
20                 construireMenu(menus[this.sonNumero], this.sonNumero);
21                 _root.etatMenu = !_root.etatMenu;
22             }
23       };
24 }
```

```
25 //
26 construireMenu = function (nomMenu, numeroMenu) {
27     ex = 0;
28     nbrEntrees = _root[nomMenu.toLowerCase()].length;
29     while (ex<nbrEntrees) {
30         _root.attachMovie("elementMenu", "elementMenu"+ex, ex);
31         _root["elementMenu"+ex]._x = 150+numeroMenu*100;
32         _root["elementMenu"+ex]._y = 23+(ex*23);
33         _root["elementMenu"+ex].nomCommande = _root[nomMenu.toLowerCase()][ex];
34         _root["elementMenu"+ex].onPress = function() {
35             detruireMenu();
36             _root.etatMenu = false;
37             // code à ajouter pour rendre les commandes cliquables
38         };
39         ex++;
40     }
41 };
42 //
43 detruireMenu = function () {
44     for (i=0; i<=10; i++) {
45         _root["elementMenu"+i].removeMovieClip();
46     }
47 };
```

Analyse

Lignes 1 à 5 : création des tableaux qui vont servir de contenu aux menus créés dynamiquement.

> **Rappel**
>
> S'il nous arrive dans les pages à venir d'utiliser les termes liste ou array pour désigner un tableau, sachez qu'il s'agit de synonymes.

Ligne 7 : que se passera-t-il si un utilisateur clique sur une commande de la barre dont le menu est déjà déroulé ? Il doit s'enrouler. Comment savoir si un menu est déroulé ou s'il ne l'est pas ? Nous allons utiliser une variable intitulée etatMenu que nous initialisons dans un premier temps à false, car aucun menu n'est déroulé au lancement de l'application.

Lignes 9 à 11 : le bouton Accueil de notre barre de commande n'a pas d'action particulière dans notre animation. Un clic sur cette occurrence doit donc au moins ré-enrouler un menu au cas où il en existerait un. Nous aurions pu omettre de gérer les actions liées à cette commande.

Lignes 13 à 24 : l'occurrence barreMenu est celle qui est déjà présente sur la scène, c'est-à-dire notre barre de commandes. Elle en contient quatre autres auxquelles nous faisions référence en introduction à cette animation (Destinations, Tarifs, Promotions et Horaires). Nous programmons ces quatre occurrences afin qu'elles réagissent aux clics qui devront dérouler les menus en utilisant une construction dynamique.

Ligne 14 : nous associons à chaque occurrence, un identifiant unique dont la valeur est celle de i au moment de l'assignation des gestionnaires dans la boucle for().

Ligne 15 : les quatre occurrences possèdent à présent un gestionnaire onPress qui va...

Ligne 16 : ...effectuer un test afin de savoir si un menu est déjà déroulé.

Lignes 17 à 18 : si c'est le cas, le menu est détruit et nous réinitialisons la variable etatMenu afin qu'un autre clic puisse dérouler un nouveau menu.

Lignes 20 à 21 : si aucun menu n'est construit, nous en construisons un.

Lignes 26 à 41 : cette fonction va assurer la création d'un menu.

Ligne 27 : nous allons créer un menu composé de plusieurs commandes, nous avons donc besoin d'utiliser une variable qui va servir de niveau pour chaque occurrence placée sur la scène.

Ligne 28 : la variable nbrEntrees va stocker le nombre d'occurrences à créer en comptant le nombre d'entrées contenues dans un tableau spécifié comme premier paramètre de la fonction construireMenu. Nous utilisons la méthode toLowerCase() car les noms des menus contiennent une majuscule dans le premier tableau.

Lignes 29 à 40 : nous bouclons sur la création des occurrences qui composent le menu à « dérouler ».

Ligne 30 : nous plaçons autant de symbole sur la scène qu'il y a d'entrées dans l'un des quatre tableaux correspondants.

Lignes 31 à 32 : nous positionnons précisément les occurrences obtenues.

Ligne 33 : la variable nomCommande est celle du texte dynamique contenu dans le symbole que nous plaçons sur la scène. Cette ligne d'instruction permet donc de remplir toutes les commandes du menu.

Lignes 34 à 38 : nous assignons un comportement à chaque commande du menu.

Lignes 43 à 47 : nous définissons enfin la fonction chargée de détruire un menu.

Bogues éventuels

Il reste un bogue que nous n'avons pas voulu retirer volontairement, car cela aurait entraîné un développement complémentaire. Vous noterez en effet qu'un clic sur une commande de la barre peut ne pas réagir si un menu est déjà déroulé. Il faudra alors cliquer une deuxième fois sur la commande pour dérouler le menu. L'animation intitulée Deroulant2.fla, située dans le même dossier que cette étude de cas, propose une autre solution avec un autre « bogue ».

Menu animé avec la classe Tween()

Nous allons à présent analyser une animation un peu plus complexe. Non pas du point de vue de sa construction, mais par le code utilisé.

Il est une technique très peu connue et pourtant très simple à déployer. Il faut malheureusement instancier pour cela deux classes, ce qui sous-entend que vous connaissez théoriquement la programmation orientée objet. Si ce n'est pas le cas, vous devez simplement comprendre que les lignes 1 et 2 du script que nous allons parcourir servent à faire comprendre à Flash le sens de la ligne 5 au moment de l'exportation de l'animation.

Figure 2-3

Ce menu original pivote sur un axe situé à la pointe inférieure gauche de l'occurrence.

Remarque

Le script que nous allons analyser contient de nombreuses lignes de code, mais quatre d'entre elles suffisent à obtenir ces effets d'interpolation.

Par ailleurs, vous devez exporter vos animations en AS2 pour pouvoir lire une animation faisant appel à ces classes.

Description du fichier

Flash Player 8
et ultérieur

Chemin d'accès : ***Interface/Menus/DeroulantTween.fla***

Notre animation contient trois occurrences.

- Celle du titre : `titre_inst`.

- Celle du message d'accueil : `messageAccueil_inst`.

- Celle du menu qui pivote : `menuAide`.

Nous avons ajouté un texte dynamique dont le contenu sera spécifié lorsque l'utilisateur fera appel au menu circulaire. Son nom de variable est `messageCarte`.

Remarque

L'occurrence `menuAide` contient une autre occurrence intitulée `btMenuAide` afin de déceler le clic effectué sur le menu.

Nous réalisons deux petites interpolations dans cette animation, elles ne sont pas indispensables, seules les lignes 1 à 2 et 15 à 30 sont utiles au fonctionnement du menu.

Par ailleurs, afin que le menu pivotant ne soit visible que sur la scène (dans le cas d'une projection plein écran), nous avons ajouté un masque. Il s'agit de l'occurrence d'un clip qui contient un simple carré aux dimensions du menu.

Script

```
 1 import mx.transitions.Tween;
 2 import mx.transitions.easing.*;
 3 //
 4 messageAccueil_inst._alpha = 0;
 5 arriveeTitre = new Tween(titre_inst, "_x", Bounce.easeOut, 700, 251.9, 1.5, true);
 6 arriveeTitre.onMotionFinished = function() {
 7       new Tween(messageAccueil_inst, "_xscale", Bounce.easeOut, 0, 100, 1, true);
 8       new Tween(messageAccueil_inst, "_yscale", Bounce.easeOut, 0, 100, 1.4, true);
 9       new Tween(messageAccueil_inst, "_alpha", Bounce.easeOut, 0, 100, 2, true);
10 };
11 //
12 menu_aide.setMask(masque_inst);
13 menu_aide._rotation = -85;
14 //
15 menu_aide.btMenuAide.onPress = function() {
16       messageAccueil_inst._y = -150;
17       if (!animVolet) {
18           animVolet = new Tween(menu_aide, "_rotation", Bounce.easeOut, -85, 0, 1, true);
19           menuCercle.enabled = false;
20           animVolet.onMotionStarted = function() {
21              menu_aide.btMenuAide.enabled = false;
22           };
23           animVolet.onMotionStopped = function() {
24              menu_aide.btMenuAide.enabled = true;
25           };
26       } else {
27           animVolet.yoyo();
28           messageCarte = "";
```

```
29        }
30 };
31 menu_aide.carteFrance_inst.onPress = function() {
32       messageCarte = "Vous avez cliqué sur une région de France";
33 };
34 //
```

Analyse

Lignes 1 à 2 : nous importons deux classes afin de rendre possibles les interpolations avec une seule ligne de code (ligne 5).

Ligne 4 : nous rendons transparente l'occurrence située au centre de la scène qui va peu à peu grossir et devenir de plus en plus opaque.

Ligne 5 : nous animons le titre en instanciant la classe Tween() qui va générer une interpolation sans utiliser la timeline, mais avec uniquement du code. Les paramètres à définir sont les suivants :

- Nom de l'occurrence concernée par l'interpolation : messageAccueil_inst.
- Propriété avec laquelle doit se faire l'interpolation : "_xscale". Vous noterez qu'elle doit être saisie entre guillemets.
- L'effet souhaité lors du mouvement : Bounce.easeOut. Vous pouvez également essayer les valeurs suivantes : Bounce.easeIn, Bounce.easeInOut. Vous pouvez également remplacer Bounce par Elastic, Back, Regular ou Strong.
- La valeur de départ que va utiliser la propriété pour son interpolation : 700.
- La valeur de fin que va utiliser la propriété pour son interpolation : 251.9.
- La durée exprimée en secondes : 1.5.
- La valeur true pour spécifier que la durée spécifiée correspond à des secondes et non à un nombre d'images. Pour une cadence d'animation réglée à 30 images par secondes, nous aurions pu remplacer ces deux derniers paramètres (1.5 et true) par 45 et false.

Lignes 6 à 10 : nous définissons un gestionnaire qui va exécuter les lignes d'instructions 7 à 9 qui sont chargées d'animer l'occurrence située au centre de la scène.

> **Attention**
>
> Les lignes 4 à 10 n'apportent rien au fonctionnement de notre menu qui pivote. Il s'agit d'une animation d'introduction dans le seul but de démontrer que l'interpolation utilisée pour notre menu (la rotation) n'est pas la seule possibilité.

Lignes 12 à 13 : afin que le menu ne soit visible que sur la scène, nous masquons la zone située autour de son axe de rotation. Afin de mieux comprendre l'intérêt de ces deux lignes, remplacez-les par celles qui suivent et agrandissez la fenêtre de votre animation.

```
//menu_aide.setMask(masque_inst);
menu_aide._rotation = -85;
masque_inst._visible=false
```

Lignes 15 à 30 : la classe Tween() possède une méthode qui permet d'inverser le mouvement obtenu lors de sa première exécution (yoyo()). Cependant, si vous cliquez trop rapidement sur le menu, l'interpolation n'utilise plus les paramètres que vous avez défini. Nous devons donc interdire le clic sur le menu tant que l'interpolation n'est pas terminée.

Ligne 16 : au travers de cette ligne d'instruction, nous souhaitons simplement masquer l'occurrence située au centre de la scène.

Lignes 17 à 29 : lorsque nous déroulons le menu pour la première fois (ligne 18), nous lui associons en même temps un identifiant (animVolet). Lorsqu'un clic est donc effectué sur le menu, nous pouvons ainsi savoir si ce dernier est déroulé.

Ligne 19 : nous rendons inactif le clic sur le menu, lors de la première exécution de l'interpolation.

Lignes 20 à 25 : ces deux gestionnaires d'évènements permettent de gérer l'autorisation de cliquer sur le menu.

Ligne 27 : en fonction du résultat du test de la ligne 17, le menu est déroulé dans le sens inverse. Dans notre cas, la rotation se refait dans le sens inverse des aiguilles d'une montre.

Lignes 31 à 33 : nous avons souhaité simplifier ce menu, c'est pourquoi il ne possède qu'un seul bouton, celui de la carte de France. Si nous avions dû placer plusieurs occurrences cliquables à l'intérieur de notre menu, nous aurions plusieurs blocs de lignes d'instructions comme celles-ci. Vous obtiendriez ainsi les lignes suivantes :

```
menu_aide.nomBouton1.onPress = function() {
messageCarte = "Vous avez cliqué sur le bouton 1";
};
menu_aide. nomBouton2.onPress = function() {
messageCarte = "Vous avez cliqué là où il ne fallait pas";
};
menu_aide. nomBouton3.onPress = function() {
messageCarte = "Pourquoi avez-vous cliqué sur ce bouton ?";
};
```

Bogues éventuels

Nous avons déjà évoqué le principal bogue de cette animation, mais il en reste un tout aussi important ! N'oubliez pas d'importer vos classes de transitions (lignes 1 et 2), sinon, rien ne fonctionnera. Par ailleurs, s'il vous manque un paramètre entre les parenthèses de la classe Tween(), cela peut également être la source d'un dysfonctionnement.

Menu déroulant avec le composant MenuBar

Cette technique de menu déroulant est à la fois plus simple et plus compliquée que celles que nous venons de voir jusqu'à présent.

Plus simple car le code est plus concis, la structure du script est logique, et l'on peut placer visuellement la barre des menus car nous manipulons une occurrence sur la scène.

Plus compliquée car le code contient des « mots » abstraits qui appartiennent à la logique de déploiement d'une telle barre de menus. Ces mots sont des méthodes de la classe MenuBar. Il serait donc indispensable que vous connaissiez la programmation orientée objet afin de mieux comprendre cette étude de cas, mais le script n'est pas trop long, vous ne devriez pas rencontrer trop de difficultés pour comprendre le sens de ces lignes d'instructions.

Figure 2-4

Le composant MenuBar permet de déployer une barre de menus assez rapidement et facilement dès lors que vous connaissez bien la programmation orientée objet.

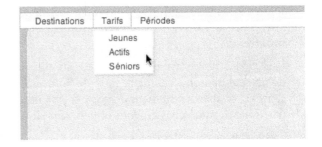

Description du fichier

Flash Player 6.0. 79 et ultérieur

Chemin d'accès : ***Interface/Menus/DeroulantComposant.fla***

La scène de cette animation possède un texte dynamique dont le nom de variable est vMessage.

Elle contient également l'occurrence d'un composant MenuBar intitulée barreMenu_inst.

Nous avons également créé un fichier XML intitulé menusComposant.xml qui contient les noms de menus et commandes de notre barre.

Comme vous allez pouvoir le constater, le seul script de notre animation est très structuré. Il se décompose en quatre parties :

1. L'importation des classes et l'initialisation d'une variable.

2. Le chargement du fichier XML.

3. La construction du menu.

4. La demande de surveillance du déroulement des menus.

Dans notre animation, nous nous sommes limités à remplir un texte dynamique sur la scène grâce à la ligne 24 de notre script, nous aurions pu remplacer cette dernière par d'autres lignes afin d'exécuter des instructions différentes.

Script

Voici le contenu du fichier XML que nous allons utiliser pour déployer notre menu.

```xml
<BarreMenu>
    <Menu nom="Destinations">
        <Commande nom ="Europe">France ou Espagne ?</Commande>
        <Commande nom ="Asie">Au bord de la mer ou en montagne ?</Commande>
        <Commande nom ="Océanie"> Dans un désert ou au bord de la mer ?</Commande>
    </Menu>
    <Menu nom="Tarifs">
        <Commande nom ="Jeunes">Tarif inférieur à 500 euros</Commande>
        <Commande nom ="Actifs">Tarif supérieur à 1000 euros</Commande>
        <Commande nom ="Séniors">Tarif vraiment supérieur à 2000 euros</Commande>
    </Menu>
    <Menu nom="Périodes">
        <Commande nom ="Vacances Scolaires">Février, avril, juillet, août, novembre</Commande>
        <Commande nom ="Hors vacances scolaire">Quand les enfants sont à l'école</Commande>
    </Menu>
</BarreMenu >
```

Le script suivant est placé sur la première image-clé de la timeline principale.

```
 1 import mx.controls.Menu;
 2 import mx.controls.MenuBar;
 3 //
 4 var barreMenu_inst:MenuBar;
 5 //
 6 chargeMenus = new XML();
 7 chargeMenus.load("menusComposant.xml");
 8 chargeMenus.ignoreWhite = true;
 9 chargeMenus.onLoad = function() {
10      //
11      var racine = this.firstChild;
12      //
13      for (i=0; i<racine.childNodes.length; i++) {
14          _root["menu"+i] = barreMenu_inst.addMenu(racine.childNodes[i]
              ➡.attributes.nom);
15          var longeurMenu = racine.childNodes[i].childNodes.length;
```

```
16              for (j=0; j<longeurMenu; j++) {
17                  _root["menu"+i].addMenuItem({label:racine.childNodes[i].childNodes[j]
                    ➥.attributes.nom, valeurCommande:racine.childNodes[i].childNodes[j]
                    ➥.firstChild});
18              }
19          }
20          //
21      var surveil = new Object();
22      surveil.change = function(infoRenvoyee) {
23          selectionCommande = infoRenvoyee.menuItem;
24          vMessage = infoRenvoyee.menuItem.attributes.valeurCommande;
25      };
26      //
27      menu0.addEventListener("change", surveil);
28      menu1.addEventListener("change", surveil);
29      menu2.addEventListener("change", surveil);
30  };
```

Analyse

Lignes 1 à 2 : nous importons deux classes afin de rendre possibles les interpolations avec une ligne de code.

Ligne 4 : nous initialisons une variable qui correspond au nom d'occurrence de notre barre de menus de type `MenuBar` qui se trouve sur la scène.

Lignes 6 à 10 : nous chargeons le contenu du fichier XML et nous exécutons les lignes d'instructions qui suivent dès que le chargement des balises est terminé.

Ligne 11 : nous stockons dans une variable un raccourci afin de limiter la longueur de nos lignes d'instructions (lignes 14, 15 et 17).

Ligne 13 : nous allons construire trois menus car le document XML contient trois nœuds de niveau 1 intitulés `<Menu>`.

Ligne 14 : nous ajoutons à notre occurrence intitulée `barreMenu_inst` qui se trouve sur la scène, des menus dont les noms correspondent aux attributs noms des balises `<Menu>`. Nous obtenons ainsi `Destinations`, `Tarifs` et `Périodes`.

Ligne 15 : dans une variable, nous stockons une valeur correspondant au nombre de nœuds que contient chaque nœud de niveau 1.

Lignes 16 à 18 : nous effectuons une nouvelle boucle pour remplir chaque menu avec des noms de commandes qui correspondent aux noms d'attributs des balises `<Commande>`.

Lignes 21 à 25 : nous créons un écouteur appelé également `listener`, qui va être chargé de surveiller la sélection de l'une des commandes de nos menus.

Lignes 22 à 24 : en exécutant cette fonction avec un paramètre, nous allons pouvoir lire la propriété `menuItem` de la commande sélectionnée. Plus précisément, nous devons lire l'attribut `valeurCommande` de cette propriété.

Lignes 26 à 28 : nous avons défini l'action à exécuter lorsqu'une commande de menu sera sélectionnée. Nous devons à présent lancer le démarrage de la surveillance.

Ce script peut vous paraître complexe car nous utilisons des boucles qui exécutent des lignes d'instructions peut-être difficiles à comprendre. Nous avons donc simplifié ce script en ne construisant qu'un seul menu à partir d'une liste et non plus un fichier XML.

```
import mx.controls.Menu;
import mx.controls.MenuBar;
//
var barreMenu_inst:MenuBar;
//
contenuMenu1 = ["Janvier", "Février", "Mars", "Avril", "Mai", "Juin"];
menu1 = barreMenu_inst.addMenu("1er semestre");
//
for (i=0; i<contenuMenu1.length; i++) {
menu1.addMenuItem({label:contenuMenu1[i], valeurRenvoyee:i});
}
//
var surveil = new Object();
surveil.change = function(infoRenvoyee) {
vMessage = infoRenvoyee.menuItem.attributes.valeurRenvoyee;
};
//
menu1.addEventListener("change", surveil);
```

Vous noterez qu'il est plus court, mais il respecte la même structure. Il n'y a plus qu'une seule boucle car nous ne construisons qu'un seul menu, mais nous sommes tout de même obligés d'en garder une pour remplir le nom de ses commandes. Ce script est celui de l'animation intitulée `DeroulantComposant2.fla`.

Bogues éventuels

N'oubliez pas d'importer vos classes de transitions (lignes 1 et 2), sinon rien ne fonctionnera.

La méthode `addMenuItem()` attend un paramètre sous forme de liste de propriétés.

N'oubliez pas de lancer l'exécution de la surveillance de vos écouteurs (lignes 26 à 28).

Menu en accordéon animé

Ce système de menu en accordéon est très pratique car c'est une solution pour gagner de la place verticalement dans une interface.

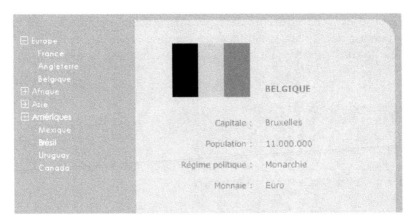

Figure 2-5
Le menu est découpé en plusieurs parties que nous appellerons sous-menus du menu principal.

Nous allons utiliser une fois encore un fichier XML pour remplir notre menu, mais nous aurions pu utiliser des tableaux.

Description du fichier

Flash Player 6
et ultérieur

Chemin d'accès : ***Interface/Menus/AccordeonVolets.fla***

Le menu qui figure à gauche sur la scène est construit dynamiquement. De ce fait, notre animation ne contient que des textes dynamiques et une occurrence de clip intitulée drapeau.

L'occurrence intitulée drapeau va nous servir à placer une image qui va être chargée dynamiquement.

Les noms de variables des textes dynamiques sont les suivants : nomPays, nomCapitale, nomMonnaie, population et regimePolitique.

L'animation contient un script assez long qui se décompose ainsi :

1. Le chargement du contenu du fichier XML.

2. La construction du menu composé de sous-menus.

3. La programmation des quatre sous-menus.

4. La création d'une fonction chargée de repositionner les sous-menus après le développement ou la contraction de l'un d'entre eux.

Script

Pour cette animation, nous avons utilisé un fichier XML intitulé menuprincipal.xml.

```
 1  <Monde>
 2      <Continent Nom="Europe">
 3          <Pays Nom="France"  X="289" Y="137">
 4              <Capitale>Paris</Capitale>
 5              <Population>61.000.000</Population>
 6              <Regime>République</Regime>
 7              <Monnaie>Euro</Monnaie>
 8              <imageDrapeau>france</imageDrapeau>
 9          </Pays>
10          <Pays Nom="Angleterre"  X="283" Y="125">
11              <Capitale>Londres</Capitale>
12              <Population>60.000.000</Population>
13              <Regime>Monarchie</Regime>
14              <Monnaie>Livre</Monnaie>
15              <imageDrapeau>angleterre</imageDrapeau>
16          </Pays>
17          <Pays Nom="Belgique"  X="292" Y="129">
18              <Capitale>Bruxelles</Capitale>
19              <Population>11.000.000</Population>
20              <Regime>Monarchie</Regime>
21              <Monnaie>Euro</Monnaie>
22              <imageDrapeau>belgique</imageDrapeau>
23          </Pays>
24      </Continent>
25      <Continent Nom="Afrique">
26          <Pays Nom="Angola"  X="306" Y="231">
27              <Capitale>Luanda</Capitale>
28              <Population>10.800.000</Population>
29              <Regime>République</Regime>
30              <Monnaie>Kwanza</Monnaie>
31              <imageDrapeau>angola</imageDrapeau>
32          </Pays>
33          <Pays Nom="Cameroun"  X="295" Y="202">
34              <Capitale>Yaoundé</Capitale>
35              <Population>16.000.000</Population>
36              <Regime>République</Regime>
37              <Monnaie>Franc CFA</Monnaie>
38              <imageDrapeau>cameroun</imageDrapeau>
39          </Pays>
40          <Pays Nom="Gabon"  X="301" Y="209">
41              <Capitale>Libreville</Capitale>
42              <Population>1.200.000</Population>
43              <Regime>République</Regime>
```

```
44              <Monnaie>Franc CFA</Monnaie>
45              <imageDrapeau>gabon</imageDrapeau>
46          </Pays>
47      </Continent>
48 </Monde>
```

Pour ne pas gonfler inutilement le volume du livre, nous nous sommes limités à deux nœuds enfants de la racine (Europe et Afrique). Il existe deux nœuds supplémentaires dans le fichier d'origine.

```
1 var chargementPays = new XML();
2 chargementPays.load("menuprincipal.xml");
3 chargementPays.ignoreWhite = true;
4 //
5 chargementPays.onLoad = function() {
6      _global.nbrContinents = this.childNodes[0].childNodes.length;
7      _global.racine = this.childNodes[0];
8      for (i=0; i<nbrContinents; i++) {
9          _root.attachMovie("etiquette", "etiquetteContinent"+i, i);
10         _root["etiquetteContinent"+i]._x = 8;
11         _root["etiquetteContinent"+i]._y = 30+(i*19);
12         _root["etiquetteContinent"+i].nomElement = racine.childNodes[i].attributes.Nom;
13         _root["etiquetteContinent"+i].derouleur.noeudsEnfants = racine.childNodes[i]
           ➡.childNodes.length;
14         _root["etiquetteContinent"+i].derouleur.niveau1 = i;
15         //
16         _root["etiquetteContinent"+i].derouleur.onPress = function() {
17             this.brancheRacine = this.niveau1;
18             //
19             if (this._currentframe == 1) {
20                 this.gotoAndStop(2);
21                 for (i=0; i<this.noeudsEnfants; i++) {
22                     tempo = _root["etiquetteContinent"+this.niveau1].attachMovie
                        ➡("etiquette","etiquettePays"+i, i);
23                     tempo._x = 10;
24                     tempo._y = 19+(i*19);
25                     tempo.nomElement = racine.childNodes[this.niveau1].childNodes[i]
                        ➡.attributes.Nom;
26                     tempo.derouleur.gotoAndStop(3);
27                     tempo.numeroDeNoeud = i;
28                     tempo.brancheRacine = this.brancheRacine;
29                     tempo.onPress = function() {
30                         nomPays = racine.childNodes[this.brancheRacine].childNodes
                            ➡[this.numeroDeNoeud].attributes.Nom.toUpperCase();
31                         nomCapitale = racine.childNodes[this.brancheRacine].childNodes
                            ➡[this.numeroDeNoeud].childNodes[0].firstChild;
32                         population = racine.childNodes[this.brancheRacine].childNodes
                            ➡[this.numeroDeNoeud].childNodes[1].firstChild;
```

```
33                          regimePolitique = racine.childNodes[this.brancheRacine]
                            ➥.childNodes[this.numeroDeNoeud].childNodes[2] .firstChild;
34                          nomMonnaie = racine.childNodes[this.brancheRacine].childNodes
                            ➥[this.numeroDeNoeud].childNodes[3].firstChild;
35                          drapeau.loadMovie("drapeaux/"+racine.childNodes[this.
                            brancheRacine].childNodes[this.numeroDeNoeud].childNodes[4]
                            ➥.firstChild+".jpg");
36                      };
37                  }
38              } else {
39                  this.gotoAndStop(1);
40                  for (i=0; i<this.noeudsEnfants; i++) {
41                  _root["etiquetteContinent"+this.niveau1]["etiquettePays"
                    ➥+i].removeMovieClip();
42
43                  }
44                  nomPays = "";
45                  nomCapitale = "";
46                  population = "";
47                  regimePolitique = "";
48                  nomMonnaie = "";
49                  drapeau.unloadMovie();
50              }
51              replacerMenus();
52              //
53          };
54      }
55  };
56  //
57  replacerMenus = function () {
58      var decalY = 0;
59      _global.destinationsMenus = [];
60      for (i=0; i<nbrContinents; i++) {
61          placeMenu = 30+decalY;
62          destinationsMenus.push(placeMenu);
63          decalY += _root["etiquetteContinent"+i]._height;
64      }
65      for (i=0; i<nbrContinents; i++) {
66          _root["etiquetteContinent"+i].numeroEntree = i;
67          _root["etiquetteContinent"+i].onEnterFrame = function() {
68              this._y += (destinationsMenus[this.numeroEntree]-this._y)*0.2;
69          };
70      }
71  };
```

55

Analyse

Lignes 1 à 5 : nous chargeons le contenu du fichier XML.

Ligne 5 : lorsque le chargement des balises est terminé, nous exécutons les lignes d'instructions suivantes.

Ligne 6 : dans une variable, nous stockons une valeur correspondant au nombre de nœuds contenus à la racine de l'arbre XML, soit le chiffre 4 dans notre exemple.

Ligne 7 : nous stockons dans une autre variable, une valeur correspondant au chemin initial de l'arbre XML afin de raccourcir les lignes d'instructions de notre script.

Ligne 8 : nous allons exécuter une boucle autant de fois qu'il y a de nœuds de niveau 1, soit Europe, Afrique, Asie, Amériques, un total de quatre sous-menus.

Lignes 9 à 11 : nous procédons à la construction du menu en plaçant le symbole de la figure 2-6 sur le bord gauche de la scène.

Figure 2-6

Le menu est composé d'occurrences issues d'un symbole avec le nom de liaison etiquette. Ce dernier contient un texte dynamique dont le nom de variable est nomElement et une occurrence intitulée derouleur.

Lignes 12 à 14 : nous initialisons le contenu de chaque texte dynamique qui se trouve dans nos 4 occurrences. Nous précisons également le nombre de commandes qu'il faudra afficher. Chaque occurrence possède un niveau afin que nous puissions gérer les sous-menus indépendamment les uns des autres.

Figure 2-7

Les sous-menus sont programmés pour réagir au clic en affichant des commandes.

Ligne 16 : nous associons à chaque occurrence qui compose le menu, un gestionnaire qui va être chargé de…

Ligne 19 : …faire un test pour savoir si le menu est déjà déroulé. Il faut en effet afficher le signe + ou - à gauche des noms de sous-menus pour signaler à l'utilisateur que le menu est déroulé ou ne l'est pas. L'occurrence qui contient un carré avec le signe plus possède deux images-clés. Sur la deuxième image, ce même carré contient le signe moins.

Il est donc facile de savoir si le menu est déroulé, il suffit de vérifier la position de la tête de lecture avec la propriété `_currentframe`.

Ligne 20 : nous changeons l'aspect du bouton + en -.

Ligne 21 : une boucle va créer un certain nombre de commandes spécifiées à la ligne 13.

Ligne 22 : pour l'instant, notre menu est composé de 4 occurrences placées sur la scène. Nous associons à l'une d'entre elles d'autres occurrences qui contiennent les noms de pays.

Lignes 23 à 24 : nous positionnons les occurrences les unes sous les autres.

Ligne 25 : nous affichons dans l'occurrence, un nom de pays dans le texte dynamique, dont le nom de variable est `nomElement`.

Ligne 26 : le symbole utilisé pour afficher des noms de pays est le même que celui que nous avons utilisé pour les noms de continents. Nous souhaitons donc masquer le carré avec le signe + ou -.

Ligne 27 : nous associons à chaque occurrence une valeur, celle de `i` au moment de l'exécution de la boucle, afin que nous puissions avoir un identifiant unique pour chaque « bouton » de pays.

Ligne 29 à 36 : nous assignons un gestionnaire à chaque « bouton » de pays afin que nous puissions exécuter les lignes d'instructions 30 à 35. Les textes dynamiques sur la scène vont tout simplement se remplir d'informations figurant dans le fichier XML.

Les lignes 17, 27 et 28 stockent les valeurs nécessaires pour savoir quel est le sous-menu cliqué ainsi que le numéro de commande.

Lignes 39 à 49 : si le test de la ligne 19 s'avère faux, cela signifie qu'un sous-menu est déjà déroulé. Il faut donc le détruire et vider les textes dynamiques sur la scène.

Ligne 50 : pour cette animation, nous avons souhaité que les sous-menus glissent sur la scène, se rapprochant ou s'éloignant les uns des autres au moment où ils se contractent ou se déroulent.

Ligne 56 : cette fonction permet d'obtenir l'animation des sous-menus. Le gestionnaire `onEnterFrame` associé à la propriété `_y` assure donc le mouvement vertical.

Bogues éventuels

Dans une telle animation, le nombre de bogues est important et directement lié à la structure du script. La tâche la plus difficile pour le déploiement d'une telle technique est de faire un listing de toutes les instructions nécessaires pour la construction d'un menu. Vous devez donc lister sur un papier, ce que doit faire chaque partie du menu.

Menu en accordéon

Cette animation est la même que la précédente. Elle ne diffère qu'au niveau de l'affichage des commandes des sous-menus. Elles ne glissent pas sur la scène, car les sous-menus se déploient sans effet.

Seul le script suivant est donc différent.

Description du fichier

Flash Player 6
et ultérieur

Chemin d'accès : *Interface/Menus/AccordeonArbre.fla*

Script

```
replacerMenus = function () {
var decalY = 0;
for (i=0; i<nbrContinents; i++) {
    _root["etiquetteContinent"+i]._y = 30+decalY;
    decalY += _root["etiquetteContinent"+i]._height;
  }
};
```

Analyse

Comme vous pouvez le constater en comparaison de l'animation précédente, la fonction ne fait plus appel au gestionnaire onEnterFrame qui permettait d'obtenir cet effet de glissement.

Menu contextuel

Il est encore rare de voir des animations qui possèdent des menus contextuels alors qu'ils sont disponibles depuis trois versions. Et pourtant cette technique offre de nombreux avantages. Il est vrai que les menus contextuels sont paradoxalement peu et très ergonomiques. Ils le sont car du bout du doigt, on accède à plusieurs commandes, ils ne le sont pas car il faut penser à cliquer sur le bouton droit de la souris ! C'est sûrement cette dernière raison qui explique la faible utilisation de cette technique.

Le manque d'intérêt pour les menus contextuels n'est pas la seule raison qui explique la faible utilisation de cette technique. Tous les développeurs Flash ne pensent pas à aller lire la documentation de Flash pour connaître les possibilités et c'est bien dommage !

Pour cette animation, vous découvrirez qu'un menu contextuel peut être affecté à différentes occurrences, même celles qui sont créées dynamiquement. Cliquez droit sur une photo ainsi que sur le bord des ronds que vous allez ajouter.

Figure 2-8

Un clic droit sur votre souris et ce menu déroulant apparaît.

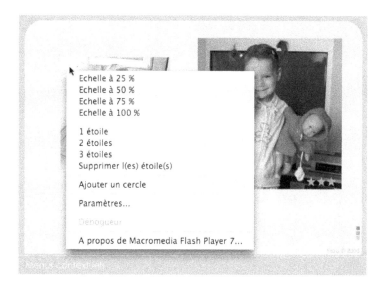

Description du fichier

Flash Player 7
et ultérieur

Chemin d'accès : ***Interface/Menus/Contextuel.fla***

L'animation est très simple. Deux occurrences intitulées img1 et img2 se trouvent sur la scène. Tout le reste relève de la programmation.

Le seul et unique script de l'animation est structuré de la façon suivante :

1. Programmation des occurrences afin de les rendre mobiles.

2. Création des fonctions appelées au moment de la sélection des commandes du menu contextuel.

3. Définition du contenu du menu contextuel des deux occurrences.

4. Assignation d'un menu contextuel à une occurrence.

Script

```
 1 img1.onPress = function() {
 2      this.startDrag();
 3 };
 4 img1.onRelease = img1.onReleaseOutside=function () {
 5      stopDrag();
 6 };
 7 //
 8 img2.onPress = function() {
 9      this.startDrag();
10 };
11 img2.onRelease = img2.onReleaseOutside=function () {
12      stopDrag();
13 };
14 //
15 var exemplaire = 0;
16 menuPhoto = new ContextMenu();
17 menuCercle = new ContextMenu();
18 menuPhoto.hideBuiltInItems();
19 menuCercle.hideBuiltInItems();
20 //
21 actionsaExecuter = function (occurrence, numCommande) {
22      etiquette = numCommande.caption;
23      switch (numCommande) {
24      case commande1 :
25          occurrence._xscale = occurrence._yscale=25;
26          break;
27      case commande2 :
28          occurrence._xscale = occurrence._yscale=50;
29          break;
30      case commande3 :
31          occurrence._xscale = occurrence._yscale=75;
32          break;
33      case commande4 :
34          occurrence._xscale = occurrence._yscale=100;
35          break;
36      case commande5 :
37          occurrence.etoiles.gotoAndStop(2);
38          break;
39      case commande6 :
40          occurrence.etoiles.gotoAndStop(3);
41          break;
42      case commande7 :
43          occurrence.etoiles.gotoAndStop(4);
44          break;
45      case commande8 :
46          occurrence.etoiles.gotoAndStop(1);
47          break;
48      case commande9 :
```

```
49              exemplaire++;
50              _root.attachMovie("cercle", "cercle"+exemplaire, exemplaire);
51              _root["cercle"+exemplaire]._x = _root._xmouse;
52              _root["cercle"+exemplaire]._y = _root._ymouse;
53              menuCercle.customItems.push(commande10);
54              _root["cercle"+exemplaire].menu = menuCercle;
55              break;
56          }
57  };
58  suppressionCercle = function (occurrence, numCommande) {
59          etiquette = numCommande.caption;
60          switch (numCommande) {
61          case commande10 :
62              occurrence.removeMovieClip();
63              break;
64          }
65  };
66  commande1 = new ContextMenuItem("Echelle à 25 %", actionsaExecuter);
67  commande2 = new ContextMenuItem("Echelle à 50 %", actionsaExecuter);
68  commande3 = new ContextMenuItem("Echelle à 75 %", actionsaExecuter);
69  commande4 = new ContextMenuItem("Echelle à 100 %", actionsaExecuter);
70  commande5 = new ContextMenuItem("1 étoile", actionsaExecuter);
71  commande6 = new ContextMenuItem("2 étoiles", actionsaExecuter);
72  commande7 = new ContextMenuItem("3 étoiles", actionsaExecuter);
73  commande8 = new ContextMenuItem("Supprimer l(es) étoile(s)", actionsaExecuter);
74  commande9 = new ContextMenuItem("Ajouter un cercle", actionsaExecuter);
75  commande10 = new ContextMenuItem("Supprimer le cercle", suppressionCercle);
76  //
77  commande5.separatorBefore = true;
78  commande9.separatorBefore = true;
79  for (i=1; i<=9; i++) {
80      menuPhoto.customItems.push(_root["commande"+i]);
81  }
82  //
83  img1.menu = img2.menu=menuPhoto;
```

Analyse

Lignes 1 à 13 : les deux occurrences sur la scène sont rendues mobiles.

Lignes 16 à 17 : nous créons deux menus que nous allons ensuite remplir de commandes avant de les affecter aux occurrences.

Lignes 18 à 19 : nous souhaitons personnaliser les menus en commençant par retirer le contenu par défaut. Notez que vous ne pourrez supprimer les commandes Paramètres et À propos de Macromedia Flash…

Lignes 21 à 57 : lorsque l'utilisateur va sélectionner une commande en cliquant sur une occurrence précise, la fonction va reconnaître le nom de cette dernière, ainsi que le numéro de ligne (par exemple : `Echelle à 75 %` sur la troisième ligne). Nous recherchons donc ce que doit faire la fonction, le résultat se trouve à la ligne 31.

Ligne 22 : nous avons ajouté cette ligne qui ne sert à rien dans notre étude de cas, mais il est important de savoir qu'il est possible de connaître ainsi le nom de la commande sélectionnée.

Ligne 23 : la variable `numCommande` a mémorisé le numéro de ligne sélectionné. Nous allons donc « faire un branchement » sur un cas correspondant.

Lignes 24 à 26 : dans le cas où la première commande serait sélectionnée, nous exécuterions la ligne 25.

Ligne 48 : dans le cas où la 9e commande est sélectionnée, c'est-à-dire « Ajouter un cercle », nous ne nous contentons pas d'exécuter une ligne d'instruction. Grâce à la commande `attachMovie()`, nous allons placer des cercles rouges sur la scène.

Lignes 53 à 54 : ces deux lignes d'instructions vont nous permettre de définir un menu personnalisé pour les ronds rouges que nous plaçons sur les images.

Lignes 58 à 64 : lorsque vous cliquerez sur un cercle rouge que vous aurez posé, il sera possible de le supprimer. Nous devons donc créer une fonction afin qu'elle puisse être appelée à la ligne 75.

Lignes 66 à 75 : au travers de ces lignes, vous définissez la relation entre l'étiquette d'une commande et l'action à exécuter.

Lignes 77 à 78 : pour structurer votre menu contextuel, vous avez la possibilité d'ajouter des lignes de séparation entre deux commandes.

Lignes 79 à 81 : nous remplissons à présent notre menu créé à la ligne 16.

Ligne 83 : nous assignons un menu commun à nos deux occurrences.

Ronde de boutons

Vous allez découvrir une animation très simple et pourtant très pratique pour utiliser un menu sous forme de roue. Le choix d'un bouton se fait sans bouger la souris dès que vous êtes dans la zone de la roue. Les commandes défilent automatiquement.

Description du fichier

Flash Player 6 et ultérieur

Chemin d'accès : ***Interface/Menus/RondeBoutons.fla***

L'animation est extrêmement simple, deux occurrences intitulées `feuille` et `menuCercle` se trouvent sur la scène. Il ne nous reste plus qu'à programmer la rotation de la roue et gérer les clics sur les boutons.

Figure 2-9

*Les commandes viennent à vous
dès lors que vous survolez
le cercle de boutons.*

Script

```
1 _root.onEnterFrame = function() {
2       if (menuCercle.hitTest(_xmouse, _ymouse, 1)) {
3             menuCercle._rotation += 3;
4       }
5 };
6 //
7 couleurFeuille = new Color(feuille);
8 //
9 menuCercle.blanc.onPress = function() {
10      couleurFeuille.setRGB(0xFFFFFF);
11 };
12 menuCercle.jaune.onPress = function() {
13      couleurFeuille.setRGB(0xFFFF00);
14 };
15 menuCercle.bleu.onPress = function() {
16      couleurFeuille.setRGB(0x0000FF);
17 };
18 menuCercle.rouge.onPress = function() {
19      couleurFeuille.setRGB(0xFF0000);
20 };
```

Analyse

Ligne 1 : nous définissons un gestionnaire chargé de surveiller l'instant où le curseur de la souris va survoler notre ronde de boutons.

63

Ligne 3 : dès que le curseur survolera la zone de ce menu, la rotation s'incrémentera de trois pixels.

Pour changer la couleur de notre feuille, nous changeons la couleur d'une occurrence de couleur légèrement transparente. Nous devons donc commencer par…

Ligne 7 : …créer une instance de la classe Color().

Lignes 9 à 11 : rappelons que menuCercle est le nom d'occurrence de notre ronde de boutons. À l'intérieur de celle-ci, nous avons placé quatre boutons intitulés blanc, jaune, bleu et rouge. Nous définissons donc des gestionnaires avec l'évènement onPress, qui vont exécuter la méthode setRGB() pour changer la couleur de l'occurrence qui se trouve sur la photo.

Cette animation est très simple et démontre qu'il est possible d'obtenir une animation de menu avec peu de code.

Le composant Tree

Vous découvrirez dans ce livre qu'une autre animation est consacrée au développement d'un composant. Cependant, si vous travaillez sur Flash 8, il existe un composant qui est par définition déjà développé. Nous avons souhaité vous en démontrer la simplicité d'utilisation même si vous ne pouvez pas facilement personnaliser son graphisme.

Figure 2-10

Le composant Tree permet de gérer très simplement la présentation de données sous forme d'arborescence.

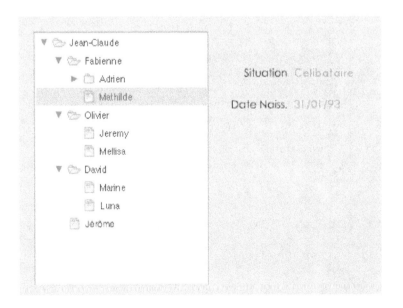

Description du fichier

Flash Player 6
et ultérieur

Chemin d'accès : ***Interface/Menus/ComposantTree.fla***

Nous avons placé sur la scène, un composant Tree que nous avons intitulé `arbreGenea`, ainsi que deux variables : `vSituation` et `vDateNaissance`. Ces trois éléments suffisent pour réaliser cette animation.

Script

```
 1 var chargeArbre:XML = new XML();
 2 chargeArbre.ignoreWhite = true;
 3 chargeArbre.onLoad = function() {
 4   var racine:XML = this.firstChild;
 5   arbreGenea.dataProvider = racine;
 6   arbreGenea.setStyle("fontSize", 10);
 7   arbreGenea.setStyle("rollOverColor", 0x6C983E);
 8   arbreGenea.setStyle("selectionColor", 0xB0D789);
 9   arbreGenea.vScrollPolicy = "off";
10 };
11 //
12 chargeArbre.load("ComposantTree.xml");
13 //
14 var ecouteur:Object = new Object();
15 ecouteur.change = function(demande) {
16   vSituation = demande.target.selectedItem.attributes.situation;
17   vDateNaissance = demande.target.selectedItem.attributes.dateNaissance;
18 };
19 arbreGenea.addEventListener("change", ecouteur);
```

Le fichier XML auquel il est fait référence dans ce script est le suivant :

```
 1 <Arbrefamille>
 2
 3   <Tardiveau label="Jean-Claude" situation="Divorcé" dateNaissance="27/06/1935"
 4 ➡prenomconjoint="Yvonne">
 5
 6     <Gervasoni label="Fabienne" situation="Mariée" dateNaissance="28/04/1962"
 7 ➡prenomconjoint="Jean-Paul">
 8       <Gervasoni label="Adrien" situation="Célibataire" dateNaissance="20/02/1987">
 9         <Gervasoni label="Fanny" situation="Célibataire" dateNaissance="04/01/2007"/>
10       </Gervasoni>
11       <Gervasoni label="Mathilde" situation="Célibataire" dateNaissance="31/01/93"/>
12     </Gervasoni>
13
14     <Tardiveau label="Olivier" situation="Séparé" dateNaissance="13/05/1967">
15       <Tardiveau label="Jérémy" situation="Célibataire" dateNaissance="20/11/2000"/>
16       <Tardiveau label="Mellisa" situation="Célibataire" dateNaissance="20/01/2002"/>
17     </Tardiveau>
18
```

```
19     <Tardiveau label="David" situation="Marié" dateNaissance="03/02/1970"
20   ➥prenomconjoint="Marjorie">
21       <Tardiveau label="Marine" situation="Célibataire" dateNaissance="15/09/2002"/>
22       <Tardiveau label="Luna" situation="Célibataire" dateNaissance="20/07/2006"/>
23     </Tardiveau>
24
25     <Tardiveau label="Jérôme" situation="Célibataire" dateNaissance="01/10/1981"/>
26
27   </Tardiveau>
28
29 </Arbrefamille>
```

Analyse

Comme vous pouvez le constater, le fichier XML est simple à comprendre : il représente les différents membres d'une famille, à savoir les parents et les enfants.

Ligne 1 : nous commençons par créer une instance de la classe XML() pour y stocker le contenu du fichier.

Ligne 2 : nous précisons que les éventuelles lignes vierges (sauts de lignes) contenues dans le fichier XML doivent être ignorées.

Lignes 3 à 10 : le contenu de la fonction onLoad va s'exécuter lorsque le chargement du contenu du fichier XML dans l'instance créée à la ligne 1 sera terminé.

Ligne 4 : nous mémorisons dans une variable locale la partie exploitable du contenu du fichier XML. Référez-vous éventuellement à l'introduction de ce livre pour mieux comprendre cette ligne.

Ligne 5 : le composant Tree est tout simplement rempli grâce à la propriété provider.

Lignes 6 à 9 : nous définissons les attributs d'apparence de l'occurrence du composant Tree. La propriété vScrollPolicy permet de définir l'état de visibilité de l'éventuel ascenseur vertical (tout dépend de la hauteur de l'occurrence par rapport à son contenu).

Ligne 12 : après avoir défini les instructions à exécuter lorsque le chargement sera terminé (lignes 3 à 10), nous faisons appel à la méthode load() pour charger le fichier Composant-Tree.xml en mémoire vive de l'ordinateur.

Lignes 14 à 19 : nous définissons un écouteur chargé d'afficher dans les textes dynamiques, dont les noms de variables sont vSituation et vDateNaissance, les valeurs stockées dans la propriété dataProvider de l'occurrence arbreGenea. Lorsque vous cliquez sur une des lignes de l'occurrence du composant Tree, vous changez le focus (la sélection) et la fonction change enregistre le numéro de ligne concernée dans la variable demandée. Il ne vous reste plus qu'à utiliser les propriétés target, selectedItem et attributes pour obtenir les informations stockées.

Bogues éventuels

N'oubliez pas la ligne 2 qui joue un rôle capital dans le comptage des lignes du fichier XML.

L'oubli des guillemets des lignes 6 à 9 et de la ligne 19 entraînera un bogue inéluctable.

À la ligne 15, l'événement change ne doit pas commencer par une majuscule.

Navigation par onglets

Sans même parler de Web 2.0 qui va finir, espérons-le, par être démodé graphiquement, nous avons retenu le système de navigation par onglets qui présente l'avantage de pouvoir accéder à une information très simplement et rapidement. Pour cette première anima-tion, nous avons voulu retenir une solution de développement simple, avec un code assez succinct. Elle présente néanmoins le gros inconvénient de ne pas pouvoir mettre à jour dynamiquement le contenu des volets accessibles par un clic sur un onglet.

Figure 2-11

Un clic sur un onglet change le plan de ce dernier et déplace la tête de lecture d'un clip.

Description du fichier

Flash Player 6
et ultérieur

Chemin d'accès : ***Interface/Menus/OngletsVolets.fla***

Lorsque vous lancez l'animation et cliquez sur un onglet, vous pouvez avoir l'impression que les deux autres changent de plan : l'un des onglets passe au premier plan tandis que les deux autres passent en arrière-plan. Sur la figure 2-11, l'onglet du volet 2 est solidaire avec le grand rectangle contenant le texte, formant ainsi un seul élément graphique.

Seul le grand rectangle représentant la plus grande partie du volet est ombrée. Deux des trois onglets sont en arrière-plan de ce quadrilatère alors qu'un troisième est en revanche au premier plan de l'animation, donnant ainsi l'impression d'un ensemble.

Pour réaliser cette animation, nous avons donc configuré la scène de la façon suivante :

- Trois occurrences représentant des onglets, intitulées onglet1, onglet2 et onglet3.

- L'occurrence d'un symbole représentant un grand rectangle aux coins arrondis à l'exception de celui qui se trouve en haut à gauche. Elle possède une ombre portée, mais pas de nom.

- Trois textes statiques placés sur les occurrences des onglets.

- Un clip contenant 3 images-clés et présentant la conjugaison du verbe être au présent sur la première image, à l'imparfait sur la deuxième et au futur sur la troisième. L'occurrence s'intitule par métaphore volet.

La structure de l'animation est représentée sur la figure 2-12.

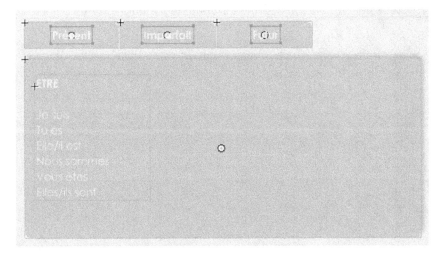

Figure 2-12
L'effet d'onglet est obtenu par un jeu d'ombres sur le volet et une gestion des plans des onglets.

Script

```
1 nomOngletDevant = onglet1;
2
3 onglet1.onPress = function() {
4   this.swapDepths(nomOngletDevant);
5   nomOngletDevant = this;
6   volet.gotoAndStop(1);
7
```

```
 8 };
 9
10 onglet2.onPress = function() {
11    this.swapDepths(nomOngletDevant);
12    nomOngletDevant = this;
13    volet.gotoAndStop(2);
14 };
15
16 onglet3.onPress = function() {
17    this.swapDepths(nomOngletDevant);
18    nomOngletDevant = this;
19    volet.gotoAndStop(3);
20 };
```

Analyse

Le script de cette animation est simple, mais très efficace. Rappelons que l'effet de basculement d'un volet au premier plan réside dans la gestion des plans des onglets.

Ligne 1 : nous enregistrons dans la variable nomOngletDevant, le nom de l'occurrence figurant actuellement au premier plan.

Lignes 3 à 8 : nous définissons un gestionnaire d'événement de type onPress sur le premier onglet afin de le rendre cliquable.

Ligne 4 : nous intervertissons le niveau de plan de l'occurrence cliquée avec celui de l'occurrence dont le nom est mémorisé dans la variable nomOngletDevant.

Ligne 5 : nous redéfinissons la valeur de la variable nomOngletDevant afin de pouvoir effectuer d'autres clics.

Ligne 6 : pour finir, nous contrôlons la position de la tête de lecture de l'occurrence intitulée volet qui contient les 3 images-clés avec les contenus différents.

Lignes 10 à 20 : nous avons affecté deux autres gestionnaires aux deux autres onglets.

Bogues éventuels

Ne saisissez surtout pas le nom onglet1 de la ligne 1 entre guillemets.

Navigation dynamique par onglets

Nous reprochions à l'animation précédente de ne pas être dynamique. C'est pourquoi nous avons développé celle-ci qui l'est un peu plus. Nous aurions pu pousser ce deuxième développement jusqu'à la création dynamique des onglets, mais nous avons tout de même voulu garder un script relativement simple. Si vous souhaitez générer dynamique-ment la construction de votre menu à base d'onglets, vous devrez utiliser la méthode attachMovie() avec une boucle for. Le script correspondant sera présenté à la suite de celui que nous allons étudier maintenant.

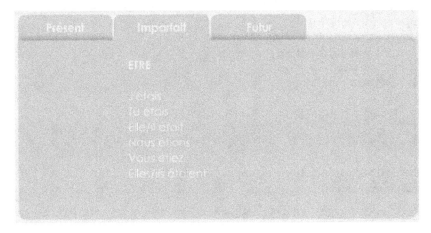

Figure 2-13
Le chargement dynamique des données se fait à partir d'un fichier XML.

Description du fichier

Flash Player 6
et ultérieur

Chemin d'accès : ***Interface/Menus/OngletsVolets2.fla***

Cette animation est basée sur celle que nous venons d'analyser dans le cas précédent à une différence près, le clip contenant les 3 images-clés avec les conjugaisons du verbe être n'existe pas. Il a tout simplement été remplacé par un texte dynamique dont le nom de variable est vMessage.

Script

```
1 nomOngletDevant = onglet1;
2
3 var dictionnaire = new XML();
4 dictionnaire.ignoreWhite = true;
5 dictionnaire.onLoad = function() {
6    vAffichage = this.firstChild.childNodes[0];
7    racine = this.firstChild;
8 };
9 dictionnaire.load("verbes.xml");
```

```
10
11
12 onglet1.onPress = function() {
13   this.swapDepths(nomOngletDevant);
14   nomOngletDevant = this;
15   volet.gotoAndStop(1);
16   vAffichage = racine.childNodes[0];
17 };
18
19 onglet2.onPress = function() {
20   this.swapDepths(nomOngletDevant);
21   nomOngletDevant = this;
22   volet.gotoAndStop(2)
23   vAffichage = racine.childNodes[1];
24 };
25
26 onglet3.onPress = function() {
27   this.swapDepths(nomOngletDevant);
28   nomOngletDevant = this;
29   volet.gotoAndStop(3);
30   vAffichage = racine.childNodes[2];
31 };
```

Le fichier XML auquel il est fait référence à la ligne 9 contient le nœud suivant :

```
<Verbe nom="Etre">

  <Temps intitule="Présent">Je suis
Tu es
Elle/il est
Nous sommes
Vous êtes
Elles/ils sont
  </Temps>

  <Temps intitule="Imparfait">J'étais
Tu étais
Elle/il était
Nous étions
Vous étiez
Elles/ils étaient
  </Temps>

  <Temps intitule="Futur">Je serai
Tu seras
Elle/il sera
Nous serons
```

```
Vous serez
Elles/ils seront
  </Temps>

</Verbe>
```

Analyse

Avant de passer à l'analyse du script contenant les lignes d'instructions en ActionScript, nous vous invitons à consulter l'animation précédente et à prendre connaissance des informations la concernant (script et analyse).

Ligne 1 : nous enregistrons dans la variable `nomOngletDevant`, le nom de l'occurrence figurant actuellement au premier plan.

Ligne 3 : nous commençons par créer une instance de la classe `XML()` pour y stocker le contenu du fichier `verbes.xml`.

Ligne 4 : nous précisons que les éventuelles lignes vierges (sauts de lignes) contenues dans le fichier XML doivent être ignorées.

Lignes 5 à 8 : le contenu de la fonction `onLoad` va s'exécuter lorsque le chargement du contenu du fichier XML dans l'instance créée à la ligne 3 sera terminé.

Ligne 6 : nous commençons par placer sur la scène, dans le texte dynamique dont le nom de variable est `vAffichage`, le contenu du premier nœud.

Ligne 7 : nous mémorisons dans une variable locale la partie exploitable du contenu du fichier XML. Référez-vous éventuellement à l'introduction de ce livre pour mieux comprendre cette ligne.

Ligne 9 : nous chargeons le fichier XML intitulé `verbes.xml`.

Lignes 12 à 17 : si vous avez lu les explications sur l'animation précédente, vous remarquerez que seule la ligne 16 diffère. En effet, dans cette deuxième animation, nous ne choisissons pas de changer la tête de lecture d'un clip, mais nous chargeons le contenu d'un nœud XML dans le texte dynamique situé sur la scène dont le nom de variable est `vAffichage`.

Lignes 19 à 31 : ces deux gestionnaires s'appliquent aux deux autres onglets. Le code qui y est contenu est identique à celui des lignes 12 à 17.

Bogues éventuels

L'oubli de la ligne 4 constituerait le principal bogue, entraînant un dysfonctionnement de l'animation.

Construction dynamique du menu

Comme nous l'évoquions en introduction, nous avons volontairement simplifié le script que nous venons d'analyser ensemble, afin d'éviter l'usage d'une boucle for. Précisons tout de même qu'une telle utilisation aurait permis de simplifier le code de la manière suivante :

Flash Player 6 et ultérieur

Chemin d'accès : ***Interface/Menus/OngletsVolets3.fla***

Script

```
nomOngletDevant = onglet1;

var dictionnaire = new XML();
dictionnaire.ignoreWhite = true;
dictionnaire.onLoad = function() {
  vAffichage = this.firstChild.childNodes[0];
  racine = this.firstChild;
};
dictionnaire.load("verbes.xml");

for (i=1; i<=3; i++) {

  _root["onglet"+i].sonNumero = i-1;
  _root["onglet"+i].onPress = function() {
    this.swapDepths(nomOngletDevant);
    nomOngletDevant = this;
    volet.gotoAndStop(i);
    vAffichage = racine.childNodes[this.sonNumero];
  };

}
```

Nous n'allons pas analyser ce script. Précisons simplement qu'il offre l'avantage d'être dynamique. Cela signifie que si le fichier XML est mis à jour, le contenu de l'animation sera automatiquement modifié à chaque exécution. Dans le cas où de nombreux onglets seraient utilisés, le script ci-dessus ne changera pas contrairement au script que nous avons analysé précédemment.

Précisons également que la méthode attachMovie() serait nécessaire pour pouvoir créer une vraie barre d'onglets dynamique, comme nous l'évoquions quelques lignes plus haut.

Les boutons

Il est très simple de programmer un bouton, mais son contrôle est tout de même plus difficile. Combien de développeurs Flash savent qu'il est possible de désactiver un bouton par une simple propriété ? Est-ce difficile de programmer un bouton qui ferait une chose et son contraire ?

Créer un bouton bascule

La principale caractéristique de ce genre de bouton est de pouvoir exécuter deux actions différentes alternativement à chaque clic. Il s'agit généralement d'instructions exécutant des tâches opposées (par exemple : masquer ou afficher une occurrence). La technique est très simple car elle s'appuie sur l'utilisation de l'opérateur logique not. À chaque clic sur le même bouton, une valeur booléenne va s'inverser.

Cette animation est intéressante car il s'agit de la première de ce livre qui utilise cette technique d'inversion de la valeur booléenne d'une variable. Lorsque l'utilisateur va cliquer sur le levier, il va rétablir le courant et ainsi contrôler les propriétés de certaines occurrences.

Description du fichier

Flash Player 6
et ultérieur

Chemin d'accès : ***Interface/Menus/BoutonBascule2.fla***

Notre animation ne contient que deux occurrences. Tout le reste n'est que décoration. La première qui s'intitule interrupt, correspond à l'occurrence sur laquelle l'utilisateur va devoir cliquer pour allumer l'ampoule. La deuxième s'intitule lumiere et nous allons l'utiliser pour démontrer qu'elle peut avoir deux états, c'est-à-dire prendre deux apparences en fonction de la valeur booléenne de notre variable etatClic.

Script

```
1  var etatClic = false;
2  lumiere._visible = etatClic;
3  interrupt.onPress = function() {
4      etatClic = !etatClic;
5      if (etatClic) {
6          this._rotation = 0;
7      } else {
8          this._rotation = 30;
9      }
10     lumiere._visible = etatClic;
11  };
```

Analyse

Ligne 1 : nous initialisons notre première variable qui va justement contenir la valeur booléenne que nous allons changer au clic sur notre interrupteur.

Ligne 2 : initialement, nous masquons l'occurrence qui représente la grande lueur.

Ligne 3 : ce gestionnaire va inverser de façon alternative la valeur de notre variable etatClic à la ligne 4.

Ligne 5 : un test vérifie donc la valeur de la variable et affiche ou masque en conséquence l'occurrence intitulée interrupt.

> **Remarque**
> Évitez de comparer la valeur de la variable etatClic avec true ou false, elle vaut déjà elle-même ces valeurs attendues entre les parenthèses d'une structure conditionnelle. Ainsi, if(etatClic==true) revient à écrire if(etatClic) et if(etatClic!=true) revient à écrire if(!etatClic).

Bogue éventuel

Il arrive parfois de constater que les novices se trompent dans l'ordre de l'opérateur. Nous avons volontairement ajouté des espaces avant et après le signe = afin que vous ne confondiez pas =! et !=. Cette dernière paire de signes représente l'inégalité dans un test conditionnel comme nous venons de vous le faire remarquer.

Figure 3-2

Lorsqu'un bouton est coché, vous ne pouvez plus changer d'avis car les deux autres boutons de la même série ne sont plus cliquables.

Script

```
1  var reponses = [1, 0, 0, 0, 1, 0, 0, 1, 0, 0, 1, 0];
2  var entree = -1;
3  scoreGlobal = 0;
4  //
5  for (q=1; q<=4; q++) {
6      for (r=1; r<=3; r++) {
7          entree++;
8          _root["q"+q+"r"+r].valeur = reponses[entree];
9          _root["q"+q+"r"+r].sonNumero = entree
10         _root["q"+q+"r"+r].onPress = function() {
11             scoreGlobal += this.valeur;
12             groupe = this._name.substr(0, 3);
13             _root[groupe+1].enabled = false;
14             _root[groupe+2].enabled = false;
15             _root[groupe+3].enabled = false;
16             this.gotoAndStop(2);
17             if (this.valeur == 1) {
18                 tempo = _root.attachMovie("coche", "coche"+this.sonNumero, this.sonNumero);
19                 tempo._x = this._x+15;
20                 tempo._y = this._y;
21             }
22         };
23     }
24 }
```

Analyse

Ligne 1 : dans un tableau, nous stockons la valeur des réponses correspondant aux 12 occurrences.

Ligne 2 : nous allons exécuter une boucle imbriquée, nous avons besoin d'une variable que nous incrémenterons à cette occasion.

Ligne 3 : cette variable correspond à un texte dynamique sur la scène. Nous afficherons le résultat de notre test à l'intérieur.

Lignes 5 et 6 : cette boucle imbriquée va nous permettre de définir pour chaque occurrence de la scène, une valeur qui provient du tableau reponses. Nous assignons également un gestionnaire onPress à chacune de ces occurrences afin de rendre non cliquables les boutons radio de la série à laquelle appartient l'occurrence cliquée.

Ligne 16 : l'aspect du bouton radio coché correspond à la deuxième image de chaque occurrence. Toutes les images sont issues du même symbole.

Lignes 17 à 21 : si l'utilisateur clique sur la bonne réponse, nous plaçons à côté du bouton radio coché, un symbole qui représente l'icône d'une bonne réponse.

Réaliser un double-clic

Le double-clic sur Internet n'est pas naturel. Les liens se font par simple clic. Et pourtant, Flash propose des interfaces qui s'éloignent parfois, par chance, de celles que l'on obtient en HTML. Comment simuler le double-clic puisque Flash ne gère pas cet événement ? En mesurant le temps entre deux clics !

Description du fichier

Flash Player 6 et ultérieur

Chemin d'accès : ***Interface/ Boutons /BoutonsDoubleClic.fla***

Nous allons simplement placer dynamiquement sur la scène des occurrences. Rien ne s'y trouve au lancement de l'animation.

> **Rappel**
>
> La fonction getTimer() permet de connaître le nombre de millisecondes écoulées depuis le lancement de l'animation. Dans le cas d'une page Internet, on ne parlera pas de lancement de l'animation, mais du chargement de l'animation.

Script

```
 1 var premierClic = 0;
 2 //
 3 for (i=0; i<=10; i++) {
 4     _root.attachMovie("bouton", "bouton"+i, i);
 5     _root["bouton"+i]._x = random(570)+15;
 6     _root["bouton"+i]._y = random(400)+15;
 7     _root["bouton"+i].onPress = function() {
 8         this.startDrag();
 9         if (getTimer()-premierClic<300) {
10             this._visible = false;
11         }
12         premierClic = getTimer();
13     };
14     _root["bouton"+i].onRelease = _root["bouton"+i].onReleaseOutside=function () {
15         stopDrag();
16     };
17 }
```

Analyse

Ligne 1 : nous stockons dans une première variable la valeur qui correspond au nombre de secondes écoulées depuis le lancement de l'animation, c'est-à-dire 0 seconde. Puis cette première ligne d'instruction s'exécute avant même que la scène ne s'affiche à l'écran.

Ligne 3 : nous allons effectuer une boucle qui va nous permettre de…

Ligne 4 : … placer dynamiquement un symbole sur la scène…

Lignes 5 à 6 : … à une position aléatoire sur la scène.

Ligne 7 : nous assignons à chaque occurrence, un gestionnaire chargé de le rendre mobile (ligne 8).

Lignes 9 à 11 : un test vérifie si moins de 300 millisecondes se sont écoulées depuis le dernier clic. C'est uniquement le cas si l'utilisateur a effectué deux clics très rapprochés dans le temps, c'est-à-dire un double-clic.

Ligne 12 : nous mémorisons le temps afin de pouvoir le comparer au prochain clic.

Créer un bouton avec un effet d'enfoncement

Cette explication ne correspond pas à un fichier particulier, il vous suffit d'ajouter les quelques lignes du script ci-après à n'importe quelle animation en renommant une occurrence btChoix.

Nous avons ajouté à ce chapitre ces quelques lignes de code qui vont vous permettre de donner l'impression d'un bouton qui s'enfonce lorsque vous cliquez sur une occurrence.

Description du fichier

Dans notre exemple, nous avons placé une occurrence sur la scène, son nom est btChoix.

Script

```
1 import flash.filters.DropShadowFilter;
2
3 //
4 monOmbre = new DropShadowFilter();
5 //
6 monOmbre.strength = 0.8;
7 monOmbre.quality = 15;
8 monOmbre.blurX = monOmbre.blurY=3;
9 mesFiltres = [monOmbre];
10 mesFiltresVides = [];
11 btChoix.filters = mesFiltres;
12 //
13 btChoix.onPress = function() {
14     this._x += 2;
15     this._y += 2;
16     btChoix.filters = mesFiltresVides;
17 };
18 btChoix.onRelease = btChoix.onReleaseOutside=function () {
19     this._x -= 2;
20     this._y -= 2;
21     btChoix.filters = mesFiltres;
22 };
```

Analyse

Ligne 1 : nous importons la classe DropShadowFilter() afin de pouvoir y faire référence.

Ligne 3 : nous instancions la classe.

Lignes 5 à 7 : nous définissons les propriétés de l'instance préalablement créée.

Ligne 8 : nous créons une liste qui va être utilisée pour ajouter une ombre à l'occurrence de notre choix.

Ligne 9 : nous créons une liste vide qui va nous permettre de retirer le(s) filtre(s) associé(s) à une occurrence.

Ligne 10 : nous définissons initialement une ombre à notre occurrence intitulée btChoix qui se trouve sur la scène.

Lignes 12 à 16 : nous définissons un gestionnaire onPress qui va nous permettre de retirer le filtre que nous venons d'appliquer à l'occurrence btChoix.

Lignes 17 à 21 : dès que l'utilisateur relâche le bouton de la souris, nous réaffectons le filtre à l'occurrence.

Vous noterez que nous avons également déplacé l'occurrence afin de lui donner une impression de mouvement.

Bogue éventuel

Attention, si vous ouvrez dans Flash 8, un fichier créé sous Flash MX 2004, il vous sera impossible d'ajouter les lignes ci-dessus, même si vous le réenregistrez sous le format Flash 8. Les filtres ne fonctionneront pas.

4

Les variateurs

Déplacer un objet sur la scène fait partie des bases de la programmation en ActionScript. Il est en revanche dommage de ne pas exploiter tous les paramètres de la méthode `start-tDrag()` qui est la clé de la méthode de création des variateurs. En effet, en contraignant le déplacement d'une occurrence sur une seule ligne de pixels (ou une seule colonne), il est très simple de simuler un variateur. Reste tout de même la programmation qui l'accompagne.

Variateur linéaire

Cette animation vous propose de découvrir qu'il est très simple d'exploiter les coordonnées renvoyées par un variateur pour effectuer des réglages.

Pour être plus précis, vous allez déplacer une occurrence contrainte sur un axe, il nous suffira de lire ses coordonnées `_x` pour les utiliser dans un calcul relatif au résultat attendu.

En effet, si nous souhaitons obtenir une valeur comprise entre 0 et 100, il faudra commencer par retirer la distance qui sépare l'occurrence lorsqu'elle est le plus à gauche de sa graduation et du bord gauche de la scène. Ensuite, il faudra diviser la valeur obtenue par un coefficient que nous expliquerons dans l'analyse du script.

Figure 4-1
En bougeant le variateur du bas de la scène, vous contrôlez les trois propriétés de trois occurrences.

> **Rappel**
>
> Pour créer un masque dynamique sur la scène, utilisez la commande setMask() en faisant préalablement référence au nom de l'occurrence à voir au travers de celle qui figure à l'intérieur des parenthèses de cette méthode : nomOccurrenceMonImage.setMask(nomOccurrence-DuMasque).

Description du fichier

Flash Player 6 et ultérieur Chemin d'accès : ***Interface/Variateurs/VariateursLineaire.fla***

Exceptionnellement, nous n'allons pas vous décrire la composition de la scène de cette animation, afin que vous vous concentriez sur le script qui repose sur une ligne d'instruction principale.

Commençons d'ailleurs par détacher le cœur du script. C'est grâce à lui que nous pouvons effectuer n'importe quel réglage.

```
variateur.onPress = function() {
this.startDrag(false, 160, 340, 400, 340);
this.onMouseMove = function() {
    valeurVariateur = Math.round((this._x-160)/2.4);
  }
```

Le script est structuré très simplement si nous ne tenons pas compte des lignes d'instructions secondaires :

1. La création d'un gestionnaire onPress() avec la méthode startDrag() et une contrainte.

2. La création d'un gestionnaire onRelease() avec la méthode stopDrag().

Script

```
 1 azo._alpha = 0;
 2 //
 3 paletteCouleur = new Color(lettreY);
 4 //
 5 lettreY2.setMask(masque_inst);
 6 lettreY2._xscale = 2500;
 7 lettreY2._yscale = 2500;
 8 //
 9 variateur.onPress = function() {
10     this.startDrag(false, 160, 340, 400, 340);
11     this.onMouseMove = function() {
12         valeurVariateur = Math.round((this._x-160)/2.4);
13         //
14         basX._alpha = valeurVariateur;
15         azo._alpha = 100-valeurVariateur;
16         //
17         changementCouleur = {ra:'0', rb:valeurVariateur*2.5, ga:'0', gb:'0', ba:'0',
            ➡bb:'0',aa:'100', ab:'100'};
18         paletteCouleur.setTransform(changementCouleur);
19         //
20         lettreY2._xscale = (valeurVariateur*25)+100;
21         lettreY2._yscale = (valeurVariateur*25)+100;
22         //
23         affichageVariateur = valeurVariateur+" %";
24     };
25 };
26 variateur.onRelease = variateur.onReleaseOutside=function () {
27     stopDrag();
28 delete this.onMouseMove;
29 };
```

Analyse

Ligne 1 : nous rendons transparente l'occurrence intitulée azo.

Ligne 3 : nous instancions la classe Color() afin de contrôler la couleur de l'occurrence lettreY.

Ligne 5 : nous masquons l'occurrence `lettreY2` avec celle qui s'intitule `masque_inst`. Sur la figure 4.1, vous noterez que le Y de la case de droite est coupé, car il n'est visible que dans ce cadre.

Lignes 6 et 7 : nous initialisons dès le départ la taille de l'occurrence `lettreY2` à `2500` `%` car le variateur est réglé à `100` `%` dès le départ.

Ligne 9 : ce gestionnaire, accompagné de celui qui se trouve à la ligne 11, assure la mise à jour des transformations dans les trois cases dès que l'utilisateur bouge le curseur du variateur.

Ligne 10 : l'occurrence `variateur` est rendue mobile dès que l'utilisateur clique dessus. Nous contraignons le déplacement de l'occurrence sur la 340e ligne en partant du haut de la scène. Elle ne pourra pas non plus se placer avant le 160e pixel du bord gauche de la scène, ni après le 400e. Elle peut donc glisser uniquement sur 240 pixels.

Ligne 12 : nous stockons dans une variable une valeur qui résulte du calcul suivant :

- `this._x` renvoie la position horizontale de l'occurrence `variateur`.

- 160 correspond à la position de la limite gauche que ne peut dépasser l'occurrence `variateur`.

- Nous divisons par 2.4 car la distance sur laquelle est autorisée à glisser le variateur est de 240 pixels. Nous souhaitons obtenir une échelle de `0` à `100`, c'est pourquoi nous obtenons `2.4` en divisant 240 par 100.

Ligne 14 : nous réglons la transparence de l'occurrence `basX` avec la valeur que nous renvoie le calcul relatif à la portion du variateur (ligne 12).

Ligne 15 : afin d'inverser la valeur de la variable `valeurVariateur` pour obtenir `0` à la place de `100` et `100` à la place de `0`, nous effectuons cette soustraction.

Ligne 17 : dans une variable, nous stockons une liste de propriétés qui contient les valeurs colorimétriques que nous allons utiliser avec l'instance `paletteCouleur`.

Ligne 18 : nous procédons au réglage de la couleur du Y situé dans la case du milieu.

Lignes 20 et 21 : nous procédons ici au réglage de l'échelle du Y de la troisième case. Nous ajoutons 100 à notre calcul, afin que le Y soit au minimum à une échelle de `100` `%` lorsque le variateur est à gauche sur sa graduation.

Ligne 23 : nous affichons simplement la valeur de la variable que nous utilisons dans toutes les lignes d'instructions dans un texte dynamique sur la scène, et dont le nom de variable est `affichageVariateur`.

Lignes 26 à 29 : nous devons annuler l'action de glisser-déplacer de l'occurrence du variateur dès que l'utilisateur relâche le bouton de sa souris. Nous avons prévu un deuxième gestionnaire au cas où il relâcherait son clic, alors que le curseur de la souris n'est plus sur celui du variateur. Par ailleurs, il faut arrêter de demander à Flash de faire son calcul lorsque l'utilisateur bouge sa souris (ligne 28).

Bogue éventuel

Un bogue très fréquent dans ce genre de technique est l'ajout du signe pourcentage à la fin de la ligne 12. La valeur de la variable `valeurVariateur` doit toujours rester de type numérique, vous ne pouvez donc pas concaténer le signe pourcentage.

Variateur circulaire

Ce type de variateur est peu courant car plus complexe à réaliser, il reste cependant plus réaliste qu'un variateur linéaire. Il suffit de récupérer les coordonnées _x et _y du curseur de la souris, pour les utiliser dans un calcul faisant appel à la fonction mathématique atan2().

Figure 4-2

Tournez l'occurrence dans le sens des aiguilles d'une montre, pour augmenter la transparence d'une occurrence faisant office de lueur.

Description du fichier

Chemin d'accès : ***Interface/ Variateurs /VariateursCirculaire.fla***

Le bouton de cette animation est une occurrence intitulée `boutonReglage`, qui en comprend une autre intitulée `selecteur`. Il s'agit de la petite perle blanche qui indique également le niveau de luminosité.

La lueur qui va peu à peu être de plus en plus lumineuse est une occurrence intitulée `lumiere`.

Le script de l'animation est relativement simple, la seule difficulté est de comprendre la ligne 18 qui fait appel à la fonction mathématique atan2(). Le script se décompose ainsi :

1. Initialisation de la transparence de la lueur.

2. Création d'une fonction appelée lorsque le bouton tournera.

3. Création d'une fonction de limitation de l'angle de rotation.

4. Création du gestionnaire `onPress()`.

5. Création du gestionnaire `onRelease()`.

Script

```
1  ampoule._alpha = lumiere._alpha=0;
2  //
3  verifierTropFaible = function () {
4      if (angle<=360 && angle>315) {
5          angle = 1;
6          delete boutonReglage.onEnterFrame;
7          // delete obligé car sinon, souris continue et passe la valeur dans calcul
8      }
9  };
10 verifierTropFort = function () {
11     if (angle>275 && angle<315) {
12         angle = 270;
13         delete boutonReglage.onEnterFrame;
14     }
15 };
16 boutonReglage.selecteur.onPress = function() {
17     boutonReglage.onEnterFrame = function() {
18         angle = ((Math.atan2(_ymouse-250, _xmouse-300)/Math.PI)*180)+180;
19         verifierTropFaible();
20         verifierTropFort();
21         this._rotation = angle;
22         ampoule._alpha = lumiere._alpha=angle/2.7;
23     };
24 };
25 boutonReglage.selecteur.onRelease = boutonReglage.selecteur.onReleaseOutside=function () {
26     delete boutonReglage.onEnterFrame;
27 };
```

Analyse

Ligne 1 : nous réglons deux propriétés en même temps, l'alpha des occurrences `ampoule` et `lumiere`.

Lignes 3 à 15 : nous créons ces fonctions qui vont nous permettre de vérifier que l'utilisateur ne tente pas de tourner le variateur en dehors des limites que nous avons fixées. Nous reviendrons sur le calcul de la variable `angle` à la ligne 18.

Lignes 6 et 12 : nous annulons le calcul de l'angle et la rotation de l'occurrence `boutonReglage` si l'utilisateur dépasse les limites (lignes 4 et 10),

Ligne 16 : ce gestionnaire cible l'occurrence `selecteur` qui se trouve dans celle qui s'intitule `boutonReglage`, elle-même située sur la scène. Il s'agit du marqueur en forme de rond blanc proche du chiffre 5 dans la copie d'écran de la figure 4.2.

Ligne 17 : dès que l'utilisateur clique sur l'occurrence évoquée à la ligne 16, nous définissons la fonction du gestionnaire `onEnterFrame` afin d'exécuter en continu les lignes d'instructions 18 à 22.

Ligne 18 : nous calculons l'angle qui va nous permettre d'exécuter une rotation sur l'occurrence `boutonReglage` à la ligne 20.

Remarque

Faites glisser sur la scène le symbole `boutonRond` qui se trouve dans la bibliothèque de cette animation. Vous constaterez que le rond blanc qui sert de marqueur au variateur est à gauche, bien au milieu verticalement. Il s'agit en effet de l'angle 0 dans notre cas.

Lignes 19 et 20 : nous appelons ces deux fonctions afin de bloquer le variateur s'il dépasse les angles correspondant à la position des chiffres 0 et 6 de sa graduation.

Ligne 22 : nous procédons au réglage de la transparence de l'occurrence représentant la lueur de notre ampoule. Puisque la valeur de la variable `angle` va nous renvoyer 270 lorsque le variateur sera sur la position 6, nous divisons le résultat du calcul de la ligne 17 par 2.7 afin d'obtenir une valeur maximale de 100.

Lignes 25 à 27 : ce gestionnaire doit annuler la rotation du variateur.

Bogue éventuel

Vous constaterez que le variateur se bloque aux valeurs 0 et 6 sur sa graduation, en cas de dépassement. Nous avions initialement un système de glisser-déplacer fonctionnant sans annulation de la rotation au moment où les limites étaient atteintes, mais le script était plus complexe. Nous avons donc préféré le simplifier.

Variateur de couleur

Avant de nous lancer dans la description d'une nouvelle animation, précisons que nous allons vous en présenter deux. La première utilisera la classe `Color()` qui n'est pas recommandée par Macromedia à partir de Flash 8. La deuxième fera appel à deux classes pour la mise en couleur d'une occurrence, cette dernière technique n'est compatible qu'à partir de la version 8 de Flash.

Si vous avez étudié l'animation « Variateur linéaire », vous comprendrez plus facilement celle-ci car elle s'appuie sur le même fonctionnement. Nous allons simplement exploiter différemment le résultat renvoyé par le curseur (sa propriété _x), c'est-à-dire l'occurrence contrainte à se déplacer sur l'axe horizontal que nous avons défini.

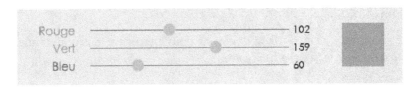

Figure 4-3

Bougez ces trois variateurs, la couleur de droite va alors se calculer en fonction de leurs positions _x.

Description du fichier

Flash Player 6
et ultérieur

Chemin d'accès : *Interface/ Variateurs /VariateursCouleur.fla*

Des occurrences sur la scène doivent être rendues mobiles sur une graduation qui ne joue aucun rôle dans le script. Il s'agit simplement de traits sur lesquels vont glisser les variateurs.

Trois occurrences issues du même symbole ont été placées sur la scène, puis nommées variateurRouge, variateurVert, variateurBleu. Il s'agit des petits ronds gris-vert sur les lignes qui mesurent 256 pixels de largeur. Trois textes dynamiques y ont également été déposés avec les noms de variables suivants : couleurRouge, couleurVert, couleurBleu. Enfin, le carré vert de la figure 4-3 a pour nom d'occurrence, temoinCouleur.

Lorsque l'utilisateur va donc bouger ces trois variateurs, les variables des textes dynamiques vont changer de valeurs, pour aller de 0 à 255, et le carré de couleur va s'adapter.

Script

```
1 var couleurRouge = 0;
2 var couleurVert = 0;
3 var couleurBleu = 0;
4 var couleurs = ["Rouge", "Vert", "Bleu"];
5 var limitesDrag = [133, 155, 177];
6 //
7 for (i=0; i<=2; i++) {
8     _root["variateur"+couleurs[i]].sonIndex = i;
9     _root["variateur"+couleurs[i]].onPress = function() {
10        this.startDrag(0, 180, limitesDrag[this.sonIndex], 435,
          ➡limitesDrag[this.sonIndex]);
```

```
11              this.onMouseMove = function() {
12                  _root["couleur"+couleurs[this.sonIndex]] = this._x-180;
13                  reglerCouleur();
14              };
15          };
16          _root["variateur"+couleurs[i]].onRelease = function() {
17              stopDrag();
18              delete this.onMouseMove;
19          };
20  }
21  //
22  palette = new Color(temoinCouleur);
23  reglerCouleur = function () {
24      //
25      rouge = couleurRouge.toString(16);
26      vert = couleurVert.toString(16);
27      bleu = couleurBleu.toString(16);
28      //
29      if (rouge.length == 1) {
30          rouge = "0"+rouge;
31      }
32      if (vert.length == 1) {
33          vert = "0"+vert;
34      }
35      if (bleu.length == 1) {
36          bleu = "0"+bleu;
37      }
38      //
39      couleurAppliquee = "0x"+rouge+vert+bleu;
40      palette.setRGB(couleurAppliquee);
41  };
```

Analyse

Lignes 1 à 5 : nous initialisons les variables suivantes :

- `couleurRouge`, `couleurVert` et `couleurBleu` vont stocker une valeur comprise 0 et 255.

- `couleurs` est le tableau qui contient les suffixes des noms des 3 occurrences que l'utilisateur va faire glisser pour changer la couleur de notre carré (actuellement vert sur la scène). Pour être plus précis, nous effectuerons une concaténation avec le préfixe « variateur » pour obtenir le nom d'occurrence `variateurRouge`.

- `limitesDrag` est un tableau qui contient les numéros de lignes (de pixels) sur lesquelles les variateurs vont devoir glisser horizontalement.

Ligne 7 : nous exécutons une boucle `for()` afin d'affecter aux trois occurrences sur la scène, le gestionnaire `onPress` (ligne 9) qui contient lui-même un gestionnaire `onMouse-Move` (ligne 11).

Ligne 8 : nous faisons dans un premier temps référence aux noms des occurrences `varia-teurRouge`, `variateurVert` et `variateurBleu`, afin de leur définir (associer) une variable intitulée `sonIndex` qui va prendre pour valeur celle de i à l'exécution de la boucle. Référez-vous à la partie Avant-Propos de ce livre pour comprendre le problème de la référence à une variable locale au cours de l'exécution d'une boucle.

Ligne 10 : nous rendons mobiles les occurrences sur une seule ligne de pixels (133, 155 et 177) du 180e pixel du bord gauche de la scène au 435e.

Ligne 12 : nous faisons à présent référence à nos variables `couleurRouge`, `couleurVert` et `couleurBleu` pour leur définir des valeurs qui résultent du calcul suivant :

- `this._x` correspond à la positon horizontale des occurrences `variateurRouge`, etc.

- `180` correspond à la position de la limite gauche que ne peuvent dépasser ces trois occurrences.

Ligne 13 : nous appelons ensuite la fonction `reglerCouleur()` qui va régler la couleur de l'occurrence `temoinCouleur` (le carré vert à droite sur la scène).

Ligne 16 : gestionnaire qui rend immobile l'occurrence en cours de mouvement lorsque l'utilisateur relâche le bouton de sa souris. Le gestionnaire `onMouseMove` est également annulé.

Ligne 22 : nous instancions la classe `Color()` afin de régler la couleur de l'occurrence `temoinCouleur`.

Ligne 23 : nous définissons une fonction qui va appliquer la couleur calculée à l'occurrence `temoinCouleur`.

Lignes 25 à 27 : nous convertissons les valeurs obtenues en valeurs hexadécimales.

Lignes 29 à 37 : nous effectuons un test afin d'ajouter un `0` si les valeurs des variables `rouge`, `vert` et `bleu` sont comprises entre 0 et 9.

Ligne 39 : dans une variable, nous stockons l'expression utilisée comme valeur pour la méthode `setRGB()` de la ligne 40, qui applique concrètement la couleur à l'occurrence `temoinCouleur`. Nous devons en effet obtenir une valeur sous la forme `0x000000`.

Bogues éventuels

Dans cette animation, nous devons penser à convertir les valeurs décimales en valeurs hexadécimales, dans le cas contraire, nous ne pouvons effectuer la concaténation de la ligne 39.

Par ailleurs, il nous faut une valeur sous la forme `0x000000`, soit 6 chiffres. Il est donc indispensable de convertir les chiffres 0 à 9 en 00 à 09.

Passons à présent à la deuxième animation qui nous propose d'utiliser la méthode `color-Transform()` de la classe `Transform()`.

Variateur de couleur avec la classe geom.ColorTransform

Comme nous vous le précisions dans l'animation précédente, nous allons utiliser une technique qui n'est compatible qu'avec le player 8 de Flash, mais qui présente l'avantage de pouvoir contrôler plus précisément la couleur d'une occurrence. En complément à cette animation, nous vous invitons à consulter celles qui utilisent la méthode getPixel() pour un plus grand maîtrise de la couleur dans une animation Flash.

Description du fichier

Chemin d'accès : ***Interface/ Variateurs /VariateursCouleurF8.fla***

La construction de la scène est identique à l'animation précédente, seules les lignes d'instructions sont différentes.

Script

```
var couleurRouge = 0;
var couleurVert = 0;
var couleurBleu = 0;
var couleurs = ["Rouge", "Vert", "Bleu"];
var limitesDrag = [133, 155, 177];
//
import flash.geom.Transform;
import flash.geom.ColorTransform;
//

reglerCouleur = function () {
changeCouleur = new Transform(temoinCouleur);
nelleCouleur = new ColorTransform(0, 1, 1, 1, couleurRouge, couleurVert, couleurBleu, 0);
changeCouleur.colorTransform = nelleCouleur;
};
//
for (i=0; i<=2; i++) {
_root["variateur"+couleurs[i]].sonIndex = i;
_root["variateur"+couleurs[i]].onPress = function() {
    this.startDrag(0, 180, limitesDrag[this.sonIndex], 435, limitesDrag[this.sonIndex]);
    this.onMouseMove = function() {
       _root["couleur"+couleurs[this.sonIndex]] = this._x-180;
       reglerCouleur();
    };
};
};
```

```
_root["variateur"+couleurs[i]].onRelease = function() {
    stopDrag();
    delete this.onMouseMove;
};
}
```

Analyse

Vous noterez que le script paraît plus simple, car nous n'avons pas besoin de traiter les valeurs obtenues au moment où l'utilisateur bouge le variateur (conversion en hexadécimal et test de la longueur du résultat). En revanche, là où il fallait deux lignes de code…

```
palette = new Color(temoinCouleur);
palette.setRGB(couleurAppliquee);
```

… il en faut à présent davantage.

```
changeCouleur = new Transform(temoinCouleur);
nelleCouleur = new ColorTransform(0, 1, 1, 1, couleurRouge, couleurVert, couleurBleu, 0);
changeCouleur.colorTransform = nelleCouleur;
```

Il y a effectivement plus de lignes, mais le contrôle d'une couleur peut se faire plus précisément. Cette solution est donc non seulement celle que vous devez utiliser pour garder une compatibilité maximale avec les futures versions de Flash, mais aussi celle à retenir si vous devez faire des réglages précis de couleurs.

Pour des personnes qui n'ont ni l'habitude de programmer, ni l'habitude de manipuler le mode RVB, cette technique s'avère plus abstraite et plus complexe.

5

Les paniers

Dès que vous devez réaliser un site marchand proposant de choisir des produits ou services, dès que vous réalisez un jeu dans lequel vous devez collecter des objets, il est nécessaire de faire appel à un panier appelé aussi caddie. Nous allons donc découvrir au travers de ces 3 exemples, qu'il est très simple de développer un tel module, mais qu'il est conseillé d'utiliser un fichier XML.

Panier sous forme de liste

Dès que vous devez gérer une liste d'achats, il est conseillé de stocker ces informations dans un tableau. Mais comment traiter ces données pour les modifier et les afficher à l'écran ?

Nous allons charger un document XML qui contient la liste des articles de notre magasin virtuel, puis créer un symbole modèle qui va être placé dynamiquement sur la scène en fonction du contenu du fichier. Pour mémoriser les choix de l'utilisateur, nous allons modifier l'instance XML.

Si vous souhaitez mémoriser définitivement les quantités commandées sur l'ordinateur de l'utilisateur, utilisez les `SharedObject()`.

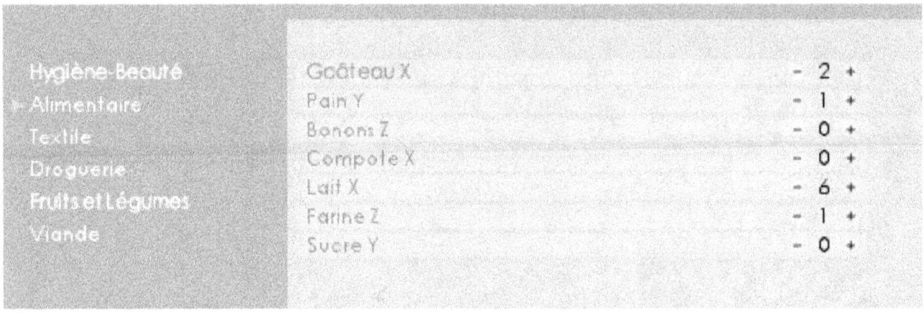

Figure 5-1

Ajoutez ou supprimez des articles, naviguez de rayons en rayons, les informations sont mémorisées directement en RAM au travers de l'instance XML.

Description du fichier

Chemin d'accès : ***Interface/Paniers/PanierListe.fla***

La construction de cette animation va se faire dynamiquement, c'est-à-dire que les lignes de textes sont placées sur la scène au moyen d'un script. Seuls le texte dynamique ayant pour nom de variable vPanier et l'occurrence intitulée pointeur représentant un triangle jaune à gauche des rayons du magasin, ont été placés manuellement sur la scène.

Script

Il est généralement fortement conseillé de placer tous les scripts d'une animation sur la timeline principale. Dans certains cas, il est plus pratique de placer le code sur la timeline d'un symbole. C'est ce que nous avons fait pour cette animation, cela nous a permis d'obtenir un code moins difficile à comprendre.

Un premier document XML contient les données suivantes :

```
<Magasin>
<Rayon Nom="Hygiène-Beauté">
    <Article Ref="010203" Qte="0">Dentifrice X</Article>
    <Article Ref="034502" Qte="0">Shampoing Y</Article>
</Rayon>
<Rayon Nom="Alimentaire">
    <Article Ref="326784" Qte="0">Gaâteau X</Article>
    <Article Ref="196712" Qte="0">Pain Y</Article>
    <Article Ref="326598" Qte="0">Bonons Z</Article>
</Rayon>
<Rayon Nom="Textile">
    <Article Ref="141718" Qte="0">Pantalon X</Article>
    <Article Ref="253095" Qte="0">Chemise Y</Article>
    <Article Ref="878596" Qte="0">Maillot Z</Article>
```

```
  </Rayon>
  <Rayon Nom="Droguerie">
      <Article Ref="486271" Qte="0">Lessive X</Article>
      <Article Ref="232125" Qte="0">Papier toilette Y</Article>
      <Article Ref="340912" Qte="0">Lingettes Z</Article>
  </Rayon>
  <Rayon Nom="Fruits et Légumes">
      <Article Ref="989690" Qte="0">Cerises X</Article>
      <Article Ref="050674" Qte="0">Poires Y</Article>
  </Rayon>
  <Rayon Nom="Viande">
      <Article Ref="984821" Qte="0">Boeuf X</Article>
      <Article Ref="147861" Qte="0">Veau Y</Article>
      <Article Ref="379001" Qte="0">Poulet Z</Article>
  </Rayon>
  </Magasin>
```

Le script de la première image-clé de l'animation contient le script suivant :

```
 1 var chargementReferentiel = new XML();
 2 chargementReferentiel.load("magasin.xml");
 3 chargementReferentiel.ignoreWhite = true;
 4 //
 5 chargementReferentiel.onLoad = function() {
 6      var nbrRayons = this.childNodes[0].childNodes.length;
 7      _global.racine = this.childNodes[0];
 8      for (i=0; i<nbrRayons; i++) {
 9          _root.attachMovie("rayon", "btrayon"+i, i);
10          _root["btrayon"+i]._x = 8;
11          _root["btrayon"+i]._y = 30+(i*19);
12          _root["btrayon"+i].nomRayon = racine.childNodes[i].attributes.Nom;
13          _root["btrayon"+i].niveau = i;
14          //Niveau dans l'arbo XML
15          //
16          _root["btrayon"+i].onPress = function() {
17              pointeur._y = this._y;
18              pointeur.swapDepths(1000);
19              vPanier = "";
20              suppressionAnciensCompteurs();
21              _global.rayonActuel = this.niveau;
22              for (i=0; i<racine.childNodes[this.niveau].childNodes.length; i++) {
23                  vPanier += racine.childNodes[this.niveau].childNodes[i]
                  ➥.firstChild+newline;
24                  _root.attachMovie("compteur", "compteur"+i, i+100);
25                  _root["compteur"+i]._x = 500;
26                  _root["compteur"+i]._y = 40+(i*16.5);
27                  _root["compteur"+i].articleActuel = i;
28                  _root["compteur"+i].nbrArticles = racine.childNodes[this.niveau]
                  ➥.childNodes[i].attributes.Qte;
29              }
30          };
31      }
32 };
```

```
33 //
34 suppressionAnciensCompteurs = function () {
35      for (i=0; i<20; i++) {
36          _root["compteur"+i].removeMovieClip();
37      }
38 };
```

Le symbole intitulé `Selectionneur` dont le nom de liaison est `compteur` contient le script suivant :

```
 1 ajoutArticle.onPress = function() {
 2      nbrArticles++;
 3      racine.childNodes[rayonActuel].childNodes[articleActuel].attributes.Qte
        ➡= nbrArticles;
 4 };
 5 suppressionArticle.onPress = function() {
 6      if (nbrArticles>0) {
 7          nbrArticles--;
 8    racine.childNodes[rayonActuel].childNodes[articleActuel].attributes.Qte =
   nbrArticles;
 9      }
10 };
```

Analyse

Le fichier XML contient 5 nœuds de niveau 1 intitulés `Rayon`, avec un nom d'attribut pour chacun : `Nom`.

Un nœud enfant de niveau 2 intitulé `Article` contient deux attributs intitulés `Ref` et `Qte`, ainsi qu'une valeur.

Comme nous vous le précisions ci-dessus, l'animation contient deux scripts. Voici celui qui se trouve sur l'image-clé 1 de l'animation principale.

Lignes 1 à 3 : nous chargeons le contenu du fichier XML.

Ligne 5 : ce gestionnaire va exécuter les lignes qu'il contient dès que le chargement du fichier XML aura été constaté.

Ligne 6 : dans une première variable, nous stockons le nombre de nœuds de niveau 1.

Ligne 7 : nous créons un raccourci pour limiter la longueur de nos lignes d'instructions qui vont devoir parcourir l'instance XML.

Ligne 8 : nous effectuons une boucle `for()` qui va nous permettre de créer le menu gauche de notre interface.

Lignes 9 à 11 : sur la scène, nous plaçons le symbole dont le nom de liaison est `rayon`. Il s'agit d'un simple clip qui contient un rectangle d'une couleur identique à celle de la marge de gauche de l'animation, ainsi qu'un texte dynamique intitulé `nomRayon`.

Ligne 12 : sur la scène, nous allons placer 6 occurrences, car nous avons 6 nœuds de niveau 1. Nous renseignons donc le contenu de la variable évoquée ci-dessus (ligne 11) en prenant pour valeur, celle des attributs de nos nœuds de niveau 1.

Ligne 13 : à chaque occurrence placée sur la scène, nous définissons une variable qui correspond au numéro de nœud par rapport à l'instance XML. Ainsi, l'occurrence qui contient le mot `Alimentaire` stocke le chiffre 1 comme valeur de la variable `niveau`.

Ligne 16 : Nous assignons également un gestionnaires `onPress` à ces occurrences, afin qu'elles puissent réagir au clic, en affichant les articles (nœuds de niveau 2) sur la partie droite de la scène.

Ligne 17 : l'occurrence qui représente le triangle jaune pour indiquer le rayon sélectionné, est placée au même emplacement vertical que l'occurrence qui sera cliquée.

Ligne 18 : cette ligne ne sert qu'une seule fois, elle va permettre de placer notre pointeur, le triangle jaune, au premier plan.

Ligne 19 : nous vidons la variable `vPanier` du texte dynamique qui se trouve sur la scène, et qui va contenir la liste des nœuds de niveau 2.

Ligne 20 : cette fonction est chargée de supprimer toutes les occurrences qui auront été créées et placées lors d'un précédent clic sur l'un des noms de rayons dans la marge du document.

Ligne 21 : rappelons que nous sommes en train de commenter les lignes d'instructions qui vont s'exécuter lorsque l'utilisateur cliquera sur l'un des noms de rayons situés dans la marge de gauche. Afin de pouvoir parcourir les nœuds de niveau 2, nous avons besoin de connaître le numéro de nœud de niveau 1 qui a été cliqué. Nous stockons donc dans une variable, la valeur de la variable que nous avions stockée ligne 13.

Ligne 22 : nous effectuons à présent une boucle `for()` qui va nous permettre de placer dans la variable `vPanier` (ligne 23), les valeurs des nœuds contenus dans celle que nous venons de choisir en cliquant sur un nom de rayon.

Lignes 24 à 26 : nous plaçons sur la scène, au-dessus des textes, un clip qui contient un compteur que nous allons détailler un peu plus loin dans cette explication.

Ligne 27 : comme nous l'avions fait à la ligne 13, nous définissons une variable pour chaque occurrence placée, afin de connaître le numéro de nœud à lire lors du clic sur l'un des articles figurant dans la liste.

Ligne 28 : dans une variable, nous stockons la valeur de l'attribut `Qte`.

Ligne 34 : comme nous vous le précisions à la ligne 20, nous créons cette fonction afin de pouvoir supprimer les occurrences qui auront été placées sur la scène, sur la liste des articles.

Analysons à présent le script contenu dans le symbole dont le nom de liaison est `compteur`.

Ligne 1 : ce gestionnaire est chargé d'incrémenter la variable `nbrArticles` que nous avions définie ligne 28 du script principal, mais aussi de changer la valeur de l'attribut `Qte` de notre instance XML qui réside en RAM.

Ligne 5 : nous procédons à l'opération inverse en nous assurant préalablement, que l'utilisateur ne commande pas un nombre négatif d'articles.

Bogue éventuel

Si vous oubliez d'encapsuler la police de caractères que vous utilisez dans le texte dynamique de la variable vPanier, vous risquez d'obtenir un décalage entre les occurrences placées dynamiquement et les lignes de texte de la variable vPanier.

Drag & drop

Rendre une occurrence mobile est une technique très simple. Que vous déplaciez le curseur d'un variateur ou une pièce de puzzle sur la scène, le code est toujours le même, seuls les paramètres de la méthode changent.

Dans cette animation, le script n'est donc pas très compliqué, mais il met en évidence les lignes d'instructions nécessaires au fonctionnement d'une application devant gérer la mobilité d'occurrences et ses conséquences.

Dans une deuxième animation, nous gérerons un panier plus précis, mais plus complexe.

Figure 5-2
Glissez-déplacez ces objets sur la scène, un compteur enregistre le nombre d'occurrences placées sur la zone centrale.

Description du fichier

Flash Player 6
et ultérieur

Chemin d'accès : ***Interface/ Paniers /PanierDragDrop.fla***

Les occurrences de cette animation s'intitulent lampe, cle, boussole et argent. Elles vont être rendues mobiles selon deux syntaxes. La première fait directement référence au nom de l'occurrence, la deuxième utilise un tableau et une boucle.

Dans une telle animation, il est plus simple de placer les occurrences via la commande attachMovie().

La structure du script n'est pas habituelle, car nous vous présentons les deux techniques évoquées ci-dessus.

Script

```
 1 lampe.onPress = function() {
 2      this.startDrag();
 3 };
 4 lampe.onRelease = function() {
 5      stopDrag();
 6      if (this.hitTest(zoneDepot)) {
 7           this._y = -500;
 8           panier++;
 9      }
10 };
11 //
12 var panier = 0;
13 var objets = ["cle", "boussole", "argent"];
14 //
15 for (i=0; i<=2; i++) {
16      _root[objets[i]].onPress = function() {
17           this.startDrag();
18      };
19      _root[objets[i]].onRelease = function() {
20           stopDrag();
21           if (this.hitTest(zoneDepot)) {
22                this._y = -500;
23                panier++;
24           }
25      };
26 }
```

Analyse

Attention

Nous vous proposons dans cette animation, deux méthodes de programmation pour rendre une occurrence mobile. Pour être plus précis, nous allons vous présenter de la ligne 1 à 10, la méthode pour rendre mobile une seule occurrence. Des lignes 12 à 26, nous allons utiliser une boucle for(), ainsi qu'un tableau pour traiter plusieurs occurrences.

Ligne 1 : ce gestionnaire déclare mobile l'occurrence cliquée intitulée lampe.

Ligne 4 : lorsque l'utilisateur relâche le bouton de sa souris…

Ligne 5 : … l'occurrence n'est plus mobile…

Ligne 6 : et un test vérifie si l'occurrence que l'utilisateur vient de déplacer ne se trouve pas au-dessus de celle qui s'intitule `zoneDepot`. Si tel est le cas, l'occurrence `lampe` est alors sortie de la scène afin qu'elle disparaisse (ligne 7). Nous incrémentons alors la valeur de la variable `panier`.

Ligne 12 : nous initialisons la variable `panier` afin de pouvoir l'incrémenter dans nos tests (lignes 6 et 21).

Ligne 13 : nous déclarons un tableau qui contient le nom des occurrences que nous allons rendre mobiles au travers de la boucle `for()`.

Ligne 15 : cette boucle va permettre d'affecter aux occurrences, deux gestionnaires chargés de les rendre mobiles, et d'effectuer un test. Celui-ci consiste à vérifier si les occurrences sont relâchées au-dessus de celle qui s'intitule `zoneDepot`.

Bogue éventuel

Vous ne devez pas spécifier de nom d'occurrence avec la méthode `stopDrag()`.

Drag & drop avec gestion de l'inventaire

Comme nous l'évoquions au début de cette étude de cas, voici le deuxième panier qui va gérer de façon plus complète le stockage des objets collectés.

Figure 5-3

Lorsqu'un objet est saisi, il faut le placer dans l'inventaire. Dès que vous approchez le curseur de la souris près du bord gauche de l'écran, un volet arrive sur la scène.

Rappel

Il n'est possible d'utiliser la commande removeMovieClip() qu'à une seule condition : l'occurrence doit avoir été placée sur la scène avec les méthodes attachMovie(), duplicateMovieClip() ou createEmptyMovieClip().

Description du fichier

Flash Player 6
et ultérieur

Chemin d'accès : *Interface/ Paniers /PanierDragDrop2.fla*

Comme nous vous l'avons expliqué dans l'animation précédente, les occurrences ont été placées sur la scène manuellement, elles ont été nommées lampe, cle, boussole et argent.

En plus de celles-ci, nous avons ajouté un symbole dont l'occurrence est zoneDepot.

Voici le script qui se trouve sur la première image-clé de la timeline principale de l'animation.

Script

```
1 var elementsDansPanier = 0;
2 var listePanier = [];
3 var objets = ["lampe", "cle", "boussole", "argent"];
4 var posiX = [124, 237, 365, 502];
5 var posiY = [293, 300, 280, 310];
6 var placePanierVide = 30;
7 var niveauxObjetsPanier = 100;
8 //
9 for (i=0; i<=3; i++) {
10     _root.attachMovie(objets[i], objets[i], i);
11     _root[objets[i]]._x = posiX[i];
12     _root[objets[i]]._y = posiY[i];
13     _root[objets[i]].onPress = function() {
14         this.startDrag();
15     };
16     _root[objets[i]].onRelease = function() {
17         stopDrag();
18         if (this.hitTest(zoneDepot)) {
19             trace(this._name);
20             _root.zoneDepot.attachMovie(this._name, this._name, niveauxObjetsPanier);
21             _root.zoneDepot[this._name]._y = placePanierVide;
22             _root.zoneDepot[this._name]._xscale = 50;
23             _root.zoneDepot[this._name]._yscale = 50;
24             listePanier.push(this._name);
25             _root.zoneDepot[this._name].onPress = function() {
26                 objetSelectionnne = this._name;
27             };
28             //
29             niveauxObjetsPanier++;
```

```
30                    placePanierVide += 40;
31                    elementsDansPanier++;
32                    this.removeMovieClip();
33            }
34       };
35 }
36 this.onMouseMove = function() {
37       if (this._xmouse<40) {
38            zoneDepot._x = 31;
39       } else {
40            zoneDepot._x = -31;
41       }
42 };
```

Analyse

Ligne 1 : nous initialisons une première variable qui va contenir le nombre d'objets récoltés. Un texte dynamique situé sur la scène porte le même nom de variable, ce qui permettra d'afficher le résultat.

Ligne 2 : nous créons un tableau qui va contenir la liste des objets récoltés.

Ligne 3 : nous créons un nouveau tableau qui référence le nom de toutes les occurrences que nous allons placer sur la scène. Des symboles de la bibliothèque portent également ces mêmes noms de liaison.

Lignes 4 et 5 : nous définissons deux autres tableaux qui contiennent les positions horizontales et verticales des occurrences que nous allons devoir placer sur la scène.

Lignes 6 et 7 : pour finir, nous initialisons encore deux autres variables qui vont servir à placer les objets collectés dans la barre d'inventaire. `placePanierVide` définit la position verticale à laquelle doit venir se placer une occurrence collectée. `niveauxObjetsPanier` va nous servir à définir le niveau auquel doit être affectée l'occurrence placée avec la méthode `attachMovie()`.

Ligne 9 : sur la scène, cette boucle `for()` va placer les quatre occurrences dont les noms figurent dans le tableau `objets`. Nous aurions pu changer le chiffre 3 par `objets.length`, mais nous avons souhaité rendre le script plus lisible.

Lignes 10 à 12 : sur la scène, nous plaçons les symboles dont les noms de liaisons sont spécifiés dans le tableau `objets`.

Nous aurions pu utiliser la syntaxe suivante pour résumer ces trois lignes en une seule.

```
_root.attachMovie(objets[i], objets[i], i, {_x:posiX[i],_y:posiY[i]});
```

Ligne 13 : à chaque occurrence placée sur la scène, nous affectons un gestionnaire chargé de la rendre mobile.

Ligne 16 : ce gestionnaire va permettre de rendre immobile l'occurrence lorsque l'utilisateur relâchera le bouton de sa souris, mais surtout, le test suivant va être effectué.

Ligne 18 : si une occurrence est relâchée au-dessus de celle qui s'intitule `zoneDepot`, elle est alors détruite (ligne 32), on incrémente la valeur de la variable `elementsDansPanier` (ligne 31), et l'on replace une nouvelle occurrence du symbole qui vient d'être détruit dans l'occurrence `zoneDepot` (lignes 20 et 21).

Lignes 22 et 23 : on diminue l'échelle de l'occurrence.

Ligne 24 : on ajoute au tableau `listePanier`, une entrée dont le nom est celui de l'occurrence qui vient d'être placée dans le volet gauche de la scène (`zoneDepot`).

Ligne 25 : on affecte un gestionnaire qui va à nouveau rendre cliquable l'objet, une fois qu'il est dans le volet de gauche. C'est donc à partir de cette ligne qu'il faudrait ajouter d'autres lignes d'instructions pour étendre les fonctionnalités d'un objet collecté.

Ligne 30 : nous incrémentons cette variable utilisée pour définir la position verticale des occurrences dans le volet.

Lignes 36 à 41 : ce gestionnaire permet de faire sortir le volet du côté gauche de la scène.

6

Les éléments de formulaires

Il y a encore quelques mois, il était déconseillé d'utiliser les composants de Flash, car ils alourdissaient considérablement le poids des animations. Aujourd'hui, le haut débit n'est plus limité à une élite ou des professionnels de l'informatique, le nombre croissant de foyers connectés à Internet augmente de jour en jour très rapidement, nous pouvons donc nous permettre de ne plus trop regarder le poids de nos fichiers SWF.

Qui n'a jamais laissé son nom et son adresse e-mail sur un site ? Qui n'a jamais déroulé un menu local déroulant pour choisir une commande ? Nous allons donc analyser dans cette partie, deux études de cas qui proposent des menus déroulants, des cases à cocher et des boutons radio. Serez-vous à la hauteur du QCM qui vous attend ?

Réalisation d'un formulaire avec les composants Flash

Il y a quelques mois, les composants de formulaires étaient encore déconseillés à cause de leurs poids. Aujourd'hui, le haut débit se généralisant, il devient normal que nous les utilisions.

Dans notre animation, nous n'avons pas utilisé le composant `TextArea`, mais plutôt un simple texte de saisie pour construire une interface de formulaire classique.

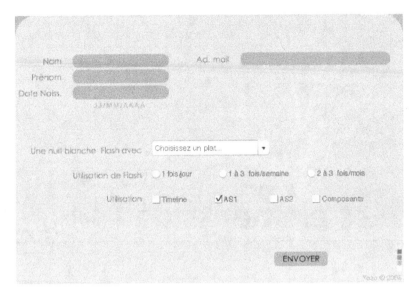

Figure 6-1

L'utilisation des composants présente l'avantage de construire rapidement un formulaire.

Attention

Ne confondez pas addListener() et addEventListener(), ce dernier doit être utilisé pour gérer les occurrences de composants de formulaires.

Description du fichier

Flash Player 6.0.79
et ultérieur

Chemin d'accès : ***Interface/ElementsFormulaires/FormComposantsFlash.fla***

La scène contient de nombreuses occurrences de différents types : textes de saisie, composants de types menu déroulant , combo box, bouton radio et case à cocher.

Consultez le fichier .fla pour connaître les noms d'occurrences.

Script

```
1 var listeInfos = [];
2 for (i=0; i<=5; i++) {
3      listeInfos.push(false);
4 }
5 listeInfos[3] = true;
6 //
7 vNom = vPrenom=vDateNaissance=vAdMail="";
8 //
```

```
 9 var professions = ["Choisissez un plat...", "Pizzas", "Gâteaux secs salés",
   ➡"Pâtes au fromage", "Gâteaux sucrés ou chocolat"];
10 var signesParticuliers = [false, "Gros mangeur", "Nerveux", "Gros mangeur gourmand",
   ➡"Gourmand"];
11 //
12 for (i=0; i<professions.length; i++) {
13     professions_comp.addItem({label:professions[i], data:signesParticuliers[i]});
14 }
15 //
16 jour_comp.setStyle("selected", false);
17 //
18 professions_comp.rowCount = professions.length;
19 professions_comp.setStyle("themeColor", "haloOrange");
20 professions_comp.setStyle("color", 0x5E685B);
21 //
22 _global.style.setStyle("color", 0x5E685B);
23 _global.style.setStyle("themeColor", "haloBlue");
24 _global.style.setStyle("fontSize", 11);
25 //
26 as1_comp.setStyle("color", 0x990000);
27 as1_comp.setStyle("selected", true);
28 //
29 //
30 var surveilMenu = new Object();
31 surveilMenu.change = function(resultat) {
32   //trace(resultat.target.selectedItem.label);
33   listeInfos[0] = resultat.target.value;
34   //trace(resultat.target.selectedIndex);
35 };
36 professions_comp.addEventListener("change", surveilMenu);
37 //---------------------------------------------
38 var surveilFrequenceUtilisation = new Object();
39 surveilFrequenceUtilisation.click = function(resultat) {
40   listeInfos[1] = resultat.target.selectedData;
41   for (i in resultat) {
42       trace(i);
43   }
44   //trace(resultat);
45 };
46 utilisation.addEventListener("click", surveilFrequenceUtilisation);
47 //---------------------------------------------
48 var lesUtilisations = ["Timeline", "AS1", "AS2", "Composants"];
49 var surveilUtilisation = new Object();
50 surveilUtilisation.click = function(resultat) {
51   elementClique = resultat.target.label;
52   for (i=0; i<lesUtilisations.length; i++) {
53       if (elementClique == lesUtilisations[i]) {
54           placeDansLaListe = i;
55           break;
56       }
57   }
```

111

```
58      etatCoche = resultat.target.selected;
59      listeInfos[2+placeDansLaListe] = etatCoche;
60      trace(listeInfos);
61  };
62  for (i=0; i<lesUtilisations.length; i++) {
63      terme = lesUtilisations[i].toLowerCase()+"_comp";
64      _root[terme].addEventListener("click", surveilUtilisation);
65  }
66  //
67  btValidation.onPress = function() {
68      etatNom = vNom.length != 0;
69      etatPrenom = vPrenom.length != 0;
70      etatDateNaissance = vDateNaissance.length != 0;
71      longueurDateNaissance = vDateNaissance.length == 10;
72      etatAdMail = vAdMail.length != 0;
73      arobasAdMail = vAdMail.indexOf("@") != -1;
74      contenuPoint1AdMail = vAdMail.substr(vAdMail.length-3, 1) == ".";
75      contenuPoint2AdMail = vAdMail.substr(vAdMail.length-4, 1) == ".";
76      contenuPointAdMail = contenuPoint1AdMail || contenuPoint2AdMail;
77      validiteNuit = listeInfos[0] != false;
78      validiteFreqUtil = listeInfos[1] != false;
79      if (etatNom && etatPrenom && etatDateNaissance && longueurDateNaissance && etatAdMail &&
        ➥arobasAdMail && contenuPointAdMail && validiteNuit && validiteFreqUtil) {
80          var contenuEnvoi = "";
81          contenuEnvoi = vNom+newline+vPrenom+newline+vDateNaissance+newline
        ➥+vAdMail+newline;
82          contenuEnvoi += listeInfos[0]+newline+"Utilisation "+listeInfos[1]+" de Flash.";
83          trace(contenuEnvoi);
84      }
85  };
```

Analyse

Lignes 1 à 4 : nous créons un tableau qui va contenir des valeurs booléennes, toutes initialisées à false au départ. Au fur et à mesure que l'utilisateur renseignera les champs du formulaire qu'il doit remplir, nous changerons la valeur de ces entrées à true. Avant d'envoyer le formulaire, nous pourrons le valider en testant si toutes les entrées de ce tableau ont pour valeur true.

Ligne 5 : dès le départ, nous initialisons l'index 3 (la quatrième entrée) du tableau à true.

Ligne 7 : nous vidons et initialisons ainsi le contenu des variables vNom, vPrenom, vDateNaissance et vAdMail qui sont celles de textes dynamiques sur la scène.

Ligne 9 : nous créons un tableau qui va servir de contenu pour le menu déroulant de cette animation.

Ligne 10 : nous définissons un deuxième tableau qui correspondra aux valeurs associées aux choix du menu déroulant.

Ligne 12 : ce tableau permet de remplir le menu déroulant dont le nom d'occurrence est `professions_comp`.

Ligne 16 : l'occurrence `jour_comp` a été la première à être placée sur la scène à partir d'un bouton radio. C'est elle qui est sélectionnée par défaut. Nous définissons son état de sélection à `false`, afin qu'aucun des trois boutons radio de cette animation ne soit coché.

Lignes 18 à 20 : nous configurons l'apparence du menu déroulant.

Lignes 22 à 24 : nous définissons à présent le style global utilisé pour l'ensemble des occurrences de composants, à l'exception du menu déroulant que nous venons de définir préalablement.

Lignes 26 à 27 : nous cochons par défaut cette case à cocher et changeons la couleur du texte.

Remarque

Vous n'aurez jamais un formulaire avec autant de différences de mise en forme, nous l'avons simplement fait exprès afin que vous découvriez des noms de propriétés pour les réglages d'une occurrence.

Nous allons à présent analyser les lignes d'instructions qui nous permettent de gérer le choix de l'utilisateur.

Ligne 30 : nous créons un objet pour lequel...

Lignes 31 à 36 : ...nous définissons un gestionnaire chargé de surveiller la sélection d'une commande du menu `professions_comp`.

Lignes 38 à 45 : nous répétons l'action pour les boutons radio en changeant l'événement `click` à la place de `change`. Précisons qu'`utilisation` est le nom de groupe auquel appartiennent les boutons radio. À la ligne 33, nous changeons l'index 1 de notre tableau `listeInfos`.

Lignes 48 à 61 : nous allons à présent analyser les lignes de code chargées de gérer les clics sur les cases à cocher.

Ligne 48 : nous créons une liste qui correspond aux noms des cases à cocher.

Lignes 49 et 50 : nous créons un objet chargé de surveiller la sélection de l'une des cases à cocher.

Ligne 51 : nous stockons dans cette variable le nom de la case à cocher.

Lignes 52 à 56 : lorsque l'utilisateur va cliquer sur l'une des cases à cocher, la variable `placeDansListe` va prendre pour valeur le numéro d'index du tableau `lesUtilisations`.

Ligne 58 : la variable `etatCoche` prend pour valeur `true` ou `false`.

Ligne 62 : cette boucle `for()` permet d'enclencher la surveillance des cases à cocher.

Ligne 67 : nous avons besoin d'effectuer un test, mais nous stockons dans des variables (lignes 65 à 75) des valeurs booléennes. Toutes doivent renvoyer true afin que le test de la ligne 76 permette d'exécuter les lignes 77 à 79.

Si vous deviez envoyer les données de ce formulaire, vous le feriez à la place de la ligne 80.

Réalisation d'un QCM

Nous allons vous proposer deux méthodes pour réaliser un QCM en Flash. La première animation utilisera, sur la timeline principale, des images-clés dans lesquelles le contenu va changer. Dans la deuxième animation, nous utiliserons un fichier XML, ce qui présente l'avantage d'être plus facile à mettre à jour.

Sortez votre raccourci clavier F6 ! Vous allez en effet créer autant d'images-clés que vous avez de questions. Cette technique présente l'avantage d'une construction statique plus visuelle, mais surtout plus contraignante. Si vous avez en effet plus de 6 ou 7 questions, cela va vite devenir rébarbatif de recommencer les mêmes manipulations.

Figure 6-2

Tant que vous n'avez pas sélectionné au moins un bouton radio, vous ne pouvez pas continuer la suite du QCM.

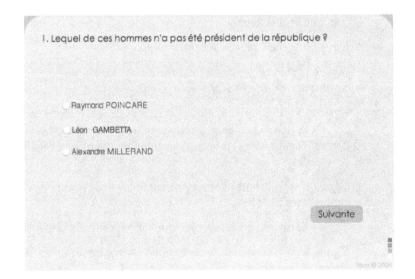

Attention

Vous ne devez pas confondre les événements onPress et click. Pour les occurrences de composants de formulaires, vous devez utiliser le deuxième l'événement onClick ne fonctionne pas car il n'existe pas.

Description du fichier

Flash Player 6.0.79
et ultérieur

Chemin d'accès : ***Interface/ElementsFormulaires/FormQCM.fla***

Commencez par créer un écran type avec trois boutons radio dont le nom de groupe est reponses. Chaque occurrence doit ensuite être configurée indépendamment, la copie d'écran de la figure 6.3 vous montre la configuration du premier bouton radio.

Figure 6-3

Vous devez sélectionner chacun des trois boutons afin de les configurer un à un. Seul l'un des trois possèdera la valeur 1 pour la propriété data.

Placez ensuite un texte qui contient la question ainsi que l'occurrence du bouton qui validera la réponse, nommez-la btSuite.

Programmez à présent l'image-clé 1 de l'animation principale.

Script

```
1 stop();
2 var scoreGlobal = 0;
3 var pointQuestion = -1;
4 //
5 btSuite.onPress = function() {
6     if (pointQuestion != -1) {
7         scoreGlobal += pointQuestion;
8         trace(scoreGlobal);
9         pointQuestion = -1;
10         nextFrame();
11     }
12 };
13 //
14 var surveil = new Object();
15 surveil.click = function(resultat) {
16     pointQuestion = resultat.target.selectedData;
17 };
18 reponses.addEventListener("click", surveil);
```

Ce deuxième script est placé sur la dernière image-clé de la timeline, sur l'écran où s'affichera le résultat.

```
1 switch (scoreGlobal) {
2 case 0 :
```

```
 3        commentaireResultat = "Aucune bonne réponse, mais bonne nouvelle, les plus grandes
          ➡bibliothèques qui se trouvent en France sont libres d'accès et gratuites. Pourquoi
          ➡n'iriez-vous pas y faire un tour. On apprend sûrement des choses très intéressantes";
 4        break;
 5 case 1 :
 6        commentaireResultat = "Une bonne réponse sur 5, c'est un bon début.\nContinuez sur
          ➡cette voie";
 7        break;
 8 case 2 :
 9        commentaireResultat = "Presque la moyenne, vous avez eu 2 bonnes réponses sur 5 ou
          ➡aussi fait 3 erreurs sur 5 !!!";
10        break;
11 case 3 :
12        commentaireResultat = "Vous avez plus de la moyenne ! Courage, à 2 bonnes réponses,
          ➡vous aviez 5 sur 5 !";
13        break;
14 case 4 :
15        commentaireResultat = "L'erreur est humaine !";
16        break;
17 case 5 :
18        commentaireResultat = "Parfait, vous avez trouvé toutes les bonnes réponses !";
19 }
```

Analyse

Ligne 1 : notre timeline contient plusieurs images-clés, il faut donc bloquer la tête de lecture sur la première.

Ligne 2 : cette variable va stocker le nombre de bonnes réponses.

Ligne 3 : cette variable va contenir le point affecté à chaque réponse de chaque image-clé.

Ligne 5 : ce gestionnaire va être chargé :

- Effectuer un test (ligne 6) pour s'assurer qu'un bouton radio a bien été coché (ligne 16).

- Gérer le score global du questionnaire (ligne 7).

- Réinitialiser la variable pointQuestion (ligne 9) avant de passer à l'image suivante (ligne 10).

Lignes 14 et 15 : nous créons un objet qui va être chargé de gérer les clics sur les boutons radio.

Ligne 16 : dans la variable pointQuestion, nous stockons la valeur définie pour chaque bouton radio dans la propriété data (figure 6-3).

Ligne 18 : n'oubliez pas cette dernière ligne d'instruction qui enclenche la surveillance relative aux clics sur les boutons radio.

Analysons à présent le script de la dernière image-clé de l'animation, qui propose d'afficher un commentaire en fonction du résultat.

Ligne 1 : plutôt que d'effectuer un test `if()`, nous préférons opter pour une structure de branchement de condition.

Lignes 2 à 4 : si la variable `scoreGlobal` vaut 0, la ligne 2 va exécuter la ligne 3.

Afin de ne pas continuer inutilement la recherche, nous interrompons le test à la ligne 4.

Bogue éventuel

Dans une telle application, le plus important est de réinitialiser une variable, pour empêcher l'utilisateur de passer à la question suivante tant qu'il n'a pas répondu à celle qui lui est proposée.

Réalisation d'un QCM avec un fichier XML

Voyons à présent comment faire un QCM plus simplement. Non pas dans son développement, mais dans la perspective de ses mises à jour…

Dans cette animation, nous allons opter pour une construction dynamique. Cela signifie que nous n'allons utiliser qu'une seule image-clé, quel que soit le nombre de questions contenues dans le fichier XML.

Description du fichier

Flash Player 6.0.79
et ultérieur

Chemin d'accès : ***Interface/ElementsFormulaires/FormQCM2.fla***

Comme dans l'animation précédente, nous avons trois occurrences de boutons radio qui n'ont pas été nommées, mais sur une seule image-clé. Nous n'utilisons plus la timeline pour l'affichage des différentes questions sur plusieurs images-clés.

Consultez la description du fichier de l'animation précédente pour plus de détails.

Changez le type de texte de la question en texte dynamique et donnez-lui le nom de variable suivant : `vQuestion`.

Nous avons créé un fichier XML qui contient six nœuds de niveau 1. Les cinq premiers correspondent aux cinq questions de ce questionnaire, leur nom de nœud est `Question`. Ils contiennent tous les cinq un attribut intitulé `intitule` et trois nœuds enfants de niveau 2 intitulés `Reponse`. Ces trois nœuds enfants possèdent une valeur et un attribut intitulé `point` dont la valeur correspond à la valeur de la réponse.

Le dernier nœud de niveau 1 s'intitule `Commentaires`. Il contient des nœuds enfants que nous allons afficher sur l'image-clé 2 en fonction de la valeur de la variable `scoreGlobal`.

Script

Un premier fichier XML intitulé `qcm.xml` contient les données suivantes :

```
1  <QCM>
2      <Question intitule="Lequel de ces hommes n'a pas été président de la république ?">
3          <Reponse point="0">Raymond POINCARE</Reponse>
4          <Reponse point="1">Léon GAMBETTA</Reponse>
5          <Reponse point="0">Alexandre MILLERAND</Reponse>
6      </Question>
7      <Question intitule="Que signifie l'acronyme PIB ?">
8          <Reponse point="0">Produit International Brut</Reponse>
9          <Reponse point="1">Produit Intérieur Brut</Reponse>
10         <Reponse point="0">Produit Industriel Bénéfique</Reponse>
11     </Question>
12     <Question intitule="La Finlande est une...">
13         <Reponse point="1">République</Reponse>
14         <Reponse point="0">Monarchie</Reponse>
15         <Reponse point="0">Monarchie parlementaire fédérale</Reponse>
16     </Question>
17     <Question intitule="Quelle est la langue officielle du Brésil ?">
18         <Reponse point="0">Espagnol</Reponse>
19         <Reponse point="0">Brésilien</Reponse>
20         <Reponse point="1">Portugais</Reponse>
21     </Question>
22     <Question intitule="L'Amour est un fleuve qui se trouve :">
23         <Reponse point="1">Asie</Reponse>
24         <Reponse point="0">Europe</Reponse>
25         <Reponse point="0">Amérique du nord</Reponse>
26     </Question>
27     <Commentaires>
28         <Commentaire>0 sur 5. Vous ne pourrez que faire mieux la prochaine fois.
           ➥</Commentaire>
29         <Commentaire>1 sur 5. C'est un bon début. Sur Internet, vous trouverez
           ➥sûrement les adresses des bibliothèques de votre ville.</Commentaire>
30         <Commentaire>2 sur 5. Presque la moyenne.</Commentaire>
31         <Commentaire>3 sur 5. Vous avez la moyenne.</Commentaire>
32         <Commentaire>4 sur 5. L'erreur est humaine.</Commentaire>
33         <Commentaire>5 sur 5. Parfait. No comment.</Commentaire>
34     </Commentaires>
35 </QCM>
```

Ces données représentent les questions, réponses et évaluations comme les noms l'indiquent.

L'animation qui possède, rappelons-le, uniquement deux images-clés, une pour les questions, une autre pour les réponses, contient les deux scripts :

Sur l'image-clé 1 :

```
1 stop();
2 var scoreGlobal = 0;
3 var pointQuestion = -1;
4 var questionAafficher = 0;
5 //
```

```
 6 remplirQuestion = function () {
 7   vQuestion = questionAafficher+1+". "+chargeQuest.childNodes[0].childNodes
     �th[questionAafficher].attributes.intitule;
 8   question1_comp.label = chargeQuest.childNodes[0].childNodes[questionAafficher]
     �th.childNodes[0].firstChild;
 9   question2_comp.label = chargeQuest.childNodes[0].childNodes[questionAafficher]
     �th.childNodes[1].firstChild;
10   question3_comp.label = chargeQuest.childNodes[0].childNodes[questionAafficher]
     �th.childNodes[2].firstChild;
11   question1_comp.data = chargeQuest.childNodes[0].childNodes[questionAafficher]
     �th.childNodes[0].attributes.point;
12   question2_comp.data = chargeQuest.childNodes[0].childNodes[questionAafficher]
     �th.childNodes[1].attributes.point;
13   question3_comp.data = chargeQuest.childNodes[0].childNodes[questionAafficher]
     �th.childNodes[2].attributes.point;
14 };
15 chargeQuest = new XML();
16 chargeQuest.load("qcm.xml");
17 chargeQuest.ignoreWhite = true;
18 chargeQuest.onLoad = function() {
19   remplirQuestion();
20 };
21 //
22 btSuite.onPress = function() {
23   if (pointQuestion != -1) {
24       scoreGlobal += pointQuestion;
25       trace(scoreGlobal);
26       pointQuestion = -1;
27       question1_comp.setStyle("selected", false);
28       question2_comp.setStyle("selected", false);
29       question3_comp.setStyle("selected", false);
30       questionAafficher++;
31       if (questionAafficher<chargeQuest.childNodes[0].childNodes.length-1) {
32          remplirQuestion();
33       } else {
34          nextFrame();
35       }
36   }
37 };
38 //
39 var surveil = new Object();
40 surveil.click = function(resultat) {
41       pointQuestion = Number(resultat.target.selectedData);
42 };
43 reponses.addEventListener("click", surveil);
```

Sur l'image-clé 2 :

```
1 var dernierNoeud = chargeQuest.childNodes[0].childNodes.length-1;
2 commentaireResultat = chargeQuest.childNodes[0].childNodes[dernierNoeud]
3 �th.childNodes[scoreGlobal].firstChild;
```

Analyse

Ligne 1 : notre timeline contient plusieurs images-clés, il faut donc bloquer la tête de lecture sur la première.

Ligne 2 : cette variable va stocker le nombre de bonnes réponses.

Ligne 3 : cette variable va contenir le point affecté à chaque réponse de chaque image-clé.

Ligne 4 : nous n'allons pas changer d'image-clé pour afficher les différentes questions, nous devons donc stocker dans une variable, le numéro de nœud à utiliser.

Ligne 6 : cette fonction va être chargée :

- D'afficher la nouvelle question de la scène.
- De changer les textes qui apparaissent à droite des boutons radio (lignes 8 à 10).
- De changer les valeurs des propriétés data associées à chaque occurrence de bouton radio (lignes 11 à 13).

Lignes 15 à 20 : ces lignes assurent le chargement du fichier XML qui contient les questions.

Ligne 22 : ce gestionnaire va être chargé :

- D'effectuer un test (ligne 23) pour s'assurer qu'un bouton radio a bien été coché (ligne 41).
- De gérer le score global du questionnaire (ligne 24).
- De réinitialiser la variable pointQuestion (ligne 26) avant d'afficher la question suivante (lignes 30 et 31).

À la ligne 31, un test vérifie s'il reste des questions à afficher ; dans le cas contraire, la tête de lecture est déplacée sur l'image-clé 2 qui contient le script des deux lignes présentées ci-dessus.

Ligne 1 : rappelons que vous pouvez ajouter autant de nœuds que vous le souhaitez avant le dernier, c'est-à-dire autant de questions. Le commentaire à afficher sur l'image 2 se trouve donc dans le dernier nœud de niveau 1. Nous stockons donc dans une variable le numéro du dernier nœud.

Ligne 2 : nous utilisons la valeur de la variable scoreGlobal pour afficher le nœud correspondant.

Bogue éventuel

Il ne s'agit pas d'un bogue, mais d'une approche différente que nous aurions pu retenir pour le choix des commentaires. En effet, dans nos deux exemples, nous avons prévu autant de commentaires qu'il y a de questions. Si nous avions 30 questions, nous aurions pu prévoir quatre commentaires différents. Il aurait dans ce cas fallu prévoir quatre tests pour redonner à la variable scoreGlobal ou une autre, une valeur comprise entre 0 et 4. De ce fait, seulement 4 nœuds enfants de niveau 2 du dernier nœud de niveau 1 auraient été suffisants.

7

Scroll et panoramiques

Dans de nombreuses applications, il est indispensable d'être capable de déplacer une occurrence sur la scène. Nous n'allons pas apprendre dans cette partie à déplacer un personnage sur la scène, mais plutôt des surfaces plus grandes telles qu'une photo ou un plan au travers d'un masque, un défilement de plusieurs plans pour simuler une profondeur de « champs » !

Référez-vous au chapitre 11 pour le déplacement de personnages ou d'objets.

Scroll à vitesse constante

Classique ! La position de la souris qui contrôle le défilement horizontal d'une occurrence est une des techniques les plus fréquentes ! Nous nous devions donc de vous présenter une telle animation.

Attention

Nous employons exceptionnellement dans cette animation, des procédés de développement qui ne sont pas conseillés : noms d'occurrences avec des espaces et des caractères spéciaux. Nous plaçons du code à l'intérieur d'un symbole ! Nous avons opté pour cette solution pour limiter le code et l'utilisation de tableaux.

Figure 7-1

En fonction de la position de la souris, le panorama défile vers la gauche ou la droite

Description du fichier

Flash Player 6
et ultérieur

Chemin d'accès : ***Interface/ScrollsPanneaux/ScrollVitesseConstante.fla***

Une image a donc été placée sur la scène, puis transformée en clip. Son nom d'occurrence est imageVille. Cette dernière contient des occurrences issues d'un même symbole, qui lui-même contient un script présenté ci-après.

Afin de voir le défilement de l'image dans une zone restreinte en largeur, nous avons utilisé un masque. Le nom de son occurrence est tout simplement masque.

Le script suivant peut donc vous paraître simple, mais rappelons que le code qui permet d'afficher le nom des lieux survolés sur l'image se trouve dans le symbole Cadre-Blanc.

Script

```
1 imageVille.setMask(masque);
2 this.onEnterFrame = function() {
3     if (this._xmouse>175 && this._xmouse<225 && imageVille._x<518) {
4         imageVille._x += 3;
5     }
6     if (this._xmouse>375 && this._xmouse<425 && imageVille._x>81) {
7         imageVille._x -= 3;
8     }
9 };
```

Analyse

Ligne 1 : nous commençons par masquer le contour de notre image afin qu'elle ne soit visible qu'au centre de la scène.

Ligne 2 : ce gestionnaire va exécuter en continu le test qui permet de déplacer l'image panoramique de notre animation lorsque la souris est sur les côtés du cadre central, et de contrôler si elle ne va pas trop loin à gauche ou à droite de la scène.

Déplacement d'un point à un autre dans un plan panoramique

Pour la réalisation de ce type de panoramique, il existe deux techniques.

- Un clic sur une zone déplace un rectangle de sélection qui fait alors défiler l'image principale de grande taille.
- Vous déplacez un rectangle de sélection sur une représentation miniature de l'image à visualiser à plus grande échelle dans une autre partie de l'interface.

Quelles que soient les animations, toutes deux utilisent des techniques très répandues.

Figure 7-2

Dans la frise du bas, vous pouvez directement cliquer à différents endroits, ou vous pouvez également déplacer le cadre blanc en le saisissant et en le déplaçant.

Description des fichiers

Interface/ ScrollsPanneaux /ScrollDeplacements.fla

Interface/ ScrollsPanneaux /ScrollDeplacements2.fla

Les deux animations contiennent toutes les deux les occurrences suivantes :

- grandeFrise : la grande image du haut ;
- petiteFrise : la petite image du bas ;
- leMasque : le rectangle aux dimensions correspondant à la taille de la grande image telle qu'on la voit sur la figure 7-2.
- cadreFrise : le rectangle qui va se déplacer tout seul par glissement lors du clic sur la petite frise, ou en le faisant glisser de gauche à droite.

Le script est ensuite très court et très simple, il faut juste connaître les dimensions de toutes ces occurrences que nous venons d'énoncer, car des calculs sont nécessaires.

Script

Exceptionnellement, nous avons laissé des lignes de commentaires, car des explications sur les calculs des coefficients et limites sont nécessaires. Nous y revenons tout de même dans l'analyse du script.

```
1 grandeFrise.setMask(leMasque);
2 //
3 petiteFrise.onPress = function() {
4     destinationX = _root._xmouse-50.4;
5     this.onEnterFrame = function() {
6         if (cadreFrise._x<=475 && cadreFrise._x>=25) {
7             cadreFrise._x += (destinationX-cadreFrise._x)*0.1;
8             // grandeFrise._x += (((destinationX)*-5.454)-grandeFrise._x)*0.1;
9             grandeFrise._x = ((cadreFrise._x-25)*-5.444)+25;
10            // 5.44 = 2450/450
11            // 2450 = 3000-550 (Déplacement grande frise)
12            // 450 = 475-25 (Déplacement petite frise)
13            if(Math.abs(destinationX-cadreFrise._x)<1) delete this.onEnterFrame
14        }
15        if (cadreFrise._x>475) {
16            cadreFrise._x = 475;
17            grandeFrise._x = -2425;
18        }
19        if (cadreFrise._x<25) {
20            cadreFrise._x = 25;
21            grandeFrise._x = 25;
22        }
23    }
24 };
```

Panoramique à déplacement par glisser-déplacer d'une zone de sélection :

```
 1 grandeFrise.setMask(leMasque);
 2 //
 3 cadreFrise.onPress = function() {
 4      this.startDrag(0, 25, 343.6, 475, 343.6);
 5      cadreFrise.onMouseMove = function() {
 6          grandeFrise._x = ((cadreFrise._x-25)*-5.444)+25;
 7      };
 8 };
 9 cadreFrise.onRelease = cadreFrise.onReleaseOutside=function () {
10      stopDrag();
11      delete cadreFrise.onMouseMove;
12 };
```

Analyse

Commençons par l'analyse du premier script.

Ligne 1 : nous masquons l'image en dehors de la zone correspondant à la surface de l'occurrence intitulée leMasque.

Ligne 3 : ce gestionnaire va permettre de lancer le défilement horizontal du cadre qui se trouve sur la petite frise.

Ligne 4 : lorsque vous cliquez sur la petite frise, une variable stocke un point sur lequel doit venir se placer le cadre.

Ligne 5 : ce gestionnaire va permettre d'exécuter en continu un test qui s'assure que le cadre n'est pas envoyé trop loin (ligne 6), c'est-à-dire avant ou après la petite frise. Il exécute également le défilement de la grande frise (ligne 9) ainsi que celui du petit cadre (ligne 7).

Ligne 13 : si le cadre est arrivé à son point de destination (ligne 4), nous détruisons le traitement qui assure le déplacement de la grande frise et du cadre (ligne 5).

Lignes 15 à 22 : si le cadre dépasse ses limites, nous le recalons précisément ainsi que la grande frise.

Comme vous pouvez le constater, le script est simple, mais le plus difficile est de calculer les bons coefficients et rapports entre la grande et la petite image.

La valeur 2450 résulte du calcul suivant : largeur de la grande frise moins la largeur de la zone dans laquelle elle est visible.

La valeur 450 résulte du calcul suivant : largeur de la zone dans laquelle le cadre peut bouger moins la largeur du cadre.

La valeur 5.4 résulte du calcul suivant : largeur de la zone de défilement de la grande image par rapport à celle de la petite.

Analysons à présent le deuxième script.

Ligne 1 : nous masquons l'image en dehors de la zone correspondant à la surface de l'occurrence intitulée `leMasque`.

Ligne 3 : lorsque l'utilisateur va cliquer sur le cadre…

Ligne 4 : …l'occurrence du cadre va être rendue mobile, mais contrainte à se déplacer sur un axe précis. Du 25e pixel du bord gauche de la scène au 475e.

Ligne 5 : ce gestionnaire assure le défilement de la grande frise (ligne 6) lorsque l'utilisateur bouge sa souris.

Ligne 9 : si l'utilisateur relâche le bouton de sa souris, nous devons annuler l'exécution du gestionnaire de la ligne 5 et arrêter la mobilité du petit cadre.

Défilement de plusieurs plans

Cette étude de cas est intéressante, car elle propose une simulation de déplacement avec une certaine profondeur, donnant ainsi une sensation proche de la réalité. Cette technique est très utilisée pour les jeux où un personnage doit se déplacer de gauche à droite de l'écran, alors qu'un décor en fond ne bouge pas à la même vitesse.

Figure 7-3

Cette image est composée de trois occurrences qui ne se déplacent pas toutes à la même vitesse de gauche à droite : le premier plan, les champs avec les arbres, et les nuages.

8

Les transitions

Il est encore rare de voir des animations où le changement d'image se fait en fondu ! Et pourtant, c'est la transition la plus simple que nous vous proposons dans cette partie. Nous nous sommes arrêtés au fondu, mais il serait très simple d'adapter le code proposé pour changer la transition : _y à la place de la propriété _alpha, et vous obtenez un volet.

Savez-vous que depuis Flash MX 2004, il est possible d'utiliser la classe TransitionManager() pour gérer des transitions dans une animation ? Nous allons vous proposer une animation qui utilise cette technique, le code est un peu complexe pour un néophyte, mais il est assez court.

Transition entre deux images

Pour visualiser les photos de notre animation avec une transition, nous allons utiliser l'ActionScript, et non les images de la timeline. Il est important de préciser que nous avons utilisé la classe MovieClipLoader() afin de gérer plus facilement le chargement des images. Cette technique est plus contraignante et semble moins abordable que la méthode loadMovie(), mais c'est une question d'habitude facile à changer.

Figure 8-1

La navigation se fait simplement, par deux boutons qui deviennent transparents s'ils ne sont plus actifs.

Description du fichier

Flash Player 6 et ultérieur

Chemin d'accès : ***Interface/Transitions/TransitionsImages.fla***

Sur la scène, nous avons disposé 3 occurrences intitulées btPrecedente, btSuivante et cadreChargement. Les deux premières correspondent aux boutons pour contrôler le diaporama, alors que la dernière est celle qui va contenir les photos chargées avec loadClip().

Script

```
1 chargeurImages = new MovieClipLoader();
2 //Coeur du code
3 chargeurImages.onLoadComplete = function() {
4      //Coeur du code
5      cadreChargement.onEnterFrame = function() {
6          this._alpha += 5;
7          if (this._alpha>=100) {
8              delete this.onEnterFrame;
9          }
10     };
11 };
12 //Coeur du code
13 //
14 btPrecedente.enabled = false;
15 btPrecedente._alpha - 30;
16 //
17 var numeroImage = 0;
18 //
```

```
19 btSuivante.onPress = function() {
20      numeroImage++;
21      verifierLimites();
22      cadreChargement._alpha = 0;
23      chargeurImages.loadClip("images/img"+numeroImage+".jpg", cadreChargement);
24      //Coeur du code
25 };
26 //
27 btPrecedente.onPress = function() {
28      numeroImage--;
29      verifierLimites();
30      cadreChargement._alpha = 0;
31      chargeurImages.loadClip("images/img"+numeroImage+".jpg", cadreChargement);
32 };
33 //
34 verifierLimites = function () {
35      if (numeroImage>=6) {
36          btSuivante.enabled = false;
37          btSuivante._alpha = 30;
38      } else {
39          btSuivante.enabled = true;
40          btSuivante._alpha = 100;
41      }
42      //
43      if (numeroImage<=1) {
44          btPrecedente.enabled = false;
45          btPrecedente._alpha = 30;
46      } else {
47          btPrecedente.enabled = true;
48          btPrecedente._alpha = 100;
49      }
50 };
```

Analyse

Ligne 1 : nous créons une instance de la classe MovieClipLoader() afin de gérer le chargement des images de notre diaporama.

Ligne 3 : ce gestionnaire permet d'exécuter les lignes d'instructions qu'il contient, lorsque le chargement demandé aux lignes 23 et 31 est terminé.

Ligne 5 : lorsque l'utilisateur demande le chargement d'une image en cliquant sur le bouton Suivante ou Précédente, l'occurrence qui va recevoir l'image est rendue transparente à 100 % (lignes 22 et 30). Ce gestionnaire va donc permettre de rendre peu à peu cette occurrence opaque (ligne 6).

Ligne 7 : si l'occurrence est à 100 % de son opacité, le gestionnaire onEnterFrame est annulé.

Lignes 14 et 15 : nous désactivons le bouton Précédente en le rendant non cliquable et légèrement transparent pour donner l'impression qu'il n'est pas utilisable.

Ligne 17 : cette ligne va stocker le numéro d'image qui va être demandé par le chargement. La valeur de cette variable va s'incrémenter à chaque demande de lecture de l'image suivante.

Lignes 19 à 25 : gestionnaire associé à l'occurrence, qui va permettre de visualiser l'image suivante. Nous commençons par incrémenter le numéro d'image à charger (ligne 20), puis nous vérifions que le numéro demandé n'excède pas la limite des images disponibles. Lorsque toutes ces instructions sont exécutées, nous demandons le chargement de l'image (ligne 31).

Lignes 27 à 32 : chargement des images déjà vues.

Lignes 34 à 50 : si la dernière image est affichée, nous rendons légèrement transparent le bouton Suivante (ligne 37) et nous le désactivons (ligne 36).

Bogue éventuel

Pour un diaporama, il est important de gérer l'état inactif d'un bouton lorsqu'il n'y a plus d'images à afficher. Le rôle des lignes 14, 36 et 44 est donc capital pour éviter le bogue d'un chargement sans résultat.

Transition au chargement d'une animation

La technique de l'étude de cas précédente pourrait s'appliquer au chargement d'une animation. Si vous la trouvez trop complexe, voici une autre méthode pour appliquer une transition entre deux images, ou deux écrans.

L'avantage de cette technique est de pouvoir construire visuellement une interface de façon statique.

Description du fichier

Flash Player 6 et ultérieur

Chemin d'accès : *Interface/Transitions/TransitionsChargeAnim.fla*

Nous avons créé trois animations que nous avons transformées en fichiers .swf. Elles contiennent seulement une image et un titre.

Par ailleurs, nous avons construit une autre animation qui va charger les trois premières. Elle contient un script de 9 lignes !

Script

Voici le script se trouvant sur la première image-clé de la timeline principale qui exécute le chargement des trois autres fichiers .swf.

```
1 bt1.onPress = function() {
2     loadMovieNum("animation1.swf", 1);
3 };
4 bt2.onPress = function() {
5     loadMovieNum("animation2.swf", 1);
6 };
7 bt3.onPress = function() {
8     loadMovieNum("animation3.swf", 1);
9 };
```

La première image-clé de la timeline principale des trois animations chargées doit contenir le script suivant :

```
1 this._alpha = 0;
2 this.onEnterFrame = function() {
3     this._alpha += 3;
4     if (this._alpha>=100) {
5         this._alpha = 100;
6         delete this.onEnterFrame;
7     }
8 };
```

Analyse

Script de l'animation principale : trois gestionnaires demandant simplement le chargement d'animations (.swf) au niveau 1.

Script placé sur la première image-clé de chaque animation chargée :

Ligne 1 : l'animation est rendue transparente dès la fin du chargement, avant que l'affichage ne se fasse.

Ligne 2 : ce gestionnaire va rendre l'animation de plus en plus opaque. Le mot-clé this fait référence dans ce cas à l'animation dans son intégralité.

> **Remarque**
>
> Si vous n'encapsulez pas la description des caractères d'un texte dynamique ou de saisie, la transparence ne sera pas valable (pour le texte uniquement).

Transition en utilisant la classe TransitionManager()

Cette technique de transition n'est pas uniquement valable dans Flash 8, elle l'est depuis le player Flash 6 (6.0.79.0 pour être plus précis). Il vous suffit d'importer deux classes et d'écrire une ligne d'instruction.

Pour réaliser une telle transition, il existe deux syntaxes vraiment différentes l'une de l'autre, et qui présentent chacune des avantages et des inconvénients. Dans les deux cas, vous devez importer les classes des transitions et d'effets.

```
import mx.transitions.*;
import mx.transitions.easing.*;
```

Si vous n'importez pas ces classes, vous avez alors la possibilité d'y faire directement référence dans la ligne d'instruction faisant appel aux méthodes `start()` ou `startTransition()`, mais elles sont plus longues. Nous reviendrons sur cette solution à la fin de cette explication.

Méthode 1 : utilisation de la méthode `start()` dans laquelle on précise le nom de l'occurrence à afficher avec une transition. Lorsque les classes sont importées sur la même image, on peut ajouter autant de lignes d'instructions contenant la méthode `start()` que l'on souhaite. En revanche, d'une image à l'autre, il est indispensable de ré-importer ces classes pour refaire une transition.

```
TransitionManager.start(balle, {type:Fly, direction:Transition.IN, duration:3,
➥easing:Elastic.easeOut, startPoint:4});
```

Méthode 2 : utilisation de la méthode `startTransition()` dans laquelle on ne précise pas le nom de l'occurrence à afficher avec une transition. Vous devez préalablement instancier la classe `TransitionManager()`.

```
maTransition:TransitionManager = new TransitionManager(balle);
maTransition.startTransition({type:Zoom, direction:Transition.OUT, duration:3,
➥easing:Bounce.easeOut});
```

Vous noterez qu'il a fallu passer par l'instanciation d'une classe, cela n'est peut-être pas pratique si vous devez traiter plusieurs occurrences à la fois.

Comme nous l'évoquions ci-dessus, si vous ne souhaitez pas importer les classes, voici à quoi peut ressembler une ligne d'instruction.

```
mx.transitions.TransitionManager.start(myMovieClip_mc, {type:mx.transitions.Zoom,
➥direction:mx.transitions.Transition.IN, duration:1, easing:mx.transitions
➥.easing.Bounce.easeOut});
```

Description du fichier

Flash Player 6.0.79
et ultérieur

Chemin d'accès : ***Interface/Transitions/TransitionsImageTween.fla***

Dans cette animation, nous avons opté pour un chargement des images directement dans le fichier. Nous utilisons également des images-clés au lieu d'un script de chargement dynamique. Nous avons souhaité opter pour cette solution afin que le peu de code présent dans cette animation soit celui des transitions.

Nous plaçons donc la commande stop() sur la première image-clé de la timeline principale, puis nous faisons appel à nos lignes de code.

Astuce

Nous avons placé dans le dossier Interface/Transitions, un fichier .swf intitulé PaletteYazo.swf que vous pouvez copier dans le dossier suivant :

Sous Windows : C:\Documents and Settings\nomdevotresession\Local Settings\Application Data\Macromedia\Flash 8\fr\Configuration\WindowSWF.

Sous Mac : votre ordinateur/disquedur/Utilisateurs/nomutilisateur/Bibliothèque/Application Support/Macromedia/Flash 8/fr/Configuration/WindowSWF.

Il s'agit d'une animation qui vous permettra de visualiser les différentes transitions possibles ainsi que les effets qui les accompagnent. Pensez simplement à afficher cette palette via la commande Fenêtre>Autres panneaux, et à l'amarrer à la palette Propriété.

Script

Nous avons placé plusieurs lignes de transitions sur les différentes images-clés de l'animation, ouvrez cette dernière pour en avoir un aperçu.

```
1 stop();
2 this.onMouseDown = function() {
3     nextFrame();
4 };
5 import mx.transitions.*;
6 import mx.transitions.easing.*;
7 TransitionManager.start(visuel1_inst, {type:Fly, direction:Transition.IN, duration:3,
  ➥easing:Elastic.easeOut, startPoint:4});
```

Analyse

Nous n'avons pas voulu compliquer davantage le code de cette animation, de ce fait, nous avons opté pour une disposition des images sur la timeline. Si vous souhaitez rendre le diaporama dynamique, servez-vous de l'animation utilisée pour traiter des transitions entre deux images.

Ligne 1 : nous bloquons la tête de lecture de l'animation car elle contient plusieurs images-clés.

Ligne 2 : nous définissons le gestionnaire `onMouseDown` afin que l'animation sache ce qu'elle doit faire lorsque l'utilisateur clique sur la scène. Dans notre exemple, il s'agit de notre système de navigation linéaire. Nous aurions pu ajouter un test sur la dernière image-clé de l'animation pour renvoyer la tête de lecture sur la première image-clé de l'animation.

Lignes 5 et 6 : afin de pouvoir exécuter notre transition, nous avons besoin d'importer les packages de ces deux classes.

Lignes 7 : cette ligne d'instruction va cibler l'occurrence sur laquelle doit se faire la transition (`visuel1_inst`), puis nous indiquons le type de transition (`Fly`).

Bogues éventuels

Si vous avez des bogues dans une telle animation, assurez-vous que vous avez bien importé les packages et renseigné correctement les paramètres attendus.

9

Constructions dynamiques d'interfaces

Nous avons déjà eu l'occasion de l'évoquer à de nombreuses reprises depuis le début de ce livre, vous devez essayer de développer des animations faciles à mettre à jour, faisant appel au XML, dont la construction se fait au moment de la lecture de l'animation, c'est-à-dire à l'exécution du fichier .swf. Une seule solution, la construction dynamique ! Comment procéder ? Il existe de nombreuses techniques, mais elles s'appuient généralement toutes sur les mêmes méthodes : `LoadVars()`, `loadMovie()`, `loadClip()`, `load()`, `attachMovie()`, `duplicateMovieClip()`, `removeMovieClip()`... Toutes ces méthodes de classes permettent de charger au moment de l'exécution des fichiers, des données qui ne se trouvent pas dans la bibliothèque de l'animation.

Placement dynamique de symboles sur la scène

La première animation de ce chapitre est très intéressante, mais surtout très importante. Nous allons en effet découvrir que le placement d'un symbole sur la scène ne se fait pas obligatoirement au moment de la construction de l'animation au moyen de la timeline, du scénario et de la scène, mais aussi avec l'ActionScript.

Figure 9-1

Cliquez sur une case puis sur une des formes (tuyaux) de la palette du bas de l'écran. Cliquez sur une forme placée sur la grille pour la faire tourner.

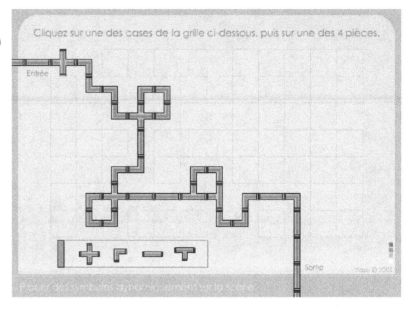

Rappel

La boucle imbriquée est une des meilleures solutions pour créer un quadrillage, c'est-à-dire la création répétée de lignes et de colonnes. Une ligne est obtenue par la création répétée de cases (occurrences) placées côte à côte. Les lignes sont alors elles-mêmes créées de façon répétitive.

Description du fichier

Flash Player 6 et ultérieur

Chemin d'accès : ***Interface/ConstructionDynamique/DynPlaceSymbole.fla***

L'animation possède déjà de nombreuses occurrences sur la scène, mais seules deux d'entre elles sont importantes, `cadreSelection` et `palette`. Cette dernière contient d'ailleurs 4 autres occurrences intitulées `pieceCroisement`, `pieceCoude`, `pieceDroite` et `pieceT`.

Nous avons placé les formes à disposer sur la grille dans une palette, afin qu'elles puissent être déplacées pour faciliter les clics sur ces pièces.

Script

```
1 var typesDeCases = ["coude", "croisement", "t", "droit"];
2 var caseActive = false;
3 var ex = 0;
4 //
5 for (i=0; i<=11; i++) {
```

```
6      for (j=0; j<=6; j++) {
7          ex++;
8          quelleCase = typesDeCases[random(4)];
9          _root.attachMovie("caseVide", "case"+ex, ex);
10         _root["case"+ex]._x = 80+i*40;
11         _root["case"+ex]._y = 80+j*40;
12         _root["case"+ex].onPress = function() {
13             caseActive = true;
14             profondeur = this.getDepth();
15             placeX = cadreSelection._x=this._x;
16             placeY = cadreSelection._y=this._y;
17         };
18     }
19 }
20 cadreSelection.swapDepths(1000);
21 //
22 placerPiece = function (nomLiaison) {
23     if (caseActive) {
24         piece = _root.attachMovie(nomLiaison, "case"+profondeur, profondeur);
25         piece._x = placeX;
26         piece._y = placeY;
27         piece.onPress = function() {
28         this._rotation += 90;
29         };
30         cadreSelection._x = -40;
31         cadreSelection._y = -40;
32     }
33 };
34 palette.pieceT.onPress = function() {
35     placerPiece("t");
36 };
37 palette.pieceCoude.onPress = function() {
38     placerPiece("coude");
39 };
40 palette.pieceCroisement.onPress = function() {
41     placerPiece("croisement");
42 };
43 palette.pieceDroite.onPress = function() {
44     placerPiece("droit");
45 };
46 //
47 palette.swapDepths(1001);
48 palette.poignee.onPress = function() {
49     _root.palette.startDrag();
50 };
51 palette.poignee.onRelease = palette.poignee.onReleaseOutside=function () {
52     stopDrag();
53 };
```

Analyse

Ligne 2 : cette variable va nous permettre de ne placer un symbole sur la grille qu'à partir du moment où l'utilisateur aura cliqué sur une case.

Ligne 3 : au moment de la construction du quadrillage, pour chaque occurrence placée sur la scène, nous allons avoir besoin d'une valeur qui va nous servir de niveau et de suffixe pour lui donner un nom par concaténation.

Lignes 5 et 6 : nous allons à présent créer le quadrillage sur la scène. Nous avons donc besoin d'exécuter deux boucles imbriquées afin de créer 7 lignes de 12 cases.

Ligne 7 : nous incrémentons cette variable, afin de changer de valeur et définir le niveau et le nom de chaque occurrence.

Lignes 9 à 11 : pour la création du tableau, le symbole qui représente une case porte le nom de liaison `caseVide`.

Remarque

Rappelons que vous pouvez utiliser la syntaxe ci-dessous pour passer de 3 à 1 ligne d'instruction.

```
_root.attachMovie("caseVide", "case"+ex, ex,{_x:80+i*40,_y:80+j*40});
```

Ligne 12 : pour chaque case posée sur la scène, nous définissons un gestionnaire qui va être chargé de :

- placer un cadre rouge pour indiquer l'emplacement de la prochaine pièce à déposer sur le quadrillage (lignes 15 et 16) ;

- changer la valeur de la variable `caseActive` pour préciser qu'un clic sur l'une des formes de la palette de tuyaux peut déclencher son positionnement (ligne 13) ;

- mémoriser l'emplacement de la case sélectionnée (lignes 15 et 16).

Ligne 20 : la construction de cette animation se fait en deux temps. Nous avons intégré des occurrences sur la scène telles que le cadre rouge et nous programmons ensuite des instructions qui vont être chargées de construire le tableau. Ces dernières vont donc posséder des niveaux supérieurs à celui du cadre rouge. Nous devons donc replacer ce dernier au-dessus du quadrillage en utilisant la méthode `swapDepths()` avec une valeur élevée.

Ligne 22 : cette fonction va assurer le placement d'un des quatre symboles dont les noms de liaisons sont t, `coude`, `croisement` et `droit`.

Ligne 23 : nous testons d'abord si l'utilisateur a cliqué sur l'une des cases du quadrillage.

Lignes 24 à 26 : si tel est le cas, nous plaçons l'un des quatre symboles sur la scène. Son nom de liaison est précisé comme paramètre de la fonction (ligne 20 : `nomLiaison`).

Lignes 27 à 29 : pour chaque pièce de tuyau placée sur le quadrillage, nous définissons un gestionnaire chargé de faire tourner l'occurrence de 90°.

Lignes 30 et 31 : nous sortons également le cadre rouge de la scène.

Lignes 34 à 45 : ces 4 gestionnaires vont permettre d'appeler la fonction chargée de placer les symboles sur la scène. Rappelons que nous avons regroupé les quatre boutons `pieceT`, `pieceCoude`, `pieceCroisement` et `pieceDroite` dans un clip dont une occurrence figure sur la scène sous le nom `palette`.

Ligne 47 : afin que la palette des formes (tuyaux) se trouve au-dessus du quadrillage, nous la changeons de niveau comme nous l'avons précédemment fait avec le cadre rouge (ligne 20).

Lignes 48 à 53 : ces gestionnaires permettent uniquement de rendre la palette transparente.

Voilà, l'intérêt du jeu est plutôt limité, nous ne gagnons rien à rejoindre les deux extrémités déjà présentes sur la scène, à vous donc d'imaginer la suite et fin de ce jeu.

Bogue éventuel

Lorsque vous réalisez un quadrillage, vous devez toujours garder à l'esprit la nécessité d'utiliser une variable qui va servir de niveau et de suffixe de nom d'occurrence (lignes 3, 7 et 9).

Travailler avec le nom des occurrences

Cette animation est assez paradoxale pour être placée dans ce chapitre concernant la construction dynamique d'une interface, mais elle reste très pratique pour gérer des informations propres à chaque occurrence. Notons tout de même que nous aurions pu placer et nommer ces occurrences dynamiquement dans notre exemple, mais nous avons préféré avoir une approche différente.

L'intégrateur Flash qui possède un tel symbole (le smiley) dans la bibliothèque, n'a pas à se soucier de la programmation des occurrences qu'il va obtenir sur la scène. Nous vous déconseillerons toujours de placer du code en dehors des images-clés de votre animation ou d'un fichier .as, mais dans certains cas, rappelons que cela est autorisé pour créer des symboles modèles !

Dans notre exemple, l'intégrateur Flash va placer un symbole sur la scène et donner un nom à l'occurrence obtenue, en commençant par les lettres `be`, `rg` ou `jn` et en finissant par un nombre à deux chiffres. Nous reviendrons sur cette raison dans les explications de cette animation.

Figure 9-2

Lorsque l'utilisateur déplace ces smileys, les couleurs et les textes associés (le nom et l'âge) proviennent des noms d'occurrences.

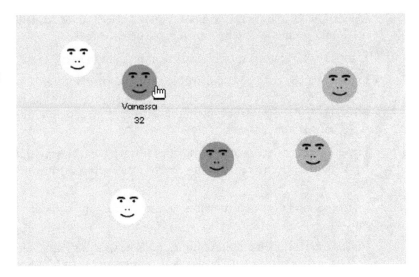

Description du fichier

Flash Player 6
et ultérieur

Chemin d'accès : *Interface/ConstructionDynamique /DynNomOccurrences.fla*

Sur la scène, nous avons placé 6 occurrences issues du même symbole, et nous les avons nommées jnEmile66, beChristophe35, rgDavid35, jnRaymonde45, beVanessa32, rgMarjorie28.

Le symbole principal de l'animation, intitulé Personnage, contient une occurrence intitulée fondVisage : il s'agit d'un simple rond gris dont nous allons changer la couleur à l'exécution de l'animation.

Script

```
1 var codesCouleurs = ["rg", "jn", "vr", "bl", "be"];
2 var valeursCouleurs = ["FF0000", "FFFF00", "00FF00", "FFFFFF", "6666FF"];
```

Voici à présent le code contenu sur la première image-clé de la timeline du symbole intitulé Personnage.

```
1 var codeCouleur = this._name.substring(0, 2);
2 for (i=0; i<=_parent.codesCouleurs.length; i++) {
3     if (codeCouleur == _parent.codesCouleurs[i]) {
4         couleurAappliquer = _parent.valeursCouleurs[i];
5         break;
6     }
7 }
8 //
9 var couleurPersonnage = new Color(fondVisage);
10 couleurPersonnage.setRGB("0x"+couleurAappliquer);
11 //
```

```
12 this.onPress = function() {
13      this.startDrag();
14      agePersonnage = this._name.substr(this._name.length-2, this._name.length-4);
15 };
16 this.onRelease = this.onReleaseOutside=function () {
17      stopDrag();
18      agePersonnage = "";
19 };
20 this.onRollOver = function() {
21      nomPersonnage = this._name.substr(2, this._name.length-4);
22 };
23 this.onRollOut = function() {
24      nomPersonnage = "";
25 };
```

Analyse

Commençons par décrire les deux lignes qui se trouvent sur l'image 1 de la timeline de l'animation.

Ligne 1 : nous créons un tableau qui va contenir la liste des préfixes disponibles pour nommer une occurrence.

Ligne 2 : le deuxième tableau correspondant est en corrélation directe avec le premier. Il va nous servir à définir une couleur pour chaque occurrence en fonction de la paire de lettres qui lui sera affectée.

Passons à présent au deuxième script, celui qui se trouve sur la première image-clé de la timeline du clip représentant nos petits smileys. Avant de commencer notre analyse, rappelons et précisons que le mot-clé `this`, fait référence à l'occurrence qui contient ce script.

Ligne 1 : nous stockons dans la variable `codeCouleur` les deux premiers caractères du nom de l'occurrence.

Lignes 2 et 3 : cette boucle `for()` va permettre de savoir si la valeur de la variable de la ligne précédente se trouve dans le tableau `codeCouleurs`. Si l'intégrateur de l'animation Flash a respecté la composition du nom d'une occurrence comme nous vous l'avons présenté, ses deux première lettres doivent se trouver dans le tableau. Au moment où le test renvoie la valeur `true`, celle de `i` vaut une autre valeur, on peut alors l'utiliser pour lire l'entrée correspondante dans le tableau `valeursCouleurs`.

Ligne 4 : dans une nouvelle variable, nous stockons un code couleur que nous allons appliquer à cette occurrence.

Lignes 9 et 10 : maintenant que nous savons quelle couleur utiliser, nous instancions la classe `Color()` (ligne 9) avant de l'appliquer (ligne 10).

Ligne 12 : lorsque l'utilisateur clique sur une occurrence, elle est rendue mobile, et l'âge s'affiche dans un texte situé sous l'occurrence.

Ligne 16 : lorsqu'il la relâche, elle n'est plus mobile et l'âge disparaît.

Ligne 20 : quand le curseur de la souris survole cette occurrence, son nom s'affiche dans un champ texte placé en dessous.

Ligne 23 : si le curseur ne se trouve plus sur l'occurrence, il faut alors vider le texte qui contient son nom.

Comme vous l'aurez compris, le nom qui est donné à l'occurrence joue un rôle très important dans cette animation. Nous parcourons le nom pour en extraire, l'âge, la couleur et le nom. Il est important que vous testiez cette animation si vous ne comprenez pas les explications.

Bogues éventuels

Gardez toujours à l'esprit que le premier caractère d'une chaîne porte l'index 0 (lignes 1, 14 et 21).

Par ailleurs, n'oubliez pas que le tableau codeCouleurs se trouve sur la scène alors que ce script se trouve dans toutes les occurrences de la scène. Vous devez donc utiliser la propriété globale _parent pour cibler correctement le tableau à partir de la timeline du clip.

Utilisation de fichiers XML

Cette animation est sûrement l'une des plus importantes de ce livre, car nous allons apprendre à utiliser le XML pour construire dynamiquement une interface.

Figure 9-3

Tous les éléments qui se trouvent sur la scène sont placés dynamiquement à partir de données chargées d'un fichier XML.

Description du fichier

Flash Player 6
et ultérieur

Chemin d'accès : ***Interface/ ConstructionDynamique /DynXML.fla***

Nous aurions pu partir d'une scène réellement vide, mais nous avons voulu limiter le code. Nous avons donc placé en haut à gauche de la scène, une occurrence intitulée cadre-Photo. Il s'agit d'une simple forme représentant deux droites perpendiculaires à peine visibles. Elle vont servir de récepteur pour les images chargées dynamiquement. Nous aurions pu simplement nous passer de cette occurrence en ajoutant la ligne d'instruction suivante :

```
_root.createEmptyMovieClip("cadrePhoto",1);
```

Nous avons aussi placé un texte dont le nom d'occurrence est texteAccueil, pour indiquer à l'utilisateur ce qu'il doit faire au lancement de l'animation : cliquer sur la scène.

Script

Un premier fichier XML intitulé cartes.xml contient les données suivantes :

```
<Cartes>
<carte titre="Le bonheur n'est jamais loin" positionX="18" positionY="13" couleur="0xFFFFFF">
     <sousTitre positionX="43" positionY="49" couleur="0xFFFFFF" > Soyez souriant, il
     ➡viendra à vous...</sousTitre>
     <objetAplacer  positionX="558" positionY="37" couleur="0xFFFFFF">symb1</objetAplacer>
     <placeCopyRight positionX="567" positionY="390" couleur ="0xFFFFFF"/>
     <image>fond1.jpg</image>
</carte>
<carte titre="Seuls" positionX="350" positionY="70" couleur="0xFFFFFF">
     <sousTitre positionX="93" positionY="105" couleur="0xFFFFFF" > surtout dans ces grandes
     ➡villes...</sousTitre>
     <objetAplacer  positionX="44" positionY="290" couleur="0xFFFFFF">symb2</objetAplacer>
     <placeCopyRight positionX="567" positionY="390" couleur ="0x4087B7"/>
     <image>fond2.jpg</image>
</carte>
<carte titre="La colère est un signe de faiblesse" positionX="140" positionY="100"
➡couleur="0xFFFFFF">
     <sousTitre positionX="135" positionY="130" couleur="0xFFFFFF" > ...lorsque la sagesse
     ➡nous gagne.</sousTitre>
     <objetAplacer  positionX="540" positionY="290" couleur="0xFFFFFF">symb1</objetAplacer>
     <placeCopyRight positionX="567" positionY="390" couleur ="0x513303"/>
     <image>fond3.jpg</image>
</carte>
<carte titre="Ô" positionX="345" positionY="95" couleur="0x4087B7">
     <sousTitre positionX="350" positionY="266" couleur="0x4087B7" > Bah !</sousTitre>
     <objetAplacer  positionX="558" positionY="37" couleur="0xFFFFFF">symb1</objetAplacer>
     <placeCopyRight positionX="35" positionY="390" couleur ="0xFFFFFF"/>
     <image>fond4.jpg</image>
</carte>
<carte titre="Gourmand" positionX="390" positionY="160" couleur="0xFFFFFF">
```

```
        <sousTitre positionX="410" positionY="190" couleur="0xFFFFFF" >is good !</sousTitre>
        <objetAplacer  positionX="800" positionY="0" couleur="0xFFFFFF">symb1</objetAplacer>
        <placeCopyRight positionX="567" positionY="390" couleur ="0xFFFFFF"/>
        <image>fond5.jpg</image>
</carte>
<carte titre="On s'aime" positionX="68" positionY="73" couleur="0xFFFFFF">
        <sousTitre positionX="93" positionY="109" couleur="0xFFFFFF" > on peut beaucoup à la
        ➥folie surtout...</sousTitre>
        <objetAplacer  positionX="300" positionY="210" couleur="0xFFFFFF">symb2</objetAplacer>
        <placeCopyRight positionX="567" positionY="390" couleur ="0xFFFFFF"/>
        <image>fond6.jpg</image>
</carte>
<carte titre="Un enfant..." positionX="127" positionY="100" couleur="0xFFFFFF">
        <sousTitre positionX="415" positionY="325" couleur="0xFFFFFF" > ...un amour</sousTitre>
        <objetAplacer  positionX="325" positionY="235" couleur="0x3C7AB7">symb1</objetAplacer>
        <placeCopyRight positionX="567" positionY="390" couleur ="0xFFFFFF"/>
        <image>fond7.jpg</image>
</carte>
</Cartes>
```

Sur l'image-clé de sa timeline principale, l'animation contient le script suivant :

```
1 var styleTitre = new TextFormat();
2 //
3 var creerTexte = function (nomInst, niveau, x, y, contenuTexte, couleurTexte, tailleTexte)
  {
4       _root.createTextField(nomInst, niveau, x, y, 400, 50);
5       _root[nomInst].text = contenuTexte;
6       nomInst.border = true;
7       nomInst.borderColor = 0;
8       styleTitre.color = couleurTexte;
9       styleTitre.size = tailleTexte;
10      styleTitre.type = "input";
11      styleTitre.font = "Century Gothic";
12      _root[nomInst].setTextFormat(styleTitre);
13      _root[nomInst].autoSize = true;
14 };
15 var placerSymbole = function (nomDuSymbole, nomOccurrence, niveau, x, y, couleur) {
16      _root.attachMovie(nomDuSymbole, nomOccurrence, niveau);
17      _root[nomOccurrence]._x = x;
18      _root[nomOccurrence]._y = y;
19      _root["couleur"+niveau] = new Color(_root[nomOccurrence]);
20      _root["couleur"+niveau].setRGB(couleur);
21 };
22 var chargeDonnees = new XML();
23 chargeDonnees.load("cartes.xml");
24 chargeDonnees.ignoreWhite = true;
25 //
26 chargeDonnees.onLoad = function() {
27      var racine = this.childNodes[0];
28      //
29      creerCarte = function (numeroCarte) {
30          var titre = racine.childNodes[numeroCarte].attributes.titre;
```

```
31          var sousTitre = racine.childNodes[numeroCarte].childNodes[0].firstChild;
32          var nomSymbole = racine.childNodes[numeroCarte].childNodes[1].firstChild;
33          var nomImage = racine.childNodes[numeroCarte].childNodes[3].firstChild;
34          //
35          var placeXTitre = racine.childNodes[numeroCarte].attributes.positionX;
36          var placeYTitre = racine.childNodes[numeroCarte].attributes.positionY;
37          var placeXSousTitre = racine.childNodes[numeroCarte].childNodes[0]
            ➡.attributes.positionX;
38          var placeYSousTitre = racine.childNodes[numeroCarte].childNodes[0]
            ➡.attributes.positionY;
39          var placeXObjet = racine.childNodes[numeroCarte].childNodes[1]
            ➡.attributes.positionX;
40          var placeYObjet = racine.childNodes[numeroCarte].childNodes[1]
            ➡.attributes.positionY;
41          ➡var placeXCopyR = racine.childNodes[numeroCarte].childNodes[2]
            ➡.attributes.positionX;
42          var placeYCopyR = racine.childNodes[numeroCarte].childNodes[2]
            .attributes.positionY;
43          //
44          var couleurTitre = racine.childNodes[numeroCarte].attributes.couleur;
45          var couleurSousTitre = racine.childNodes[numeroCarte].childNodes[0]
            ➡.attributes.couleur;
46          var couleurSymbole = racine.childNodes[numeroCarte].childNodes[1]
            ➡.attributes.couleur;
47          var couleurCopyRight = racine.childNodes[numeroCarte].childNodes[2]
            ➡.attributes.couleur;
48          //
49          chargeurPhoto = new MovieClipLoader();
50          chargeurPhoto.onLoadComplete = function() {
51              creerTexte("titre_inst", 10, placeXTitre, placeYTitre, titre, couleurTitre, 26);
52              creerTexte("sousTitre_inst", 11, placeXSousTitre, placeYSousTitre, sousTitre,
                ➡couleurSousTitre, 20);
53              placerSymbole(nomSymbole, "accroche", 12, placeXObjet, placeYObjet,
                ➡couleurSymbole);
54              placerSymbole("copyRight", "copyRight", 13, placeXCopyR, placeYCopyR,
                ➡couleurCopyRight);
55          };
56          chargeurPhoto.loadClip("fondscartes/"+nomImage, cadrePhoto);
57      };
58      //
59 };
60 //
61 var exemplaires = 0;
62 _root.onMouseDown = function() {
63      texteAccueil._y = -500;
64      creerCarte(exemplaires);
65      exemplaires++;
66      if (exemplaires>=7) {
67          exemplaires = 0;
68      }
69 };
```

Analyse

Le document XML contient 7 nœuds enfants de niveau 1 dont le nom de balise est carte. Ils contiennent chacun quatre propriétés intitulées titre, positionX, positionY et couleur. Ils possèdent également quatre nœuds enfants dont les noms de balises sont sousTitre, objetAplacer, placeCopyRight et image. Ces quatre nœuds enfants possèdent les mêmes propriétés que leurs nœuds parents.

Ce document parle de lui-même, mais précisons qu'un nœud de niveau 1 correspond à une mise en page. Si nous devions construire nous-mêmes 7 images-clés sur la scène, nous utiliserions les indications données dans ce fichier XML pour placer les visuels et les textes.

Passons à présent à l'analyse du script principal de l'animation.

Ligne 1 : dans cette animation, nous allons créer les textes des écrans dynamiquement. Nous aurons donc besoin également de les mettre en forme dynamiquement : nous instançons donc la classe TextFormat().

Ligne 3 : cette fonction va concrètement se charger de…

Lignes 4 et 5 : … créer la zone de texte et la remplir,

Lignes 6 à 11 : … définir un style de mise en forme pour le texte,

Ligne 12 : et finir par appliquer le style.

Ligne 13 : lorsque vous créez un texte dynamiquement, vous devez définir certains paramètres dont la largeur (ligne 4, la valeur 400). La propriété autosize de la classe Text-Field() (et non TextFormat()) va permettre d'ajuster la largeur de la zone de texte à son contenu.

Comme vous pouvez le constater, de nombreux paramètres seront précisés au moment de l'appel de la fonction, c'est pourquoi nous avons utilisé des variables locales.

Lignes 15 à 18 : cette nouvelle fonction va assurer le placement d'un symbole sur la scène.

Lignes 19 et 20 : lorsque l'occurrence est enfin placée sur la scène, nous réglons sa couleur.

Lignes 22 à 24 : nous chargeons le document XML qui contient toutes les valeurs qui vont être utilisées comme paramètres des fonctions appelées.

Ligne 26 : nous nous assurons que les données du fichier XML sont chargées.

Ligne 27 : nous mémorisons dans une variable un raccourci du chemin de la racine, afin de raccourcir toutes les lignes de la fonction creerCarte().

Ligne 29 : c'est cette fonction qui va assurer la génération d'un écran que nous avons qualifié de carte (postale). Elle représente le cœur du script.

Lignes 30 à 47 : dans des variables, nous stockons les valeurs extraites d'un nœud XML qui vont nous permettre de placer sur la scène les textes et accroches graphiques, c'est-à-dire tout ce qui compose un écran.

Ligne 49 : nous utilisons la classe `MovieClipLoader()` afin de gérer le chargement de notre image de fond. Ainsi, nous pouvons composer notre carte postale (lignes 51 à 54) lorsque l'image est enfin chargée (ligne 50).

Ligne 56 : nous exécutons la demande de chargement de l'image spécifiée.

Lignes 61 à 69 : la navigation de cette animation repose sur une progression et une consultation linéaire unidirectionnelle. Ainsi, à chaque clic sur la scène, une nouvelle carte postale est chargée (chargement d'une nouvelle image accompagnée de sa composition).

Cette animation est donc très intéressante, car elle démontre qu'il suffit de changer le contenu du fichier XML pour influer directement sur le contenu de votre fichier SWF.

Bogues éventuels

Pour la construction de ce fichier XML, il est préférable d'utiliser des propriétés. Il aurait en effet été dommage d'utiliser des valeurs car cela aurait allongé la longueur de votre fichier XML.

Créer un symbole modèle

Derrière l'intitulé de ce titre se cache une notion très importante que nous allons développer dans quelques instants... les composants.

Revenons tout d'abord sur la signification du titre, car ce type de symbole n'existe pas officiellement dans Flash. C'est la manière dont vous utiliserez un clip dans certains cas qui fera de lui un « symbole modèle ».

Dans l'absolu et par définition, lorsque vous construisez une interface dynamiquement, vous ne manipulez pas vous-même les occurrences sur la scène. Des instructions en ActionScript sont chargées de remplacer la phase d'intégration. Cela nécessite alors que vous connaissiez très bien le code ! Tous les utilisateurs de Flash sont-ils d'excellents développeurs ? Malheureusement, non...

Flash vous propose de concevoir des animations de trois manières différentes correspondant au niveau de chacun :

- Utilisation exclusive de la timeline sans ActionScript. Le cas est rare, sauf pour un usage de production d'animations destinées à être exportées en séquences QuickTime.

- Utilisation mélangée de la timeline et de l'ActionScript. L'animation est construite au travers d'écrans, et comporte plus ou moins de code permettant d'ajouter de l'interactivité. C'est le cas le plus fréquent.

- Utilisation massive de l'ActionScript avec une gestion réduite de la timeline. Cette technique est réservée aux développeurs chevronnés.

La deuxième manière est celle qui est la plus utilisée, cela nous amène à la conclusion qui suit.

Des symboles doivent être créés avant d'être placés sur la scène : dans ce cas, une fois les occurrences obtenues à partir de ces symboles, il est obligatoire de les programmer pour obtenir de l'interactivité ! Lorsque j'utilise un composant de type menu déroulant ou bouton radio, comment se fait-il que l'occurrence réagisse au clic alors qu'aucun script n'a été placé sur la scène ?

Cette animation va vous démontrer qu'il est très simple de pré-programmer un symbole, vous n'aurez alors plus besoin de saisir le moindre script sur la timeline principale de votre animation. Entendons par « pré-programmer » le fait que nous allons placer sur l'image-clé 1 de la timeline d'un symbole, un script qui va gérer toutes les occurrences issues de ce dernier.

Revenons à présent sur la notion de composant. Nous venons d'affirmer que certains symboles placés sur la scène permettent d'obtenir des occurrences pré-programmées. Nous voulons parler des composants, c'est-à-dire de ces symboles que vous programmez en plaçant un script sur la première image-clé de leur timeline. Et ce, afin que l'intégrateur qui placera ces symboles sur la scène n'ait pas lui-même à programmer les occurrences. N'oublions pas que la palette Inspecteurs de composant (ou la palette Paramètres) peut aussi proposer des réglages.

Rappel

Pour créer un composant, vous devez créer un symbole, ajouter sur la première image-clé de sa timeline un script qui fait référence à des noms de variables précis. Vous devez ensuite effectuer un clic droit sur ce symbole dans la bibliothèque, et sélectionner la commande Définition du composant. Un bouton « + » va vous permettre d'ajouter des variables, utilisez les mêmes noms de variables que nous évoquions au début de ce paragraphe. Lorsque vous placerez un composant sur la scène, vous renseignerez alors la valeur de ces variables.

Figure 9-4

Ces trois occurrences sont issues d'un symboles qui contient un script sur la première image-clé de sa timeline. Toutes les trois ont des sens de rotation et des vitesses différents, réglés via la palette Paramètres.

Description des fichiers

Flash Player 6
et ultérieur Chemins d'accès : *Interface/ ConstructionDynamique /DynSymboleModele.fla*

Interface/ ConstructionDynamique /DynSymboleModele2.fla

Sur la scène, nous avons placé trois occurrences issues d'un même symbole qui contient un script sur la première image-clé de sa timeline.

Script

Fichier *DynSymboleModele.fla*

Script placé sur la première image-clé de la timeline de l'unique symbole de l'animation.

```
this.onEnterFrame = function() {
rotor._rotation += 3;
};
```

Fichier *DynSymboleModele2.fla*

Script placé sur la première image-clé de la timeline de l'unique symbole de l'animation. Celui-ci a la particularité d'être un composant et non plus seulement un symbole.

```
coefRotation = sensRotation == "Horaire" ? 1 : -1;

this.onEnterFrame = function() {
rotor._rotation += vitesseRotation*coefRotation;
};
```

Analyse

Fichier *DynSymboleModele.fla*

Lignes 1 à 3 : un gestionnaire onEnterFrame va permettre d'exécuter en continu une rotation de 3 degrés.

Fichier *DynSymboleModele2.fla*

Ligne 1 : nous initialisons une variable intitulée coefRotation en fonction du résultat d'un test qui évalue la valeur de la variable Horaire.

Lignes 2 à 4 : la rotation des occurrences qui contiennent ce script se fait grâce aux valeurs spécifiées dans le calcul de vitesse vitesseRotation*coefRotation. Elles ont été renseignées par l'intégrateur dans la palette Paramètres après une sélection préalable de l'occurrence.

Cet exemple de composant est très simple, mais suffit à démontrer le fonctionnement et l'intérêt d'un composant. Attention cependant à ne pas placer dynamiquement sur la scène des composants, cela ne servirait plus à rien.

Tracé d'une carte géographique

L'animation la plus légère du livre ! La carte de France que vous voyez sur la figure 9-5 n'est pas la représentation d'un symbole sur la scène, il s'agit d'une occurrence qui a été créée dynamiquement, et à laquelle nous avons rattaché un tracé.

Nous avons en effet créé un fichier XML qui contient des valeurs que nous exploitons dans notre fichier SWF. Une fonction de traçage va alors permettre d'obtenir tous les traits formant le contour de la France.

Figure 9-5

Cette carte de France n'est pas une occurrence issue d'un symbole. Il s'agit d'un tracé réalisé à partir de données XML.

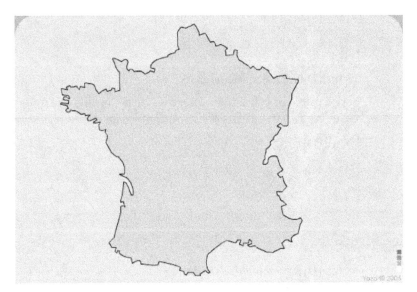

Description du fichier

Flash Player 6
et ultérieur

Chemin d'accès : ***Interface/ ConstructionDynamique /DynTracerCarte.fla***

La scène de notre animation ne contient rien, vous constaterez que l'image-clé 1 est vide, elle ne contient qu'un simple script assez court. La bibliothèque est également vide.

En revanche, nous avons besoin d'un fichier XML qui a été construit à partir du presse-papiers de Flash ! Vous avez bien lu !

Nous avons développé une animation dont la scène possède des dimensions importantes, permettant ainsi d'y placer une image. Vous n'avez plus qu'à exécuter l'animation, et cliquer sur les contours souhaités de l'image, les coordonnées _x et _y vont être mémorisées puis copiées dans le presse-papiers après avoir été traitées pour une mise en forme du texte sous forme de document XML.

Cette animation se trouve dans le dossier `ConstructionDynamique` et s'intitule `SaisieCoordonnees.fla`.

Le script comporte trois parties :

- Le chargement des données XML.
- Le tracé de la carte de France.
- Le repositionnement de la carte de France sur la scène.

Script

Contenu du fichier XML intitulé `france.xml`.

```
1 <Forme departX='541.95' departY='124'>
2    <Coordonnees  xm='523.95' ym='132' x='523.95' y='132'/>
3    <Coordonnees  xm='513.95' ym='130' x='513.95' y='130'/>
4    <Coordonnees  xm='505.95' ym='141' x='505.95' y='141'/>
5    <Coordonnees  xm='551.95' ym='147' x='551.95' y='147'/>
6    <Coordonnees  xm='551.95' ym='142' x='551.95' y='142'/>
7    <Coordonnees  xm='548.95' ym='135' x='548.95' y='135'/>
8    <Coordonnees  xm='548.95' ym='135' x='541.95' y='124'/>
9 </Forme>
```

```
1  chargeCoordonnees = new XML();
2  chargeCoordonnees.load("france.xml");
3  chargeCoordonnees.ignoreWhite = true;
4  chargeCoordonnees.onLoad = function() {
5      _root.createEmptyMovieClip("traceFrance", 1);
6      traceFrance.lineStyle(1, 0, 100);
7      traceFrance.beginFill(0xA3ADA2, 30);
8      premierPointX = this.childNodes[0].attributes.departX;
9      premierPointY = this.childNodes[0].attributes.departY;
10     traceFrance.moveTo(premierPointX, premierPointY);
11     for (i=0; i<this.childNodes[0].childNodes.length; i++) {
12         xMilieu = this.childNodes[0].childNodes[i].attributes.xm;
13         yMilieu = this.childNodes[0].childNodes[i].attributes.ym;
14         destX = this.childNodes[0].childNodes[i].attributes.x;
15         destY = this.childNodes[0].childNodes[i].attributes.y;
16         traceFrance.curveTo(xMilieu, yMilieu, destX, destY);
17     }
18     traceFrance.endFill();
19     traceFrance._xscale = 70;
20     traceFrance._yscale = 70;
21     traceFrance._x = -100;
22     traceFrance._y = -65;
23 };
```

Analyse

Le fichier XML n'est ni plus ni moins qu'une série de nœuds de niveau 1. Chacun d'entre eux ne possède que quatre attributs sans valeurs. Les deux premiers définissent les coordonnées du point directeur de la droite tracée entre deux points x et y (les 3e et 4e attributs) de deux nœuds qui se suivent.

Lignes 1 à 3 : chargement des données XML.

Lignes 4 à 22 : lignes d'instructions qui ne s'exécuteront qu'à partir du moment où le document XML aura été chargé.

Ligne 5 : afin de pouvoir tracer notre carte de France, nous devons rattacher nos courbes et droites à une occurrence vide sur la scène. Cette occurrence est nommée traceFrance et placée au niveau 1.

Ligne 6 : nous définissons le style de trait pour le contour de la carte de France (épaisseur, couleur, opacité du trait). Cette ligne d'instruction est optionnelle si vous définissez au moins un fond (ligne 7).

> **Remarque**
>
> Pour définir la couleur du trait, vous devez normalement utiliser une valeur sous le format : 0xRRVVBB. Ex. : 0xFF0000 pour obtenir du rouge. Pour le noir, s'agissant de la valeur 0x000000, il est possible d'écrire uniquement le chiffre 0.
>
> Par ailleurs, si vous exportez votre animation pour Flash 8, vous pouvez ajouter d'autres paramètres à la méthode lineStyle(). Consultez l'aide de Flash pour découvrir que vous pouvez obtenir des angles arrondis, biseautés ou pointue.

Ligne 7 : pour que la carte de France possède un fond, nous demandons le début du remplissage de la forme que nous nous apprêtons à créer. Cette ligne d'instruction est optionnelle si vous définissez au moins un contour (ligne 6).

Lignes 8 et 9 : nous stockons dans deux variables, le point de départ de la carte de France qui correspond aux deux attributs departX et departY du premier nœud du document XML.

Ligne 10 : nous démarrons le début du tracé en utilisant les valeurs des deux variables précédemment créées avec la méthode moveTo().

Ligne 11 : voilà, nous allons à présent exécuter la boucle qui va parcourir tous les nœuds de notre instance XML chargeCoordonnees. Nous stockons dans 4 variables les valeurs des attributs xm, ym, x et y (lignes 12 à 15), afin de pouvoir les utiliser avec la méthode curveTo() (ligne 16).

Ligne 18 : cette fonction termine le remplissage demandé à la ligne 7.

Lignes 19 à 22 : nous replaçons le tracé de la France plus à droite sur la scène et nous changeons également son échelle.

Bogues éventuels

Vous augmenterez le nombre d'erreurs si vous tentez de ne pas passer par des variables pour mémoriser les coordonnées de chaque point. En effet, voici à quoi ressemblerait la ligne 16 si vous n'utilisiez pas de variables.

```
traceFrance.curveTo(this.childNodes[0].childNodes[i].attributes.xm,
this.childNodes[0].childNodes[i].attributes.ym,
this.childNodes[0].childNodes[i].attributes.x,
this.childNodes[0].childNodes[i].attributes.y);
```

Imbriquer des animations les unes dans les autres

Nous allons découvrir qu'une animation Flash ne se compose pas obligatoirement d'un seul fichier .swf. Si vous avez déjà travaillé dans Photoshop, vous avez conscience de l'intérêt et de l'importance des calques : il en va de même pour Flash. Nous ne parlons pas ici des calques de la timeline de Flash, mais de cette notion de superposition des composantes d'une image. Une animation peut donc être conçue de la même façon. Vous devez créer une animation principale qui contient les éléments de l'interface qui seront toujours présents à l'écran. Ensuite, vous devez créer les animations qui vont venir se charger au-dessus de la principale.

Figure 9-6

À partir de deux animations, nous pouvons en obtenir une seule en chargeant la deuxième sur la première avec la fonction `loadMovieNum()`.

Description du fichier

Flash Player 6 et ultérieur

Chemin d'accès : *Interface/ ConstructionDynamique /DynImbriquerAnims.fla*

Nous n'allons pas vous décrire le fonctionnement des animations qui vont être chargées sur la principale. Il s'agissait dans notre exemple de donner du sens aux animations chargées, mais le chargement d'animations les unes sur les autres ne nécessite qu'une seule ligne d'instruction.

Nous avons donc créé quatre animations intitulées DynImbriquerAnims.swf, Animation1.swf, Animation2.swf, Animation3.swf. Les trois dernières sont chargées dans la première.

Trois occurrences qui s'intitulent btElements, btTerre et btContinents se trouvent sur la scène de l'animation DynImbriquerAnims.swf. Sur l'image-clé, les trois gestionnaires ci-après permettent de demander le chargement des trois animations.

Script

```
1 btElements.onPress = function() {
2    loadMovieNum("animation1.swf", 1);
3 };
4 btTerre.onPress = function() {
5    loadMovieNum("animation2.swf", 1);
6 };
7 btContinents.onPress = function() {
8    loadMovieNum("animation3.swf", 1);
9 };
```

Analyse

Chaque gestionnaire assure le chargement d'une animation au niveau 1, remplaçant ainsi une éventuelle animation déjà chargée.

Bogues éventuels

Si vous le souhaitez, vous pouvez remplacer le deuxième paramètre de la fonction load-Movie() par un autre chiffre. 0 permet de remplacer le contenu de la scène principale par celui que vous chargez. Vous perdez alors votre animation racine. Cela peut s'avérer pratique pour passer d'une animation à l'autre sans qu'il y ait de superposition de fichier SWF.

À l'inverse, vous n'êtes pas limité à un chargement d'animations, vous pouvez en imbriquer plusieurs. Dans ce cas, vous devez vous assurer que les animations se chevauchent correctement lorsqu'elles sont chargées dans une animation commune.

Travailler avec les coordonnées de la souris

Imaginez un jeu de morpion, où à chaque clic, une croix ou un rond doit être posé sur la scène : les coordonnées de la souris doivent être utilisées pour placer chaque nouvelle occurrence.

Nous avons voulu vous proposer volontairement une animation extrêmement simplifiée pour vous montrer le strict minimum.

Rappel

Il est important de noter que les propriétés _xmouse et _ymouse s'emploient avec _root, mais pas obligatoirement. Les coordonnées obtenues avec ces deux propriétés ne sont pas toujours relatives au coin supérieur de la scène, mais peuvent l'être par rapport au point d'alignement d'une occurrence. Dans ce cas, vous devez remplacer _root par le nom d'une occurrence.

Description du fichier

Flash Player 6 et ultérieur

Chemin d'accès : *Interface/ ConstructionDynamique /DynCoordonnesSouris.fla*

Pour cette animation, nous n'avons rien disposé sur la scène. Seul un symbole dont le nom de liaison est puce se trouve dans la bibliothèque.

Le script suivant se trouve ensuite sur l'image-clé 1 de la timeline principale de l'animation.

Script

```
1 var exemplaires = 0;
2 _root.onMouseDown = function() {
3      exemplaires++;
4      tempo = _root.attachMovie("puce", "puce"+exemplaires, exemplaires);
5      tempo._x = _root._xmouse;
6      tempo._y = _root._ymouse;
7 };
```

Analyse

Ligne 1 : dans une variable, nous stockons une valeur qui va nous servir de compteur pour le niveau des occurrences qui vont êtres placées sur la scène. Cela va servir également à définir un nom d'occurrence par concaténation (ligne 4).

Ligne 2 : nous définissons un gestionnaire qui va permettre d'exécuter les lignes d'instructions qu'il contient, dès que l'utilisateur va cliquer sur la scène.

Ligne 3 : nous commençons par incrémenter la variable afin d'obtenir un niveau et un suffixe différent pour chaque occurrence placée sur la scène.

Ligne 4 : nous plaçons une occurrence sur la scène.

Lignes 5 et 6 : l'occurrence est placée à des coordonnées qui sont celles de la souris au moment du clic.

> **Remarque**
>
> Nous aurions pu retenir la syntaxe ci-dessous afin de ne pas avoir à utiliser les lignes 5 et 6.
>
> ```
> _root.attachMovie("puce", "puce"+exemplaires, exemplaires,{_x:_root._xmouse,_y
> ➡:_root._ymouse});
> ```

Voilà, la démonstration est faite, il est donc très simple de placer une occurrence sur la scène au moment d'un clic.

Petite piste dans le cas où vous devriez faire un morpion ou une application de ce genre qui nécessite un changement de symboles à chaque clic. Utilisez une valeur booléenne avec un tableau. Voici le code :

```
nomsDeLiaisonsSymboles = ["croix", "rond"];
numeroForme = true;
var exemplaires = 0;
_root.onMouseDown = function() {
numeroForme = !numeroForme;
symboleAplacer = nomsDeLiaisonsSymboles[Number(numeroForme)];
exemplaires++;
tempo = _root.attachMovie(symboleAplacer, "piece"+exemplaires, exemplaires);
tempo._x = _root._xmouse;
tempo._y = _root._ymouse;
};
```

Deux symboles dans la bibliothèque ont pour noms de liaisons croix et rond.

Le point d'exclamation de la ligne 5 permet d'inverser la valeur booléenne stockée dans la variable numeroForme.

La fonction Number() permet quant à elle de transformer les valeurs true et false respectivement en 1 et 0.

Création d'une palette de couleur avec getPixel()

Lorsque la rédaction de ce livre a démarré en juillet 2005, Flash 8 n'était pas encore sorti. Nous avions déjà créé une animation (encore disponible dans le dossier Construction-Dynamique) qui s'intitule DynPalCouleurs.fla. Elle n'a plus vraiment de sens car la classe

`BitmapData()` de Flash 8 propose une méthode plus simple pour connaître la couleur d'un pixel.

Figure 9-7
L'utilisateur doit cliquer sur une couleur afin de l'appliquer au rectangle placé à côté du nuancier.

Description du fichier

Flash Player 8
et ultérieur

Chemin d'accès : ***Interface/ ConstructionDynamique /DynPaletteBitmapData.fla***

Pour cette animation, nous avons effectué la copie d'écran d'un nuancier extrait d'un logiciel de traitement graphique, et nous l'avons collée sur la scène de Flash. Nous avons ensuite créé un symbole à partir de cette image.

Attention

Vous devez choisir un point d'alignement sur le coin supérieur gauche pour la création du symbole qui contient le nuancier.

Nous avons ensuite placé sur la scène, deux occurrences intitulées `nuancier_inst` et `temoin_inst`.

Script

```
1 import flash.display.BitmapData;
2 //
3 zoneDeClic = new flash.display.BitmapData(nuancier_inst._width, nuancier_inst._height,
   ➥true);
4 zoneDeClic.draw(nuancier_inst);
5 paletteCouleur = new Color(temoin_inst);
6 //
7 nuancier_inst.onPress = function() {
```

```
  8        couleurPipette = zoneDeClic.getPixel(nuancier_inst._xmouse,
         ➡nuancier_inst._ymouse);
  9        if(couleurPipette!=0) paletteCouleur.setRGB(couleurPipette);
 10        this.onMouseMove = function() {
 11            couleurPipette = zoneDeClic.getPixel(nuancier_inst._xmouse,
             ➡nuancier_inst._ymouse);
 12            if(couleurPipette!=0) paletteCouleur.setRGB(couleurPipette);
 13        };
 14 };
 15 nuancier_inst.onRelease = nuancier_inst.onReleaseOutside=function () {
 16        delete this.onMouseMove;
 17 };
```

Analyse

Ligne 1 : dans l'animation, nous importons la classe BitmapData qui va nous permettre d'utiliser ses méthodes draw() et getPixel().

Ligne 3 : nous instançons ensuite cette classe afin d'obtenir zoneDeClic. Les paramètres définissent la largeur et la hauteur de l'instance. Comme nous souhaitons associer cette instance à nuancier_inst, nous utilisons donc ses dimensions.

Ligne 4 : nous associons zoneDeClic à nuancier_inst. Pour être plus précis, l'instance de la classe bitmapData vient se placer derrière le paramètre précisé dans la méthode draw().

Ligne 5 : nous instançons la classe Color() afin de contrôler la couleur de l'occurrence temoin_inst.

Ligne 7 : nous définissons un gestionnaire onPress pour l'occurrence nuancier_inst afin qu'elle réagisse au clic, lorsque l'utilisateur sélectionnera une couleur.

Ligne 8 : nous stockons dans une variable intitulée couleurPipette, une valeur correspondant au code couleur récupéré grâce à la méthode getPixel() qui pointe le pixel se trouvant sous le curseur.

Ligne 9 : nous procédons à présent à un test nous permettant de vérifier si l'utilisateur n'a pas cliqué entre deux cases de couleur. Si tel est le cas, la valeur renvoyée sera celle du noir. Si nous voulions réellement choisir du noir, il faudrait ajouter une condition qui permettrait de vérifier ce qui se passe si l'utilisateur ne clique pas dans une zone précise.

Ligne 10 : ce gestionnaire n'est pas indispensable si l'on imagine que l'utilisateur va uniquement cliquer sur les cases de couleurs. En revanche, s'il commence à déplacer son curseur alors que le bouton de la souris est encore enfoncé, il faut pouvoir lire la valeur de la couleur qui se trouve sous le curseur (lignes 11 et 12).

Ligne 15 : lorsque l'utilisateur relâche le bouton de sa souris, il faut détruire le gestionnaire onMouseMove.

Nous aurions pu changer l'apparence du curseur au survol du nuancier, voici dans ce cas ce qu'il aurait fallu ajouter :

- L'occurrence d'un symbole représentant une pipette avec un point d'alignement situé sur son extrémité.

- Le script ci-après à la suite de celui que nous venons d'analyser.

```
nuancier_inst.onRollOver = function() {
Mouse.hide();
pipette_inst.startDrag(1);
};
nuancier_inst.onRollOut = function() {
stopDrag();
Mouse.show();
pipette_inst._x = 900;
};
```

Bogue éventuel

Attention, n'inversez pas les noms d'instances à la ligne 4.

Utilisation d'une palette de couleur utilisant getPixel()

Voyons maintenant un deuxième exemple semblable à celui que nous venons d'analyser. Il présente un script légèrement plus complet dans le cas où vous souhaiteriez appliquer la couleur sélectionnée à un texte. Nous allons analyser uniquement les nouvelles lignes d'instructions.

Description du fichier

Flash Player 8 et ultérieur

Chemin d'accès : ***Interface/ ConstructionDynamique /DynPaletteBitmapData2.fla***

Identique au fichier `DynPaletteBitmapData` (l'animation précédente). Un texte dynamique supplémentaire a simplement été ajouté. Son nom d'instance est `paragrapheDroite`.

```
1 Script
2 import flash.display.BitmapData;
3 //
4 zoneDeClic = new flash.display.BitmapData(400, 300, true);
5 zoneDeClic.draw(nuancier_inst);
6 //
7 paletteCouleur = new Color(selecteurDeCoulleur_inst);
```

```
 8 style1 = new TextFormat();
 9 //
10 nuancier_inst.onPress = function() {
11      controleCouleur();
12      this.onMouseMove = function() {
13           controleCouleur();
14      };
15 };
16 nuancier_inst.onRelease = nuancier_inst.onReleaseOutside=function () {
17      delete this.onMouseMove;
18 };
19 //
20 controleCouleur = function () {
21      couleurPipette = zoneDeClic.getPixel(nuancier_inst._xmouse, nuancier_inst._ymouse);
22      paletteCouleur.setRGB(couleurPipette);
23      style1.color = couleurPipette;
24      paragrapheDroite.setTextFormat(style1);
25 };
```

Analyse

Ligne 7 : nous créons une instance de la classe `TextFormat()` afin de contrôler le style du texte de l'occurrence `paragrapheDroite`, et plus particulièrement sa couleur (ligne 22).

Ligne 23 : nous utilisons la méthode `setTextFormat()` de la classe `TextField()` afin d'appliquer `style1` à l'occurrence `paragrapheDroite`.

Contrôle et affichage du temps

Lorsque vous programmez, les bases de l'algorithme sont primordiales, mais lorsque vous les maîtrisez, vous constatez que cela ne suffit pas. Vous allez devoir être capable de temporiser le déclenchement d'actions dans une animation. Dans les études de cas qui vont suivre, nous n'allons pas vous présenter les gestionnaires que vous êtes censés connaître pour la lecture de ce livre , mais plutôt des techniques de contrôle du temps. Retarder le déclenchement d'une action, répéter toutes les 7 secondes une action, exécuter plusieurs fois par seconde une ligne d'instruction, ce sont autant de techniques que vous devez apprendre à maîtriser.

L'une des particularités des blogs est d'afficher tous les jours d'un mois sur la page d'accueil. Est-il difficile de réaliser un calendrier ou d'afficher la date et l'heure sur la scène ?

Réaliser une horloge

Cette étude de cas va vous démontrer que l'affichage de l'heure sur la scène se fait assez simplement. En revanche, celle de la date nécessite l'utilisation de deux tableaux.

En effet, lorsque vous cherchez à connaître le mois et le jour de la date, vous obtenez des valeurs comprises entre 0 et 6 pour les jours (0 correspondant au dimanche) et entre 0 et 11 pour les mois.

Figure 10-1

Les occurrences règlent leurs angles de rotation sur les valeurs renvoyées par les méthodes de la classe Date().

> **Rappel**
>
> La première entrée d'un tableau porte l'index 0.

Description du fichier

Chemin d'accès : ***Interface/ControleAffichageTemps/TempsHorloge.fla***

Nous avons disposé sur la scène, trois occurrences intitulées aiguilleHeures, aiguille-Minutes, aiguilleSecondes, ainsi que deux textes dynamiques dont les noms de variables sont affichageHorloge et affichageDeLaDate.

Le script de cette animation comporte trois parties :

- Le traitement de l'heure et de son affichage.
- Le traitement de la date et de son affichage.
- L'animation des aiguilles de l'horloge analogique.

Script

```
1 afficherHeure = function () {
2      nouvelInstant = new Date();
3      heures = nouvelInstant.getHours();
4      minutes = (nouvelInstant.getMinutes()<10 ? "0"+nouvelInstant.getMinutes() :
       ↪nouvelInstant.getMinutes());
```

```
  5        secondes = (nouvelInstant.getSeconds()<10 ? "0"+nouvelInstant.getSeconds() :
           ➥nouvelInstant.getSeconds());
  6        affichageHorloge = heures+":"+minutes+":"+secondes;
  7 };
  8 afficherHeure();
  9 //Alignement de l'heure à gauche sinon affichage bouge.
 10 //
 11 setInterval(afficherHeure, 1000);
 12 //
 13 //
 14 joursDuneSemaine = ["Dimanche", "Lundi", "Mardi", "Mercredi", "Jeudi", "Vendredi", "Samedi"];
 15 mois_annee = ["Janvier", "Février", "Mars", "Avril", "Mai", "Juin", "Juillet", "Aout",
    ➥"Septembre", "Octobre", "Novembre", "Décembre"];
 16 dateAujourdhui = new Date();
 17 jourDeLaSemaine = joursDuneSemaine[dateAujourdhui.getDay()];
 18 date_jour = dateAujourdhui.getDate();
 19 mois = mois_annee[dateAujourdhui.getMonth()];
 20 annee = dateAujourdhui.getFullYear();
 21 affichageDeLaDate = jourDeLaSemaine+" "+date_jour+" "+mois+" "+annee;
 22 //
 23 //
 24 orienterAiguilles = function () {
 25        nouvelInstant = new Date();
 26        heures = nouvelInstant.getHours();
 27        minutes = nouvelInstant.getMinutes();
 28        secondes = nouvelInstant.getSeconds();
 29        if(heures >=13) heures-=12
 30        aiguilleHeures._rotation = heures*5*6
 31        aiguilleMinutes._rotation = minutes*6
 32        aiguilleSecondes._rotation = secondes*6
 33 };
 34 orienterAiguilles()
 35 setInterval(orienterAiguilles, 1000);
```

Analyse

Ligne 1 : cette fonction va permettre d'obtenir trois variables (lignes 3, 4 et 5) qui vont être utilisées comme paramètres de concaténation pour l'affichage de l'heure dans un texte dynamique sur la scène (ligne 6).

Nous aurions pu faire de même pour l'affichage de l'heure. Nous avons souhaité simplifier ce script en retirant cette ligne de traitement de l'affichage de l'heure.

Ligne 2 : nous sommes obligés d'instancier la classe Date() dans la fonction, car nous l'utilisons dans le but d'obtenir l'heure ainsi que les secondes. Cette fonction va en effet être appelée toutes les secondes grâce à la ligne 11. Une nouvelle instance sera recréée continuellement. Si vous instanciez cette classe uniquement au début de l'animation, vous n'obtiendrez sur la première ligne du script qu'une seule instance datée de la seconde et du jour auxquels s'est exécutée cette ligne d'instruction.

Ligne 3 : nous stockons l'heure dans une variable.

> **Remarque**
>
> Pourquoi cette syntaxe aux lignes 4 et 5 ? L'affichage de l'heure se fait toujours sous le format 9:03:08 (9 heures 3 minutes et 8 secondes). Lorsque vous demandez à Flash de vous renvoyer les minutes et les secondes d'une instance de la classe Date(), il vous donne 3 et 8 si nous nous basons sur l'exemple ci-dessus. Au moment de la concaténation, nous obtiendrions 9:3:8 au lieu de 9:03:08. Nous devons donc procéder à une conversion avant l'affichage à la ligne 6. Nous avons utilisé un opérateur ternaire pour effectuer le test ci-dessous, afin de limiter le nombre de lignes. Voilà ce que vous connaissez sûrement si vous ne connaissez pas l'opérateur ternaire.
>
> ```
> if (nouvelInstant.getMinutes()<10) {
>    minutes ="0"+nouvelInstant.getMinutes();
> } else {
>    minutes=nouvelInstant.getMinutes();
> }
> ```

Ligne 4 : nous stockons les minutes dans une variable intitulée minutes, tout en faisant un test sur la valeur que nous renvoie nouvelInstant.getMinutes().

Ligne 5 : traitement identique pour les secondes.

Ligne 6 : nous concaténons les variables obtenues avec les chaînes de caractères « : » afin d'obtenir un format d'affichage conventionnel de l'heure.

Ligne 8 : nous appelons la fonction que nous venons de créer, afin d'afficher l'heure sur la scène dès le lancement de l'animation.

Ligne 11 : la fonction setInterval() va nous permettre de rafraîchir l'affichage de l'heure toutes les 1 000 millisecondes, c'est-à-dire toutes les secondes car c'est le paramètre que nous lui avons précisé (orienterAiguilles, 1000).

Lignes 14 et 15 : nous créons deux tableaux qui contiennent les jours et mois que nous allons lire dans quelques instants.

Ligne 16 : nous instancions la classe Date() dans le but de pouvoir utiliser les méthodes getDate(), getMonth() et getFullYear().

Ligne 17 : la valeur renvoyée par la méthode getDay() peut aller de 0 à 6. Nous pouvons donc l'utiliser pour aller rechercher l'entrée correspondante dans le tableau joursDuneSemaine. La valeur 0 correspond à dimanche, c'est pourquoi ce jour a été placé en début de tableau à la ligne 14.

Ligne 18 : nous stockons la date dans la variable date_jour.

Ligne 19 : nous réitérons l'opération de la ligne 17 avec les mois.

Ligne 20 : dans la variable annee, nous stockons l'année sous la forme 2006 grâce à la méthode getFullYear() qui est différente de getYear().

Ligne 21 : nous terminons l'opération par une concaténation des variables obtenues séparées par des espaces.

Ligne 24 : nous créons une fonction comparable à la première de ce script car nous allons à nouveau utiliser l'heure pour agir sur les aiguilles d'une horloge analogique.

Les lignes 26 à 28 sont comparables aux lignes 3 à 5, à la différence près que nous ne convertissons pas les valeur obtenues, car elles ne vont pas être affichées.

Ligne 29 : si l'horloge de votre ordinateur vous renvoie une heure comprise entre 13 et 23, nous soustrayons 12 pour ne conserver qu'une valeur allant de 0 à 12.

Lignes 30 à 32 : nous utilisons les valeurs des variables des lignes 26 à 29 afin de régler l'angle de rotation des aiguilles de notre horloge analogique.

Ligne 34 : nous exécutons la fonction que nous venons d'analyser dès le lancement de l'animation. Dans le cas contraire, il faudrait attendre 1 seconde après le démarrage de l'animation pour voir les aiguilles se caler à la bonne heure.

Ligne 35 : la fonction `setInterval()` va nous permettre de rafraîchir l'affichage des aiguilles de l'horloge toutes les 1 000 millisecondes, c'est-à-dire toutes les secondes, car c'est le paramètre que nous lui avons précisé (`orienterAiguilles, 1000`).

Nous avons souhaité faire deux fonctions pour le traitement et l'affichage de l'heure, afin que vous puissiez utiliser l'une ou l'autre sans avoir à modifier la moindre ligne de code d'une fonction globale que nous aurions pu créer.

Bogues éventuels

Le texte dynamique qui contient l'affichage de l'heure doit impérativement avoir un alignement à gauche, dans le cas contraire, vous noterez des petits décalages avec changements de certaines secondes.

Si un utilisateur se connecte sur un site qui contient cette animation, et qu'il reste en ligne jusqu'au lendemain de son arrivée sur le site, le changement de date ne se fera pas. Nous pourrions donc placer toutes les lignes qui vont suivre, y compris et surtout la 16e, dans une fonction afin de l'utiliser dans un `setInterval()` comme nous l'avons fait pour l'affichage de l'heure.

Lorsque vous allez créer vos aiguilles, conservez-les à la verticale avec un point d'alignement à la base. N'en créez pas à l'horizontale car la position 0 d'une aiguille est celle qu'elle doit indiquer lorsqu'il est 0 heure ou minuit.

Réaliser un compte à rebours

Que ce soit dans le domaine du jeu ou du e-learning, la notion de temps limité est importante, car elle fait partie des conditions de déroulement du jeu ou de l'exercice pédagogique. C'est pourquoi nous avons souhaité inclure une telle animation dans ce livre.

Figure 10-2

Déterminez le nombre d'heures, de minutes et de secondes à décompter, et cliquez sur le bouton Départ. (La copie d'écran propose le bouton Arrêt car le compte à rebours est en marche).

> **Rappel**
>
> La fonction getTimer() permet de connaître le nombre de secondes écoulées entre le moment où vous exécutez cette fonction et le lancement de l'animation.

Description du fichier

Flash Player 6
et ultérieur

Chemin d'accès : ***Interface/ControleAffichageTemps/TempsCompteRebours.fla***

Nous avons placé sur la scène des textes dynamiques et un seul clip. Le nom d'occurrence de ce dernier est tout simplement btDepart. Les noms de variables des textes dynamiques sont vHeures, vMinutes, vSecondes et affichageCompteRebours. Leurs noms d'occurrences sont respectivement vHeures_inst, vMinutes_inst, vSecondes_inst. Nous n'avons pas de nom d'occurrence pour le texte dynamique dont le nom de variable est affichageCompte-Rebours.

Script

```
 1 //
 2 var tempsAtteindre = 0;
 3 var vHeures = 0;
 4 var vMinutes = 5;
 5 var vSecondes = 0;
 6 //
 7 btDepart.onPress = function() {
 8      if (etiquetteDepartPause == "Départ") {
 9          tempsAtteindre = 0;
10          tempsAtteindre += vHeures*60*60*1000;
11          tempsAtteindre += vMinutes*60*1000;
12          tempsAtteindre += vSecondes*1000;
13          etiquetteDepartPause = "Arrêt";
```

```
14              tempsAtteindre += getTimer();
15              lancerCompteRebours();
16              lancerRebours = setInterval(lancerCompteRebours, 1000);
17          } else {
18              etiquetteDepartPause = "Départ";
19              clearInterval(lancerRebours);
20          }
21  };
22  //
23  lancerCompteRebours = function () {
24      difference = Math.round((tempsAtteindre-getTimer())/1000);
25      heures = Math.floor(difference/3600);
26      minutes = Math.floor(difference/60)-(heures*60);
27      secondes = Math.floor(difference-(heures*3600)-(minutes*60));
28      //
29      heures = heures<=9 ? heures="0"+heures : heures;
30      minutes = minutes<=9 ? minutes="0"+minutes : minutes;
31      secondes = secondes<=9 ? secondes="0"+secondes : secondes;
32      affichageCompteRebours = heures+":"+minutes+":"+secondes;
33      if (difference == 0) {
34          clearInterval(lancerRebours);
35          // Action à exécuter quand temps est terminé
36      }
37  };
38  //pas round mais floor
39  vHeures_inst.restrict = "0-9";
40  vMinutes_inst.restrict = "0-9";
41  vSecondes_inst.restrict = "0-9";
42  vHeures_inst.maxChars = 2;
43  vMinutes_inst.maxChars = 2;
44  vSecondes_inst.maxChars = 2;
```

Analyse

Avant d'analyser le script, commençons par vous présenter la méthode de calcul du décompte.

Au moment où l'utilisateur va cliquer sur le bouton Départ, nous pouvons déjà savoir le nombre de millisecondes écoulées depuis le lancement de l'animation grâce à la fonction getTimer().

Pour calculer le temps à atteindre au bout de notre décompte (ligne 14), nous faisons le calcul suivant : temps actuel au moment du clic sur le bouton départ + temps de décompte demandé.

Nous allons ensuite soustraire de façon continue, la valeur renvoyée par getTimer() à celle qui correspond à notre décompte à atteindre (ligne 24).

Ligne 2 : nous initialisons cette variable primordiale pour l'animation, qui est chargée d'additionner les heures, minutes et secondes à décompter.

Lignes 3 à 5 : nous initialisons les variables afin d'afficher 0 et 5 dans les textes dynamiques qui se trouvent sur la scène.

Ligne 7 : ce gestionnaire va s'exécuter lorsque l'utilisateur cliquera sur le bouton qui lance le compte à rebours.

Ligne 8 : c'est la même occurrence qui lance et qui arrête le compte à rebours. Nous devons donc évaluer le contenu de la variable `etiquetteDepartPause` pour savoir si nous devons démarrer ou interrompre le décompte.

Ligne 9 : nous initialisons à nouveau la variable de la ligne 2, car elle pourrait déjà contenir une valeur (surtout si vous avez cliqué sur cette occurrence pour la troisième fois).

Lignes 10 à 12 : nous calculons le nombre de millisecondes à décompter.

Ligne 13 : nous affichons Arrêt sur la scène afin que l'utilisateur sache que pour arrêter le décompte, il doit cliquer sur le même bouton que celui du départ.

Ligne 14 : nous ajoutons à notre somme de millisecondes à décompter, le temps déjà écoulé depuis le lancement de l'animation.

Ligne 15 : nous exécutons la fonction chargée de calculer et d'afficher le résultat du décompte à partir du clic sur le bouton Départ.

Ligne 16 : la fonction `setInterval()` va nous permettre de rafraîchir l'affichage du compte à rebours toutes les 1 000 millisecondes, c'est-à-dire toutes les secondes car c'est le paramètre que nous lui avons précisé (`lancerCompteRebours, 1000`).

Ligne 18 : au cas où le décompte serait déjà en cours, nous l'arrêtons (ligne 19) et nous changeons le contenu de l'étiquette du bouton.

Ligne 23 : nous créons une fonction qui va être exécutée toutes les secondes grâce à la ligne 15.

Ligne 24 : dans une variable, nous stockons le temps restant à décompter.

Lignes 25 à 27 : nous calculons les temps à afficher dans les textes dynamiques qui se trouvent sur la scène.

Lignes 29 à 31 : nous convertissons les affichages des heures, minutes et secondes pour éviter d'obtenir un temps restant sous la forme `1:3:5` au lieu de `01:03:05` (1 heure 3 minutes et 5 secondes).

Référez-vous à la remarque de l'animation précédente afin de mieux comprendre la raison pour laquelle nous avons utilisé un opérateur ternaire à la place d'une structure de type `if()`.

Ligne 32 : nous concaténons les variables séparées par des ponctuations de deux points.

Lignes 33 à 36 : ce test va interrompre le décompte, par conséquent l'exécution de la fonction, au cas où la variable `différence` arriverait à 0.

Lignes 39 à 44 : nous contraignons le contenu des textes de saisie afin que l'utilisateur ne puisse pas saisir plus de 2 chiffres (lignes 42 à 44) et uniquement des chiffres, pas de caractères (lignes 39 à 41).

Bogues éventuels

Attention à ne pas arrondir les lignes 25 à 26 avec la méthode `Math.round()` mais bien avec `Math.floor()`.

Par ailleurs, les lignes 39 à 44 vous garantissent que l'utilisateur ne peut pas saisir de valeurs erronées.

Réaliser un chronomètre

Dans le même esprit que l'animation précédente, nous allons calculer une durée écoulée entre deux temps. Nous allons aussi découvrir qu'il est possible d'utiliser la classe `Date()` au lieu de la fonction `getTimer()`.

Temps mémorisés

1 : 00:00:04:82
2 : 00:00:07:50
3 : 00:00:09:69
4 : 00:00:11:48
5 : 00:00:20:32

Figure 10-3

L'utilisateur doit cliquer sur le bouton Départ, il peut alors mémoriser des temps intermédiaires, arrêter le chronomètre ou le remettre à zéro.

> **Remarque**
>
> Nous n'avons pas prévu de bouton pour effacer la liste des temps mémorisés, il suffit d'ajouter un bouton chargé de vider le texte dynamique sans oublier de réinitialiser la variable `numero-Memoire`.

Description du fichier

Flash Player 6
et ultérieur

Chemin d'accès : ***Interface/ControleAffichageTemps/TempsChronometre.fla***

Nous avons placé sur la scène, trois textes dynamiques dont les noms de variables sont : `affichageChronometre`, `etiquetteDepartPause` et `tempsMemorises`.

Trois occurrences intitulées `btDepart`, `btRemiseZero` et `btMemoire` issues du même symbole vont nous servir à contrôler le chronomètre.

Script

```
 1 //
 2 btMemoire.enabled = false;
 3 btMemoire._alpha = 50;
 4 //
 5 btDepart.onPress = function() {
 6     if (etiquetteDepartPause == "Départ") {
 7         etiquetteDepartPause = "Arrêt";
 8         tempsInitial = new Date();
 9         lancerChrono = setInterval(afficherTemps, 100);
10         btMemoire.enabled = true;
11         btMemoire._alpha = 100;
12     } else {
13         etiquetteDepartPause = "Départ";
14         clearInterval(lancerChrono);
15         btMemoire.enabled = false;
16         btMemoire._alpha = 50;
17     }
18 };
19 //
20 btRemiseZero.onPress = function() {
21     tempsInitial = new Date();
22     affichageChronometre = "00:00:00:00";
23 };
24 //
25 afficherTemps = function () {
26     difference = ((new Date()-tempsInitial)/1000);
27     heures = Math.floor(difference/3600);
28     minutes = Math.floor(difference/60);
29     secondes = Math.floor(difference-Math.floor(minutes*60));
30     milliSecondes = (difference%Math.floor(difference));
31     traitementMilliSecondes = String(milliSecondes);
32     milli = traitementMilliSecondes.substr(2, 2);
33     //
34     heures = heures<=9 ? heures="0"+heures : heures;
35     minutes = minutes<=9 ? minutes="0"+minutes : minutes;
36     secondes = secondes<=9 ? secondes="0"+secondes : secondes;
37     affichageChronometre = heures+":"+minutes+":"+secondes+":"+milli;
38 };
39 // pas round mais floor
40 //
41 var tempsMemorises = "";
42 var numeroMemoire = 0;
43 btMemoire.onPress = function() {
44     numeroMemoire++;
45     tempsMemorises += numeroMemoire+" : "+affichageChronometre+newline;
46 };
```

Analyse

Lignes 2 et 3 : tant que le départ du chronomètre n'a pas été demandé, nous interdisons le clic sur le bouton permettant de mémoriser un temps.

Ligne 5 : ce gestionnaire va lancer ou arrêter le chronomètre.

Ligne 6 : vous constaterez que le bouton servant à lancer le chronomètre est aussi celui qui permet de l'arrêter. À chaque clic sur cette occurrence, le texte placé à gauche du bouton change de contenu pour afficher Départ ou Arrêt. Nous devons donc effectuer un test pour savoir ce que nous devons faire. Il suffit simplement de vérifier le contenu de la variable `etiquetteDepartPause`.

Ligne 7 : si le test ci-dessus renvoie `true`, on sait alors qu'il faut lancer le son en commençant par changer le contenu du texte dynamique sur la scène dont le nom de variable est `etiquetteDepartPause`.

Ligne 8 : ensuite, nous stockons dans une variable, l'heure à laquelle l'utilisateur a cliqué sur le bouton Départ. Elle comprend les secondes et les millisecondes.

Ligne 9 : nous demandons l'exécution d'une fonction tous les centièmes de secondes. Nous reviendrons sur cette fonction à la ligne 25.

Lignes 10 et 11 : nous rendons cliquable le bouton Mémoriser.

Ligne 13 : si le test de la ligne 6 renvoie `false`, nous devons alors arrêter le chronomètre (ligne 14), réafficher Départ dans le texte dynamique dont le nom de variable est `etiquetteDepartPause` (ligne 13), et ne plus rendre cliquable le bouton Mémoriser (lignes 15 et 16).

Ligne 20 : ce gestionnaire permet de remettre le chronomètre à 0 (ligne 22), mais surtout de redéfinir un nouveau temps pour le calcul du chronomètre (ligne 21).

Ligne 25 : cette fonction est celle qui est appelée en continu tous les centièmes de secondes, grâce à la fonction que nous avons exécutée ligne 9.

Ligne 26 : nous calculons le temps qui s'écoule entre l'instant où l'utilisateur a cliqué sur le bouton Départ et l'instant où la fonction s'exécute. Cet écart de temps croissant est stocké dans une variable intitulée `difference`.

Lignes 27 à 30 : nous stockons dans quatre variables, les millisecondes, secondes, minutes et heures qui s'écoulent depuis le clic sur le bouton « Départ ».

Lignes 31 et 32 : la ligne 30 nous renvoie la valeur des millisecondes sous la forme `0.2345679`. Nous ne souhaitons conserver que les deux premières valeurs après la virgule, c'est pourquoi nous extrayons ces chiffres au moyen de la méthode `substr()`.

Lignes 34 à 36 : nous convertissons les valeurs des secondes, minutes et heures afin de ne pas obtenir un affichage sous la forme 1:4:5:30, mais plutôt 01:04:05:30. En effet, le calcul des variables des lignes 27 à 30 renverra toujours des chiffres allant de 0 à 9 et non de 00 à 09.

Ligne 37 : nous finissons par concaténer ces variables séparées par deux points, afin d'afficher le résultat sur la scène dans le texte dynamique dont le nom de variable est affichageChronometre.

Lignes 41 et 42 : nous aurions pu placer ces deux lignes au début du script, car elles vont s'initialiser au lancement de l'animation. Ces deux variables vont nous servir à mémoriser les temps intermédiaires demandés par l'utilisateur lorsqu'il cliquera sur le bouton Mémoriser. La variable tempsMemorises est celle du texte dynamique qui se trouve à droite sur la scène. La variable numeroMemoire est celle qui va nous permettre d'afficher l'énumération à gauche des temps mémorisés (figure 10-3).

Ligne 43 : ce gestionnaire est donc chargé de placer un temps dans le texte dynamique situé à droite sur la scène.

Calculer une date

Pour cette étude de cas, nous avons découpé les explications en deux parties. Une première animation va vous présenter un script qui permet de trouver un jour de la semaine à partir d'une date. Une deuxième animation réutilisera le résultat de la première pour développer un programme capable d'afficher un calendrier.

Les composants de Flash proposent déjà un calendrier, dans ce cas pourquoi en refaire un ? Ce n'est pas la finalité qui nous a intéressé dans cette animation, mais plutôt le calcul d'une date. Puisque nous avions rédigé un premier script, nous nous sommes dit que nous n'avions plus qu'à aller jusqu'au bout. De plus, en ayant ce code, il sera plus facile pour vous de personnaliser votre propre calendrier.

Figure 10-4

Cette figure vous montre les deux animations côte à côte. Dans la première, choisissez une date et cliquez sur la flèche noire qui affiche le jour correspondant. Dans la deuxième, choisissez le mois et l'année, les jours s'adapteront.

Description de fichier

Interface/ControleAffichageTemps/TempsCalendrier.fla

Pour cette première animation, nous avons placé sur la scène, trois textes dynamiques dont les noms de variables sont `leJour`, `lAnnee` et `quelJourSemaine`. Nous avons également placé un composant de type comboBox dont le nom d'occurrence est `menu_mois`.

Le script est composé de quatre parties :

- L'initialisation des variables et tableaux nécessaires pour le calcul de la date.

- La création de deux fonctions chargées de vérifier si une année est bissextile et de calculer le jour de la date recherchée.

- L'assignation d'un gestionnaire à l'occurrence qui demandera l'exécution du calcul de la date.

- La programmation du menu déroulant qui affiche les mois.

Script

```
1  //------ Formule de Gauss
2  var leJour = 1
3  var leMois = 1
4  var lAnnee = 2005
5  var codeDuMois = [1, 4, 4, 0, 2, 5, 0, 3, 6, 1, 4, 6];
6  //          siecles [18, 19, 20, 21,22];//18 pour 1800
7  var codesDuSiecle = [2, 0, 6, 4, 2];
8  var codeDuJourSemaine = ["Samedi", "Dimanche", "Lundi", "Mardi", "Mercredi", "Jeudi",
   ➥"Vendredi"];
9  //
10 estCeAnneeBissextile = function (annee) {
11     if (annee%4 == 0) {
12         if (annee%100 == 0) {
13             if (annee%400 == 0) {
14                 return true;
15             }
16             return false;
17         }
18         return true;
19     } else {
20         return false;
21     }
22 };
23 //
24 calculJour = function (jour, mois, annee) {
25     jour = Number(jour);
26     mois = Number(mois);
27     annee = Number(annee);
28     //
```

```
29        if (estCeAnneeBissextile(annee)) {
30              codeDuMois[0] = 0;
31              codeDuMois[1] = 3;
32        }
33        var mois = codeDuMois[mois-1];
34        var traitementAnnee = new String(annee);
35        var derChiffresAnnee = traitementAnnee.substr(2, 2);
36        var premChiffresAnnee = traitementAnnee.substr(0, 2);
37        var numeroSiecle = codesDuSiecle[premChiffresAnnee-18];
38        var div4 = Math.floor(derChiffresAnnee/4);
39        var addition = jour+mois+numeroSiecle+Number(derChiffresAnnee)+div4;
40        var jourNumerique = addition%7;
41        return codeDuJourSemaine[jourNumerique];
42 };
43 //
44 bt_calcul.onPress = function() {
45        quelJourSemaine = calculJour(leJour, leMois, lAnnee);
46 };
47 //
48 //Si année bissextile : Janvier 0 février 3
49 //
50 //1er février 1996
51 // 1 + 3 + 0 + 96 + 24 = 124
52 // 1 (1er) + 3 (février en année bissextile) + 0 de 1900  +96 de 1996 + 24 est arrondi de 96/4
53 // 124%7 = 5
54 // 5 donc jeudi
55 //
56 var listeMois = ["Janvier", "Février", "Mars", "Avril", "Mai", "Juin", "Juillet", "Août",
    ➡"Septembre", "Octobre", "Novembre", "Décembre"];
57 for (i=0; i<listeMois.length; i++) {
58        menu_mois.addItem(listeMois[i]);
59 }
60 menu_mois.rowCount = listeMois.length;
61 menu_mois.setStyle("themeColor", "haloOrange");
62 menu_mois.setStyle("color", 0x5E685B);
63 menu_mois.setStyle("backGroundColor", 0x00FFff);
64 //
65 gestionListeDeroulante = new Object();
66 gestionListeDeroulante.change = function(resultat) {
67        leMois = resultat.target.selectedIndex+1;
68 };
69 menu_mois.addEventListener("change", gestionListeDeroulante);
```

Analyse

Avant d'entrer dans les explications de cette animation, précisons que nous avons cherché une formule sur Internet qui puisse nous aider à calculer une date. La formule de Gauss est celle qui est le plus souvent proposée sur les différents sites traitant de ce sujet.

Le principe est d'affecter un code à chaque mois, un code à chaque siècle, et de vérifier si une année est bissextile.

Lignes 1 à 4 : nous initialisons trois variables qui vont nous servir pour un premier calcul de date, si l'utilisateur clique directement sur le bouton de calcul (la flèche noire sur la scène) sans avoir proposé de mois, d'année et de jour.

Ligne 5 : ce tableau contient les 12 codes (les valeurs) associés à chaque mois de l'année pour effectuer le calcul de date.

Ligne 7 : ce tableau contient les cinq codes (les valeurs) associés à chaque siècle allant de 1800 à 2200 pour effectuer le calcul de date.

Ligne 8 : enfin, un dernier tableau contient les jours de la semaine dans un ordre précis.

Ligne 10 : nous créons une première fonction qui va nous permettre de savoir si l'année à calculer est une année bissextile.

Ligne 11 : ce test évalue si le calcul de l'année divisée par quatre est un entier ou renvoie un chiffre avec des virgules.

Ligne 12 : nous faisons la même vérification avec une division par 100.

Ligne 13 : nous faisons à nouveau le même calcul avec une division par 400.

Ligne 14 : si toutes ces divisions renvoient un entier, la fonction renverra `true`.

Ligne 16 : la valeur `false` sera renvoyée si seuls les deux premiers tests s'avèrent.

Ligne 18 : la valeur `false` sera renvoyée si seul le premier test s'avère.

Ligne 20 : la valeur `false` sera renvoyée si aucun des tests ne s'avère.

Ligne 24 : cette deuxième fonction va procéder au calcul.

Lignes 25 à 27 : comme nous n'avons pas typé nos variables, nous les convertissons en nombre grâce à la fonction `Number()`.

Lignes 29 à 32 : si l'année recherchée est une année bissextile, nous changeons les valeurs des entrées 0 et 1 du tableau `codeMois`.

Ligne 33 : pour le calcul de la ligne 39, nous allons chercher le code du mois.

Ligne 34 : l'utilisateur va saisir une année sur la scène. Celle-ci est composée de 2 parties (par exemple : l'année 67 du siècle 1800 pour 1867). Nous allons avoir besoin de connaître le code du siècle et celui de l'année (de ce siècle). Nous préparons donc une instance de la classe `String()` afin d'utiliser la méthode `substr()` aux lignes 35 et 36.

Ligne 35 : nous stockons dans une variable intitulée `derChiffresAnnee` les deux derniers chiffres de l'année proposée par l'utilisateur.

Ligne 36 : nous stockons dans une deuxième variable intitulée `premChiffresAnnee` les deux premiers chiffres de l'année proposée par l'utilisateur.

Ligne 37 : comme nous l'avons fait à la ligne 33, nous allons rechercher le code nécessaire au calcul dans le tableau `codeDuSiecle`. Comme le chiffre 18 correspond à l'index 0 de ce tableau, cela explique la raison pour laquelle nous retirons cette valeur. Si notre tableau contenait 23 chiffres de 0 à 22, nous n'aurions pas eu besoin de faire cette soustraction.

Ligne 38 : nous avons besoin d'un dernier paramètre avant de faire le calcul de la date. Calculer la valeur de la division de l'année par 4.

Ligne 39 : nous procédons au calcul de la somme de toutes les valeurs que nous avons obtenues jusqu'à présent, et nous stockons le résultat dans une variable intitulée addition.

Ligne 40 : dans une dernière variable, nous calculons le reste de la division de la variable addition par 7. Pour être plus précis, nous utilisons modulo.

> **Rappel**
>
> L'opérateur Modulo permet de calculer le reste d'une division de la façon suivante :
> 1. 17 ÷ 3 renvoie 5,666.
> 2. Nous multiplions l'arrondi du résultat par 3. On obtient 3 x 5 qui renvoie 15.
> 3. On soustrait 15 à 17, on obtient alors 2.

Ligne 41 : nous demandons à la fonction de renvoyer le résultat.

Lignes 44 à 46 : nous assignons un gestionnaire onPress à l'occurrence bt_calcul (la flèche noire sur la scène), pour exécuter le calcul du jour.

Ligne 56 : nous créons un tableau qui va servir de contenu pour le menu déroulant.

Lignes 57 à 59 : nous remplissons le menu déroulant avec le tableau créé à la ligne 56.

Lignes 60 à 63 : nous définissons l'apparence du menu déroulant.

Lignes 65 à 69 : nous programmons le menu déroulant afin qu'il stocke dans la variable intitulée leMois, l'index du jour sélectionné. Nous ajoutons 1 au résultat car l'index du mois de février est 1, alors qu'il s'agit du deuxième mois de l'année. Au cas où vous l'auriez oublié, rappelons que la première entrée d'un tableau porte l'index 0.

> **Précision**
>
> Si vous n'êtes pas familiarisé avec les composants, consultez le chapitre 6 de ce livre qui traite des composants.

Bogue éventuel

N'oubliez pas la ligne 69 qui permet d'activer la surveillance liée au menu déroulant.

Comme nous l'évoquions en introduction à cette étude de cas, voici la deuxième animation qui va vous permettre d'afficher un calendrier sur la scène. Il ne propose aucune interactivité au clic sur une date, nous vous indiquerons néanmoins l'emplacement des lignes d'instructions à ajouter pour étendre les possibilités de notre calendrier.

Développer un calendrier

Description du fichier

Flash Player 6
et ultérieur

Chemin d'accès : ***Interface/ControleAffichageTemps/TempsCalendrier2.fla***

Pour cette deuxième animation, nous avons construit sur la scène, un symbole qui contient les éléments suivants :

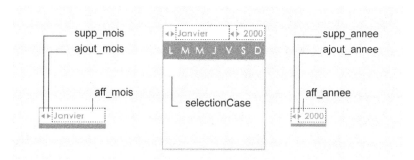

Figure 10-5

Le calendrier est contenu dans un symbole afin qu'il puisse être mobile sur la scène. De ce fait, les variables et boutons qui le contrôlent se trouvent dans ce symbole. Voici les noms de variables et d'occurrences.

Script

Nous n'allons analyser que les lignes 1 à 16, 27 et 28, 69 à 125. Le reste du script a déjà été expliqué dans l'analyse précédente.

```
 1 var enX = 0;
 2 var enY = 19;
 3 for (i=0; i<=41; i++) {
 4      calendrier.attachMovie("unite", "cel"+i, i);
 5      calendrier["cel"+i]._x = enX;
 6      calendrier["cel"+i]._y = enY;
 7      calendrier["cel"+i].onPress = function() {
 8          calendrier.selectionCase._x = this._x;
 9          calendrier.selectionCase._y = this._y;
10      };
11      enX += 18;
12      if (enX>=126) {
13          enX = 0;
14          enY += 18;
15      }
16 }
```

```
17 //
18 //Formule de Gauss (1777-1855) Mathématicien, astronome et physicien allemand
19 var leJour = 1;
20 var leMois = 1;
21 var lAnnee = 2005;
22 var codeDuMois = [1, 4, 4, 0, 2, 5, 0, 3, 6, 1, 4, 6];
23 //          siecles [18, 19, 20, 21,22];//18 pour 1800
24 var codesDuSiecle = [2, 0, 6, 4, 2];
25 var codeDuJourSemaine = ["Samedi", "Dimanche", "Lundi", "Mardi", "Mercredi", "Jeudi",
   ➡"Vendredi"];
26 //
27 var nbrJoursMois = [31, 28, 31, 30, 31, 30, 31, 31, 30, 31, 30, 31];
28 var limiteJoursMois;
29 //
30 estCeAnneeBissextile = function (annee) {
31      if (annee%4 == 0) {
32          if (annee%100 == 0) {
33              if (annee%400 == 0) {
34                  return true;
35              }
36              return false;
37          }
38          return true;
39      } else {
40          return false;
41      }
42 };
43 //
44 calculJour = function (jour, mois, annee) {
45      jour = Number(jour);
46      mois = Number(mois);
47      annee = Number(annee);
48      //
49      if (estCeAnneeBissextile(annee)) {
50          codeDuMois[0] = 0;
51          codeDuMois[1] = 3;
52          limiteJoursMois = 29;
53      } else {
54          codeDuMois[0] = 1;
55          codeDuMois[1] = 4;
56          limiteJoursMois = 28;
57      }
58      var mois = codeDuMois[mois-1];
59      var traitementAnnee = new String(annee);
60      var derChiffresAnnee = traitementAnnee.substr(2, 2);
61      var premChiffresAnnee = traitementAnnee.substr(0, 2);
62      var numeroSiecle = codesDuSiecle[premChiffresAnnee-18];
63      var div4 = Math.floor(derChiffresAnnee/4);
64      var addition = jour+mois+numeroSiecle+Number(derChiffresAnnee)+div4;
65      var jourNumerique = addition%7;
66      return codeDuJourSemaine[jourNumerique];
67 };
```

```
68 //
69 var semaine = ["Lundi", "Mardi", "Mercredi", "Jeudi", "Vendredi", "Samedi", "Dimanche"];
70 var listeMois = ["Janvier", "Février", "Mars", "Avril", "Mai", "Juin", "Juillet", "Août",
   ➥"Septembre", "Octobre", "Novembre", "Décembre"];
71 //
72 remplirCalendrier = function (jour, mois, annee) {
73     calendrier.aff_mois = listeMois[mois-1];
74     calendrier.aff_annee = annee;
75     var premierJour = calculJour(jour, mois, annee);
76     limiteJoursMois = nbrJoursMois[mois-1];
77     if (estCeAnneeBissextile(annee) && mois == 2) {
78         limiteJoursMois = 29;
79     }
80     // Pas inverser ces 2 lignes
81     for (i=0; i<=6; i++) {
82         calendrier["cel"+i].numeroJour = "";
83         if (semaine[i] == premierJour) {
84             calendrier["cel"+i].numeroJour = "1";
85             debutMois = i;
86         }
87     }
88     for (i=debutMois, j=1; j<=limiteJoursMois; i++, j++) {
89         calendrier["cel"+i].numeroJour = j;
90     }
91     for (i=limiteJoursMois+debutMois; i<=41; i++) {
92         calendrier["cel"+i].numeroJour = "";
93     }
94 };
95 //
96 var dateActuelle = new Date();
97 quelMois = dateActuelle.getMonth()+1;
98 quelleAnnee = dateActuelle.getFullYear();
99 remplirCalendrier(1, quelMois, quelleAnnee);
100 //
101 calendrier._alpha = 60;
102 //
103 calendrier.ajout_mois.onPress = function() {
104     quelMois++;
105     if (quelMois>=13) {
106         quelMois = 1;
107     }
108     remplirCalendrier(1, quelMois, quelleAnnee);
109 };
110 calendrier.supp_mois.onPress = function() {
111     quelMois--;
112     if (quelMois<=0) {
113         quelMois = 12;
114     }
115     remplirCalendrier(1, quelMois, quelleAnnee);
116 };
117 //
118 calendrier.ajout_annee.onPress = function() {
```

```
119        quelleAnnee++;
120        remplirCalendrier(1, quelMois, quelleAnnee);
121 };
122 calendrier.supp_annee.onPress = function() {
123        quelleAnnee--;
124        remplirCalendrier(1, quelMois, quelleAnnee);
125 };
```

Analyse

Pour réaliser ce calendrier, nous avons eu besoin de plusieurs éléments :

• Des occurrences (triangles noirs) qui vont nous permettre de sélectionner un mois et une année.

• Un symbole qui contient un texte dynamique intitulé numeroJour et qui va être placé 30 ou 31 fois dans le calendrier (sauf en février).

• Lorsque l'utilisateur cliquera sur un jour du mois, une petite case jaune (une occurrence carré et jaune) viendra se placer au même endroit que la souris. Il s'agit d'une occurrence de forme carrée et jaune.

Comme vous le montre la figure 10-6, nous partons d'un symbole qui ne contient que les boutons de sélection des mois et années, ainsi que les variables nécessaires à l'affichage de ces informations. Nous avons un symbole dont le nom de liaison est unite. Il va être placé dans le calendrier et nous remplirons alors les valeurs du mois et de l'année correspondants.

Figure 10-6

Les numéros de jours sont obtenus par la création en boucle de plusieurs occurrences issues du symbole représenté entre les deux premiers calendriers ce cette figure.

Si vous observez bien le calendrier, il y a 6 lignes de 7 jours, ce qui nous fait un total de 42 cellules. Nous allons donc utiliser une boucle for() pour construire ce « quadrillage ». La largeur du symbole qui contient pour l'instant le chiffre 23 est de 18 pixels, sa hauteur est de 19 pixels. Nous allons placer la première occurrence à 0 pixel du bord gauche du calendrier et à 19 pixels du haut du calendrier.

Ligne 1 : nous initialisons cette variable dont la valeur va s'incrémenter à chaque nouvelle occurrence placée dans le calendrier. Elle va définir la position horizontale des occurrences.

Ligne 2 : cette deuxième variable va définir les positions verticales.

Lignes 3 à 6 : nous procédons au placement du symbole afin d'obtenir 42 occurrences.

Remarque

Nous aurions pu utiliser la syntaxe suivante afin de ne pas utiliser les lignes 5 et 6 :

```
calendrier.attachMovie("unite", "cel"+i, i, {_x:enX, _y:enY});
```

Ligne 7 : nous assignons un gestionnaire à chaque occurrence placée sur la scène. Dans l'état actuel de cette animation, un clic sur une date se contente donc uniquement de déplacer un cadre jaune. C'est donc à partir de la ligne 10 qu'il faudrait ajouter les lignes d'instructions rendant ce calendrier interactif.

Ligne 11 : nous n'utilisons pas i pour décaler la position horizontale des occurrences, mais la variable que nous avons présentée à la ligne 1.

Ligne 12 : si la valeur de la variable enX dépasse 126, c'est que les 7 jours d'une ligne ont été créées. Nous devons donc réinitialiser cette variable afin de démarrer une nouvelle série de 7 jours.

Ligne 14 : nous devons décaler le placement vertical de cette nouvelle ligne.

Ligne 27 : nous allons avoir besoin de connaître quel est le dernier jour du mois à afficher dans le calendrier : ce tableau contient donc cette information.

Ligne 28 : cette variable contiendra la valeurs d'une des entrées de ce tableau.

Ligne 69 : nous créons un tableau qui contient les jours d'une semaine en commençant par Lundi et non Dimanche.

Ligne 72 : nous créons une fonction chargée de remplir le texte dynamique contenu dans les occurrences que nous venons de créer aux lignes 3 à 6.

Lignes 73 et 74 : nous commençons par afficher le mois et l'année dans les deux textes dynamiques intitulés aff_mois et aff_annee.

Ligne 75 : nous calculons le premier jour du mois recherché.

Ligne 76 : nous mémorisons le nombre de jours contenus dans le mois.

Lignes 77 à 79 : nous redéfinissons le nombre de jours du mois de février s'il s'agit d'une année bissextile.

Lignes 81 et 82 : nous vidons la première ligne du calendrier.

Lignes 83 à 86: nous cherchons à savoir si le premier jour du mois correspond à l'une des 7 premières cellules de notre calendrier. Si tel est le cas, on stocke dans une variable intitulée debutMois la valeur de i.

Lignes 88 à 90 : nous remplissons le calendrier avec les numéros des jours.

Lignes 91 à 93 : nous effaçons les numéros qui dépassent le dernier jour du mois. Si nous n'exécutons pas ces lignes d'instructions, le calendrier ne s'arrêtera pas à 30 ou 31 jours, mais affichera des valeurs supérieures jusqu'à la 42e cellule.

Lignes 96 à 99 : ces lignes permettent seulement de remplir le tableau avec la date à laquelle cette animation est exécutée.

Ligne 101 : nous rendons le calendrier légèrement transparent afin qu'il laisse apparaître ce qui se trouve sur la scène.

Lignes 103 à 125 : nous programmons les boutons contenus dans le calendrier afin de pouvoir incrémenter ou diminuer les valeurs des mois et années. Dans chaque gestionnaire, on gère donc le dépassement des valeurs et l'on exécute la fonction de remplissage du calendrier.

> **Remarque**
> Le calendrier est mobile car il contient deux gestionnaires sur la première image-clé de sa timeline.

Cette animation démontre qu'il est relativement simple de créer son propre calendrier. Vous pouvez changer les valeurs des variables enX et enY pour espacer davantage les dates (dans ce cas pensez à recalculer la valeur 126 de la ligne 12). Vous pouvez disposer les éléments du calendrier dans l'ordre que vous souhaitez, etc.

Bogues éventuels

Les tests des gestionnaires des lignes 103 à 125 sont indispensables pour éviter des erreurs de calculs dues aux dépassements de ces valeurs.

Temporiser une action

Pour commencer notre analyse, mettons en avant un paradoxe. Normalement, la fonction setInterval() sert à en exécuter une autre à un intervalle régulier. Dans cette animation, vous allez constater qu'elle permet de retarder le déclenchement d'une fonction.

> **Remarque**
> La fonction setTimeout() ne figure pas encore dans l'aide officielle de Macromedia à l'heure où nous écrivons ce livre. Sera-t-elle implémentée dans une future mise à jour ou dans la prochaine version, nous ne le savons pas encore. Ce qui est sûr, c'est que vous pouvez l'utiliser à partir de Flash 8. En voici un exemple :
> ```
> function afficherMessage(messageTxt) {
>     trace(messageTxt);
> }
> setTimeout(afficherMessage, 3000, "Hello tout le monde !");
> ```

Plus simplement, vous pouvez aussi vous passer du paramètre :

```
function afficherMessage() {
    trace("Hello tout le monde !");
}
setTimeout(afficherMessage, 3000);
```

Cette fonction permet d'exécuter une fonction une seule fois.

Dans cette animation, nous ne l'avons pas utilisée, car elle ne fonctionne pas avec Flash MX 2004 et elle n'est pas officielle. Nous allons démontrer comment il est possible de retarder avec la fonction `setInterval()` le déclenchement d'une fonction, c'est pourquoi l'analyse ne portera exceptionnellement que sur certaines lignes.

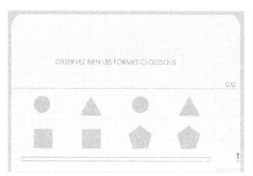

Figure 10-7

Au lancement de l'animation, les formes de la copie d'écran de gauche sont intactes, 5 secondes plus tard, elles sont mélangées.

Description de fichier

Interface/ControleAffichageTemps/TempsTemporiserAction.fla

Cette animation contient deux textes dynamiques dont les noms de variables explicites sont `affichageScore` et `tempsRestant`. L'occurrence d'un clip intitulée `barre` va peu à peu diminuer de taille pour illustrer graphiquement le temps restant avant la fin de la partie.

Script

```
1 barre._xscale = 0;
2 var score = 0;
3 annonce_inst._visible = false;
4 //
5 ecartsH = [5.34999999999999, 24.7, 20.9, 23.75, 16.75, 14.9, 2.69999999999999, 3.14999999999998];
6 ecartsV = [6.94999999999999, 1.90000000000001, 0, 1.04999999999998, 0, 0, 20.6, 19.05];
7 //
```

```
 8 programmerFormes = function () {
 9      annonce_inst._visible = true;
10      annonceInro_inst._visible = false;
11      for (i=4, j=0; i<=19; i += 2, j++) {
12          aleaX = random(540)+30;
13          aleaY = random(130)+30;
14          _root["instance"+i]._alpha = 50;
15          _root["instance"+i]._x = aleaX;
16          _root["instance"+i]._y = aleaY;
17          _root["instance"+i].numPaire = i+1;
18          _root["instance"+i].ecartH = ecartsH[j];
19          _root["instance"+i].ecartV = ecartsV[j];
20          _root["instance"+i].onPress = function() {
21              this.startDrag(0);
22              memoX = this._x;
23              memoY = this._y;
24          };
25          _root["instance"+i].onRelease = _root["instance"+i].
            ➡onReleaseOutside=function () {
26              stopDrag();
27              paireInst = _root["instance"+this.numPaire];
28              conditionX = Math.abs(this._x-paireInst._x)<this.ecartH+2;
29              conditionY = Math.abs(this._y-paireInst._y)<this.ecartV+2;
30              if (conditionX && conditionY) {
31                  score++;
32                  affichageScore=score+"/8"
33                  this.enabled = false;
34                  if (score == 8) {
35                      delete barre.onEnterFrame;
36                      }
37                  } else {
38                      this._x = memoX;
39                      this._y = memoY;
40                  }
41          };
42      }
43      //
44      barre.onEnterFrame = function() {
45          this._xscale += 0.1;
46          tempsRestant = 100-Math.round(this._xscale);
47          if (tempsRestant<=0) {
48              delete this.onEnterFrame;
49              for (i=4; i<=19; i++) {
50                  _root["instance"+i].enabled = false;
51              }
52          }
53      };
54      //
55      clearInterval(lancer);
56 };
57 lancer = setInterval(programmerFormes, 5000);
```

Analyse

La structure du script doit être très précise :

- Vous devez créer une fonction qui contient un `clearInterval()` ayant pour paramètre un identifiant que vous devez utiliser pour exécuter la fonction `setInterval()`.

- Exécutez une ligne d'instruction contenant la fonction `setInterval()` associée à un identifiant que vous allez utiliser avec la fonction `clearInterval()`.

Nous arrivons ainsi au script de cette animation que nous allons simplifier pour l'occasion :

```
programmerFormes = function () {
    //exécution de lignes d'instructions
    //exécution de lignes d'instructions
    clearInterval(lancer);
};
lancer = setInterval(programmerFormes, 5000);
```

Cette technique est donc très pratique pour retarder le déclenchement d'une fonction. Dans cet exemple, la fonction `programmerFormes` ne s'exécutera qu'au bout de 5 secondes.

Si nous regardons de plus près le script d'origine, nous constatons que les lignes 44 à 53 contiennent un gestionnaire `onEnterFrame`. Nous avons en effet demandé qu'au bout des 5 secondes d'attente, une autre action s'exécute en continu. Nous aurions pu exécuter une autre fonction `setInterval()` à cet endroit là.

Répéter une action à intervalles réguliers

Le titre est représentatif de l'analyse que nous allons faire de cette étude de cas, mais nous aurions tout autant pu choisir le même que la précédente. En effet, la notion de contrôle du temps et de sa vitesse est primordiale en programmation, mais elle peut surtout se faire de différentes manières.

Nous avons regroupé dans cette animation, les trois techniques de répétition d'une action.

- La boucle `for()` : on ne peut temporiser l'intervalle qui sépare deux itérations.

- Le gestionnaire `onEnterFrame` : la cadence de répétition se base sur celle de l'animation.

- La fonction `setInterval()` : sa vitesse peut être définie indépendamment de la cadence de l'animation.

La rangée d'occurrences qui se trouve en haut de la scène (puces noires) est déjà visible sur la scène au moment où vous lancez l'animation. Une boucle `for()` a déjà été chargée de placer ces occurrences lors du chargement de la première image de la timeline. Pour les deux autres mouvements, nous allons utiliser les deux autres techniques.

Figure 10-8

Nous allons pouvoir contrôler dans cette animation, le déclenchement et l'arrêt d'une action qui va s'exécuter en continu.

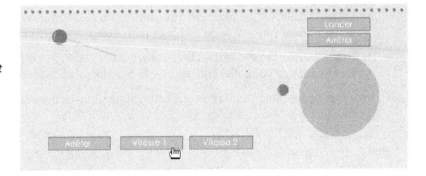

Description du fichier

Chemin d'accès : *Interface/ControleAffichageTemps/TempsRepeterAction.fla*

La scène contient cinq occurrences qui vont nous servir à lancer les rotations des deux objets (le satellite et le balancier) : btVitesse0, betVitesse1, btVitesse2, btLancerLune et btArreterLune.

Les deux occurrences que nous allons contrôler s'intitulent balancier et lune_inst.

Le script de l'animation est composé d'autant de parties qu'il y a d'actions à contrôler :

• La création d'une fonction qui va être appelée par un setInterval().

• La création d'une fonction qui va être associée au gestionnaire onEnterFrame.

• La programmation des occurrences qui vont contrôler le mouvement de celles qui tournent (le balancier et le satellite).

• La construction de la série de puces qui se trouve en haut de la scène, avec l'utilisation d'une boucle for().

Script

```
1 tourner = function () {
2     balancier._rotation += 3;
3 };
4 lancer = setInterval(tourner, 10);
5 //
6 btVitesse0.onPress = function() {
7     clearInterval(lancer);
8 };
9 htVitesse1.onPress = function() {
10     clearInterval(lancer);
11     lancer = setInterval(tourner, 50);
```

```
12 };
13 btVitesse2.onPress = function() {
14      clearInterval(lancer);
15      lancer = setInterval(tourner, 10);
16 };
17 //
18 var coef = 0;
19 luneQuiTourne = function () {
20      coef += 0.1;
21      this._x = 470+Math.cos(coef)*80;
22      this._y = 280+Math.sin(coef)*20;
23 this._xscale = this._yscale=this._y-200;
24      if (this._y<280) {
25          terre_inst.swapDepths(2);
26          lune_inst.swapDepths(1);
27      } else {
28          terre_inst.swapDepths(1);
29          lune_inst.swapDepths(2);
30      }
31 };
32 //
33 lune_inst.onEnterFrame = luneQuiTourne;
34 //
35 btLancerLune.onPress = function() {
36      lune_inst.onEnterFrame = luneQuiTourne;
37 };
38 //
39 btArreterLune.onPress = function() {
40      delete lune_inst.onEnterFrame;
41 };
42 //
43 for (i=0; i<=50; i++) {
44      _root.attachMovie("lune", "lune"+i, i);
45      _root["lune"+i]._x = 50+i*10;
46      _root["lune"+i]._y = 15;
47      _root["lune"+i]._xscale = 20;
48      _root["lune"+i]._yscale = 20;
49 }
```

Analyse

Lignes 2 à 4 : cette fonction est appelée à la ligne 5. Elle est chargée d'assurer la rotation de l'occurrence intitulée balancier.

Ligne 5 : la fonction setInterval() va exécuter en continu, à raison de 100 fois par seconde (dans le meilleur des cas), la demande de rotation de 3 degrés de la ligne 3.

Ligne 7 : nous programmons l'occurrence btVitesse0 afin qu'elle arrête l'exécution de la fonction tourner() qui a été demandée à la ligne 5.

Lignes 10 à 17 : nous programmons deux autres occurrences chargées de lancer l'exécution de la fonction tourner() au moyen d'un setInterval() à des vitesse de répétitions différentes.

Lignes 19 à 32 : nous créons une fonction chargée d'assurer le mouvement de rotation de l'occurrence intitulée lune_inst.

Ligne 34 : nous assignons cette fonction au gestionnaire onEnterFrame afin que la rotation démarre au lancement de l'animation.

Lignes 36 à 38 : ce gestionnaire relance la rotation du satellite lorsqu'elle a été arrêtée au moyen du gestionnaire de la ligne 40.

Lignes 44 à 50 : nous plaçons, sans contrôle de temps, 51 occurrences dans le haut de la scène.

Bogue éventuel

Il est indispensable d'ajouter les instructions des lignes 11 et 15. Dans le cas contraire, les lignes 12 et 16 accéléreraient un peu plus à chaque clic, la rotation du balancier.

Réaliser un planning

Dans la série des applications gérant le temps, il est intéressant de pouvoir représenter sous forme de planning le déroulement des activités sur un mois ou d'une période donnée.

Nous avons donc réalisé cette animation en partant d'un fichier XML. Précisons que le code couleur de chaque case est géré à partir du fichier XML et de l'animation.

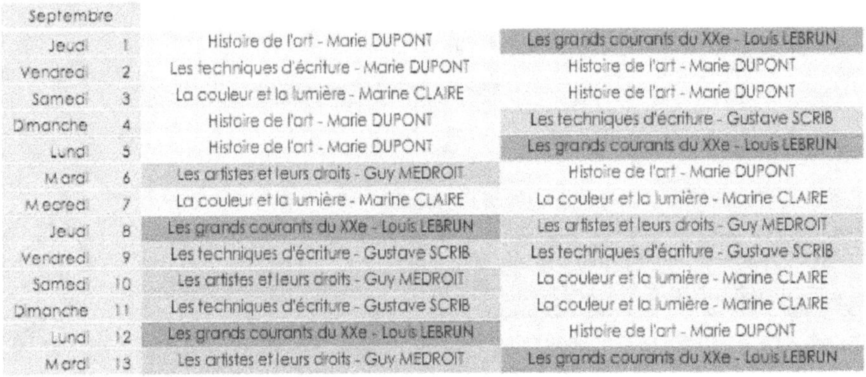

Septembre			
Jeudi	1	Histoire de l'art - Marie DUPONT	Les grands courants du XXe - Louis LEBRUN
Vendredi	2	Les techniques d'écriture - Marie DUPONT	Histoire de l'art - Marie DUPONT
Samedi	3	La couleur et la lumière - Marine CLAIRE	Histoire de l'art - Marie DUPONT
Dimanche	4	Histoire de l'art - Marie DUPONT	Les techniques d'écriture - Gustave SCRIB
Lundi	5	Histoire de l'art - Marie DUPONT	Les grands courants du XXe - Louis LEBRUN
Mardi	6	Les artistes et leurs droits - Guy MEDROIT	Histoire de l'art - Marie DUPONT
Mecredi	7	La couleur et la lumière - Marine CLAIRE	La couleur et la lumière - Marine CLAIRE
Jeudi	8	Les grands courants du XXe - Louis LEBRUN	Les artistes et leurs droits - Guy MEDROIT
Vendredi	9	Les techniques d'écriture - Gustave SCRIB	Les techniques d'écriture - Gustave SCRIB
Samedi	10	Les artistes et leurs droits - Guy MEDROIT	La couleur et la lumière - Marine CLAIRE
Dimanche	11	Les techniques d'écriture - Gustave SCRIB	La couleur et la lumière - Marine CLAIRE
Lundi	12	Les grands courants du XXe - Louis LEBRUN	Histoire de l'art - Marie DUPONT
Mardi	13	Les artistes et leurs droits - Guy MEDROIT	Les grands courants du XXe - Louis LEBRUN

Figure 10-9

Un fichier XML et une simple animation Flash suffisent pour créer ce planning.

Description du fichier

Flash Player 6
et ultérieur

Chemin d'accès : ***Interface/ControleAffichageTemps/Planning.fla***

Nous aurions pu partir d'un fichier vierge pour réaliser cette animation, mais nous avons tout de même placé un texte dynamique sur la scène dont le nom de variable est vMois. Deux lignes de code supplémentaires aurait suffi à remplacer ce texte dynamique.

Script

```
1  //
2  // Initialisation des variables, tableaux et fonctions
3  //
4  var listeDesJours:Array = ["Dimanche", "Lundi", "Mardi", "Mercredi", "Jeudi", "Vendredi", "Samedi"];
5  var listeDesMois:Array = ["Septembre", "Octobre", "Novembre", "Décembre", "Janvier", "Février",
   ➥"Mars", "Avril", "Mai", "Juin", "Juillet", "Août"];
6  var listeCouleurs:Array = ["0XFFFFFF", "0xE7EDAB", "0xD5E06B", "0xC5D435", "0xAEBD28",
   ➥"0xEDBFAB", "0xE0906B", "0xD46735", "0xBD5628", "0xC5EDAB", "0x9AE06B", "0x76D435",
   ➥"0x64BD28", "0xABEDDF", "0x6BE0C8", "0x6BD3B4", "0x28BD9F", "0xABD7ED", "0x6BB9E0",
   ➥"0x359FD4", "0x288BBD"];
7  var racine;
8  //
9  function creerCalendrierMois(nbrJours:Number, mois:Number):Void {
10   vMois = listeDesMois[mois];
11   for (i=0, j=0; i<=nbrJours; i += 2, j++) {
12     _root.attachMovie("barreJour","jour"+(j+1),j,{_y:22+(j*17), _x:3});
13     _root["jour"+j].jourNom = racine.childNodes[mois].childNodes[i-2].attributes.nomJour;
14     _root["jour"+j].jourNumero = j;
15     _root["jour"+j].matin.vContenu = racine.childNodes[mois].childNodes[i-2]
       ➥.attributes.matiere;
16     _root["jour"+j].matin.vContenu += " - "+racine.childNodes[mois].childNodes[i-2]
       ➥.attributes.nom;
17     _root["jour"+j].apMidi.vContenu = racine.childNodes[mois].childNodes[i-1]
       ➥.attributes.matiere;
18     _root["jour"+j].apMidi.vContenu += " - "+racine.childNodes[mois].childNodes[i-1]
       ➥.attributes.nom;
19  //
20     _root["jour"+j].matin.couleur = new Color(_root["jour"+j].matin.fond);
21     _root["jour"+j].matin.couleur.setRGB(listeCouleurs[racine.childNodes[mois].childNodes[i-2]
       ➥.attributes.couleur]);
22     _root["jour"+j].apMidi.couleur = new Color(_root["jour"+j].apMidi.fond);
23     _root["jour"+j].apMidi.couleur.setRGB(listeCouleurs[racine.childNodes[mois].childNodes[i-1]
       ➥.attributes.couleur]);
24   }
25   _root["jour"+j].removeMovieClip();
26 }
```

```
27 //
28 function dessinerCalendrier(mois) {
29   // Ajout des attributs nomJour
30   var nbrNoeuds:Number = racine.childNodes[mois].childNodes.length;
31   var premierJour:Number = racine.childNodes[mois].attributes.premierJour;
32   for (i=0; i<nbrNoeuds; i += 2) {
33     racine.childNodes[mois].childNodes[i].attributes.nomJour = listeDesJours[premierJour];
34     racine.childNodes[mois].childNodes[i+1].attributes.nomJour = listeDesJours[premierJour];
35     premierJour++;
36     if (premierJour>=7) {
37       premierJour = 0;
38     }
39   }
40   creerCalendrierMois(nbrNoeuds,mois);
41 }
42 //
43 // Charger planning.xml
44 //
45 var chargeplanning:XML = new XML();
46 chargeplanning.load("planning.xml");
47 chargeplanning.ignoreWhite = true;
48 chargeplanning.onLoad = function() {
49   racine = this.firstChild;
50   dessinerCalendrier(0);
51 };
```

Le fichier XML fourni avec l'animation est bien plus long que celui que nous vous présentons ci-dessous : nous l'avons raccourci afin de ne pas remplir bêtement plusieurs pages de ce livre. Seule la structure nous intéresse et c'est pourquoi nous vous présentons le planning minimum de 3 mois (avec quelques jours uniquement) afin de mieux comprendre l'organisation des nœuds parents et des nœuds enfants.

Script

```
1 <planning>
2
3   <mois nom="Septembre" premierJour="4">
4
5     <Jour periode="AM" matiere="Histoire de l'art" nom="Marie DUPONT" couleur="1"/>
6     <Jour periode="PM" matiere="Les grands courants du XXe" nom="Louis LEBRUN" couleur="7"/>
7
8     <Jour periode="AM" matiere="Les techniques d'écriture" nom="Marie DUPONT" couleur="1"/>
9     <Jour periode="PM" matiere="Histoire de l'art" nom="Marie DUPONT" couleur="1"/>
10
11   </mois>
12
13   <mois nom="Octobre" premierJour="5">
14
15     <Jour periode="AM" matiere="Le bleu et le vert" nom="Eva Bella" couleur="1"/>
```

```
16        <Jour periode="PM" matiere="Techniques anciennes" nom="Hervé Jano" couleur="7"/>
17
18        <Jour periode="AM" matiere="" nom="" couleur="1"/>
19        <Jour periode="PM" matiere="" nom="" couleur="1"/>
20
21        <Jour periode="AM" matiere="" nom="" couleur="1"/>
22        <Jour periode="PM" matiere="" nom="" couleur="1"/>
23
24        <Jour periode="AM" matiere="Le bleu et le vert" nom="Eva Bella" couleur="1"/>
25        <Jour periode="PM" matiere="Les techniques d'écriture" nom="Gustave SCRIB" couleur="11"/>
26
27        <Jour periode="AM" matiere="Le bleu et le vert" nom="Eva Bella" couleur="1"/>
28        <Jour periode="PM" matiere="La couleur et la lumière" nom="Marine CLAIRE" couleur="9"/>
29
30    </mois>
31
32    <mois nom="Novembre" premierJour="6">
33
34        <Jour periode="AM" matiere="Les techniques d'écriture" nom="Marie DUPONT" couleur="1"/>
35        <Jour periode="PM" matiere="Techniques anciennes" nom="Hervé Jano" couleur="1"/>
36
37        <Jour periode="AM" matiere="Le bleu et le vert" nom="Eva Bella" couleur="1"/>
38        <Jour periode="PM" matiere="Techniques anciennes" nom="Hervé Jano" couleur="7"/>
39
40        <Jour periode="AM" matiere="Le bleu et le vert" nom="Eva Bella" couleur="1"/>
41        <Jour periode="PM" matiere="La couleur et la lumière" nom="Marine CLAIRE" couleur="9"/>
42
43    </mois>
44    </planning>
```

Analyse

Ligne 4 : nous créons un tableau qui contient les jours à afficher dans la marge de gauche du planning.

Ligne 5 : nous créons également un tableau qui contient les mois que nous pourrons parcourir.

Ce sont les lignes 4 et 5 qu'il faut traduire dans le cas où vous souhaiteriez gérer un planning dans une autre langue.

Ligne 6 : cette liste contient les couleurs qui peuvent être utilisées pour le fond des cellules du planning.

Lignes 9 à 26 : cette fonction permet de construire le calendrier sur la scène, c'est-à-dire de placer un même symbole plusieurs fois pour obtenir les cellules du planning.

Vous l'aurez peut-être remarqué, mais la fonction que nous nous apprêtons à détailler possède des variables locales intitulées nbrJours et mois. Ces dernières vont nous servir à construire le calendrier à partir de valeurs contenues dans un fichier XML.

Ligne 10 : nous stockons dans la variable `vMois`, le nom du mois à afficher en haut à gauche de la scène.

Ligne 11 : nous effectuons une boucle avec deux paramètres pour construire chaque ligne du planning composé de deux parties (le matin et l'après-midi).

Ligne 12 : c'est précisément cette ligne qui place le symbole, dont le nom de liaison est `barreJour`, sur la scène.

Lignes 13 et 14 : elles sont chargées d'écrire le nom du jour et la date dans les cellules de la colonne de gauche du planning.

Lignes 15 et 16 : elles sont chargées d'écrire la matière et le nom du professeur pour les séances du matin du planning.

Lignes 17 et 18 : elles sont chargées d'écrire la matière et le nom du professeur pour les séances de l'après-midi du planning.

Lignes 20 à 23 : ces lignes vont changer la couleur des cellules correspondant aux séances de l'après-midi et du matin.

Lignes 28 à 41 : la fonction `dessinerCalendrier` va appeler celle que nous venons d'analyser après avoir récupéré les données contenues dans le fichier XML. Observez bien les lignes 30 et 31. Elles sont chargées de trouver le nombre de nœuds contenus dans le mois à afficher et le premier jour à utiliser en début de mois.

Lignes 32 à 39 : cette boucle `for` a pour fonction d'ajouter l'attribut `nomJour` à l'arborescence XML. Il était en effet inutile de saisir manuellement cette information dans le fichier XML, pour chaque jour (chaque nœud). Nous nous sommes contentés d'indiquer le premier jour du mois et c'est dans le code que nous ajoutons le nom du jour.

Ligne 40 : une fois les jours ajoutés, nous construisons le calendrier en appelant la fonction dédiée.

Ligne 45 : nous créons une instance de la classe `XML()` pour y stocker le contenu du fichier `planning.xml`.

Ligne 46 : nous chargeons le contenu du fichier XML dans l'instance.

Ligne 47 : nous précisons que les éventuelles lignes vierges (sauts de lignes) contenues dans le fichier XML doivent être ignorées.

Lignes 48 à 51 : le contenu de la fonction `onLoad` sera exécuté lorsque le chargement du contenu du fichier XML dans l'instance créée à la ligne 45 sera terminé.

Ligne 49 : lorsque les données sont chargées, nous stockons le contenu de la racine de l'arborescence XML dans une variable intitulée `racine` afin de faciliter la manipulation des données récupérées.

Ligne 50 : nous créons le planning.

Bogues éventuels

Une fois encore, ce script est assez complexe, et les bogues peuvent être nombreux. C'est pourquoi, il est fortement conseillé de choisir des noms d'instance et de variables représentatifs de leur fonctions de stockage.

Planning sur plusieurs mois

Dans cette deuxième animation, nous allons vous démontrer qu'en adaptant légèrement le code, vous pouvez visualiser plusieurs mois successivement.

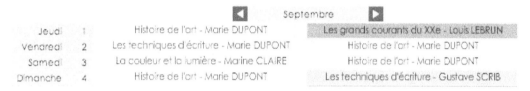

Figure 10-10

Deux boutons situés à gauche et à droite du nom du mois en cours suffisent pour naviguer de mois en mois.

Description du fichier

Flash Player 6 et ultérieur

Chemin d'accès : ***Interface/ControleAffichageTemps/Planning2.fla***

À la différence de l'animation précédente, nous avons placé deux occurrences supplémentaires pour représenter les flèches de navigation (mois précédent et mois suivant). Nous les avons intitulées btMoisAvant et btMoisApres.

Script

```
1 //
2 // Initialisation des variables, tableaux et fonctions
3 //
4 var listeDesJours:Array = ["Dimanche", "Lundi", "Mardi", "Mercredi", "Jeudi", "Vendredi", "Samedi"];
5 var listeDesMois:Array = ["Septembre", "Octobre", "Novembre", "Décembre", "Janvier", "Février",
   ➥"Mars", "Avril", "Mai", "Juin", "Juillet", "Août"];
6 var listeCouleurs:Array = ["0XFFFFFF", "0xE7EDAB", "0xD5E06B", "0xC5D435", "0xAEBD28",
   ➥"0xEDBFAB", "0xE0906B", "0xD46735", "0xBD5628", "0xC5EDAB", "0x9AE06B", "0x76D435",
   ➥"0x64BD28", "0xABEDDF", "0x6BE0C8", "0x6BD3B4", "0x28BD9F", "0xABD7ED", "0x6BB9E0",
   ➥"0x359FD4", "0x288BBD"];
```

```
 7 var racine;
 8 var moisEnCours = 0;
 9 //
10 function creerCalendrierMois(nbrJours:Number, mois:Number):Void {
11   vMois = listeDesMois[mois];
12   for (i=0, j=0; i<=nbrJours; i += 2, j++) {
13     _root.attachMovie("barreJour","jour"+(j+1),j,{_y:22+(j*17), _x:3});
14     _root["jour"+j].jourNom = racine.childNodes[mois].childNodes[i-2]
       ➥.attributes.nomJour;
15     _root["jour"+j].jourNumero = j;
16     _root["jour"+j].matin.vContenu = racine.childNodes[mois].childNodes[i-2]
       ➥.attributes.matiere;
17     _root["jour"+j].matin.vContenu += " - "+racine.childNodes[mois].childNodes[i-2]
       ➥.attributes.nom;
18     _root["jour"+j].apMidi.vContenu = racine.childNodes[mois].childNodes[i-1]
       ➥.attributes.matiere;
19     _root["jour"+j].apMidi.vContenu += " - "+racine.childNodes[mois].childNodes[i-1]
       ➥.attributes.nom;
20 //
21     _root["jour"+j].matin.couleur = new Color(_root["jour"+j].matin.fond);
22     _root["jour"+j].matin.couleur.setRGB(listeCouleurs[racine.childNodes[mois]
       ➥.childNodes[i-2].attributes.couleur]);
23     _root["jour"+j].apMidi.couleur = new Color(_root["jour"+j].apMidi.fond);
24     _root["jour"+j].apMidi.couleur.setRGB(listeCouleurs[racine.childNodes[mois].childNodes[i-1]
       ➥.attributes.couleur]);
25   }
26   _root["jour"+j].removeMovieClip();
27 }
28 //
29 function dessinerCalendrier(mois) {
30   // Ajout des attributs nomJour
31   var nbrNoeuds:Number = racine.childNodes[mois].childNodes.length;
32   var premierJour:Number = racine.childNodes[mois].attributes.premierJour;
33   for (i=0; i<nbrNoeuds; i += 2) {
34     racine.childNodes[mois].childNodes[i].attributes.nomJour = listeDesJours[premierJour];
35     racine.childNodes[mois].childNodes[i+1].attributes.nomJour = listeDesJours[premierJour];
36     premierJour++;
37     if (premierJour>=7) {
38       premierJour = 0;
39     }
40   }
41   creerCalendrierMois(nbrNoeuds,mois);
42 }
43
44 function effacerMoisEnCours() {
45   for (i=0; i<=31; i++) {
46     _root["jour"+i].removeMovieClip();
47   }
48 }
```

```
49 //
50 // Charger planning.xml
51 //
52 var chargeplanning:XML = new XML();
53 chargeplanning.load("planning.xml");
54 chargeplanning.ignoreWhite = true;
55 chargeplanning.onLoad = function() {
56    racine = this.firstChild;
57    dessinerCalendrier(moisEnCours);
58 };
59 //
60 btMoisApres.onPress = function() {
61    if (moisEnCours<11) {
62       moisEnCours++;
63    }
64    effacerMoisEnCours();
65    dessinerCalendrier(moisEnCours);
66 };
67 //
68 btMoisAvant.onPress = function() {
69    if (moisEnCours>0) {
70       moisEnCours--;
71    }
72    effacerMoisEnCours();
73    dessinerCalendrier(moisEnCours);
74 };
```

Analyse

Si vous ne l'avez pas encore fait, consultez l'analyse de l'animation précédente car nous n'aborderons ici que les différences qui résultent de l'ajout de code.

Ligne 8 : nous allons avoir besoin de naviguer de mois en mois ; nous devons donc connaître le mois en cours pour pouvoir passer au précédent ou au suivant.

Lignes 43 à 47 : avant de construire un planning composé de plusieurs occurrences (3 par jour), nous devons tout d'abord supprimer celles que nous avions préalablement placées sur la scène.

Lignes 60 à 74 : nous terminons par l'ajout de deux gestionnaires d'événements chargés d'appeler les fonctions qui vont supprimer et construire le nouveau planning.

Bogues éventuels

Dans les deux gestionnaires des lignes 60 à 74, nous avons ajouté deux tests afin de vérifier si les limites des mois sont atteintes. Sans cette vérification, nous rencontrerions un bogue.

11

Déplacement de personnages ou d'objets

Avec la partie consacrée à la construction dynamique d'interface, celle-ci est l'une des plus importantes. En effet, si vous devez développer un jour une application telle qu'un jeu, il y a de fortes chances que l'une des nombreuses techniques proposées dans ces études de cas vous soit utile ! Rassurez-vous, les animations proposées dans cette partie ne se limitent pas à l'apprentissage de techniques dédiées aux jeux. Dérouler un menu, n'est-ce pas une occurrence que vous déplacez sur la scène ?

Déplacement par clics

Le but du jeu de cette animation est de cliquer sur les quatre cercles vert foncé et les trois croix jaunes. Vous devez parcourir le moins de kilomètres possible en un minimum de clics.

Figure 11-1

Cliquez sur les ronds et les croix de cette carte pour vous rendre dessus.

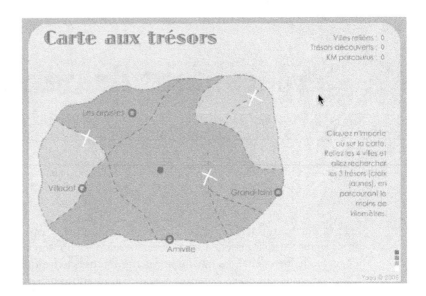

Description du fichier

Chemin d'accès : *Interface/Deplacements/DeplacementClics.fla*

En haut à droite de la scène, nous avons placé trois textes dynamiques dont les noms de variables sont distance, tresors et villes.

Les occurrences des ronds vert foncé et des croix jaunes s'intitulent croix1... croix3 et ville1... ville4.

Une dernière occurrence intitulée perso va se déplacer de clic en clic, il s'agit du rond vert foncé situé au centre de la scène.

Le script de cette animation comporte trois parties :

• l'initialisation des variables utilisées dans cette animation ;

• la création d'un clip vide contenant le tracé du parcours effectué par le personnage ;

• la gestion du déplacement au travers des lignes 10 à 39.

Script

```
 1 var destX = 0;
 2 var destY = 0;
 3 var distance = 0;
 4 var tresors = 0;
 5 var villes = 0;
 6 //
 7 _root.createEmptyMovieClip("traceTrajet", 1);
 8 traceTrajet.lineStyle(3, 0xCC0000, 20);
 9 traceTrajet.moveTo(perso._x, perso._y);
10 this.onMouseDown = function() {
11        destX = _root._xmouse;
12        destY = _root._ymouse;
13        this.onEnterFrame = function() {
14              perso._x += (destX-perso._x)*0.1;
15              perso._y += (destY-perso._y)*0.1;
16              distance += 0.1;
17              traceTrajet.lineTo(perso._x, perso._y);
18              if (Math.abs(destX-perso._x)<1 && Math.abs(destY-perso._y)<1) {
19                 delete this.onEnterFrame;
20                 for (i=1; i<=4; i++) {
21                     if (perso.hitTest(_root["croix"+i])) {
22                         _root["croix"+i]._x = -100;
23                         _root["croix"+i]._y = -100;
24                         tresors++;
25                     }
26                     if (perso.hitTest(_root["ville"+i])) {
27                         villes++;
28                     }
29                 }
30                 if (tresors+villes>=7) {
31                     _root.attachMovie("gagne", "gagne", 2);
32                     gagne._x = 520;
33                     gagne._y = 120;
34                     distance_inst.background = true;
35                     distance_inst.backgroundColor = "0xFFFF00";
36                 }
37             }
38        };
39 };
```

Analyse

Lignes 1 à 5 : nous initialisons les variables utilisées dans l'animation.

Ligne 7 : sur la scène, nous créons une occurrence de clip vide afin de pouvoir lui définir un type de trait (ligne 8).

Ligne 9 : nous définissons le point de départ du trait aux coordonnées de l'occurrence `perso`.

Ligne 10 : ce gestionnaire va assurer la gestion du déplacement, la vérification du passage du personnage sur les trésors et dans les villes.

Lignes 11 et 12 : dans deux variables, nous stockons les coordonnées du clic sur la scène.

Ligne 13 : le gestionnaire `onEnterFrame` va permettre d'exécuter en continu les lignes d'instructions qu'il contient.

Lignes 14 et 15 : le déplacement du personnage est calculé par rapport à sa position actuelle et celle du clic mémorisée aux lignes 11 et 12.

Ligne 16 : nous comptabilisons le nombre de kilomètres parcourus par le personnage.

Ligne 17 : nous traçons une droite entre chaque couple de clics sur la scène. Pour être plus précis, nous définissons un trait en continu entre la nouvelle position du personnage (lorsqu'il se déplace entre deux clics) et son dernier emplacement sur une ville ou un trésor.

Ligne 18 : nous effectuons un test pour savoir si le personnage s'est immobilisé sur la scène et :

• s'il s'est arrêté sur un trésor (ligne 21 à 25) ;

• s'il s'est arrêté sur une ville (lignes 26 à 28) ;

• s'il s'est arrêté à toutes les villes et a découvert tous les trésors.

Pour comptabiliser ces passages et découvertes, nous incrémentons deux variables aux lignes 24 et 27.

S'il est passé par les 7 étapes, nous affichons « Gagné » sur la scène (lignes 31 à 33) et nous changeons la couleur du texte dynamique qui contient le nombre de kilomètres parcourus.

Allons plus loin avec la classe Tween()…

Ce sont les lignes 11, 12, 14 et 15 qui nous permettent d'obtenir le déplacement au clic grâce au gestionnaire `onPress`. Pour obtenir des effets différents, vous pourriez remplacer les lignes 11 et 12 par celles qui suivent :

```
new Tween(tache, "_x", Strong.easeOut, tache._x, this._xmouse, 1, true);
new Tween(tache, "_y", Strong.easeOut, tache._y, this._ymouse, 1, true);
```

Si vous utilisez ces deux lignes d'instructions, vous devrez dans ce cas ajouter les deux suivantes au début de votre script.

```
import mx.transitions.Tween;
import mx.transitions.easing.*;
```

Le tableau 11-1 présente les différents types d'accélérations ainsi que les méthodes qui les accompagnent.

Tableau 11-1 Accélérations et méthodes à utiliser avec la classe Tween()

Types d'accélérations	Description
Back	Utilisé avec easeIn, l'occurrence recule légèrement avant d'entamer sa transition. Avec easeOut, l'occurrence glisse au-delà de son point de destination avant de revenir à sa place.
Bounce	Utilisé avec easeIn, l'occurrence rebondit 4 fois avant d'entamer sa transition. Avec easeOut, l'occurrence effectue sa transition et rebondit 4 fois arrivée à son point de destination.
Elastic	Comparable à l'accélération de type Bounce, le rebond ne butte pas sur un point, mais dépasse le point d'arrivée ou de départ. Utilisé avec easeOut, l'effet obtenu est celui qui est très souvent utilisé dans les animations pour le placement d'occurrences avec un ralentissement élastique.
Regular	Effectue une transition normale entre deux points. easeIn, permet d'obtenir une accélération. easeOut permet d'obtenir un ralentissement comparable à celui qui a été programmé aux lignes 11, 12, 14 et 15 de cette animation.
Strong	Utilisé avec easeIn, la transition démarre plus lentement qu'avec le type d'accélération Regular. C'est l'inverse avec la méthode easeOut, l'occurrence démarre sa transition plus rapidement.
None	Permet de ne pas préciser de type d'accélération.

Bogue éventuel

À la ligne 19, vous noterez la présence de l'opérateur delete qui annule l'exécution du gestionnaire onEnterFrame. Il est en effet indispensable de prévenir le player Flash de ne plus calculer la distance qui sépare le personnage de sa destination lorsque ce dernier se trouve dessus.

Déplacement par glisser-déplacer

Cette animation aurait pu se retrouver dans le chapitre consacré aux jeux. En effet, le but de cette animation est de déplacer des occurrences sur la scène. Nous avons voulu donner un sens à ces déplacements en inventant la règle suivante.

Lorsqu'un joueur déplace un pion de la couleur qu'il a choisie au début de la partie, à côté d'un autre de couleur opposée, ce dernier disparaît. Il faut donc essayer d'en supprimer plusieurs à la fois tout en faisant attention à ne pas se rapprocher trop près des siens. Cela faciliterait en effet la suppression de plusieurs pions de votre couleur par le joueur adverse.

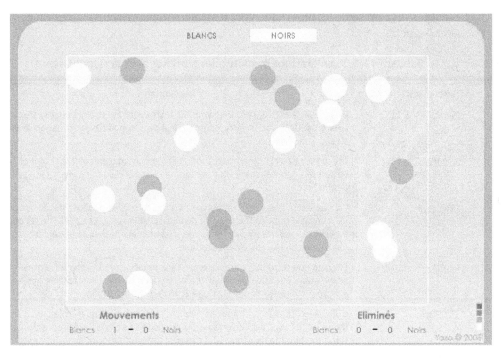

Figure 11-2
Déplacez un pion de votre couleur à côté ou sur un autre pion de la couleur opposée, afin de le faire disparaître.

> **Rappel**
>
> Vous ne pouvez supprimer une occurrence de la scène, qu'à partir du moment où elle a été placée dynamiquement dans l'animation au moyen des méthodes `attachMovie()` et `duplicateMovieClip()`.

Description du fichier

Chemin d'accès : ***Interface/Deplacements/DeplacementGlisserDeplacer.fla***

Flash Player 6
et ultérieur

Cette animation ne contient pas d'occurrences sur la scène car elles vont être placées dynamiquement. Seuls des textes dynamiques y ont été déposés. Les deux du haut contenant les couleurs des joueurs ont les noms d'occurrences suivants : `titreBlancs` et `titreNoirs`. Pour comptabiliser les mouvements et les points de chaque joueur, nous avons placé quatre autres textes dynamiques sur la scène dont les noms de variables sont : `mouvementsNoirs`, `mouvementsBlancs`, `eliminesBlancs`, `eliminesNoirs`.

Nous avons placé un script sur la scène et un autre à l'intérieur du seul symbole que compte cette animation. Nous aurions pu écrire un script d'un seul tenant, mais pour faciliter la compréhension de l'animation, nous avons opté pour cette solution car cela sépare le code de construction de l'interface de celui de la gestion des pions et des mouvements.

Script

Script sur la première image-clé de la timeline principale :

```
 1 var mouvementsBlancs = 0;
 2 var mouvementsNoirs = 0;
 3 var eliminesBlancs = 0;
 4 var eliminesNoirs = 0;
 5 //
 6 for (i=0, j=20; i<=10; i++, j++) {
 7     _root.attachMovie("pion", "pionnoir"+i, i);
 8     _root["pionnoir"+i]._x = random(420)+85;
 9     _root["pionnoir"+i]._y = random(270)+65;
10     _root["pionnoir"+i].codeCouleur = 0;
11     //
12     _root.attachMovie("pion", "pionblanc"+i, j);
13     _root["pionblanc"+i]._x = random(420)+85;
14     _root["pionblanc"+i]._y = random(270)+65;
15     _root["pionblanc"+i].codeCouleur = 1;
16 }
17 //
18 var joueur = 1;
19 joueursTour = function (equipeOn, equipeOff) {
20     _root[equipeOn].background = true;
21     _root[equipeOn].backgroundColor = 0xFFFF00;
22     _root[equipeOff].background = false;
23 };
24 joueursTour("titreBlancs", "titreNoirs");
```

Script sur l'image-clé 1 de la timeline de l'unique symbole de l'animation :

```
 1 this._alpha = 80;
 2 this.couleur = new Color(this);
 3 switch (codeCouleur) {
 4 case 0 :
 5     this.couleur.setRGB(0x9EA79C);
 6     break;
 7 case 1 :
 8     this.couleur.setRGB(0xFFFFFF);
 9     break;
10 }
11 this.onPress = function() {
12     if(this.codeCouleur==_root.joueur) {
13     this.startDrag();
14     }
15 };
```

```
16 this.onRelease = this.onReleaseOutside=function () {
17      stopDrag();
18      if (codeCouleur == 0) {
19          _root.joueursTour("titreBlancs", "titreNoirs");
20          _root.joueur=1
21          _root.mouvementsNoirs++;
22          for (i=0; i<=10; i++) {
23              ecartX = Math.abs(_root["pionblanc"+i]._x-this._x);
24              ecartY = Math.abs(_root["pionblanc"+i]._y-this._y);
25              if (Math.abs(ecartX)<35 && Math.abs(ecartY)<35) {
26                  _root["pionblanc"+i].removeMovieClip();
27                  _root.eliminesBlancs++;
28              }
29              if (this._name != "pionnoir"+i) {
30                  ecartXNoir = Math.abs(_root["pionnoir"+i]._x-this._x);
31                  ecartYNoir = Math.abs(_root["pionnoir"+i]._y-this._y);
32                  if (Math.abs(ecartXNoir)<35 && Math.abs(ecartYNoir)<35) {
33                      _root.eliminesNoirs++;
34                      this.removeMovieClip();
35                  }
36              }
37          }
38      }
39      if (codeCouleur == 1) {
40          _root.joueursTour("titreNoirs", "titreBlancs");
41          _root.joueur=0
42          _root.mouvementsBlancs++;
43          for (i=0; i<=10; i++) {
44              ecartX = Math.abs(_root["pionnoir"+i]._x-this._x);
45              ecartY = Math.abs(_root["pionnoir"+i]._y-this._y);
46              if (Math.abs(ecartX)<35 && Math.abs(ecartY)<35) {
47                  _root["pionnoir"+i].removeMovieClip();
48                  _root.eliminesNoirs++;
49              }
50              if (this._name != "pionblanc"+i) {
51                  ecartXBlanc = Math.abs(_root["pionblanc"+i]._x-this._x);
52                  ecartYBlanc = Math.abs(_root["pionblanc"+i]._y-this._y);
53                  if (Math.abs(ecartXBlanc)<35 && Math.abs(ecartYBlanc)<35) {
54                      _root.eliminesBlancs++;
55                      this.removeMovieClip();
56                  }
57              }
58          }
59      }
60 };
```

Analyse

Nous nous apprêtons à placer 22 occurrences sur la scène. Nous disposons d'un seul symbole et pourtant, 11 des occurrences seront blanches alors que les autres seront noires (vert foncé). Pour chaque occurrence, nous allons définir une variable qui sera alors lue par l'occurrence au moment où elle sera placée sur la scène, et qui réglera sa couleur.

Commençons donc par analyser le code qui se trouve sur la scène de l'animation.

Lignes 1 à 4 : nous initialisons les variables des textes dynamiques présents sur la scène.

Ligne 6 : nous allons utiliser une boucle `for()` pour placer 22 occurrences sur la scène.

Lignes 7 à 9 : nous plaçons 11 premières occurrences, dont les noms sont `pionnoir0`... `pionnoir10`.

Ligne 10 : nous reviendrons sur cette ligne lors de l'analyse des lignes 2 à 10 du script suivant.

Lignes 12 à 15 : nous replaçons 11 autres occurrences sur la scène, leurs noms seront `pionblanc0`... `pionblanc10`.

Ligne 18 : nous initialisons cette variable qui va nous servir à déterminer quel joueur doit bouger un pion.

Lignes 19 à 23 : cette fonction permet de changer la couleur de fond des textes dynamiques qui contiennent les textes BLANCS et NOIRS dans le haut de la scène. Cela sert à indiquer le tour du joueur qui doit bouger un pion.

Ligne 24 : cette fonction est exécutée une première fois.

Nous allons à présent passer à l'analyse du script contenu dans le symbole du pion. Il est important de rappeler à cette occasion que ce script s'exécutera 22 fois pour chaque occurrence.

Ligne 1 : nous rendons toutes les occurrence transparentes à hauteur de 80 %.

Ligne 2 : nous créons une instance de la classe `Color()` dans chacun des pions, afin de gérer les couleurs de chaque occurrence.

Lignes 3 à 10 : nous avions défini une variable intitulée `codeCouleur` aux lignes 10 et 15 du script principal de l'animation. Nous récupérons sa valeur afin de choisir la couleur à affecter à chaque occurrence. Onze d'entre-elles vont donc être réglées en blanc, les 11 autres en vert foncé.

Lignes 11 à 14 : nous rendons mobile l'occurrence. Pour être plus précis, nous n'autoriserons la mobilité de l'occurrence cliquée qu'à partir du moment où la valeur de la variable `codeCouleur` propre à chaque occurrence correspondra à celle qui s'intitule `joueur` et qui se trouve sur la scène. À la ligne 18 du premier script, nous avions initialisé cette variable à 1, ce qui signifie que les pions blancs devront démarrer la partie.

Ligne 16 : lorsque l'utilisateur relâchera son pion, nous procéderons à certaines vérifications.

Lignes 18 et 39 : nous évaluons la valeur de la variable `codeCouleur` qui nous renseigne sur le joueur qui vient de bouger un pion. À partir de ce moment-là, nous pouvons vérifier si certains pions de couleurs différentes se touchent. Nous allons évaluer pour ces lignes, le mouvement des pions noirs.

Ligne 19 : nous commençons par changer la couleur de fond des textes dynamiques qui contiennent les mots NOIRS et BLANCS dans le haut de la scène.

Ligne 20 : nous changeons la valeur de la variable `joueur` afin de passer la main à l'adversaire.

Ligne 21 : nous incrémentons la variable `mouvementsNoirs` pour comptabiliser le nombre de déplacements de pions.

Ligne 22 : la vérification des intersections de pions se fait par le biais d'une boucle qui va tester si l'occurrence qui vient d'être relâchée se trouve à moins de 35 pixels des pions de l'adversaire.

Lignes 23 et 24 : nous calculons l'écart entre l'occurrence et les pièces restantes de l'adversaire.

Ligne 25 : si l'un des écarts est inférieur à 35 pixels, nous supprimons l'occurrence concernée et nous augmentons la variable `eliminesBlancs` qui comptabilise le nombre de pions adverses supprimés.

La fin de ce script est identique aux lignes 18 à 38, mais pour les pions blancs.

Bogue éventuel

Aux lignes 25, 32, 46 et 53, il est indispensable d'évaluer la valeur absolue de l'écart entre deux occurrences, car nous avons besoin de savoir si 35 ou −35 pixels séparent deux pions. Une valeur négative renverrait `false` alors que −17 représente bien un écart plus court que −35 pixels.

Déplacement par glisser-déplacer avec perspective

En effet, lorsque l'utilisateur déplacera la boule sur la scène et que l'occurrence touchera l'un des quatre murs, des tests serviront à déterminer l'échelle de l'objet en mouvement.

Figure 11-3

L'utilisateur déplace la boule sur l'ensemble de ce graphique, cela a pour effet de changer l'échelle de l'occurrence.

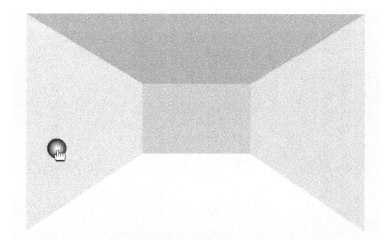

Rappel

La fonction hitTest() ne sert pas uniquement à tester l'intersection entre deux occurrences, mais aussi celle qui peut avoir lieu entre le curseur de la souris et une occurrence.

Description du fichier

Flash Player 6 et ultérieur

Chemin d'accès : ***Interface/Deplacements/DeplacementGlisserDeplacerPerspective.fla***

Sur la scène, nous avons simplement disposé une occurrence que nous allons rendre mobile, ainsi que quatre autres intitulées murGauche, murDroite, murHaut, et murBas.

Le script est très simple car il ne contient que deux gestionnaires dont l'un effectue quatre tests.

Script

```
1 boule.onPress = function() {
2      this.startDrag();
3      boule.onMouseMove = function() {
4          if (murGauche.hitTest(_xmouse, _ymouse, 1)) {
5              echelle = (220-this._x)+30;
6              this._xscale = echelle*0.6;
7              this._yscale = echelle*0.6;
8          }
9          if (murDroite.hitTest(_xmouse, _ymouse, 1)) {
10             echelle = (this._x-380)+30;
11             this._xscale = echelle*0.6;
```

```
12              this._yscale = echelle*0.6;
13          }
14          if (murHaut.hitTest(_xmouse, _ymouse, 1)) {
15              echelle = (150-this._y)+30;
16              this._xscale = echelle;
17              this._yscale = echelle;
18          }
19          if (murBas.hitTest(_xmouse, _ymouse, 1)) {
20              echelle = (this._y-250)+30;
21              this._xscale = echelle*0.91;
22              this._yscale = echelle*0.91;
23          }
24      };
25  };
26  boule.onRelease = boule.onReleaseOutside=function () {
27      stopDrag();
28  delete boule.onMouseMove;
29  };
30  //0.6 = 100/170
31  //0.91 = 100/110
```

Analyse

Lignes 1 et 2 : dès que l'on clique sur l'occurrence `boule`, cette dernière devient mobile.

Ligne 3 : nous ajoutons un gestionnaire `onMouseMove` qui sera chargé d'exécuter les lignes d'instructions qu'il contient lorsque l'utilisateur bougera sa souris tout en maintenant le clic enfoncé.

Lignes 4 à 8 : un test vérifie si l'occurrence `boule` touche le mur de gauche. Si c'est le cas, nous évaluons sa position (ligne 5) pour changer son échelle (lignes 6 et 7).

Les lignes 9 à 23 effectuent le même test avec les autres murs.

Lignes 26 à 29 : nous ajoutons un gestionnaire `onRelease` afin de gérer le relâchement de la boule.

Bogue éventuel

Il est important d'ajouter la ligne 28 à notre script, afin de ne pas demander au player Flash de faire un calcul inutile des lignes 3 à 24.

Déplacement avec ralentissement

Le script de cette animation contient de nombreuses lignes de code pour une technique pourtant très simple. Mettons donc en avant uniquement les lignes de codes qui permettent d'obtenir cet effet.

```
nomduneoccurrence.onEnterFrame = function() {
    this._x += (380-this._x)*0.1;
    this._y += (250.destY-this._y)*0.1;
}
```

Dans cet exemple, l'occurrence doit aller se placer à 380 pixels du bord gauche de la scène et 250 du haut de la scène.

Nous vous conseillons également de consulter la première animation de ce chapitre qui présente une autre technique avec la classe Tween().

Description du fichier

Flash Player 6 et ultérieur

Chemin d'accès : *Interface/Deplacements/DeplacementRalentissement.fla*

Pour cette animation, nous n'avons rien placé sur la scène. Seul le script de l'animation disposera à intervalles réguliers (toutes les deux secondes) une occurrence sur la scène, tout en la faisant glisser.

Script

```
1 var exemplaire = 0;
2 var placePaletX = random(1000)-200;
3 var placePaletY = random(830)-200;
4 placerPalet = function () {
5       exemplaire++;
6       _root.attachMovie("palet", "palet"+exemplaire, exemplaire);
7       _root["palet"+exemplaire]._x = _root["palet"+(exemplaire-1)]._x;
8       _root["palet"+exemplaire]._y = _root["palet"+(exemplaire-1)]._y;
9       _root["palet"+exemplaire].destX = random(580)+10;
10      _root["palet"+exemplaire].destY = random(380)+10;
11      _root["palet"+exemplaire].onEnterFrame = function() {
12            this._x += (this.destX-this._x)*0.1;
13            this._y += (this.destY-this._y)*0.1;
14            this._rotation += (this.destX-this._x)*0.1+(this.destY-this._y)*0.1;
15            if (Math.round(this._x) == this.destX && Math.round(this._y) == this.destY) {
16            delete this.onEnterFrame;
17            }
18      };
19 };
20 //
21 lancer = setInterval(placerPalet, 2000);
```

Analyse

Ligne 1 : l'animation consiste à placer plusieurs occurrences sur la scène. Nous devons donc utiliser une variable qui va s'incrémenter régulièrement à chaque occurrence placée sur la scène.

Lignes 2 et 3 : nous initialisons deux variables qui vont servir de coordonnées de destination pour la première occurrence qui va être placée sur la scène.

Ligne 4 : nous créons une fonction qui va être appelée toutes les 2 secondes grâce à la ligne d'instruction 21 qui contient un `setInterval()`.

Ligne 5 : la variable que nous incrémentons va nous servir à définir un niveau pour chaque occurrence placée sur la scène. Nous allons également pouvoir donner un nom obtenu par concaténation avec la chaîne de caractères `"palet"` et la valeur de cette variable.

Lignes 6 à 8 : sur la scène, nous plaçons le symbole dont le nom de liaison est `palet`. Il est positionné précisément à l'emplacement de l'occurrence placée précédemment sur la scène.

Lignes 9 et 10 : à chaque occurrence, nous affectons deux variables dont les valeurs sont définies aléatoirement. Elles vont servir de point de destination à l'occurrence qui vient d'être placée sur la scène.

Ligne 11 : comme nous vous le présentions en introduction à cette animation, c'est ce gestionnaire qui assure le déplacement de l'occurrence grâce aux lignes 12 et 13.

Ligne 14 : cette ligne permet de faire tourner l'occurrence pour lui donner une impression de mouvement.

Ligne 15 : ce test vérifie si l'occurrence est arrivée à destination. Si c'est le cas, il faut annuler le gestionnaire `onEnterFrame` qui n'a plus de rôle à jouer.

Ligne 21 : cette ligne d'instruction est le déclencheur de notre animation, c'est grâce à elle que toutes les deux secondes, une occurrence est placée sur la scène.

Bogue éventuel

Afin de raccourcir le temps de vérification de la ligne 15, il est indispensable d'arrondir la valeur renvoyée par la position de l'occurrence. Gardez toujours à l'esprit qu'une occurrence peut être placée à des coordonnées en _x et _y avec des décimales.

Il serait très intéressant de refaire cette animation en dupliquant de plus en plus de palets, comme pourraient le faire des cellules.

Yeux qui suivent la souris

Reconnaissons que cette animation ne sert à rien, et pourtant il n'est pas rare de rencontrer cet effet sur Internet. Nous avons donc tout simplement voulu faire un clin d'œil à cette animation.

Figure 11-4

L'utilisateur bouge le curseur de sa souris, les deux occurrences représentant les yeux le suivent alors en modifiant leur rotation.

> **Rappel**
>
> La rotation d'une occurrence se fait en ActionScript à partir du point d'alignement du symbole et non celui de l'occurrence que vous pouvez déplacer avec l'outil de transformation libre.

Description du fichier

Flash Player 6 et ultérieur

Chemin d'accès : ***Interface/Deplacements/DeplacementYeuxSuiventSouris.fla***

Sur la scène, nous avons disposé deux occurrences issues du même symbole. Comme le démontre la figure 11-4, l'axe de l'œil n'est pas au centre de la pupille. C'est ce décalage qui va nous permettre d'obtenir une rotation. Ces deux occurrences sont appelées respectivement `oeilGauche` et `oeilDroit`. Nous avons également utilisé deux autres occurrences de la forme des yeux afin de masquer le contour de chaque œil. Dans le cas contraire, nous aurions l'impression qu'ils sortent de leurs orbites.

Script

```
1 this.onEnterFrame = function() {
2     angle = (Math.atan2(_ymouse-153, _xmouse-171)/Math.PI)*180;
3     oeilGauche._rotation = angle;
4     //
5     angle2 = (Math.atan2(_ymouse-152.4, _xmouse-444.9)/Math.PI)*180;
6     oeilDroit._rotation = angle2;
7 };
8 //
9 oeilGauche.setMask(leMasque);
10 oeilDroit.setMask(leMasque2);
```

Analyse

Ligne 1 : ce gestionnaire `onEnterFrame` va exécuter en continu les lignes d'instructions qu'il contient, c'est-à-dire la rotation des yeux.

Ligne 2 : nous calculons l'angle de rotation de l'œil qui se fait avec la fonction `atan2()`.

Ligne 3 : nous réglons la rotation de l'œil avec la valeur du calcul de la ligne précédente.

Ligne 9 : afin que l'œil ne sorte pas de son orbite, nous appliquons un masque à l'occurrence `oeilGauche`.

Bogue éventuel

Vous ne devez pas inverser les coordonnées `x` et `y` des fonctions `atan2()` des lignes 2 et 5, le calcul serait alors cas faussé.

Réaliser une loupe sur un plan ou une photo

Il existe plusieurs techniques de loupe, mais nous avons retenu celle qui nous semble se rapprocher le plus de la réalité. En effet, dans certains cas la loupe se trouve sur une image alors que le grossissement est visible à côté.

Figure 11-5

Si l'utilisateur bouge le cadre noir sur l'image, une autre image d'échelle plus importante est visible au travers d'un masque de la taille du carré noir.

Description du fichier

Chemin d'accès : ***Interface/Deplacements/DeplacementRealiserLoupe.fla***

Dans cette animation, le plus difficile n'est pas de comprendre le script , mais la construction de la scène. Il faut en effet garder à l'esprit que l'utilisateur va bouger une occurrence (cadre noir), et que pendant ce temps, une image deux fois plus grande que celle qui se trouve sur la scène va être masquée à la même place que le carré noir. Regardez la figure 11-6 qui vous montre les rapports.

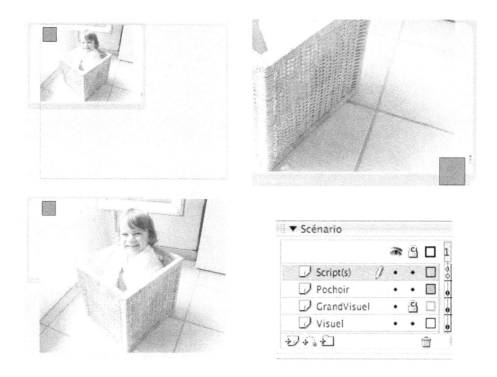

Figure 11-6
Ce photomontage vous démontre que l'image visible au travers du masque est deux fois plus grande que celle qui se trouve sur la scène. Vous noterez également qu'elle se trouve sur un calque au-dessus.

La figure 11-6 met également en évidence le fait que la grande image va bouger vers la gauche lorsque vous déplacez votre loupe vers la droite. Le mouvement est aussi inversé verticalement.

Passons à présent au script. Il est très court car il suffit simplement de déplacer l'occurrence qui contient la grande image.

Script

```
1 grandVisuel.setMask(pochoir);
2 pochoir.onPress = function() {
3     this.startDrag();
4     bordPochoir._x = pochoir._x;
5     bordPochoir._y = pochoir._y;
6     _root.onEnterFrame = function() {
7         grandVisuel._x = -pochoir._x+126;
8         //(63*2)
9         grandVisuel._y = -pochoir._y+22;
10        bordPochoir._x = pochoir._x;
11        bordPochoir._y = pochoir._y;
12     };
13 };
14 pochoir.onRelease = function() {
15     stopDrag();
16     delete _root.onEnterFrame;
17 };
```

Analyse

Avant de démarrer les explications, vous devez retenir le fait que la loupe est composée de deux occurrences : bordPochoir est un simple cadre noir sans fond alors que pochoir est une occurrence avec un fond mais sans contour.

Ligne 1 : nous commençons par masquer la grande image au moyen d'une occurrence de la taille de notre cadre noir.

Lignes 2 et 3 : nous assignons un gestionnaire à l'occurrence de notre loupe afin qu'elle soit rendue mobile (ligne 3).

Lignes 4 et 5 : nous calons le cadre noir qui représente la loupe sur l'occurrence qui sert de masque.

Ligne 6 : ce gestionnaire va assurer la mise à jour de la position de la grande image dès que l'utilisateur bouge sa souris.

Ligne 7 : rappelons que l'image visible sur la scène est deux fois plus petite que la grande que nous allons déplacer. Lorsque nous déplaçons le masque (en même temps que le cadre, voir les lignes 10 et 11), la grande image se décale d'autant de pixels dans le sens inverse. C'est cette ligne qui donne l'impression de grossissement (avec le masque de la ligne 1). Nous avons retiré 126 pixels qui correspondent à deux fois la distance qui sépare le bord gauche de la petite image du bord de la scène.

Ligne 8 : nous procédons au même calcul, mais sur l'axe vertical.

Lignes 14 à 16 : nous annulons la mobilité du masque lorsque l'utilisateur relâche le bouton de sa souris et nous arrêtons également la demande de calcul de décalage.

Bogues éventuels

Le plus difficile dans cette animation reste tout de même de trouver l'algorithme qui permet de déplacer la grande image par rapport à la petite lorsque la loupe change de place. Nous vous l'avons démontré, il suffit d'inverser la position de la grande image par rapport à la petite en relation directe avec le masque. Attention cependant à ne pas oublier d'ajouter le décalage des lignes 7 et 9. Vous n'auriez pas besoin de procéder à ces ajouts si la petite image était calée en haut à gauche de la scène.

Tester la collision entre deux occurrences

Dans une animation précédente, nous avons déjà testé l'intersection entre une occurrence et le curseur de la souris. Dans celle-ci, nous allons tester s'il existe ou non une zone de chevauchement.

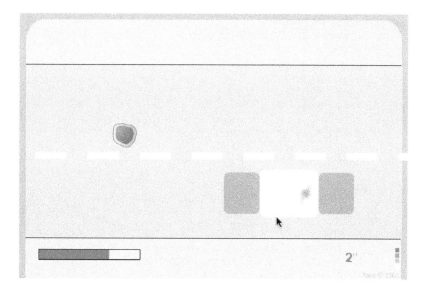

Figure 11-7
L'utilisateur doit éviter les trous sur la chaussée en dirigeant sa voiture de haut en bas à l'aide des touches fléchées de son clavier.

Rappel
N'oubliez pas d'utiliser addListener() afin de déclencher la surveillance de votre clavier.

Description du fichier

Flash Player 6
et ultérieur

Chemin d'accès : *Interface/Deplacements/DeplacementTesterCollision.fla*

Pour cette animation, nous avons placé sur la scène, cinq occurrences intitulées bordGauche, bordDroit, voiture, jauge et marquageSol, ainsi qu'un texte dynamique dont le nom de variable est vTempsEcoule.

Les trous sur la chaussée, qui vont défiler de droite à gauche de la scène, seront des occurrences placées dynamiquement.

Script

```
1  voiture.swapDepths(1000);
2  var sens = 0;
3  _root.onKeyDown = function() {
4      laTouche = Key.getCode();
5  };
6  Key.addListener(_root);
7  _root.onEnterFrame = function() {
8      if (laTouche == 40) {
9          voiture.stop();
10         sens = 5;
11     }
12     if (laTouche == 38) {
13         voiture.stop();
14         sens = -5;
15     }
16     if (laTouche == 32) {
17         voiture.play();
18         sens = 0;
19     }
20     voiture._y += sens;
21 };
22 var exemplaire = 0;
23 placerTrou = function () {
24     _root.attachMovie("trou", "trou"+exemplaire, exemplaire);
25     _root["trou"+exemplaire]._y = random(258)+75;
26     _root["trou"+exemplaire]._x = 650;
27     _root["trou"+exemplaire].onEnterFrame = function() {
28         vTempsEcoule = Math.round(getTimer()/1000)+"\'\'";
29         if (this.hitTest(_root.voiture)) {
30             jauge._xscale--;
31         }
32         if (_root.voiture.hitTest(_root.bordGauche)) {
33             jauge._xscale--;
34             _root.voiture._y = 115;
35         }
36         if (_root.voiture.hitTest(_root.bordDroit)) {
37             jauge._xscale--;
```

```
38              _root.voiture._y = 297;
39          }
40      if (jauge._xscale<=0) {
41          jauge._xscale = 0;
42          clearInterval(lancer);
43          delete marquageSol.onEnterFrame;
44          delete _root.onEnterFrame;
45          delete this.onEnterFrame;
46          _root.attachMovie("gameOver", "gameOver", 1001);
47          gameOver._x = 300;
48          gameOver._y = 215;
49      }
50      this._x -= 8;
51  };
52 };
53 placerTrou();
54 lancer = setInterval(placerTrou, 4000);
```

Analyse

Ligne 1 : l'occurrence de la voiture a été placée manuellement sur la scène. Elle possède donc un niveau inférieur à celui des occurrences qui vont être placées à la ligne 24. Nous devons donc exécuter cette ligne d'instruction afin de placer la voiture au premier plan.

Ligne 2 : cette variable va nous servir à définir le sens que va prendre la voiture quand nous changerons sa direction avec les touches du clavier.

Lignes 3 à 5 : dans une variable, nous stockons la valeur correspondant au code de la touche du clavier enfoncée.

Ligne 6 : nous activons la surveillance du clavier.

Ligne 7 : ce gestionnaire va exécuter les lignes d'instructions qu'il contient en continu. Il assure le mouvement vertical de la voiture.

Lignes 8 à 11 : la touche de la flèche du bas possède le code 40. Si l'utilisateur appuie dessus, la voiture va être déportée sur sa droite, c'est-à-dire vers le bas de la scène.

Lignes 12 à 19 : nous contrôlons la voiture lorsqu'elle va vers la gauche, c'est-à-dire vers le haut de la scène et lorsqu'elle reste sur son axe.

Ligne 20 : en appuyant sur ces trois touches, nous avons donné une valeur à la variable sens. Nous l'utilisons donc pour déplacer la voiture dans l'une des deux directions.

Ligne 22 : nous initialisons la variable exemplaire dont la valeur nous servira à composer par concaténation avec la chaîne de caractères "trou", les noms d'occurrences. Cette valeur va également servir à définir un niveau.

Ligne 23 : la fonction que nous créons à présent, va être appelée à la ligne 54 toutes les quatre secondes. Comme son nom l'indique, c'est elle qui placera les trous sur la route.

Lignes 24 à 26 : le symbole dont le nom de liaison est `trou` est placé sur la scène. L'occurrence obtenue est placée à droite de la scène à une hauteur aléatoire.

Ligne 27 : pour faire avancer cette occurrence de la droite vers la gauche de la scène, nous utilisons le gestionnaire `onEnterFrame`.

Ligne 28 : le texte dynamique placé en bas à droite de la scène et servant à compter le temps écoulé, porte le nom de variable `vTempsEcoule`. Nous mesurons le temps écoulé à partir de l'instant où l'utilisateur a lancé l'animation.

Ligne 29 : ce test vérifie que l'occurrence du trou qui vient d'être placée sur la scène ne touche pas la voiture. Si c'est le cas, la jauge de perte d'énergie diminue.

Ligne 32 : un deuxième test vérifie que la voiture ne sort pas de la route par la gauche. Si c'est le cas, la jauge de perte d'énergie diminue.

Ligne 36 : un troisième test vérifie la sortie de la voiture sur la droite.

Ligne 40 : pour finir, un dernier test vérifie si la jauge est complètement vide, au moyen d'une échelle horizontale inférieure ou égale à 0. Si tel est le cas, nous remettons la jauge à 0. Dans l'éventualité où son échelle serait devenue négative (ligne 41), nous interrompons l'exécution de la fonction en continu (ligne 42), nous immobilisons la voiture (ligne 44) et arrêtons le défilement des lignes discontinues sur la route (ligne 43). Nous stoppons également le défilement du trou présent sur la route (ligne 45).

Lignes 46 à 48 : nous plaçons sur la scène le message « Game over » au moyen du symbole dont le nom de liaison est `gameOver`.

Ligne 50 : cette ligne d'instruction s'exécute en continu grâce à la fonction `setInterval()`. Cette dernière fait appel à une autre fonction intitulée `placerTrou()`. Ne se trouvant pas dans l'un des tests que nous venons d'analyser, cette fonction s'exécute donc sans condition.

Ligne 53 : nous appelons la fonction `placerTrou()` dès le lancement de l'animation, afin qu'un trou arrive au tout début du jeu.

Ligne 54 : la fonction `setInterval()` est donc chargée d'indiquer au player flash que la fonction appelée `placerTrou()` doit être exécutée toutes les quatre secondes.

Bogue éventuel

Si nous avions utilisé les lignes d'instructions 8 à 20 dans le gestionnaire `onKeyDown`, nous aurions pu constater une certaine lenteur. Pour éviter cela, nous avons préféré les placer à cet endroit-là du script. Il aurait également été envisageable de créer une fonction appelée grâce à un `setInterval()`.

Élasticité dans un mouvement

Cet effet d'élasticité dans un mouvement est très en vogue depuis quelques années. Dans cette animation, lorsque la carte arrive sur la scène, elle ne vient pas à une vitesse constante ou bien même en accélérant ou en ralentissant, elle arrive à grande vitesse et ne se stabilise qu'au bout de quelques secondes après des va-et-vient autour de son point d'arrêt.

Figure 11-8

Cliquez sur le plan pour le faire sortir ou le remonter.

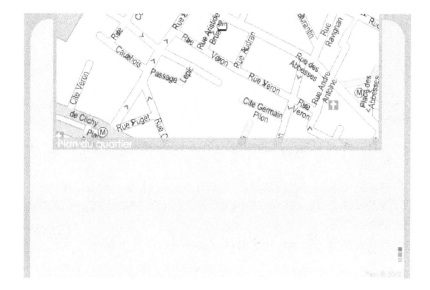

Rappel

L'opérateur ternaire permet d'affecter à une variable une valeur qui résulte d'un test fait sur une seule ligne de code (ligne 7).

Description du fichier

Flash Player 6 et ultérieur

Chemin d'accès : ***Interface/Deplacements/DeplacementElasticite.fla***

Sur la scène, nous avons simplement placé une occurrence intitulée menu1_inst.

Le script est aussi court que la préparation, mais néanmoins assez compliqué à comprendre.

Script

```
 1 var vitesse = 0.25;
 2 var frottement = 0.80;
 3 var placey = 0;
 4 //
 5 destY = menu1_inst._y;
 6 menu1_inst.onPress = function() {
 7       destY = destY == 200 ? -157.6 : 200;
 8       this.onEnterFrame = function() {
 9             decaly = vitesse*(destY-this._y);
10             placey += decaly;
11             placey *= frottement;
12             this._y += placey;
13       };
14 };
```

Analyse

Lignes 1 à 3 : nous initialisons trois variables qui vont nous servir à calculer le mouvement.

Ligne 5 : nous stockons dans la variable destY, la première coordonnée verticale que devra atteindre l'occurrence de notre plan au moment où nous cliquerons dessus pour la descendre.

Ligne 6 : ce gestionnaire est chargé de lancer le mouvement.

Ligne 7 : nous testons la position verticale actuelle de l'occurrence de la carte, cela nous permet d'affecter une nouvelle valeur à la variable destY.

Ligne 8 : ce gestionnaire assure le défilement et l'effet d'élasticité subi par la carte.

Lignes 9 à 11 : nous calculons le décalage exprimé en pixels que doit subir l'occurrence à la ligne 12.

Si vous souhaitez modifier l'effet d'élasticité, vous pouvez changer de façon empirique les valeurs des variables des lignes 1 à 3.

Élasticité dans un mouvement avec la classe Tween

Depuis Flash MX 2004, il est possible de procéder à des interpolations de mouvements via le code en écrivant une seule ligne d'instruction. Nous allons donc vous présenter une animation qui reprend le même principe que la précédente, mais vous constaterez très vite que nous avons eu besoin de plus d'une ligne de code.

Description du fichier

Flash Player 6
et ultérieur

Chemin d'accès : ***Interface/Deplacements/DeplacementElasticiteTween.fla***

Sur la scène, nous avons placé le seul et unique symbole que contient la bibliothèque, c'est-à-dire un clip avec une carte géographique. L'occurrence obtenue a été nommée plan_inst.

Avant de passer à l'analyse du script dans sa globalité, voici le cœur du code. Si l'utilisateur ne risquait pas de cliquer trop vite entre les deux états (le plan en haut et en bas), nous pourrions utiliser le script suivant :

```
import mx.transitions.Tween;
import mx.transitions.easing.*;
//
plan_inst.onPress = function() {
if (!ouverturePlan) {
    ouverturePlan = new Tween(plan_inst, "_y", Elastic.easeOut, -157.7, 200, 3, true);
} else {
    ouverturePlan.yoyo();
  }
};
```

Si l'utilisateur clique en revanche trop vite sur le plan et que celui-ci est encore en mouvement, il ne pourra plus remonter à sa position d'origine, c'est pourquoi nous sommes obligés de verrouiller notre script en ajoutant les lignes d'instructions que vous allez à présent découvrir.

Script

```
1 import mx.transitions.Tween;
2 import mx.transitions.easing.*;
3 //
4 plan_inst.onPress = function() {
5     if (!ouverturePlan) {
6         plan_inst.enabled = false;
7         ouverturePlan = new Tween(plan_inst, "_y", Elastic.easeOut, -157.7, 200, 2,
   true);
8         ouverturePlan.onMotionStarted = function() {
9             plan_inst.enabled = false;
10        };
11        ouverturePlan.onMotionStopped = function() {
12            plan_inst.enabled = true;
13        };
14     } else {
```

```
15          ouverturePlan.yoyo();
16      }
17 };
```

Analyse

Lignes 1 à 2 : afin que nous puissions effectuer un mouvement via le code en utilisant la classe `Tween`, nous devons commencer par l'importer. Dans le mouvement d'interpolation proposé par cette classe, il est possible de donner certains effets tels que le ralentissement, l'accélération, l'élasticité et le rebond à condition d'importer également la classe correspondante.

Ligne 4 : ce gestionnaire permet donc de déclencher l'interpolation lorsque l'utilisateur clique sur le plan.

Ligne 5 : nous testons d'abord l'état du plan, pour savoir s'il a déjà été déroulé ou pas. Jusqu'à présent, nous n'avons pas défini de valeur pour la variable `ouverturePlan`. Elle n'existe donc même pas. À la première exécution de la ligne 5, le test renvoie donc la valeur `true` et exécute ainsi les lignes 6 à 10.

Ligne 6 : nous devons désactiver le clic sur le plan afin que l'utilisateur ne puisse pas en faire un autre trop rapidement, ce qui entraînerait un bogue avec la méthode `yoyo()` de la ligne 15.

Ligne 7 : nous procédons à l'interpolation en précisant les paramètres suivants :

- `plan_inst` : le nom de l'occurrence concernée par l'interpolation ;
- `_y` : le nom de la propriété utilisée pour l'interpolation ;
- `Elastic.easeOut` : le nom de l'effet à utiliser pour l'interpolation, accompagné d'une propriété `easeIn`, `easeOut` ou `easeInOut` ;
- `-157.7` : la valeur utilisée par la propriété pour définir la valeur de départ de l'interpolation ;
- `200` : la valeur utilisée par la propriété pour définir la valeur de fin de l'interpolation ;
- `2` : le nombre de secondes utilisé pour réaliser l'interpolation ;
- `true` : ce paramètre précise que la valeur précédente est exprimée en secondes (`true`) et non en images (`false`). Dans ce dernier cas, il faudrait tenir compte du nombre d'images par secondes, utilisé pour lire l'animation. À une vitesse de 30 ips (images par seconde), il faudrait remplacer le chiffre `2` par `60`, et `true` par `false`.

Lignes 8 à 10 : le gestionnaire `onMotionStarted` permet d'exécuter les lignes qu'il contient lorsque l'interpolation a démarré. Dans notre cas, nous en profitons pour désactiver l'occurrence en mouvement afin qu'on ne puisse plus cliquer dessus.

Lignes 11 à 13 : à l'inverse, lorsque l'interpolation est terminée, nous rendons l'occurrence à nouveau cliquable afin que la méthode `yoyo()` soit exécutable sur un nouveau clic.

Bogue éventuel

Nous l'avons évoqué en introduction, si vous exécutez la méthode yoyo() alors que l'interpolation n'est pas terminée, les deux paramètres déclarés pour définir les valeurs de départ et de fin sont recalculées, et faussent dans certains cas le besoin de garder des valeurs initiales constantes entre deux interpolations.

Simuler la gravité

Cette animation présente deux particularités :

- Vous allez pouvoir visualiser un type de rebond en fonction de paramètres que vous réglerez au moyen de trois variateurs.

- Par ailleurs, vous allez découvrir que nous partons du même symbole qui contient le même code pour obtenir des réglages différents propres à chaque occurrence.

Figure 11-9

L'utilisateur change la position des variateurs situés sur le côté gauche de l'interface, les billes ne rebondissent plus alors de la même façon.

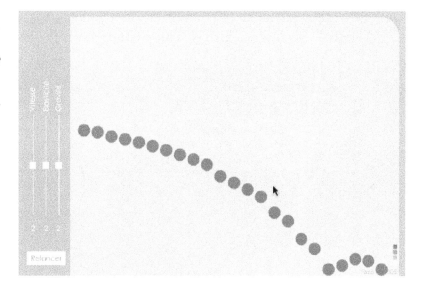

Remarque

Le variateur de l'élasticité affiche un chiffre qui va à l'opposé de son effet. Il nous aurait fallu une simple soustraction pour inverser le changement de valeur, mais nous avons préféré garder la même progression lorsque l'utilisateur fait varier la position des curseurs.

Description du fichier

Flash Player 6
et ultérieur

Chemin d'accès : ***Interface/Deplacements/DeplacementGravite.fla***

Au moment de la création de cette animation, nous n'avons placé sur la scène que les variateurs (carrés blancs) dont les noms d'occurrences sont vitesse_inst, elasticite_inst et gravite_inst, ainsi que trois textes dynamiques dont les noms de variables sont vitesse, elasticite, et gravite.

Les billes que vous voyez sur la figure 11-9 sont en revanche des occurrences obtenues dynamiquement grâce à la méthode attachMovie().

Nous abordons dans ce livre la notion de composant, il s'agit de « symboles modèles » qui contiennent du code sur leur timeline. Cette technique présente l'avantage d'obtenir plusieurs occurrences préprogrammées sur la scène à partir d'un même symbole, et dont le comportement diffère d'une instance à l'autre.

Nous avons retenu cette méthode de développement pour les variateurs et les billes, ce qui nous donne trois scripts pour cette animation.

Script

Code sur la première image-clé de la timeline principale :

```
1 var vitesse = 2;
2 var elasticite = 2;
3 var gravite = 2;
4 placerBalles = function () {
5      for (i=1; i<=23; i++) {
6          _root.attachMovie("balle", "balle"+i, i);
7          _root["balle"+i]._x = 80+(i*21);
8          _root["balle"+i]._y = 40+(i*12);
9          _root["balle"+i].elasticite = elasticite;
10         _root["balle"+i].vitesse = vitesse;
11         _root["balle"+i].gravite = gravite;
12     }
13 };
14 placerBalles();
15 //
16 btLancement.onPress = function() {
17     placerBalles();
18 };
```

Code contenu sur la timeline du clip de la bille :

```
1 this.onEnterFrame = function() {
2      vitesse += (0.1*gravite);
3      this._y += vitesse;
4      if (this._y>395) {
5          this._y = 395;
6          vitesse -= elasticite;
```

```
 7          vitesse *= -1;
 8      }
 9 };
```

Code contenu sur la timeline du clip du variateur :

```
 1 var positionUnderscore = this._name.indexOf("_");
 2 var nomVariable = this._name.substr(0, positionUnderscore);
 3 trace(nomVariable);
 4 this.onPress = function() {
 5      this.startDrag(0, this._x, 150, this._x, 300);
 6      this.onMouseMove = function() {
 7          _root[nomVariable] = Math.round(10-((this._y-150)/15));
 8      };
 9 };
10 this.onRelease = function() {
11      stopDrag();
12      delete this.onMouseMove;
13 };
```

Analyse

Commençons par l'analyse du script qui permet de construire la série de billes sur la scène.

Lignes 1 à 3 : nous définissons trois variables qui vont nous servir à définir des valeurs initiales pour le calcul de rebond de chaque occurrence.

Lignes 4 à 13 : nous créons une fonction qui va placer les 23 billes sur la scène. L'utilisateur a la possibilité de relancer plusieurs fois l'animation des billes qui tombent, il est donc plus judicieux de faire une fonction que nous allons pourvoir appeler à n'importe quel moment.

Lignes 9 à 11 : pour chaque occurrence obtenue sur la scène, nous définissons trois variables dont les valeurs vont être utilisées des lignes 2 à 7 dans le script suivant.

Ligne 14 : nous appelons la fonction une première fois afin qu'une première série de 24 billes se place sur la scène, sans que l'utilisateur ait besoin de cliquer sur le bouton situé en bas à gauche de la scène.

Lignes 16 à 18 : nous programmons l'occurrence du bouton de manière à ce que l'utilisateur puisse cliquer à n'importe quel moment pour relancer l'animation des billes qui tombent.

Passons à présent à l'analyse du script contenu dans le symbole de la bille.

Ligne 1 : ce gestionnaire `onEnterFrame` va permettre d'exécuter en continu les lignes d'instructions qu'il contient. Ainsi, le déplacement de chaque bille va être évalué selon le calcul suivant :

- Nous calculons pour commencer le décalage vertical que doit subir (ligne 3) chaque occurrence. Plus la gravité est importante, plus la vitesse sera importante (ligne 2).

- Le rebond est obtenu en inversant la valeur de la variable `vitesse`. Il suffit de procéder à une multiplication par `-1` (ligne 7). Nous aurions pu écrire : `vitesse = vitesse*-1`, nous avons opté pour la syntaxe présente dans le script. Afin que la bille ne dépasse pas la limite que nous nous sommes fixés (395e pixel du haut de la scène) et qui correspond à la ligne d'impact sur laquelle doit se faire le rebond, nous ramenons chaque occurrence avant cette valeur (ligne 5).

- Lorsque chaque occurrence dépasse le 395e pixel, elle est renvoyée dans l'autre sens grâce à la nouvelle valeur négative obtenue à la ligne 7. Puisqu'une valeur positive continue de lui être ajoutée (ligne 2), elle finit par redescendre, car elle se décale avec des valeurs négatives de plus en plus petites avant de redevenir positives. À chaque dépassement du 395e pixel, on retire la valeur correspondant à l'élasticité (ligne 6), l'occurrence remonte ainsi moins haut.

Nous allons voir à présent comment le fait de changer la position verticale des variateurs sur leurs graduations peut influer sur l'animation des billes.

Revenons d'abord un instant sur l'introduction de cette animation, où nous évoquions la technique retenue pour la création de ces trois occurrences (les variateurs). En changeant la position verticale de ces instances intitulées `vitesse_inst`, `elasticite_inst` et `gravite_inst`, nous avons besoin de changer la valeur de trois variables d'animation dont les noms correspondent aux préfixes de ces trois noms.

Les lignes 1 et 2 du script que nous allons analyser vont nous permettre de procéder à une extraction de chaîne pour faire référence aux noms des variables.

> **Remarque**
> Notons qu'en ActionScript 2, si vous typez vos variables, ce que nous vous conseillons, cette technique n'est pas valable en l'état.

Ligne 1 : nous stockons dans la variable `positionUnderscore` une valeur qui correspond à l'index du caractère `"_"`. Nous savons ainsi, pour chaque occurrence, où se trouve la fin du préfixe que nous recherchons.

Ligne 2 : dans une deuxième variable, nous stockons une valeur qui correspond à la chaîne de caractères qui contient le préfixe du nom de l'occurrence. Elle va être interprétée à la ligne 7.

Ligne 4 : nous assignons un gestionnaire `onPress` à l'occurrence afin de la rendre mobile (ligne 5).

Ligne 6 : lorsque l'utilisateur bouge sa souris, nous interprétons la variable `nomVariable` et lui attribuons une valeur (ligne 7). Référez-vous à l'animation traitant des variateurs au début de ce chapitre pour comprendre le calcul.

Lignes 10 à 13 : dès que l'utilisateur relâche le bouton de sa souris, nous demandons au player Flash d'arrêter de calculer la valeur de la variable (ligne 7).

Faire tomber de la pluie ou de la neige

Reprenons un « classique », il s'agit notamment d'une animation qu'on trouve sur le site de Yazo.net ! Faire tomber de la neige pour répondre à la volonté des commanditaires de décembre !

Figure 11-10

La construction de cette scène ne peut se faire autrement que dynamiquement. Une boucle for() et la méthode attachMovie() suffisent à obtenir cet effet de la neige qui tombe.

Description du fichier

Flash Player 6
et ultérieur

Chemin d'accès : ***Interface/Deplacements/DeplacementPluieNeige.fla***

Comme dans le cas de l'animation précédente, nous avons construit le contenu de la scène à partir de la méthode attachMovie(). Le script qui assure le mouvement de chaque flocon se trouve également dans le symbole. Si vous n'avez pas lu l'animation précédente, nous vous invitons à le faire avant de continuer la lecture de celle-ci.

Script

Code sur la première image-clé de la timeline principale :

```
1 stop();
2 for (i=1; i<=300; i++) {
```

```
3         _root.attachMovie("flocon", "flocon"+i, i);
4         _root["flocon"+i]._x = 40+random(520)
5         _root["flocon"+i]._y = random(430);
6   }
```

Code sur la première image-clé de la timeline du symbole flocon :

```
1  this.vitesse = random(4)+1;
2  this.coef = random(60)+10;
3  this._xscale = coef;
4  this._yscale = coef;
5  this._alpha = random(80)+10;
6  this._rotation = random(360);
7  //
8  this.onEnterFrame = function() {
9      this._y += vitesse;
10     if (this._y>440) {
11         this._y = -10;
12         this.vitesse = random(4)+1;
13         coef = random(60)+10;
14         this._xscale = coef;
15         this._yscale = coef;
16         this._alpha = random(80)+10;
17         this._rotation = random(360);
18     }
19 };
```

Analyse

Commençons par le script qui permet de placer une première série de 300 occurrences sur la scène.

Ligne 1 : nous plaçons la fonction stop() sur la première ligne car cette animation contient deux images-clés. Précisons qu'une seule suffit pour réaliser cet effet de neige qui tombe. Sur la deuxième image-clé, nous avons juste ajouté l'animation de gouttes d'eau.

Lignes 2 à 6 : nous plaçons sur la scène le symbole dont le nom de liaison est flocon, chaque occurrence alors obtenue est nommée flocon1... flocon300 et positionnée n'importe où sur la scène (lignes 4 et 5).

Rappelons que le script qui permet de faire tomber chaque occurrence est placé dans le symbole. Lorsque vous lirez donc le mot-clé this, vous devez comprendre que nous faisons référence à l'occurrence qui contient ce script, c'est à dire chaque occurrence, chaque flocon de l'animation.

Lignes 1 à 6 : ces lignes d'instructions ne se trouvent dans aucun gestionnaire, elles s'exécutent donc au moment où l'occurrence est placée sur la scène, avant qu'elle ne s'affiche. Nous initialisons des valeurs de propriétés propres à chaque flocon, afin d'obtenir des formes différentes. Pour définir une vitesse de déplacement relative à chaque occurrence, nous définissons une variable du même nom.

Ligne 8 : ce gestionnaire `onEnterFrame` permet d'assurer l'exécution en continu des lignes d'instructions qu'il contient.

Ligne 9 : l'occurrence se déplace vers le bas de la scène.

Ligne 10 : un test permet de vérifier si le flocon n'est pas sorti de la scène par le bas. Si c'est le cas, l'occurrence est alors replacée à -10 pixels du haut de la scène (ligne 11) et de nouvelles valeurs et propriétés lui sont définies.

Bogue éventuel

Nous ne pouvons pas parler de bogue, mais plutôt de manque de réalisme. Afin d'obtenir une « réelle sensation de neige qui tombe », vous devez comprendre que chaque flocon doit être unique, comme c'est le cas dans la nature : vous devez donc utiliser des valeurs aléatoires pour définir ses propriétés.

Contrôle par le clavier

Le but du jeu de cette animation est de se déplacer sur les quatre cercles vert foncé et les trois croix jaunes en utilisant les touches fléchées de votre clavier.

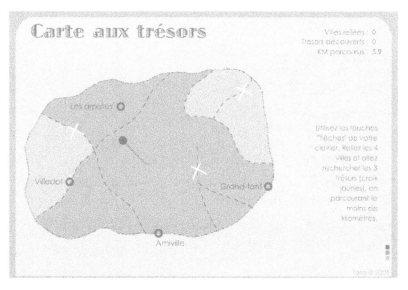

Figure 11-11
L'utilisateur doit utiliser les touches fléchées de son clavier pour déplacer le personnage représenté par le rond noir.

Description du fichier

Flash Player 6
et ultérieur

Chemin d'accès : ***Interface/Deplacements/DeplacementControleClavier.fla***

En haut à droite de la scène, nous avons placé trois textes dynamiques dont les noms de variables sont distance, tresors et villes.

Les occurrences des ronds vert foncé et des croix jaunes s'intitulent croix1... croix3 et ville1... ville4.

Une dernière occurrence intitulée perso va se déplacer lorsque l'utilisateur appuiera sur les touches fléchées de son clavier, il s'agit du rond vert foncé situé au centre de la scène.

Le script de cette animation est composé de 3 parties :

- l'initialisation des variables utilisées dans cette animation ;

- la création d'un clip vide qui va contenir le tracé du parcours effectué par le personnage ;

- la gestion du déplacement au travers des lignes 13 à 58.

Script

```
 1 _root.createEmptyMovieClip("traceTrajet", 1);
 2 traceTrajet.lineStyle(3, 0xCC0000, 20);
 3 traceTrajet.moveTo(perso._x, perso._y);
 4 //
 5 var distance = 0;
 6 var tresors = 0;
 7 var villes = 0;
 8 //
 9 var laTouche = "";
10 var vitesseHorizontale = 0;
11 var vitesseVerticale = 0;
12 //
13 this.onKeyDown = function() {
14     this.onEnterFrame = function() {
15         distance += 0.1;
16         traceTrajet.lineTo(perso._x, perso._y);
17         laTouche = Key.getCode();
18         if (laTouche == 37) {
19             vitesseHorizontale = -5;
20         }
21         if (laTouche == 38) {
22             vitesseVerticale = -5;
23         }
24         if (laTouche == 39) {
25             vitesseHorizontale = 5;
26         }
27         if (laTouche == 40) {
```

```
28                   vitesseVerticale = 5;
29              }
30          perso._x += vitesseHorizontale;
31          perso._y += vitesseVerticale;
32      };
33 };
34 this.onKeyUp = function() {
35      delete this.onEnterFrame;
36      vitesseHorizontale = 0;
37      vitesseVerticale = 0;
38      for (i=1; i<=4; i++) {
39          if (perso.hitTest(_root["croix"+i])) {
40              _root["croix"+i]._x = -100;
41              _root["croix"+i]._y = -100;
42              tresors++;
43          }
44          if (perso.hitTest(_root["ville"+i])) {
45              villes++;
46              _root["ville"+i]._x = -100;
47              _root["ville"+i]._y = -100;
48          }
49      }
50      if (tresors+villes>=7) {
51          _root.attachMovie("gagne", "gagne", 2);
52          gagne._x = 520;
53          gagne._y = 120;
54          distance_inst.background = true;
55          distance_inst.backgroundColor = "0xFFFF00";
56      }
57 };
58 Key.addListener(this);
```

Analyse

Ligne 1 : sur la scène, nous créons une occurrence de clip vide afin de pouvoir lui définir un type de trait (ligne 2).

Ligne 3 : nous définissons le point de départ du trait aux coordonnées de l'occurrence `perso`.

Lignes 5 à 11 : nous initialisons les variables utilisées dans l'animation.

Ligne 13 : ce gestionnaire `onKeyDown` va permettre d'obtenir l'interactivité clavier/animation.

Remarque

Vous noterez que nous avons placé un gestionnaire `onEnterFrame` à l'intérieur d'un `onKeyDown` afin d'obtenir plus de réactivité lorsque l'utilisateur maintient le bouton de sa souris enfoncée.

Ligne 15 : nous comptabilisons le nombre de kilomètres parcourus par le personnage.

Ligne 16 : nous traçons une droite entre chaque couple de clics sur la scène. Pour être plus précis, nous définissons un trait en continu entre la nouvelle position du personnage (lorsqu'il se déplace entre deux clics) et son dernier emplacement sur une ville ou un trésor.

Ligne 17 : nous stockons dans une variable le code de la touche que nous allons ensuite évaluer.

Lignes 18 à 20 : si la touche de la flèche de gauche est enfoncée, nous définissons une valeur pour la variable vitesseHorizontale utilisée à la ligne 30, qui sert à déplacer l'occurrence du personnage horizontalement.

Lignes 21 à 29 : nous procédons à la vérification des trois autres touches (flèche droite : 39, flèche du haut : 38, flèche du bas : 40).

Ligne 34 : le gestionnaire onKeyUp va permettre d'exécuter les tests de vérification des intersections. Rappelons que le personnage a pour objectif dans notre animation de s'arrêter sur les croix jaunes et les cercles vert foncé.

Ligne 35 : le mouvement du personnage est obtenu grâce au gestionnaire de la ligne 14, nous interrompons donc cette exécution en continu.

Lignes 36 et 37 : nous immobilisons le personnage en rétablissant sa vitesse de déplacement à 0.

Ligne 38 : nous devons vérifier la zone d'intersection entre le personnage (l'occurrence perso) et trois croix et quatre cercles. Nous utilisons donc une boucle for() avec quatre itérations (ligne 38).

Nous évaluons le nom des occurrences par concaténation (lignes 39 et 44) entre les chaînes de caractères "croix", "ville" et la valeur de la variable locale i.

Remarque

Ces huit occurrences n'ont pas été placées dynamiquement sur la scène avec la méthode attachMovie() ou duplicateMovieClip(). Il est donc impossible de les supprimer autrement qu'en les sortant de la scène en affectant des valeurs négatives aux propriétés _x et/ou _y (lignes 40, 41, 46 et 47).

Pour comptabiliser les passages et découvertes de notre personnage, nous incrémentons deux variables aux lignes 42 et 45.

S'il est passé par les 7 étapes, nous affichons « Gagné » sur la scène (lignes 51 à 53), et nous changeons la couleur du texte dynamique qui contient le nombre de kilomètres parcourus (lignes 54 et 55).

Bogue éventuel

Il est indispensable d'utiliser `addListener()` avec la classe `Key()`, dans le cas contraire, votre clavier enregistrera bien vos pressions sur les touches, mais il n'exécutera pas les lignes d'instructions définies dans le gestionnaire `onKeyDown`.

SkyScraper dynamique

Qui n'a jamais vu une bannière publicitaire sur Internet ? En regardant de plus près, vous constaterez que les mouvements des éléments contenus dans les bannières et autres *SkyScrapers* se limitent généralement à des déplacements, des variations de transparence, des rotations et des mises à l'échelle. Toutes ces animations peuvent être réalisées avec des scripts, ce que nous allons étudier à travers la réalisation d'une animation à base d'ActionScript.

Description du fichier

Flash Player 6
et ultérieur

Chemin d'accès : ***Interface/ControleAffichageTemps /SkyScraperDynamique.fla***

Nous avons placé sur la scène 4 occurrences intitulées `element1`, `element2`, `element3` et `element4`.

Script

```
1 import mx.transitions.Tween;
2 import mx.transitions.easing.*;
3
4 var numeroElement = 1;
5 var timings = [0, 1, 3, 3.3, 5.5];
6
7 function deplacerElement(nomElement, destinationX, destinationY, vitesse) {
8   deplacement = new Tween(nomElement, "_x", Regular.easeOut, nomElement._x,
  destinationX, vitesse, true);
9   new Tween(nomElement, "_y", Regular.easeOut, nomElement._y, destinationY, vitesse,
  true);
10 }
11
12 _root.onEnterFrame = function() {
13
14   if (getTimer()/1000>=timings[numeroElement]) {
15     deplacerElement(_root["element"+numeroElement],_root["element"+numeroElement]._
  x,60,2);
16     numeroElement++;
```

```
17   }
18   if (numeroElement>=timings.length) {
19     delete this.onEnterFrame;
20   }
21
22 };
```

Analyse

> **Remarque**
>
> Nous aurions pu placer dynamiquement les 4 éléments sur la scène, mais nous gardons à l'esprit le profil type de l'utilisateur de ce genre d'animation.

Lignes 1 et 2 : nous importons les classes nécessaires au bon fonctionnement de la classe `Tween()`.

Ligne 4 : nous stockons, dans une variable une valeur qui va servir à compter les différents éléments à animer.

Ligne 5 : ce tableau contient les différents instants (valeurs exprimées en secondes) auxquels doivent se déclencher les animations.

Lignes 7 à 10 : cette fonction est chargée de déplacer l'occurrence à laquelle nous faisons référence dans les paramètres.

Lignes 12 à 22 : de façon continue grâce à l'événement `onEnterFrame`, nous vérifions si le temps écoulé ne dépasse pas les instants fixés dans le tableau `timings`. Si tel est le cas, nous exécutons la fonction `deplacerElement()` et nous incrémentons la valeur de la variable `numeroElement` pour pouvoir animer l'occurrence suivante.

Lignes 18 à 20 : ce test permet de vérifier si la dernière valeur du tableau `timings` est atteinte afin d'interrompre l'exécution de l'événement `onEnterFrame`.

Bogues éventuels

N'omettez pas les lignes 1 et 2, cette animation ne fonctionnerait pas sans cela.

SkyScraper dynamique avec tableaux

Contrairement à l'animation précédente, nous ne plaçons pas toutes les occurrences à 60 pixels du haut de la scène ; nous récupérons la valeur de destination verticale dans un tableau.

Description du fichier

Flash Player 6
et ultérieur

Chemin d'accès : ***Interface/ControleAffichageTemps /SkyScraperDynamique2.fla***

Nous avons placé sur la scène 4 occurrences intitulées element1, element2, element3 et element4.

Script

```
 1 import mx.transitions.Tween;
 2 import mx.transitions.easing.*;
 3
 4 var numeroElement = 1;
 5 var timings = [0, 1, 3, 3.3, 5.5];
 6 var placeY = [0, 60, 70, 60, 45];
 7
 8 function deplacerElement(nomElement, destinationX, destinationY, vitesse) {
 9   deplacement = new Tween(nomElement, "_x", Regular.easeOut, nomElement._x, destinationX,
     ➥vitesse, true);
10   new Tween(nomElement, "_y", Regular.easeOut, nomElement._y, destinationY, vitesse, true);
11 }
12
13 _root.onEnterFrame = function() {
14
15   if (getTimer()/1000>=timings[numeroElement]) {
16     deplacerElement(_root["element"+numeroElement],_root["element"+numeroElement]
       ➥._x,placeY[numeroElement],2);
17     numeroElement++;
18   }
19   if (numeroElement>=timings.length) {
20     delete this.onEnterFrame;
21   }
22
23 };
```

Analyse

Remarque

Nous aurions pu placer dynamiquement les 4 éléments sur la scène, mais nous gardons à l'esprit le profil type de l'utilisateur de ce genre d'animation.

Si vous n'avez pas encore consulté l'animation précédente, ne vous engageons à le faire car nous n'analyserons ici que les lignes qui diffèrent de celles de l'exemple précédent.

Ligne 6 : ce tableau contient les emplacements verticaux exprimés en pixels sur lesquels les occurrences devront se placer.

Nous avons ensuite adapté la ligne 16 pour que les occurrences s'animent jusqu'aux points définis dans le tableau.

Bogues éventuels

N'omettez pas les lignes 1 et 2 car cette animation ne fonctionnerait pas sans cela.

12

La scène

Ce petit chapitre va vous permettre de découvrir qu'il est possible de connaître les dimensions de la scène et de contrôler son alignement.

Cependant, avant de vous lancer dans la lecture des explications de cette animation, nous vous invitons à lancer préalablement le fichier .swf correspondant et à cliquer sur le quadrillage situé en haut à droite de la scène.

Informations et contrôle de la scène

Pour des problèmes de référencement, il a longtemps été conseillé de placer une animation Flash dans une page HTML. Ainsi, pour centrer une animation dans la fenêtre d'un navigateur, cela ne se gérait pas dans l'animation, mais du côté du HTML.

Depuis toujours, il est possible de pointer à partir d'une page HTML ou bien même d'une animation Flash vers un fichier .swf. Ce dernier s'affiche alors dans la fenêtre de votre navigateur. À quel endroit et à quelle échelle ?

Description du fichier

Flash Player 6
et ultérieur

Chemin d'accès : *Interface/Scene/InfosControle.fla*

La configuration de l'animation ne présente aucun intérêt, exceptionnellement nous ne nous attarderons donc pas à définir sa structure.

En revanche, vous noterez que deux scripts se trouvent à deux endroits différents dans l'animation. Un premier sur l'image-clé 1 de la timeline principale de l'animation, l'autre sur l'image-clé 1 de la timeline d'un symbole.

Script

```
 1 messageAccueil._x = Stage.width/2;
 2 messageAccueil._y = Stage.height/2;
 3 //
 4 Stage.scaleMode = "noScale";
 5 //
 6 surveilRedim = new Object();
 7 surveilRedim.onResize = function() {
 8      messageAccueil._rotation += 15;
 9 };
10 Stage.addListener(surveilRedim);
11 //
12 Stage.showMenu = false
```

Code placé à l'intérieur du symbole intitulé `CasAlignement`.

```
this.onPress = function() {
   Stage.align = this._name;
};
```

> **Remarque**
>
> Sur la scène, neuf occurrences ont été placées. Leurs noms sont très précis car ils correspondent aux valeurs à définir pour la propriété `align` de la classe `Stage`.

Analyse

Commençons par l'analyse du premier script :

Lignes 1 et 2 : nous positionnons l'occurrence intitulée `messageAccueil` au milieu de la scène.

Ligne 4 : lorsque l'utilisateur redimensionne la fenêtre de son navigateur ou de son player, la scène garde sa taille d'origine.

Lignes 6 à 9 : nous définissons un gestionnaire `onResize` qui permet d'exécuter une rotation de l'occurrence `messageAccueil` lorsque la fenêtre du player ou du navigateur est redimensionnée.

Ligne 10 : nous enclenchons la surveillance relative à l'événement `onResize` lié à la scène.

Ligne 12 : nous masquons les menus.

Comme nous en faisions la remarque avant le début de l'analyse de cette animation, nous utilisons tout simplement les noms des neuf occurrences situées en haut à droite sur la scène pour définir les valeurs de la propriété `align` de la classe `Stage`.

Tableau 12-1 Valeurs de la propriété align

	Gauche	Milieu	Droite
Haut	tl	t	tr
Milieu	l	cc	r
Bas	bl	b	br

Ainsi, dans la plupart des cas, pour obtenir un alignement centré verticalement et horizontalement, vous devez saisir la ligne d'instruction suivante :

```
Stage.align = cc;
```

Bogue éventuel

Une fois n'est pas coutume, que vous saisissiez la valeur cc ci-dessus entre guillemets ou sans, cela ne change rien, les deux syntaxes sont autorisées.

13

Enregistrement de scores et autres données

Arrivé à un certain niveau de compétence en développement, vous êtes amené à réaliser des applications qui nécessitent de mémoriser des informations, non pas temporairement comme le feraient une variable ou un tableau, mais définitivement jusqu'à ce que vous effaciez vous-même ces informations. Aujourd'hui, de nombreuses solutions s'offrent à vous car les technologies sont très variées. Nous avons retenu les deux solutions les plus employées, les cookies et l'enregistrement dans une base MySQL.

Utilisation des cookies

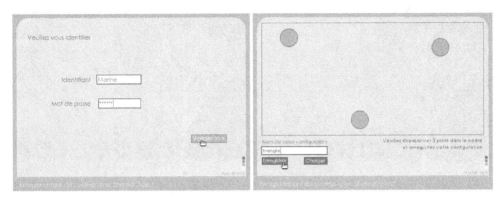

Figure 13-1
*Les SharedObject vont permettre de mémoriser des informations automatiquement (au début de l'animation)
ou à la demande de l'utilisateur (pour l'enregistrement d'informations).*

Cette animation est particulièrement intéressante par plusieurs aspects, car elle met en avant les techniques suivantes :

• La mémorisation de l'identification d'une personne.

• L'enregistrement d'informations sur la machine de l'utilisateur.

• Le chargement d'informations préalablement enregistrées sur l'ordinateur.

Au travers de cet exemple, nous vous proposons donc une application qui invite l'utilisateur à s'identifier une première fois ; à la deuxième lecture de l'animation, il n'aura pas à saisir à nouveau son identifiant et son mot de passe.

Dans un deuxième temps, il va pouvoir déplacer des occurrences sur la scène et enregistrer ces différentes configurations avant de pouvoir les charger à nouveau ultérieurement ou tout de suite après.

Description du fichier

Chemin d'accès : ***Interface/Enregistrements/EnregistrementCookies.fla***

L'animation est composée de plusieurs images-clés car elle se découpe en deux parties :

• Image 1 : deux textes de saisie dont les noms de variables sont `identifiant` et `motDe-Passe`, un texte dynamique au nom de variable `messageErreur`, une occurrence de clip intitulée `btValidation`.

Remarque

Le texte de saisie dont le nom de variable est identifiant a pour nom d'occurrence identifiant_inst.

- Image 4 : deux textes de saisie dont les noms de variables sont nomConfig et message-Accueil, cinq occurrences de clip intitulées pion1, pion2, pion3, btEnregistrer et btCharger.

Le script de la première image-clé est relativement simple à l'exception de la référence au SharedObjet si vous ne connaissez pas encore cette technique.

Script

Script sur la première image-clé de la timeline principale :

```
 1 stop();
 2 //
 3 var leCookie = SharedObject.getLocal("visite");
 4 if (leCookie.data.nom != undefined) {
 5     gotoAndStop(4);
 6 }
 7 //
 8 btValidation.onPress = function() {
 9     if (identifiant == "Marine" && motDePasse == "Marine") {
10         leCookie.data.nom = "Marine";
11         gotoAndStop(4);
12     } else {
13         messageErreur = "Mot de passe ou identifiant incorrect(s)";
14         identifiant = "";
15         motDePasse = "";
16     }
17 };
18 //
19 identifiant_inst.onSetFocus = function() {
20     messageErreur = "";
21 };
22 _root.onEnterFrame = function() {
23     preuve = _root._currentframe;
24 };
```

Script sur la quatrième image-clé de la timeline principale :

```
 1 if (leCookie.data.visite == undefined) {
 2     leCookie.data.visite = "oui";
 3     messageAccueil = "Veuillez disposer vos 3 pions dans le cadre\net enregistrez votre
       ➡*onfiguration";
 4     var coordX = [];
 5     var coordY = [];
 6 } else {
```

```
 7        messageAccueil = "Si vous le souhaitez, vous pouvez à nouveau\ndisposer vos pions
          ➡dans une nouvelle configuration";
 8        coordX = leCookie.data.coordX;
 9        coordY = leCookie.data.coordY;
10        for (i=1; i<=3; i++) {
11                _root["pion"+i]._x = coordX[i-1];
12                _root["pion"+i]._y = coordY[i-1];
13        }
14 }
15 //
16 //Pas de boucle for pour simplifier le code
17 pion1.onPress = function() {
18        startDrag(this);
19 };
20 pion1.onRelease = function() {
21        stopDrag();
22        entreeCoords = this._name.substr(4, 1);
23        coordX[entreeCoords-1] = this._x;
24        coordY[entreeCoords-1] = this._y;
25        leCookie.data.coordX = coordX;
26        leCookie.data.coordY = coordY;
27 };
28 //
29 pion2.onPress = function() {
30        startDrag(this);
31 };
32 pion2.onRelease = function() {
33        stopDrag();
34        entreeCoords = this._name.substr(4, 1);
35        coordX[entreeCoords-1] = this._x;
36        coordY[entreeCoords-1] = this._y;
37        leCookie.data.coordX = coordX;
38        leCookie.data.coordY = coordY;
39 };
40 //
41 pion3.onPress = function() {
42        startDrag(this);
43 };
44 pion3.onRelease = function() {
45        stopDrag();
46        entreeCoords = this._name.substr(4, 1);
47        coordX[entreeCoords-1] = this._x;
48        coordY[entreeCoords-1] = this._y;
49        leCookie.data.coordX = coordX;
50        leCookie.data.coordY = coordY;
51 };
52 //
53 btEnregistrer.onPress = function() {
54        var leCookie = SharedObject.getLocal(nomConfig);
55        leCookie.data.coordX = coordX;
```

```
56          leCookie.data.coordY = coordY;
57 };
58 btCharger.onPress = function() {
59          var leCookie = SharedObject.getLocal(nomConfig);
60          coordX = leCookie.data.coordX;
61          coordY = leCookie.data.coordY;
62          for (i=1; i<=3; i++) {
63                  _root["pion"+i]._x = coordX[i-1];
64                  _root["pion"+i]._y = coordY[i-1];
65          }
66 };
```

Attention

Pourquoi avons-nous placé la commande `gotoAndStop(1)` sur la troisième image-clé de la timeline principale ?

Pour éviter que l'utilisateur ne puisse passer à la suite de l'animation... Lorsque la tête de lecture est bloquée sur une image, il est très facile de la relancer en sélectionnant la commande En avant du menu contextuel qui apparaît au clic droit sur la scène.

Analyse

Script de l'image 1 :

Ligne 1 : nous bloquons la tête de lecture tant que l'utilisateur n'a pas saisi le bon identifiant et le bon mot de passe.

Ligne 3 : nous associons à l'identifiant `leCookie` le fichier `visite` qui est chargé à partir de la machine de l'utilisateur. Si cette ligne d'instruction s'exécute pour la première fois, le fichier `visite` est créé sur la machine.

Lignes 4 à 6 : nous cherchons à savoir si le fichier `visite.sol` contient des informations. Si c'est le cas, nous re-routons l'utilisateur à la quatrième image-clé de la timeline de l'animation principale, lui évitant ainsi de saisir son identifiant et son mot de passe.

Ligne 8 : nous programmons l'occurrence du clip sur lequel devra cliquer l'utilisateur pour pouvoir passer à l'image 4.

Ligne 9 : un test vérifie que les deux variables `identifiant` et `motDePasse` contiennent bien la valeur `Marine`. Si c'est le cas, nous la stockons dans le fichier `visite.sol` associé à la variable `nom` (ligne 10), et nous déplaçons la tête de lecture à l'image 4. Dans le cas contraire, nous vidons les deux textes dynamiques (lignes 14 et 15) que l'utilisateur vient de remplir et nous affichons un message d'erreur sur la scène, dans le texte dynamique dont le nom de variable est `messageErreur` (ligne 13).

Ligne 19 : lorsque l'utilisateur clique sur le texte de saisie dont le nom d'occurrence est `identifiant_inst`, le contenu du texte dynamique de nom de variable `messageErreur` est vidé.

Analysons à présent le long script qui se trouve sur l'image-clé 4 :

Ligne 1 : nous cherchons une fois encore à savoir si la variable visiste est absente du fichier visiste.sol. Si c'est le cas, nous la créons en lui définissant une valeur initiale égale à « oui ». Nous affichons également un message sur la scène et nous créons deux tableaux en RAM.

Si cette variable existe, c'est que l'animation a déjà été jouée au moins une fois, nous récupérons alors les valeurs des tableaux coordX et coordY (liges 8 et 9), afin de les utiliser pour replacer les occurrences pion1, pion2 et pion3 (lignes 11 et 12).

Des lignes 17 à 51, nous programmons les occurrences des trois pions afin qu'ils puissent être rendus mobiles. Revenons tout de même sur les lignes 22 à 26.

Ligne 22 : la variable entreeCoords stocke en tant que valeur, le numéro utilisé comme suffixe de chaque occurrence (1, 2 ou 3).

Lignes 23 et 24 : nous pouvons ensuite changer la valeur de l'entrée correspondant au numéro obtenu.

Lignes 25 et 26 : nous replaçons dans le fichier visite.sol, les valeurs des tableaux coordX et coordY.

Vous noterez que les lignes 34 à 38 et 47 à 50 possèdent les mêmes lignes d'instructions.

Lignes 53 à 57 : ce gestionnaire permet de créer un fichier dont le nom correspond au contenu du texte de saisie avec la variable nomConfig. Il devient alors possible d'écrire à l'intérieur de ce fichier, deux variables intitulées coordX et coordY dont les valeurs correspondent aux tableaux qui portent les mêmes noms.

Lignes 58 à 66 : lorsque l'utilisateur clique sur ce bouton, vous remarquerez que nous utilisons à nouveau toutes les lignes d'instructions que nous avons utilisées dans ce script. Nous chargeons un cookie (un fichier SOL) dont le nom est spécifié dans la variable nomConfig ; les valeurs qu'il contient servent à replacer les trois occurrences pion1, pion2 et pion3.

Bogues éventuels

Lorsque vous n'avez pas l'habitude de manipuler les cookies, n'oubliez pas d'ajouter le mot data entre le nom de votre cookie et celui de la variable qui contient la valeur que vous passez.

Par ailleurs, nous vous avons précisé que le paramètre figurant entre les parenthèses de la méthode getLocal() correspond à un fichier sur la machine de l'utilisateur. N'ajoutez pas pour autant le nom de l'extension, c'est automatique, y compris sur Mac.

Enregistrement dans une base MySQL

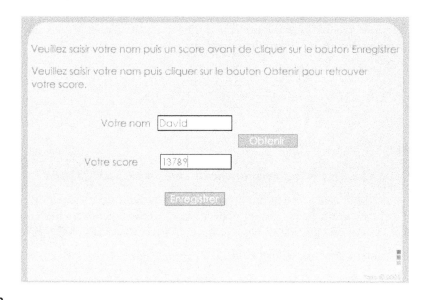

Figure 13-2

L'utilisateur saisit son nom dans le champ correspondant, il peut alors cliquer sur le bouton Obtenir pour charger son dernier score enregistré, ou bien saisir une valeur avant de cliquer sur le bouton Enregistrer.

Cette animation est très intéressante car elle résume simplement ce qu'il est possible de faire entre Flash et PHP, mais avant de commencer son analyse, rappelons le principe de fonctionnement du chargement de données dans un fichier SWF.

Que vous chargiez le contenu d'un fichier texte au format UTF-8 ou celui d'une page PHP, vous devez toujours garder à l'esprit le besoin d'obtenir des données sous la forme suivante :

```
nomdelavariable=valeur1&nomdelavariable2=valeur2&nom…
```

Si cela ne vous semble pas évident, précisons que nous avons toujours une variable pour laquelle on définit une valeur séparée par le signe =. Ensuite, pour placer côte à côte plusieurs variables, il suffit d'utiliser le caractère de l'esperluette. Afin de mettre en évidence la structure, ajoutons ces quelques espaces :

```
nomdelavariable=valeur1    &    nomdelavariable2=valeur2    &    nom…
```

Remarque

Vous ne devez pas ajouter d'espace, ni avant, ni après le signe =.

Lorsque vous utilisez le PHP pour générer l'affichage d'une page HTML, vous ne devez donc pas ajouter de balises HTML à votre document. Vous devez réellement obtenir une structure qui s'appuie sur l'exemple suivant :

```
nom=TARDIVEAU&prenom=David&age=36&ville=Paris
```

Ajoutons que vous n'êtes pas obligé d'avoir plusieurs variables et/ou des valeurs si courtes, vous pourriez tout à fait demander l'affichage d'une telle page.

```
actualite=Les enfants sont arrivés dans les salles de cours ce matin du 3 septembre vers
les 9H00. Pour les plus petits, cela n'a pas été facile… Cette année, 3.408.450 enfants
auront fait leur rentrée dans plus de 35.345 écoles…
```

Description du fichier

Flash Player 6
et ultérieur

Chemin d'accès : ***Interface/Enregistrements/EnregistrementMySQL.fla***

Pour la réalisation de cette animation, il nous aura fallu deux fichiers PHP en plus du script de l'animation. La construction de la scène est extrêmement simple, car deux textes de saisie et deux occurrences de clips suffisent : vNom et vScore, btObtenir et btEnregistrer.

Voici le contenu des deux fichiers PHP.

Code de la page enregistrement.php :

```php
<?
$db = mysql_connect('localhost', 'votrelogin', 'votrepassword');
mysql_select_db('rscore');

function Parse($variable,$valeur) {
echo "&" . $variable . "=" . utf8_encode($valeur);
}
$prenom=$HTTP_POST_VARS['prenom'];
$score=$HTTP_POST_VARS['score'];

$sql = "INSERT INTO score_tbl (prenom,score) VALUES('$prenom','$score')";
$req = mysql_query($sql) or die('Erreur SQL !<br>'.$sql.'<br>'.mysql_error());
Parse('score','Enregistré');
Parse('prenom','Enregistré');
mysql_close($db);

?>
```

Code de la page lecture.php :

```php
<?
$db = mysql_connect('localhost', 'votrelogin', 'votrepassword');
mysql_select_db('rscore');

function Parse($variable,$valeur) {
echo "&" . $variable . "=" . utf8_encode($valeur);
}
```

```
$prenom=$HTTP_POST_VARS['prenom'];

$sql = "SELECT score FROM score_tbl WHERE prenom='$prenom'";
$req = mysql_query($sql) or die('Erreur SQL !<br>'.$sql.'<br>'.mysql_error());

$data = mysql_fetch_array($req);
Parse('score',$data[0]);
mysql_close($db);

?>
```

Script

```
 1 var vNom = "";
 2 var vScore = "";
 3 //
 4 btObtenir.onPress = function() {
 5     if (vNom.length != 0) {
 6         var envoi = new LoadVars();
 7         var recup = new LoadVars();
 8         envoi.prenom = vNom;
 9         recup.onLoad = function(success) {
10             if (success) {
11                 vScore = this.score;
12             } else {
13                 trace("PAS ok");
14             }
15         };
16         envoi.sendAndLoad("http://www.yazo.net/lecture.php", recup, "POST");
17     }
18 };
19 btEnregistrer.onPress = function() {
20     if (vNom.length != 0 && vScore.length != 0) {
21         var envoi2 = new LoadVars();
22         var recup2 = new LoadVars();
23         envoi2.prenom = vNom;
24         envoi2.score = vScore;
25         recup2.onLoad = function(success) {
26             if (success) {
27                 vScore = this.score;
28                 vNom = this.prenom;
29             } else {
30                 vScore = "Problème de chargement";
31                 vNom = "Problème de chargement";
32             }
33         };
34         envoi2.sendAndLoad("http://www.yazo.net/enregistrement.php", recup2, "POST");
35     }
36 };
```

Analyse

Avant d'analyser la première ligne, précisons que nous avons opté pour l'utilisation de la méthode sendAndLoad(). Elle présente l'avantage de gérer en une seule fois l'envoi et la réception des données. send() et load() qui nécessitent un développement moins concis.

Pour ce premier gestionnaire de la ligne 4, nous allons envoyer à l'URL, le nom saisi par l'utilisateur pour obtenir un score.

Lignes 1 et 2 : nous initialisons à vide le contenu des textes de saisie qui se trouvent sur la scène.

Ligne 4 : ce gestionnaire onPress va exécuter les lignes d'instructions qu'il contient, lorsque l'utilisateur cliquera sur le bouton qui permet de charger un score après la saisie de son nom sur la scène, dans le champs correspondant.

Ligne 5 : avant de tenter d'établir une connexion avec le serveur, nous nous assurons que l'utilisateur ait bien tapé son nom. Le contenu du texte de saisie ne doit pas être vide, il doit contenir plus d'un caractère.

Lignes 6 et 7 : nous créons deux instances de la classe LoadVars() afin de pouvoir gérer l'envoi et la réception de notre requête.

Ligne 8 : nous « associons » à l'instance, une variable dont la valeur correspond au texte saisi par l'utilisateur.

Ligne 9 : ce gestionnaire va permettre d'exécuter les lignes d'instructions qu'il contient lorsque l'envoi de la requête sera terminée.

Lignes 10 à 14 : nous nous assurons que le chargement des données a réussi avant de placer le score sur la scène (ligne 11).

Ligne 16 : nous envoyons la variable renseignée à la ligne 8 à l'adresse figurant entre les parenthèses de la méthode sendAndLoad().

Ligne 19 : ce gestionnaire va permettre à présent d'envoyer au serveur un nom accompagné d'un score pour un enregistrement dans une base de données MySQL.

Ligne 20 : nous vérifions comme nous l'avons fait à la ligne 5, si les textes de saisie contiennent des valeurs. Si c'est le cas, nous recommençons la procédure que nous avions suivi des lignes 8 à 16.

Bogues éventuels

Pour une telle animation, il existe de nombreuses sources d'erreurs, mais voici les principales !

Comme nous le précisions en introduction à cette animation, assurez-vous que le résultat renvoyé par la page PHP est bien une série de paires nomvariable=valeur. Si vous avez un doute, tapez votre requête dans la barre d'URL de votre navigateur, vous pourrez obtenir une confirmation.

Vous ne devez pas non plus oublier d'utiliser le gestionnaire onLoad qui vérifie la fin du chargement avant de faire référence aux données chargées.

Pour finir, rappelons que la méthode sendAndLoad() possède deux paramètres supplémentaires après l'URL spécifiée. Si vous omettez de préciser un nom d'occurrence cible dans laquelle doit se charger les données retournées (recup et recup2 dans notre animation), vous ne pourrez pas les exploiter.

Obtenir un identifiant unique

Il est très souvent utile de pouvoir obtenir un numéro ou un nom de fichier unique servant à l'enregistrement d'un document sur un serveur. En effet, dans le cas d'un téléchargement de fichier sur un serveur, il est indispensable de ne pas en écraser un autre par erreur.

Cette animation vous démontre que l'utilisation de la date et de l'heure suffit pour constituer un nom unique. Nous aurions pu également ajouter d'autres paramètres pour obtenir un mot plus long, diminuant ainsi le risque de rencontrer deux valeurs identiques.

Figure 13-3

La valeur ci-contre est tout simplement obtenue grâce à la classe native Date().

Description du fichier

Flash Player 6 et ultérieur

Chemin d'accès : ***Interface/Enregistrements/idUnique.fla***

Pour réaliser cette animation, nous avons uniquement eu besoin d'un texte dynamique, dont le nom de variable est vNumero, et d'une occurrence de clip ou de bouton intitulée btNouveauNumero.

Script

```
1  btNouveauNumero.onPress = function() {
2
3    var instant:Date = new Date();
4    //
5    var millis:Number = instant.getMilliseconds();
6    var secondes:Number = instant.getSeconds();
7    var mois:Number = instant.getMonth();
8    var jour:Number = instant.getDay();
9    var annee:Number = instant.getFullYear();
10   //
11   var idUnique:String = "img"+annee+mois+jour+secondes+millis;
12   vNumero = idUnique;
13
14 };
```

Analyse

Comme vous pouvez le constater, le script est très court car la technique est très simple.

Ligne 1 : gestionnaire onPress qui sera exécuté lorsque l'utilisateur cliquera sur l'unique occurrence de clip sur la scène.

Ligne 3 : nous instancions la classe Date() pour pouvoir obtenir une valeur de la forme : Wed Jul 18 11:26:41 GMT+0200 2007.

Lignes 5 à 9 : nous stockons dans 5 variables différentes des informations que nous allons concaténer à la ligne 11.

Ligne 11 : nous formons une chaîne de caractères par concaténation.

Ligne 12 : nous affichons sur la scène le résultat de la concaténation.

Bogues éventuels

Pour obtenir un numéro unique à chaque clic, la ligne 3 doit se trouver dans le gestionnaire onPress et non à l'extérieur (avant ou après le gestionnaire).

Partie II

Les médias

Le texte et les images ne suffisent plus à enrichir le contenu d'une page Web. Les agences de publicité, les responsables marketing et les organisateurs d'événements souhaitent être de plus en plus percutants. L'e-learning essaye de se rapprocher de l'apprenant, les portails des grands médias essayent de proposer peu à peu des « télévisions » en ligne… Voici quelques-unes des raisons pour lesquelles la vidéo, et plus anciennement le son, ont réussi à s'imposer comme nouveaux médias sur Internet.

Aujourd'hui (août 2005), la France compte huit millions d'abonnés au haut débit et nous pouvons enfin dire que nous sommes au début d'une nouvelle ère sur Internet. La vidéo proposée au travers de la technologie du player Flash 8 ouvre en effet de nouvelles portes, donnant ainsi aux créatifs et développeurs des possibilités de création qu'il était difficile d'imaginer il y a trois ans.

Nous allons découvrir dans cette partie, des animations sur :

- Le contrôle des médias, c'est-à-dire la gestion du son et de la vidéo dans les animations, mais également du texte. Le mélange des médias sera au cœur de nombreuses animations.

- La gestion des flux RSS. Phénomène de mode ou nouveau moyen de communiquer sur Internet. Il semble plutôt que ce soit un nouveau moyen d'information et déjà un standard.

Veuillez vous reporter à la dernière partie de ce livre, pour comprendre le fonctionnement de Flash Media Server. En effet, de nombreuses animations font appel à cette technologie.

14

Contrôle des médias

Nous n'allons pas nous limiter au travers des analyses de ces animations, à contrôler l'arrêt et la lecture d'un son ou d'une vidéo. Avec Flash Media Server, nous allons voir comment diffuser et recevoir des flux audio et vidéo. Nous découvrirons également les techniques de synchronisation entre les médias (son/texte et vidéo/texte).

Réalisation d'un diaporama dynamique

Il n'existe pas une seule technique pour réaliser un diaporama dynamique, nous avons nous même opté pour deux solutions que nous vous proposons.

La première fait simplement appel à des photos qui se trouvent dans un dossier et non dans l'animation. Le nombre de photos est précis : 6. Il a été spécifié dans le script de l'animation. Il serait très facile de mettre le diaporama à jour en remplaçant les anciennes photos par des nouvelles. En revanche pour en ajouter ou en supprimer, il faudrait ouvrir le fichier Flash et modifier le script. Cela poserait également un problème d'agencement des occurrences sur la scène.

La deuxième animation apporte une solution à ce problème, en proposant une galerie dynamique faisant appel à un fichier XML qu'il est plus facile de mettre à jour.

Commençons par vous présenter le premier diaporama qui ne contient rien sur la scène. Aucune occurrence !

L'unique script de cette animation est très court et simple à comprendre.

Figure 14-1

Les vignettes situées à gauche de la scène ont été placées dynamiquement : un clic sur l'une d'entre elles, et elle s'affiche à plus grande échelle.

Description du fichier

Flash Player 6
et ultérieur

Chemin d'accès : ***Medias/ControleMedias/MediasDiaporama.fla***

Script

```
1  _root.createEmptyMovieClip("cadreChargementPhoto", 0);
2  cadreChargementPhoto._x = 147;
3  cadreChargementPhoto._y = 62;
4  for (i=1; i<=6; i++) {
5      _root.createEmptyMovieClip("image"+i, i);
6      _root["image"+i]._x = 9.7;
7      _root["image"+i]._y = (i*60)-24;
8      //_root["image"+i].sonNumero = i Impossible car chargement annule
9      _root["chargeur"+i] = new MovieClipLoader();
10     _root["chargeur"+i].sonNumero = i;
11     _root["chargeur"+i].onLoadComplete = function() {
```

```
12        _root["image"+this.sonNumero].sonNumero = this.sonNumero
13        _root["image"+this.sonNumero].onPress = function() {
14            cadreChargementPhoto.loadMovie  ("images/n"+this.sonNumero+".jpg");
15        };
16    };
17    _root["chargeur"+i].loadClip("vignettesImages/n"+i+".jpg", _root["image"+i]);
18 }
```

Analyse

Lignes 1 à 3 : afin de pouvoir charger la grande image centrale du diaporama, nous créons une occurrence vide que nous plaçons à 147 pixels du bord gauche de la scène et 62 pixels du haut.

Ligne 4 : nous effectuons une boucle de six itérations, car c'est le nombre d'images que nous avons prévu de placer verticalement à gauche de la scène, comme le montre la figure 14-1.

Lignes 5 à 7 : nous créons des occurrences vides afin de pouvoir les cibler avec la méthode loadClip() de la ligne 17.

Ligne 9 : les six occurrences que nous plaçons dynamiquement sur la scène ne se chargent pas en une fraction de seconde. Il est donc impossible de leur affecter un gestionnaire onPress tant que le chargement n'est pas terminé. Pour gérer ce temps d'attente, nous n'allons pas utiliser la méthode loadMovie(), mais la classe MovieClipLoader().

Ligne 10 : nous définissons une variable associée à chaque instance créée afin d'obtenir un identifiant unique.

> **Remarque**
> Consultez la partie Gestion des lignes d'instructions contenues dans une boucle for() dans la partie avant-propos de cet ouvrage pour des explications complémentaires de la ligne 10.

Ligne 11 : ce gestionnaire exécutera les lignes d'instructions qu'il contient lorsque le chargement de chaque image sera terminé.

Ligne 12 : à chaque occurrence de clip, nous passons la variable associée à chaque instance de la classe MovieClipLoader().

Ligne 13 : nous assignons un gestionnaire onPress à chacune des six occurrences contenant les petites vignettes. Il demande le chargement d'une grande image au centre de l'animation (ligne 14).

Ligne 17 : le chargement des images se fait avec la méthode loadClip() de la classe MovieClipLoader() qui a besoin de deux paramètres. Le premier correspond à l'adresse de l'image à charger, le deuxième est le nom de l'occurrence dans laquelle va venir se charger l'image.

Voilà, le script est simple, mais il ne permet de gérer que six images avec des noms de fichiers très précis. Avant d'aborder l'animation qui propose un diaporama avec un défilement de plusieurs séries, voici un deuxième script qui ressemble au premier, nous avons ajouté la gestion d'une instance XML qui nous permet d'afficher des légendes sous les photos.

Réalisation d'un diaporama dynamique avec un fichier XML

Si vous devez réaliser un diaporama susceptible d'être mis à jour régulièrement, il sera alors plus intéressant d'utiliser un fichier XML. En effet, il vous suffit de changer le contenu de ce dernier pour changer le contenu du diaporama.

Description du fichier

Flash Player 6
et ultérieur

Chemin d'accès : *Medias/ControleMedias/MediasDiaporama2.fla*

Dans cette animation, nous allons ajouter une fonctionnalité supplémentaire qui permet de placer une légende pour chaque image. Par ailleurs, un fichier XML contiendra toutes les images à charger. Cette technique facilite la mise à jour de ce genre de diaporama.

Script

```
1  _root.createEmptyMovieClip("cadreChargementPhoto", 0);
2  cadreChargementPhoto._x = 147;
3  cadreChargementPhoto._y = 62;
4  for (i=1; i<=6; i++) {
5      _root.createEmptyMovieClip("image"+i, i);
6      _root["image"+i]._x = 9.7;
7      _root["image"+i]._y = (i*60)-24;
8      _root["chargeur"+i] = new MovieClipLoader();
9      _root["chargeur"+i].sonNumero = i;
10     _root["chargeur"+i].onLoadComplete = function() {
11         _root["image"+this.sonNumero].sonNumero = this.sonNumero;
12         _root["image"+this.sonNumero].onPress = function() {
13             cadreChargementPhoto.loadMovie("images/n"+this.sonNumero+".jpg");
14             vLegende = racineLegendes.childNodes[this.sonNumero].attributes.legende;
15         };
16     };
17     _root["chargeur"+i].loadClip("vignettesImages/n"+i+".jpg", _root["image"+i]);
18 }
19 //
20 var chargeLegendes = new XML();
```

```
21 chargeLegendes.load("legendesnuages.xml");
22 chargeLegendes.ignoreWhite = true;
23 chargeLegendes.onLoad = function() {
24    racineLegendes = this.firstChild;
25 };
```

Analyse

Vous l'aurez remarqué, seules les lignes 14 et 20 à 25 changent.

Ligne 14 : à chaque clic sur une des six vignettes, la légende s'affiche sur la scène.

Lignes 20 à 25 : nous chargeons le contenu du fichier `legendesnuages.xml` afin qu'il soit disponible lors des clics sur les vignettes.

Passons à présent au diaporama complet qui propose de visionner plusieurs séries d'images accompagnées de leurs légendes.

Bogue éventuel

Rappelons que si vous oubliez d'utiliser la propriété `ignoreWhite`, cela entraînera inéluctablement un dysfonctionnement de votre diaporama. La lecture du fichier XML ne se fera en effet pas correctement.

Réalisation d'un diaporama dynamique avec un fichier XML et de nombreuses photos

Les deux animation précédentes nous ont fait découvrir progressivement les techniques nécessaires pour le développement d'un diaporama dynamique. En revanche, nous ne savons pas encore gérer plus de six photos. Nous allons donc voir qu'en ajoutant quelques lignes de code, il est très simple de gérer des séries de photos.

Description du fichier

Flash Player 6 et ultérieur

Chemin d'accès : ***Medias/ControleMedias/MediasDiaporama3.fla***

Nous avons placé sur la scène, deux textes dynamiques intitulés affNbrSeries et vLegende, nous y afficherons à l'intérieur le numéro de série de la photo et la légende de la grande image. Pour changer l'affichage des séries, nous avons placé deux occurrences de clip sur la scène, intitulées btSerieSuivante et btSeriePrecedente. Il s'agit des deux petits triangles situés à droite de la série de six photos.

Figure 14-2

Les images de ce diaporama se chargent dynamiquement comme dans la première animation, deux boutons permettent cependant de visualiser plusieurs séries de six images.

Script

Le fichier XML que nous allons utiliser pour ce diaporama contient les données suivantes :

```
<Nuages>
<Nuage/>
    <Nuage  legende ="Nuage de lait"/>
    <Nuage  legende ="Légers et seuls"/>
    <Nuage  legende ="Nu qu'lait art ?"/>
    <Nuage  legende ="Ciel ou fond marin ?"/>
    <Nuage  legende ="A la queue lait lait"/>
    <Nuage  legende ="Ekstré dé Ma gritte ?"/>
    <Nuage  legende ="Heu lône !"/>
    <Nuage  legende ="La lumière"/>
    <Nuage  legende ="Sur un fil"/>
    <Nuage  legende ="Chant-y ï !!!"/>
```

```
        <Nuage  legende ="Photo volée"/>
        <Nuage  legende ="Les profils"/>
        <Nuage  legende ="Loin sur le fil"/>
        <Nuage  legende ="Orage"/>
        <Nuage  legende ="Couches"/>
        <Nuage  legende ="Sur ex"/>
        <Nuage  legende ="Bleue"/>
        <Nuage  legende ="Loin"/>
        <Nuage  legende ="Très loin"/>
        <Nuage  legende ="Miroir"/>
        <Nuage  legende ="Y'a pas de fumée sans nuages"/>
        <Nuage  legende ="Ciel délavé"/>
        <Nuage  legende ="Né 'Gatif'"/>
        <Nuage  legende ="Piti oin oin oin"/>
        <Nuage  legende ="No comment"/>
        <Nuage  legende ="De nombreux petits loin"/>
        <Nuage  legende ="Le jumeau"/>
        <Nuage  legende ="Imagination"/>
        <Nuage  legende ="L'oeil"/>
        <Nuage  legende ="La migration des nuages"/>
        <Nuage  legende ="Filtre/Rendu/Nuages"/>
    </Nuages>
```

Le script situé sur l'image-clé de la timeline principale de l'animation contient les lignes d'instructions suivantes :

```
 1 _root.createEmptyMovieClip("cadreChargementPhoto", 0);
 2 cadreChargementPhoto._x = 147;
 3 cadreChargementPhoto._y = 62;
 4 //
 5 var chargeLegendes = new XML();
 6 chargeLegendes.load("legendesnuages.xml");
 7 chargeLegendes.ignoreWhite = true;
 8 chargeLegendes.onLoad = function() {
 9   racineLegendes = this.firstChild;
10   nbrSeries = Math.ceil((racineLegendes.childNodes.length-1)/6);
11   affNbrSeries = 1+"/"+nbrSeries;
12 };
13 //
14 for (i=1; i<=6; i++) {
15   _root.createEmptyMovieClip("image"+i, i);
16   _root["image"+i]._x = 9.7;
17   _root["image"+i]._y = (i*60)-24;
18 }
19 //
20 var premiereImageChargee = 0;
```

```
21 //
22 chargementSerie = function (imageAcharger) {
23   for (i=1; i<=6; i++) {
24       imageAcharger++;
25       _root["chargeur"+i] = new MovieClipLoader();
26       _root["chargeur"+i].sonNumero = i;
27       _root["chargeur"+i].saGrandePhoto = imageAcharger;
28       _root["chargeur"+i].onLoadComplete = function() {
29         _root["image"+this.sonNumero].saGrandePhoto = this.saGrandePhoto;
30         _root["image"+this.sonNumero].onPress = function() {
31           cadreChargementPhoto.loadMovie("images/n"+this.saGrandePhoto+".jpg");
32             vLegende = racineLegendes.childNodes[this.saGrandePhoto]
                 ➡.attributes.legende;
33         };
34       };
35           _root["chargeur"+i].loadClip("vignettesImages/n"+imageAcharger+"
              ➡.jpg", _root["image"+i]);
36   }
37   affNbrSeries = Math.floor(imageAcharger/6)+"/"+nbrSeries;
38 };
39 chargementSerie(premiereImageChargee);
40 //
41 btSerieSuivante.onPress = function() {
42   if (premiereImageChargee<racineLegendes.childNodes.length-7) {
43       premiereImageChargee += 6;
44   }
45   chargementSerie(premiereImageChargee);
46 };
47 btSeriePrecedente.onPress = function() {
48   if (premiereImageChargee>=6) {
49       premiereImageChargee -= 6;
50   }
51   chargementSerie(premiereImageChargee);
52 };
```

Analyse

Lignes 1 à 3 : afin de pouvoir charger la grande image centrale du diaporama, nous créons une occurrence vide que nous plaçons à 147 pixels du bord gauche de la scène et 62 pixels du haut.

Lignes 5 à 7 : nous chargeons le document XML qui contient les légendes des photos.

Lignes 8 à 12 : lorsque les données XML seront chargées, nous stockons dans trois variables les informations suivantes :

• `racineLegende` : un raccourci pour accéder plus rapidement aux nœuds enfants de l'instance XML ;

- `nbrSeries` : le nombre de séries de 6 images ;

- `affNbrSeries` : une chaîne de caractères sous la forme 1/6... 6/6 qui correspond au numéro de la série affichée à l'écran sur le nombre total de séries.

Lignes 14 à 18 : nous effectuons une boucle de six itérations, car c'est le nombre d'images que nous avons prévu de placer verticalement à gauche de la scène comme le montre la figure 14-2.

Ligne 20 : lorsque vous cliquerez sur les triangles présents sur la scène, c'est que vous souhaiterez visualiser la série de photos suivante ou précédente. Au clic sur l'un de ces triangles, la fonction `chargemenSerie()` va exécuter une boucle `for()` avec six itérations. La valeur initiale de cette boucle sera toujours 0, 6, 12, 18, 24 ou 30 (dans notre cas, car nous avons plus de 30 images). Nous initialisons donc la variable `premiereImageChargee` à 0 afin de charger la première série de photos intitulée `n0.jpg`... `n5.jpg`.

Ligne 22 : cette fonction est chargée d'afficher une série de six images à gauche sur la scène, sous la forme de vignettes.

Ligne 23 : cette boucle `for()` va permettre de :

- Créer six instances de la classe `MovieClipLoader()` (ligne 25) afin de gérer la fin du chargement des images (ligne 28).

- Associer deux identifiants uniques à chaque instance de la classe `MovieClipLoader()` (lignes 26 et 27).

- Définir un gestionnaire `onPress` à chaque vignette, chargé d'exécuter la méthode `loadMovie()` qui place une grande image sur la scène.

Ligne 37 : l'affichage sur la scène de type 1/6 est mis à jour.

Ligne 39 : cette ligne d'instruction ne fait plus partie de la fonction créée à la ligne 22. Elle appelle en revanche cette dernière afin qu'elle soit exécutée une première fois au lancement de l'animation.

Lignes 41 à 46 : ce gestionnaire attribué à l'occurrence du triangle qui permet d'afficher les six images suivantes appelle la fonction `chargementSerie()` après avoir incrémenté la variable `premiereImageChargee`. Le test des lignes 42 à 44 vérifie qu'il reste encore des images à afficher.

Lignes 47 à 51 : ce gestionnaire est quant à lui attribué à l'autre triangle pour voir les images qui précèdent et celles qui sont affichées.

Bogue éventuel

Les lignes 42 à 44 et 48 à 50 évitent justement qu'un bogue ne vienne tenter d'afficher des images qui n'existent pas.

Réalisation d'un lecteur MP3

Voici une animation complète ! Nous ne nous sommes pas limités à la réalisation d'une application comprenant les boutons habituels de lecture, d'arrêt et de contrôle du volume sonore, nous avons souhaité y ajouter une jauge cliquable, une gestion de la balance et un bouton pause.

Figure 14-3

Cette animation à l'interface épurée possède toutes les fonctionnalités d'un player audio.

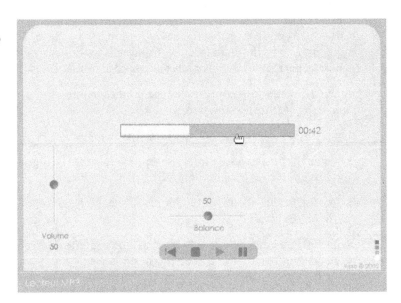

Remarque

Si vous consultez cette animation dans le player Flash, vous constaterez que le bouton Lecture n'est pas cliquable, car les lignes 31 à 34 ne se sont pas exécutées (cliquez sur le bouton Pause au lancement de l'animation pour contourner ce bogue). En revanche, si vous faites glisser ce fichier .swf dans la fenêtre d'un navigateur ou si vous le lisez dans une page HTML, il n'y aura plus de problème. Précisons que ce gestionnaire onLoad ne sert à rien si vous devez exécuter une animation en local.

Description du fichier

Flash Player 6
et ultérieur

Chemin d'accès : ***Medias/ControleMedias/LecteurMP3.fla***

Vous énumérer des noms d'occurrences et de variables qui parlent d'elles-mêmes ne nous servirait pas pour nos explications, mais avant de passer directement à l'analyse du script, voici quelques conseils de développement pour une application de son.

Lorsque vous demanderez la lecture d'un son, vous aurez parfois besoin de savoir si la lecture est toujours en cours. Pour ce faire, vous disposez de plusieurs techniques, en voici deux :

- Utilisez une variable que vous basculez de `true` à `false` en fonction de la lecture.

- Utilisez la propriété `enabled` pour rendre cliquable ou non cliquable l'occurrence du bouton Lecture. Il vous suffit alors de lire la valeur de cette propriété pour connaître l'état de lecture.

Par ailleurs, pour l'affichage du temps qui s'écoule, vous pouvez utiliser un gestionnaire `onEnterFrame` ou une fonction `setInterval()`, cette dernière proposition reste la meilleure solution.

Vous devez toujours garder à l'esprit que la mesure du temps se fait en millisecondes, ce qui explique des divisions par 1 000 dans notre script.

Si vous n'êtes pas familier avec la gestion du Drag & drop contraint sur un axe, nous vous invitons à consulter dans le chapitre 4 les animations qui traitent de ce sujet.

Script

```
 1 btLecture.enabled = false;
 2 pause_inst._visible = false;
 3 jauge_inst._xscale = 0;
 4 hp.setVolume(50);
 5 //
 6 afficherTempsConverti = function (temps, nomVariable) {
 7   tempsEcoule = temps;
 8   minutes = Math.floor(tempsEcoule/1000/60);
 9   secondes = Math.floor((tempsEcoule/1000)%60);
10   minutes = minutes<=9 ? "0"+minutes : minutes;
11   secondes = secondes<=9 ? "0"+secondes : secondes;
12   _root[nomVariable] = minutes+":"+secondes;
13 };
14 //
15 traitementLecture = function () {
16   jauge_inst._xscale = (hp.position/hp.duration)*100;
17   afficherTempsConverti(hp.position, "affichageTemps");
18 };
19 lancementLecture = function () {
20   hp.start();
21   btLecture.enabled = false;
22   btLecture._alpha = 60;
23   pause_inst._visible = false;
24   clearInterval(lancerSon);
25   lancerSon = setInterval(traitementLecture, 100);
26 };
```

```
27 //
28 hp = new Sound();
29 hp.loadSound("Sons/Zik1.mp3", 0);
30 //
31 hp.onLoad = function() {
32   btLecture.enabled = true;
33   afficherTempsConverti(hp.duration, "affichageDureeTotal");
34 };
35 //
36 btLecture.onPress = function() {
37   lancementLecture();
38 };
39 btArret.onPress = function() {
40   btLecture.enabled = true;
41   btLecture._alpha = 100;
42   hp.stop();
43   pause_inst._visible = false;
44   clearInterval(lancerSon);
45   memoPause = 0;
46 };
47 //
48 btZoneProgressLecture.onPress = function() {
49   coefficientClic = Math.floor(this._xmouse/2.78)/100;
50   if (!btLecture.enabled) {
51       hp.stop();
52       hp.start((hp.duration/1000)*coefficientClic, 1);
53   }
54   this.onMouseMove = function() {
55       coefficientClic = Math.floor(this._xmouse/2.78)/100;
56       hp.stop();
57       hp.start((hp.duration/1000)*coefficientClic, 1);
58   };
59 };
60 btZoneProgressLecture.onRelease = btZoneProgressLecture.onReleaseOutside=function () {
61   delete this.onMouseMove;
62 };
63 //
64 btPause.onPress = function() {
65   if (btLecture.enabled == false) {
66       pause_inst._visible = true;
67       btLecture.enabled = true;
68       btLecture._alpha = 100;
69       memoPause = hp.position/1000;
70       hp.stop();
71   } else {
72       pause_inst._visible = false;
73       hp.start(memoPause, 1);
74       btLecture.enabled = false;
```

```
75        btLecture._alpha = 60;
76        clearInterval(lancerSon);
77        lancerSon = setInterval(traitementLecture, 100);
78    }
79 };
80 btRAZ.onPress = function() {
81   memoPause = 0;
82   hp.stop();
83   lancementLecture();
84   pause_inst._visible = false;
85 };
86 //
87 hp.onSoundComplete = function() {
88   btLecture.enabled = true;
89   btLecture._alpha = 100;
90   jauge_inst._xscale = 0;
91   clearInterval(lancerSon);
92   afficherTempsConverti(0, "affichageTemps");
93 };
94 //
95 curseurVolume.onPress = function() {
96   this.startDrag(false, 60, 200, 60, 320);
97   this.onMouseMove = function() {
98        niveauSonore = 100-(this._y-200)/1.2;
99        vVolume = Math.round(niveauSonore);
100       hp.setVolume(niveauSonore);
101   };
102 };
103 curseurVolume.onRelease = curseurVolume.onReleaseOutside=function () {
104   stopDrag();
105   delete this.onMouseMove;
106 };
107 curseurBalance.onPress = function() {
108   this.startDrag(false, 250, 310, 370, 310);
109   this.onMouseMove = function() {
110       balance = (this._x-310)*1.667;
111       vBalance = Math.round(balance);
112       hp.setPan(balance);
113   };
114 };
115 curseurBalance.onRelease = curseurBalance.onReleaseOutside=function () {
116   stopDrag();
117   delete this.onMouseMove;
118 };
```

Analyse

Il serait absurde d'analyser ligne après ligne des instructions qui vous paraîtraient évidentes. Nous allons donc plutôt apporter des commentaires sur les différents gestionnaires contenus dans le script.

Remarque

Tous les noms d'occurrences et de variables sont significatifs, cependant, précisons que pause_ inst est le nom donné à l'icône (le mot « Pause ») qui s'affiche sous le bouton Pause lorsqu'il a été enfoncé. Nous avons choisi le nom d'instance hp pour Haut-Parleur.

Lignes 1 à 4 : nous initialisons les propriétés de certaines occurrences lorsque le son est à l'arrêt.

Lignes 6 à 13 : nous créons une fonction qui va être chargée de convertir l'affichage du temps au format horaire. Exemple : 01 : 34 pour 1 minute et 34 secondes.

Lignes 15 à 18 : cette fonction sera appelée pour gérer l'affichage du temps et de la jauge qui doit s'agrandir au fur et à mesure de la lecture.

Lignes 19 à 26 : cette fonction sera appelée dès que le bouton Lecture sera enfoncé.

Lignes 28 à 34 : le cœur du script ! Si nous devions limiter notre script à quelques lignes, celles-ci resteraient les plus indispensables.

Ligne 36 à 38 : là où vous pensez éventuellement que le bouton Lecture se contente d'exécuter la méthode start() de la classe Sound(), vous découvrez qu'il est nécessaire d'exécuter de nombreuses lignes d'instructions contenues dans la fonction lancementLecture() pour gérer le son dans son intégralité.

Lignes 39 à 46 : l'arrêt du son ne se limite pas à l'exécution de la méthode stop(), vous devez réinitialiser certaines variables et propriétés nécessaires à la gestion de la lecture du son.

Lignes 48 à 59 : comme nous l'évoquions en introduction à cette animation, la jauge de progression qui indique le niveau de lecture est une occurrence cliquable sur laquelle vous pouvez aussi faire bouger votre souris.

Lignes 64 à 79 : les lignes d'instructions parlent d'elles-mêmes. Ajoutons tout de même que nous mémorisons la position de la tête de lecture après l'avoir divisée par 1 000. La méthode start() de la classe Sound() a besoin de paramètres exprimés en secondes et non en millisecondes.

Lignes 80 à 85 : le bouton btRAZ est celui du Stop.

Lignes 87 à 93 : si vous omettez ce gestionnaire, le bouton Lecture ne sera plus cliquable. Vous devez également informer l'utilisateur visuellement que le son est terminé en changeant le contenu de l'indicateur de temps ainsi que l'apparence du bouton Lecture.

Lignes 95 à 106 : si vous ne comprenez pas ces lignes d'instructions, consultez la première animation du chapitre 4 qui traite des variateurs.

Bogues éventuels

Lors de sa phase de développement, nous pouvons dire que cette animation a rencontré de nombreux bogues. Il faut en effet tout prévoir lorsque vous réalisez une animation qui gère le son. Pour ne pas laisser traîner de bogues dans une telle animation, le conseil est de commencer une fois de plus par l'étape du papier en listant pour chaque bouton les actions à exécuter.

Réalisation d'un lecteur vidéo

Pour cette animation, nous avons essayé d'écrire un minimum de lignes de code afin de démontrer qu'il n'en faut pas beaucoup pour contrôler une vidéo.

Figure 14-4

Cette interface minimaliste démontre qu'il faut peu de boutons et peu de code pour contrôler une vidéo en Flash.

Description du fichier

Chemin d'accès : ***Medias/ControleMedias/LecteurVideo.fla***

La scène contient 4 occurrences intitulées `btLecture`, `btArret`, `btPause` et `btRAZ` pour contrôler une vidéo. Nous avons également placé sur la scène, un symbole vidéo que vous obtiendrez en sélectionnant la commande Nelle vidéo du menu local de la Bibliothèque. L'occurrence obtenue a été nommée `ecran`. Pour finir, un texte dynamique dont le nom de variable est `affichageTemps` a été placé sous l'occurrence qui va diffuser la vidéo.

Script

```
 1 leCable = new NetConnection();
 2 leCable.connect(null);
 3 abonnement = new NetStream(leCable);
 4 ecran.attachVideo(abonnement);
 5 //
 6 btLecture.onPress = function() {
 7   abonnement.play("traveling.flv");
 8 };
 9 btPause.onPress = function() {
10   abonnement.pause();
11 };
12 btRAZ.onPress = function() {
13   abonnement.seek(0);
14 };
15 btArret.onPress = function() {
16   abonnement.play("");
17 };
18 //
19 afficherTemps = function () {
20   tempsEcoule = abonnement.time;
21   minutes = Math.floor(tempsEcoule/60);
22   secondes = Math.floor((tempsEcoule)%60);
23   minutes = minutes<=9 ? "0"+minutes : minutes;
24   secondes = secondes<=9 ? "0"+secondes : secondes;
25   affichageTemps = minutes+":"+secondes;
26 };
27 lancerVideo = setInterval(afficherTemps, 100);
```

Analyse

Lignes 1 à 3 : nous avons besoin de faire passer un flux entre le fichier .swf et la vidéo au format .flv. Pour cela, nous devons faire appel à la classe `NetStream()` qui a elle-même besoin d'une instance de la classe `NetConnection()`.

Ligne 4 : le flux passe correctement entre l'animation et la vidéo, maintenant il faut diriger les images vers l'occurrence du symbole vidéo, c'est le rôle de cette ligne d'instruction.

Les lignes 6 à 17 sont relativement simples à comprendre, ajoutons tout de même que la méthode `seek()` peut servir à avancer la tête de lecture à un instant précis de la vidéo. La valeur attendue est exprimée en secondes.

Lignes 19 à 26 : nous convertissons l'affichage du temps afin d'obtenir un format horaire dans le texte dynamique qui se trouve sur la scène, dont le nom de variable est `affichage-Temps`.

Ligne 27 : nous demandons dès le lancement de l'animation l'affichage du temps de la vidéo qui s'écoule alors que la lecture n'a pas été demandée. Comme nous vous l'indiquions en introduction de cette animation, nous avons souhaité simplifier le script. Si nous devions optimiser notre script, nous placerions cette ligne 27 à la suite de la 7 (avant l'accolade de fermeture). Il faudrait alors placer la fonction `clearInterval(lancerVideo)` à la suite de la ligne 16.

Bogues éventuels

Attention, dans cette animation, les bogues peuvent être nombreux, nous allons donc exceptionnellement établir une liste des points à surveiller.

*   Respectez la casse des noms de classes `NetConnection()` et `NetStream()`. Si vous oubliez une majuscule, la vidéo ne s'affichera pas.
*   N'oubliez pas de nommer l'occurrence du symbole vidéo que vous avez placé sur la scène.
*   Spécifiez le nom du fichier .flv entre guillemets.
*   Préférez `play("")` à `close()` qui n'arrête pas la lecture de la vidéo, mais ferme le flux qu'il faudrait alors ouvrir à nouveau.

Diffuser une vidéo en streaming (Flash Media Server)

En ouvrant le fichier .fla correspondant, vous avez peut-être été surpris de découvrir qu'il s'agit de la même animation que la précédente ! Non, pas tout à fait, deux détails de grande importance font toute la différence.

Description du fichier

Chemin d'accès : ***Medias/ControleMedias/MediasVideoStream.fla***

Référez-vous à la description de l'animation précédente pour découvrir le contenu de la scène de cette animation.

Script

```
1 leCable = new NetConnection();
2 leCable.connect("rtmp:/livre/studio1");
3 abonnement = new NetStream(leCable);
4 ecran.attachVideo(abonnement);
```

```
5 //
6 btLecture.onPress = function() {
7    abonnement.play("traveling");
8 };
```

Analyse

Pour commencer, lorsque vous indiquez le nom d'une vidéo qui se trouve donc obligatoirement sur le serveur qui fait tourner Flash Media Server, vous ne devez pas spécifier l'extension. Nous avons écrit traveling et non traveling.flv.

Par ailleurs, la méthode connect() de la ligne 2 attend un paramètre qui correspond à l'adresse du dossier dans lequel se trouve la vidéo. Pour être plus précis, le dossier racine (livre dans notre exemple) contient un dossier intitulé streams qui contient lui-même le dossier spécifié après celui de la racine (studio1 dans notre exemple).

> **Remarque**
>
> Au moment où nous écrivons ces lignes, Macromedia vient d'annoncer Flash Media Server. Les animations de ce livre ont été développées sur Flash Communication Server au courant de l'été 2005. Nous ne savons pas encore s'il est toujours obligé de ne pas spécifier l'extension.

Réalisation d'un module de visioconférence (Flash Media Server)

Deux webcams, deux ordinateurs, deux connexions à Internet et le tour est joué ! « Mais le code ? », nous direz-vous…

Il n'est pas bien compliqué, mais relativement long. Il y a en effet de nombreuses lignes d'instructions, car nous gérons de nombreux paramètres qui ne sont pas toujours indispensables. Prenons l'exemple du témoin lumineux vert clair de la figure 14-5 (en haut à droite des images) qui indique que la diffusion/réception est en cours. Il n'est pas indispensable.

Comme le titre l'indique, vous devez utiliser Flash Media Server ou Flash Communication Server pour développer une telle application. Si vous ne connaissez pas cette technologie, nous vous invitons à consulter la dernière partie de ce livre qui traite de Flash Media Server.

Pour que deux utilisateurs puissent se voir, ils doivent se connecter à la même adresse, saisir leurs prénoms dans les champs prévus à cet effet, et cliquer sur les boutons Envoyer et Recevoir. Attention à respecter la casse des noms saisis par les deux utilisateurs.

Figure 14-5
La diffusion et la réception d'un flux se font très simplement grâce à Flash Media Server.

Description du fichier

Flash Player 7
et ultérieur

Chemin d'accès : ***Medias/ControleMedias/MediasVisioConference.fla***

L'animation contient deux occurrences d'un symbole de type vidéo, qui s'intitulent `ecran` et `ecranRetour`. Deux textes dynamiques intitulés `etatReception` et `etatReception2` ont également été placés dans le haut de la scène pour afficher les informations de connexion. Pour finir, deux textes de saisie intitulés `nomFluxDiffusion` et `nomFluxReception` permettront aux utilisateurs de saisir leurs prénoms.

Comme nous vous le disions au début de l'animation, nous vous encourageons à consulter la partie qui traite de Flash Media Server pour apprendre à développer une animation faisant appel à cette technologie.

Nous n'allons pas expliquer toutes les lignes d'instructions du script de cette animation, car les explications risqueraient de devenir très techniques et vous ne verriez pas la logique de construction d'une telle application.

Nous avons tout de même placé exceptionnellement des lignes de commentaires dans le script afin de simplifier sa relecture.

Script

```
1  //######## - 1 - ##########
2  //Retour vidéo de la webCam
3  //
4  fluxLocal = Camera.get();
5  //fluxLocal.setQuality(8192, 50);
6  fluxLocal.setMode(240, 180, 15);
7  fluxAudioLocal = Microphone.get();
8  ecranRetour.attachVideo(fluxLocal);
9  var boutonLive = true;
10 var etatLive = "live";
11 //
12 //############ - 2 - ############
13 //Diffusion streamée de votre webcam
14 //
15 liaison = new NetConnection();
16 liaison.connect("rtmp:/livre/studio1");
17 //Attention, un seul slash /
18 fluxDiffusion = new NetStream(liaison);
19 fluxDiffusion.attachVideo(fluxLocal);
20 fluxDiffusion.attachAudio(fluxAudioLocal);
21 //
22 btEnvoyerDiffusion.onPress = function() {
23   fluxDiffusion.publish(nomFluxDiffusion, etatLive);
24 };
25 btArretDiffusion.onPress = function() {
26   fluxDiffusion.close();
27 };
28 //
29 //######### - 3 - ###########
30 //Reception d'un flux streamé
31 //
32 fluxReception = new NetStream(liaison);
33 //
34 btRecevoirDiffusion.onPress = function() {
35   ecran.attachVideo(fluxReception);
36   fluxReception.play(nomFluxReception);
37   ecoute = new Sound();
38   ecoute.attachAudio(fluxReception);
39 };
40 btArretReception.onPress = function() {
41   fluxReception.close();
42 };
43 //
44 //########## - 4 - ###########
45 //Informations sur la connexion et les flux
46 //
47 couleurDiffusion = new Color(temoinDiffusion);
48 couleurDiffusion.setRGB(0x666666);
49 //
```

```
50 fluxDiffusion.onStatus = function(etat) {
51   if (etat.code == "NetStream.Publish.Start") {
52       couleurDiffusion.setRGB(0x00FF00);
53   }
54   if (etat.code == "NetStream.Unpublish.Success") {
55       couleurDiffusion.setRGB(0x666666);
56   }
57 };
58 //
59 couleurReception = new Color(temoinReception);
60 couleurReception.setRGB(0x666666);
61 fluxReception.onStatus = function(etat) {
62   etatReception = etat.code;
63   if (etat.code == "NetStream.Play.Start" || etat.code == "NetStream.Play.PublishNotify") {
64       couleurReception.setRGB(0x00FF00);
65       etatReception = "";
66   }
67   if (etat.code == "NetStream.Play.Stop" || etat.code == "NetStream.Play.UnpublishNotify") {
68       couleurReception.setRGB(0x666666);
69       etatReception = "Arrêt de la réception ou de la diffusion";
70   }
71 };
72 liaison.onStatus = function(etat) {
73   if (etat.code == "NetConnection.Connect.Success") {
74       etatReception2 = "Connexion établie";
75   }
76   if (etat.code == "NetConnection.Connect.Failed") {
77       etatReception2 = "Pas de connexion";
78   }
79 };
80 //
81 live._alpha = 0;
82 live.onPress = function() {
83   boutonLive = !boutonLive;
84   if (boutonLive) {
85       etatLive = "record";
86       this._alpha = 100;
87   } else {
88       etatLive = "live";
89       this._alpha = 0;
90   }
91 };
```

Analyse

Ligne 4 : nous associons un identifiant à la méthode `get()` de la classe `Camera()` afin de pouvoir l'utiliser à la ligne 19.

Ligne 6 : nous déterminons une taille et un nombre d'images au flux que nous allons diffuser.

Ligne 7 : nous répétons l'opération avec la source sonore.

Ligne 8 : nous rattachons à la scène, la source sonore provenant du micro branché à l'ordinateur de l'utilisateur.

Lignes 9 et 10 : ces deux variables nous serviront dans le gestionnaire de la ligne 82, nous vous en dirons plus à ce moment-là.

Lignes 15 à 20 : nous ouvrons une connexion entre le fichier .swf qui a été téléchargé sur la machine de l'utilisateur et le Flash Media Server.

> **Remarque**
>
> N'oubliez pas qu'au moment où un internaute se connecte sur un site qui contient une page avec un fichier .swf, ce dernier est téléchargé dans les fichiers temporaires de sa machine.

Lignes 22 à 24 : ce gestionnaire permet de publier le flux provenant de la webcam vers le serveur. Il a été associé au bouton Envoyer qui se trouve sur la scène.

Lignes 25 à 27 : ce gestionnaire a été associé au bouton Arrêter (la diffusion).

Ligne 32 : nous allons à présent récupérer le flux diffusé sur le serveur. Si nous indiquons les deux mêmes noms dans les textes de saisie, nous obtenons deux fois la même image sur la scène.

Lignes 34 à 39 : il n'est pas nécessaire d'établir une nouvelle connexion avec le serveur, c'est pourquoi nous n'instancions pas une nouvelle fois la classe `NetConnection()`. En revanche, pour recevoir un flux, nous ne pouvons pas utiliser celui que nous utilisons déjà pour la diffusion, nous sommes donc obligés d'instancier à nouveau la classe `Net-Stream()`. Ce gestionnaire de la ligne 34 permet de recevoir un flux provenant du serveur lorsque le bouton Recevoir est cliqué.

Lignes 47 à 71 : afin d'indiquer aux utilisateurs qu'un flux est en cours de diffusion et/ou de réception, nous changeons la couleur des ronds qui se trouvent sur la scène au-dessus de l'image des vidéos. Cela simule des diodes qui s'allument. Comme nous vous le disions en introduction à cette animation, rappelons que les lignes 47 à 79 ne sont pas obligatoires pour le bon fonctionnement de cette animation.

Lignes 72 à 79 : nous indiquons à l'utilisateur que la connexion et non la diffusion du flux est bien établie.

Lignes 81 à 91 : si vous observez bien le coin inférieur droit de la vidéo de réception du flux, vous découvrirez un pixel cliquable ! Il s'agit d'une fonction cachée qui permet de transformer ce module de VisioConférence en enregistreur vidéo. En effet, si vous cliquez sur ce pixel, il apparaît ou disparaît indiquant ainsi que la diffusion (lorsque vous cliquez sur le bouton Envoyer) va être enregistrée sur le serveur. Il suffira alors de saisir le nom de diffusion dans le texte de saisie proposant une réception et de cliquer sur le bouton Recevoir !

Réalisation d'un module de conférence (Flash Media Server)

Les jeux en réseau rencontrent depuis quelques années un succès croissant ! Afin que les joueurs puissent communiquer entre eux, il est très facile d'ajouter un module de conférence avec Flash Media Server !

Figure 14-6

Flux vidéo et/ou flux audio, la technique est la même !

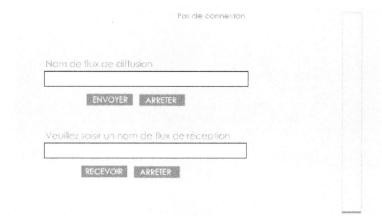

Description du fichier

Flash Player 7 et ultérieur

Chemin d'accès : *Medias/ControleMedias/MediasConference.fla*

Nous avons placé deux textes de saisie sur la scène avec quatre occurrences issues du même clip. Une dernière intitulée `temoinSon` se trouve à droite sur la scène, il s'agit initialement d'un rectangle transformé en clip, dont le point d'alignement est situé à la base. Sur la copie d'écran de la figure 14-6, cette occurrence a été réglée à 1 % de son échelle verticale, on aperçoit donc un simple trait noir en bas du cadre qui va contenir la jauge.

Le script de cette animation ne présente pas de réelle difficulté à partir du moment où vous connaissez le fonctionnement d'une application Flash Media Server. Référez-vous à l'annexe de ce livre qui traite de cette technologie.

Script

```
1 fluxAudioLocal = Microphone.get();
2 ecoute = new Sound();
3 ecoute.attachAudio(Microphone.get());
4 //
5 liaison = new NetConnection();
```

```
 6 liaison.connect("rtmp:/livre/studio1");
 7 fluxDiffusion = new NetStream(liaison);
 8 fluxDiffusion.attachAudio(fluxAudioLocal);
 9 //
10 _root.onEnterFrame = function() {
11    temoinSon._yscale = fluxAudioLocal.activityLevel;
12 };
13 //
14 btEnvoyerDiffusion.onPress = function() {
15    fluxDiffusion.publish(nomFluxDiffusion, "record");
16 };
17 btArretDiffusion.onPress = function() {
18    fluxDiffusion.close();
19 };
20 //
21 fluxReception = new NetStream(liaison);
22 //
23 btRecevoirDiffusion.onPress = function() {
24    fluxReception.play(nomFluxReception);
25    ecoute = new Sound();
26    ecoute.attachAudio(fluxReception);
27 };
28 btArretReception.onPress = function() {
29    fluxReception.close();
30 };
31 //
32 liaison.onStatus = function(etat) {
33    if (etat.code == "NetConnection.Connect.Success") {
34        etatReception2 = "Connexion établie";
35    }
36    if (etat.code == "NetConnection.Connect.Failed") {
37        etatReception2 = "Pas de connexion";
38    }
39 };
```

Analyse

Ligne 2 : nous définissons un identifiant à l'entrée micro de votre ordinateur, afin de pouvoir y faire référence plus tard dans ce script.

Lignes 3 et 4 : nous instancions la classe Sound() afin de pouvoir contrôler le retour son.

Lignes 6 et 7 : nous établissons une connexion entre le fichier .swf de l'utilisateur et le serveur Flash Media Server.

Lignes 8 et 9 : nous faisons passer un flux audio qui correspond à l'information qui passe au travers du micro branché à votre ordinateur.

Lignes 11 à 13 : en continu, nous réglons l'échelle de l'occurrence qui se trouve à droite sur la scène. Sa taille est relative à l'intensité de son qui arrive dans le micro.

Lignes 15 à 20 : ces deux gestionnaires sont associés aux boutons Envoyer et Arrêter qui gèrent l'émission du son. Il est possible de remplacer le paramètre record par live. Dans ce cas, la publication du son ne génère qu'un flux qui n'est pas stocké sur le serveur. Dans notre exemple, le paramètre `record` permet de stoker le son diffusé dans un fichier au format .flv. Il devient alors possible d'écouter à nouveau la conférence à la fin de l'enregistrement.

Lignes 22 à 31 : nous renouvelons la manipulation des lignes 6 à 20, à l'exception du gestionnaire `onEnterFrame`, pour pouvoir recevoir un flux diffusé par une autre personne comme nous venons de le faire.

Lignes 33 à 39 : ce gestionnaire permet de nous informer sur l'état de la connexion au serveur. Nous pouvons ainsi savoir si la connexion est établie ou interrompue.

Contrôler une séquence QuickTime à partir d'une piste Flash

Masquer le contrôleur vidéo standard dans une séquence QuickTime et créer le sien, c'est ce que nous vous proposons au travers de cette animation qui doit contenir autant d'images que la vidéo qui va être contrôlée.

Pour obtenir un contrôleur dans une séquence QuickTime, nous allons tout simplement importer un fichier .swf dans un fichier .mov, et nous rendrons transparente la couche qui le contient.

Figure 14-7

Un contrôleur Flash est composé d'occurrences dans un fichier .swf qui est importé dans une séquence QuickTime.

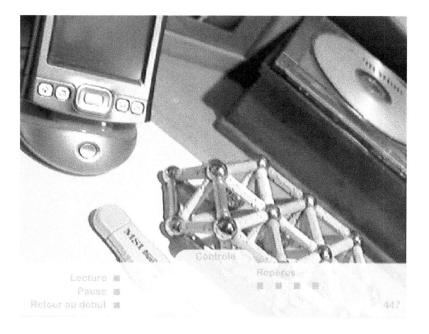

Description du fichier

Flash Player 6
et ultérieur

Chemin d'accès : ***Medias/ControleMedias/MediasControlerQuickTime.fla***

Nous devons utiliser l'ActionScript qui était utilisé dans Flash 4 pour pouvoir obtenir une compatibilité entre le fichier .swf et la séquence QuickTime. Cela signifie donc que les scripts que nous allons découvrir ci-après sont placés sur les occurrences des boutons que vous voyez sur la scène.

Pour être plus précis, ces boutons ne sont pas directement placés sur la scène, mais dans un clip représenté par ce rectangle blanc transparent surplombé d'un onglet.

Script

Bouton qui affiche et masque le panneau de contrôle :

```
on (press) {
if (this._y == 392.5) {
    this._y = 328;
} else {
    this._y = 392.5;
  }
}
```

Bouton Lecture :

```
on (press) {
_root.play();
}
```

Bouton Pause :

```
on (press) {
_root.stop();
}
```

Bouton Retour au début :

```
on (press) {
_root.gotoAndPlay(1);
}
```

Bouton Repère N°1 :

```
on (press) {
_root.gotoAndPlay(250);
}
```

Clip qui affiche les images sur la scène :

```
_root.menuDefil.imageActuelle = _root._currentframe;
```

Analyse

L'analyse de ces scripts sera rapide ! Pour contrôler la tête de lecture de la vidéo, il suffit d'utiliser les fonctions de navigations play(), stop() et gotoAndPlay().

Bogues éventuels

Nous préférons le rappeler une deuxième fois, pour obtenir une compatibilité entre le fichier .swf importé et la séquence QuickTime qui va contenir le fichier .swf, vous devez utiliser des gestionnaires de type on(press).

Par ailleurs, n'oubliez pas que votre animation doit contenir autant d'images que la vidéo dans laquelle elle va être importée.

Interaction du niveau d'entrée du microphone et de la scène

Depuis quelques années, de nombreuses personnes souhaitent pouvoir agir sur leur machine au travers du micro ! Non, la reconnaissance vocale n'est ni pour aujourd'hui, ni pour demain, cependant Flash est tout de même capable de mesurer l'intensité d'un son entrant dans l'ordinateur au travers d'un micro. Le player Flash 8 n'est à ce jour pas capable de mesurer l'intensité d'un son sortant, mais nous gardons espoir, cela fait trois ans que la communauté des flasheurs attend !

Le but du jeu que nous avons développé est d'atteindre les étoiles qui défilent de droite à gauche de la scène. Lorsqu'elles sont touchées, elles disparaissent et permettent de faire gagner des points. Attention à bien gérer votre voix, si vous forcez trop sur vos cordes vocales, vous perdez de l'énergie… dans le jeu.

Remarque

Nous avons placé sur la scène des variateurs pour effectuer deux réglages que nous détaillerons plus loin dans cette animation. Nous n'expliquerons pas le fonctionnement d'un tel élément de contrôle, reportez-vous au chapitre 4 qui traite de ce sujet.

Description du fichier

Flash Player 6
et ultérieur

Chemin d'accès : *Medias/ControleMedias/MediasNiveauEntreeMicro.fla*

Pour cette animation, nous avons placé sur la scène plusieurs occurrences et textes dynamiques que nous vous proposons d'énumérer :

283

Figure 14-8

Plus le son perçu dans le micro est élevé, plus le vaisseau s'éloigne du bas de la scène, se rapprochant ainsi des étoiles.

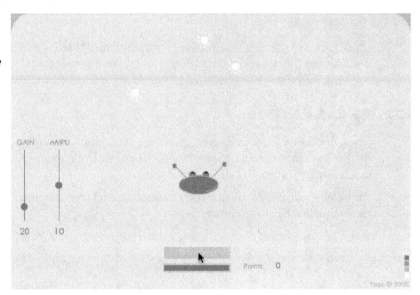

- L'occurrence du vaisseau intitulée vaisseau_inst.

- L'occurrence de la jauge intitulée jaugeEnergy.

- L'occurrence du lancement du jeu intitulée btDemarrer.

- Trois occurrences représentant les étoiles à toucher, intitulées eclat1, eclat2 et eclat3.

- trois textes dynamiques intitulés vPoints, vGain et vAmpli.

Le script de cette animation est assez long, car nous n'avons pas voulu l'optimiser en utilisant des lignes d'instructions trop abstraites à la lecture.

Script

```
 1 fluxAudio = Microphone.get();
 2 _root.attachAudio(fluxAudio);
 3 jaugeEnergy._visible = 0;
 4 //
 5 var coefAmplification = 10;
 6 var vGain = 20;
 7 fluxAudio.setGain(vGain);
 8 var vAmpli = 10;
 9 //
10 MovioClip.prototype.lancer = function() {
11    this._x = 650+random(100);
12    var pas = 2+random(10);
```

```
13   this.onEnterFrame = function() {
14        this._x -= pas;
15        if (this._x<-10) {
16            this.lancer();
17        }
18   };
19 };
20 //
21 _root.onEnterFrame = function() {
22   entreeSon = fluxAudio.activityLevel;
23   vaisseau_inst._y = 280-(entreeSon*coefAmplification);
24 };
25 //
26 fluxAudio.setUseEchoSuppression(true);
27 //
28 partieEnCours = function () {
29   entreeSon = fluxAudio.activityLevel;
30   vaisseau_inst._y = 280-(entreeSon*coefAmplification);
31   jaugeEnergy._xscale -= (entreeSon/10);
32   if (vaisseau_inst.hitTest(eclat1)) {
33        jaugeEnergy._xscale += 5;
34        vPoints++;
35        eclat1.lancer();
36   }
37   if (vaisseau_inst.hitTest(eclat2)) {
38        jaugeEnergy._xscale += 5;
39        eclat2.lancer();
40        vPoints++;
41   }
42   if (vaisseau_inst.hitTest(eclat3)) {
43        jaugeEnergy._xscale += 5;
44        eclat3.lancer();
45        vPoints++;
46   }
47   if (jaugeEnergy._xscale<=0) {
48        jaugeEnergy._xscale = 0;
49        delete _root.onEnterFrame;
50        btDemarrer.enabled = true;
51        btDemarrer._alpha = 100;
52   }
53   if (jaugeEnergy._xscale >100) jaugeEnergy._xscale =100
54
55 };
56 //
57 btNiveauEntree.onPress = function() {
58   this.startDrag(0, 30, 200, 30, 300);
59   this.onMouseMove = function() {
```

```
60        niveau = 300-this._y;
61        vGain = niveau;
62        fluxAudio.setGain(niveau);
63    };
64 };
65 btNiveauEntree.onRelease = btNiveauEntree.onReleaseOutside=function () {
66    stopDrag();
67    delete this.onMouseMove;
68 };
69 //
70 btNiveauAmpli.onPress = function() {
71    this.startDrag(0, 80, 200, 80, 300);
72    this.onMouseMove = function() {
73        coefAmplification = (300-this._y)/5;
74        vAmpli = Math.round(coefAmplification);
75    };
76 };
77 btNiveauAmpli.onRelease = btNiveauAmpli.onReleaseOutside=function () {
78    stopDrag();
79    delete this.onMouseMove;
80 };
81 //
82 btDemarrer.onPress = function() {
83    vPoints = 0;
84    this.enabled = 0;
85    this._alpha = 30;
86    jaugeEnergy._visible = true;
87    jaugeEnergy._xscale = 100;
88    eclat1.lancer();
89    eclat2.lancer();
90    eclat3.lancer();
91    _root.onEnterFrame = partieEnCours;
92 };
```

Analyse

Ligne 1 : nous commençons par définir un identifiant à la méthode get() de la classe Microphone(), afin de pouvoir l'utiliser à la ligne 22.

Ligne 2 : nous rattachons le son provenant du micro à l'animation.

Ligne 5 : cette variable nous servira à amplifier le saut qu'effectuera notre vaisseau spatial pour contrebalancer un faible niveau d'entrée défini par la variable vGain (ligne 6).

Ligne 7 : le bruit ambiant de l'endroit dans lequel vous vous trouvez est peut-être un peu fort, nous utilisons donc la méthode setGain() pour corriger l'intensité du son entrant dans le micro.

Lignes 10 à 19 : nous aurions pu et dû créer une fonction appelée par une instruction setInterval(), mais nous avons préféré simplifier la difficulté du code en créant ce prototype qui va ajouter une méthode à la classe MovieClip(). Aujourd'hui, il ne faut plus utiliser les prototypes car il existe d'autres techniques, mais elles sont plus complexes. Précisons simplement que la méthode `lancer()` va nous permettre de faire défiler un éclat de droite à gauche sur la scène.

Lignes 21 à 24 : nous enclenchons « la surveillance » du son qui provient du micro branché à l'ordinateur de l'utilisateur, et nous stockons dans une variable une valeur calculée sur le niveau sonore entrant. Vous noterez que ce gestionnaire permet déjà de faire varier la position verticale du vaisseau, sans que l'utilisateur n'ait encore cliqué sur le bouton Démarrer.

Remarque

Avant de lancer le jeu, profitez-en pour régler les variateurs situés à gauche sur la scène.

Ligne 26 : nous supprimons l'effet Larsen.

Lignes 28 à 55 : cette fonction va nous permettre de tester si une collision a lieu entre le vaisseau et un éclat (lignes 32, 37 et 42). Si c'est le cas, nous augmentons la variable `vPoints` qui comptabilise le nombre d'éclats éliminés, et nous replaçons l'éclat touché à droite de la scène. Cela donne l'impression qu'il a été détruit et qu'un nouveau arrive. Nous en profitons pour agrandir la jauge d'énergie obtenue au moment de la collision. Les lignes 29 à 31 permettent de régler la position verticale du vaisseau en fonction de l'intensité du son entrant, en même temps, la jauge d'énergie diminue. Pourquoi une telle fonction alors que le gestionnaire de la ligne 21 est déjà en activité ? Lorsque l'utilisateur cliquera sur le bouton Démarrer, vous noterez que la ligne 100 redéfinit le gestionnaire `onEnterFrame` en utilisant cette fonction.

Lignes 47 à 52 : ce test vérifie si la jauge d'énergie est à son minimum, ce qui entraîne l'arrêt de la partie.

Comme nous vous le précisions en remarque au début de cette animation, nous ne commenterons pas les lignes 57 à 80, car nous vous invitons à consulter le chapitre 4 de ce livre. Précisons simplement que la variation de la position verticale de ces occurrences change la valeur des variables `vGain` et `coefAmplification` pour corriger l'amplitude des sursauts du vaisseau. Il se peut qu'ils soient trop grands ou trop petits. Ces variateurs corrigent donc l'amplitude des sauts.

Lignes 82 à 92 : ce gestionnaire associé à l'occurrence du bouton Démarrer permet de lancer les étoiles, de redéfinir la fonction associée au gestionnaire `onEnterFrame` et de mettre la jauge d'énergie en activité.

Pour que ce jeu se joue correctement, effectuez le réglage de gain du bruit et de l'amplification des sauts du vaisseau. Si vous n'effectuez pas ces corrections, le jeu risque de vite devenir injouable.

Les médias

Partie II

Sous-titrer une vidéo

Cette animation est particulièrement intéressante, car elle utilise le gestionnaire `onCue-Point` de la classe `NetStream()`. Ce dernier permet de gérer avec une très grande souplesse la synchronisation d'une vidéo (ou d'un son) avec d'autres médias ou le déclenchement d'actions dans l'animation.

Figure 14-9
Les textes s'affichent à un instant précis grâce au gestionnaire onCuePoint.

Remarque

Pour une synchronisation parfaite à la milliseconde près, utilisez un logiciel de montage vidéo et placez vous-même vos propres repères plutôt que d'utiliser l'application Flash Video Encoder. La version qui a été livrée avec Flash 8 propose de placer des repères à la milliseconde près, mais seules les images-clés sont utilisées pour la recherche de synchronisation. Espérons qu'une mise à jour de ce logiciel arrive rapidement pour corriger cette erreur.

Description du fichier

Flash Player 8 et ultérieur

Chemin d'accès : ***Medias/ControleMedias/MediasVideoSousTitres.fla***

Sur la scène, nous avons placé un symbole de type vidéo et nommé l'occurrence obtenue `ecran`. Le nom, la couleur et le prix des produits qui vont apparaître dans la vidéo vont

288

s'afficher sur la scène dans des textes dynamiques dont les noms de variables sont vNomAr-ticle, vPrixArticle et vCouleurArticle. Nous avons ajouté trois occurrences (intitulées repere1, repere2 et repere3) qui serviront à déplacer la tête de lecture de la vidéo à des temps précis.

Le script de l'animation fait appel aux classes NetStream() et netConnection() pour pouvoir diffuser de la vidéo. Nous l'avons déjà dit, mais rappelons que la synchronisation va être obtenue grâce au gestionnaire onCuePoint de la classe NetStream().

Script

```
 1 vPrixArticle = "";
 2 vCouleurArticle = "";
 3 //
 4 leCable = new NetConnection();
 5 leCable.connect(null);
 6 abonnement = new NetStream(leCable);
 7 ecran.attachVideo(abonnement);
 8 abonnement.play("traveling.flv");
 9 //
10 effacerNomArticle = function () {
11     vNomArticle = "";
12     vPrixArticle = "";
13     vCouleurArticle = "";
14     clearInterval(lancerChronoEffaceur);
15 };
16 abonnement.onCuePoint = function(repere) {
17     vNomArticle = repere.name;
18     //trace(repere.time);
19     vPrixArticle = repere.parameters["prix"];
20     vCouleurArticle = repere.parameters["couleur"];
21     lancerChronoEffaceur = setInterval(effacerNomArticle, 2000);
22 };
23 //
24 repere1.onPress = function() {
25     abonnement.seek(3.515);
26 };
27 repere2.onPress = function() {
28     abonnement.seek(7.264);
29 };
30 repere3.onPress = function() {
31     abonnement.seek(17.340);
32 };
```

Analyse

Lignes 1 et 2 : nous initialisons à vide la valeur de ces deux variables qui sont présentes en bas à droite sur la scène.

Lignes 4 à 8 : nous instancions les classes `NetConnection()` et `NetStream()` pour pouvoir diffuser la vidéo `traveling.flv`. au travers de l'occurrence `ecran`.

Lignes 10 à 15 : nous utiliserons cette fonction pour effacer les textes après 2 secondes d'affichage (ligne 21).

Lignes 16 à 21 : ce gestionnaire est au cœur de la synchronisation ! Le nom figurant en tête de ligne correspond à l'instance de la classe `NetStream()`, c'est à travers elle que nous cherchons à savoir si des `cuePoints` (repères) sont atteints, car c'est à travers elle que passe la vidéo. Le choix du terme `repere` est purement arbitraire, vous pouvez donc choisir celui que vous voulez, tant que vous n'utilisez pas de caractères accentués ni spéciaux. La propriété `name` nous permet de savoir quel est le nom du repère, alors que le tableau `parameters` contient les attributs associés à chaque `cuePoint`.

> **Conseil**
>
> N'utilisez pas les paramètres associés à un repère, préférez de simples repères que vous indexez ensuite dans un fichier XML qui sera plus facile à manipuler et mettre à jour.

Lignes 24 à 32 : les trois occurrences permettent de déplacer la tête de lecture à 3,515 secondes, 7,264 secondes et 17,340 secondes du début de la vidéo.

Nous n'avons pas souhaité ajouter de boutons de contrôle de la vidéo afin que le script soit extrêmement simple. Les boutons qui permettent de déplacer la tête de lecture de la vidéo sont présents sur la scène pour vérifier la synchronisation en avançant plus rapidement.

Bogue éventuel

Vous devez être très vigilant sur la casse des noms de classes. `NetStream()` et `NetConnection()` contiennent deux majuscules. Ce genre d'omission entraîne inéluctablement un dysfonctionnement.

Synchroniser un son avec des textes et des images

Durant la lecture d'un son, à des temps précis, des images accompagnées d'un texte vont s'afficher sur la scène ! Vous allez découvrir que la synchronisation d'un son avec un texte et une image se fait très facilement grâce à la fonction `setInterval()` et au fichier .xml. Nous aurions pu utiliser un tableau pour contenir les temps de synchronisation, mais la solution retenue (fichier .xml) présente l'avantage d'être facile à mettre à jour.

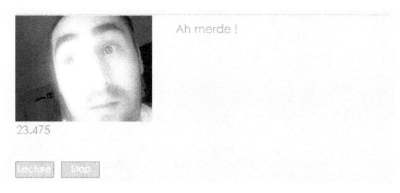

Figure 14-10
À des instants précis, textes et images s'affichent sur la scène afin de correspondre à ce qui est entendu au travers du son.

Description du fichier

Chemin d'accès : ***Medias/ControleMedias/SynchroSonTextesImages.fla***

Vous allez cliquer sur l'occurrence du bouton Lecture intitulé btLecture. À ce moment là, la vidéo va démarrer et le gestionnaire onCuePoint va se charger de remplir le contenu des textes dynamiques dont les noms de variables sont commentaire et tempsEcoule.

Les images vont se charger dans l'occurrence intitulée cadre.

Script

Voici le contenu du fichier .xml que nous avons utilisé pour contenir les temps de synchronisation :

```
<Synchro>
<Image Temps="0" Img="">...</Image>
<Image Temps="0.5" Img="img1.jpg">Sûre ?</Image>
<Image Temps="4" Img="img2.jpg">Dooot dooot !</Image>
<Image Temps="6" Img="img3.jpg">Grosse question !</Image>
<Image Temps="9" Img="img4.jpg">Enfin...</Image>
<Image Temps="11" Img="img5.jpg">...</Image>
<Image Temps="16.5" Img="img6.jpg">Vieux potes</Image>
<Image Temps="18" Img="img7.jpg">Amis de 22 ans</Image>
<Image Temps="22" Img="img8.jpg">Ah merde !</Image>
<Image Temps="25" Img="img9.jpg">Aïe ! Là, C la gaffe !!!</Image>
<Image Temps="28.5" Img="img10.jpg">Elle est susceptible aussi !</Image>
<Image Temps="37" Img="img11.jpg">En colère ?</Image>
<Image Temps="39.5" Img="img12.jpg">Arff arff arff !</Image>
<Image Temps="41" Img="img13.jpg">lé gentil tu sais</Image>
</Synchro>
```

Le script de l'animation est relativement court, il a été placé sur la première image-clé de la timeline principale.

```
 1 btLecture.enabled = false;
 2 var numeroCuePointAVerifier = 0;
 3 //
 4 verifierTemps = function () {
 5   if (voixOff.position/1000>charge.childNodes[0].childNodes[numeroCuePointAVerifier]
     ➡.attributes.Temps) {
 6       cadre.loadMovie("SynchroAudio/img"+numeroCuePointAVerifier+".jpg");
 7       commentaire = charge.childNodes[0].childNodes[numeroCuePointAVerifier]
         ➡.firstChild;
 8       numeroCuePointAVerifier++;
 9   }
10   tempsEcoule = voixOff.position/1000;
11 };
12 //
13 //
14 var charge = new XML();
15 charge.load("SynchroAudio/Synchro.xml");
16 charge.ignoreWhite = true;
17 charge.onLoad = function() {
18   btLecture.enabled = true;
19 };
20 //
21 voixOff = new Sound();
22 voixOff.loadSound("SynchroAudio/VoixSynchro.mp3", 0);
23 voixOff.onLoad = function() {
24   btLecture.enabled = true;
25 };
26 voixOff.onSoundComplete = function() {
27   clearInterval(lancerVerifSynchro);
28   btLecture.enabled = true;
29 };
30 //
31 btLecture.onPress = function() {
32   numeroCuePointAVerifier = 0;
33   lancerVerifSynchro = setInterval(verifierTemps, 100);
34   voixOff.start();
35   btLecture.enabled = false;
36 };
37 btArret.onPress = function() {
38   clearInterval(lancerVerifSynchro);
39   voixOff.stop();
40   btLecture.enabled = true;
41 };
```

Analyse

Le fichier .xml que nous avons créé ne présente aucune difficulté car il ne contient que des nœuds de niveau 1 sans nœuds enfants. Les commentaires qui vont s'afficher sur la scène sont les valeurs contenues dans les balises <Image> qui contiennent en attributs les temps de synchronisation et les noms d'images.

Ligne 1 : nous rendons non cliquable l'occurrence du bouton Lecture. Tant que le fichier son n'est pas chargé, nous devons en effet empêcher sa lecture.

Ligne 2 : les temps de synchronisation se trouvent dans le fichier .xml Synchro.xml. Afin de parcourir les différents nœuds de l'instance XML, nous avons besoin d'une variable qui va s'incrémenter à chaque temps atteint par la tête de lecture.

Lignes 4 à 11 : cette fonction est celle qui va être appelée tous les centièmes de seconde grâce à la fonction setInterval() de la ligne 33. C'est elle qui va donc synchroniser le son avec les images et le texte.

Ligne 5 : nous cherchons à vérifier si la tête de lecture du son en cours de lecture dépasse le temps indiqué au numéro de nœud qui correspond à la valeur de la variable numeroCuePointAVerifier.

Ligne 6 : si c'est le cas, nous chargeons l'image à la place de l'occurrence qui s'intitule cadre.

Ligne 8 : nous incrémentons la variable numeroCuePointAVerifier afin de vérifier à nouveau si la tête de lecture atteint le prochain temps de synchronisation.

Lignes 14 à 19 : nous chargeons le fichier .xml spécifié à la ligne 15. Nous avions initialement prévu de ne rendre l'occurrence du bouton Lecture cliquable qu'à partir du moment où le fichier .xml était chargé, mais nous avons préféré effectuer une vérification sur la fin du chargement du son qui est sûrement plus long. Nous avons laissé cette ligne 18 qui peut toujours être remplacée par une autre.

Ligne 21 à 25 : nous créons une instance de la classe Sound() afin de contrôler la lecture du son.

Lignes 26 à 29 : si la fin du son est atteinte, nous arrêtons la synchronisation et nous rendons l'occurrence du bouton Lecture à nouveau cliquable.

Lignes 31 à 36 : lorsque l'utilisateur clique sur le bouton Lecture, nous le rendons inactif afin qu'il ne soit plus cliquable. Nous lançons la synchronisation (ligne 33) et le son (ligne 34).

Ligne 37 à 41 : ce gestionnaire défini pour l'occurrence du bouton Arrêt, rend cliquable celle du bouton Lecture (ligne 40), puis interrompt la synchronisation et le son.

Bogue éventuel

À la ligne 10, vous devez penser à diviser par 1 000 la valeur renvoyée par la propriété position de la classe Sound().

Synchroniser un son au format FLV

Le format de fichier FLV est généralement utilisé pour proposer l'affichage de vidéos dans une animation Flash. Il est assez rare de rencontrer sur Internet des séquences sans son ou sans vidéo avec uniquement une piste audio. Et pourtant, les fichiers au format FLV peuvent remplacer ceux qui sont au format MP3. Cette technique est méconnue des développeurs Flash alors qu'elle présente des avantages.

En effet, pour synchroniser un son avec un événement, une image ou bien même du texte, il est préférable d'utiliser un fichier sous ce format accompagné du gestionnaire onCuePoint.

Description du fichier

Flash Player 8 et ultérieur

Chemin d'accès : ***Medias/ControleMedias/SynchroAudioFLV.fla***

Dans cette animation, nous n'avons pas synchronisé un son avec un texte et/ou une image, mais nous avons préféré placer un symbole sur la scène à certains moments du son. Nous avons donc créé trois symboles dont les noms de liaisons sont Carre, Cercle et Triangle. Aucune occurrence n'a été placée sur la scène pour la construction de l'interface car les lignes 14 à 17 vont s'en charger au moment de la synchronisation.

Script

```
1 maConnect = new NetConnection();
2 maConnect.connect(null);
3 monFlux = new NetStream(maConnect);
4 //
5 monFlux.play("piano.flv");
6 //
7 niveau = 0;
8 //
9 monFlux.onCuePoint = function(etat) {
10   nomLiaison = etat.name;
11   vTaille = etat.parameters["taille"];
12   vPLaceHorizontale = etat.parameters["placeX"];
13   vPLaceVerticale = etat.parameters["placeY"];
14   tempo = _root.attachMovie(nomLiaison, nomLiaison+"_inst", niveau++);
15   //trace(nomLiaison);
16   tempo._x = vPLaceHorizontale;
17   tempo._y = vPLaceVerticale;
18   tempo._xscale = vTaille;
19   tempo._yscale = vTaille;
20 };
```

Pour contrôler le niveau sonore de la diffusion du son, il faudrait ajouter les deux lignes suivantes :

```
hautParleur = new Sound();
hautParleur.attachAudio(monFlux);
```

Analyse

Pour des explications sur le fonctionnement du gestionnaire `onCuePoint`, consultez l'analyse de l'animation précédente « Sous-titrer une vidéo ». Avant cela, retenez que la classe `NetStream()` ne se limite pas à la diffusion vidéo d'un fichier .flv comme nous vous le précisions en introduction à cette animation. Il existe différents logiciels de traitement du son capables d'ajouter des `cuePoints`, c'est-à-dire des repères, sur une piste son, mais le logiciel fourni avec Flash 8 qui s'appelle Flash Video Encoder est capable de le faire également. La figure 14-11 présente la copie d'écran de la fenêtre de placement des repères dans un fichier .flv.

Figure 14-11
L'ajout de repères se fait par un simple clic sur le bouton + situé en haut à gauche de la fenêtre.

Dans notre exemple, nous avons utilisé des paramètres, il serait préférable de n'avoir que de simples repères servant à préciser qu'un temps est atteint grâce au gestionnaire `onCue-Point`. Il serait alors plus intéressant d'utiliser les données d'un fichier .xml pour obtenir des informations telles que celles que nous avons placées en tant que paramètres dans notre exemple.

15

Chat et RSS

Yahoo Messenger, ICQ, MSN, Google Talk… puisqu'il existe de nombreuses applications permettant l'échange de texte en direct, quel est l'intérêt de développer un module de chat en Flash ?

RSS, phénomène de mode ou nouveau standard ? La question ne se pose plus, cette technique de diffusion a fait ses preuves depuis plusieurs mois ! Dans ce cas, comment intégrer un flux dans une animation Flash ?

Création d'un chat avec Flash Media Server

Comme nous l'énoncions en introduction à ce chapitre, pourquoi développer une telle application alors qu'il en existe déjà qui gèrent très bien ce type d'échange de texte ? Nous n'allons pas essayer de réinventer la roue, mais simplement vous démontrer que dans le cas du développement d'une application *Full Flash*, il est très simple et surtout très rapide de réserver une partie de l'interface à un module d'affichage/ échange de texte en direct.

Par ailleurs, nous aurions pu utiliser des sockets XML pour ce type d'application, mais cela aurait nécessité l'utilisation d'une application Java côté serveur. Il aurait également été possible de faire appel au PHP avec une base de données MySQL, mais nous avons réellement souhaité n'utiliser que de l'ActionScript !

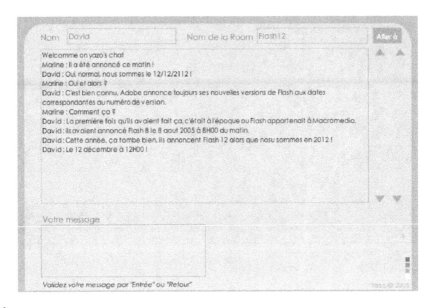

Figure 15-1

Ce module d'échange de texte présente l'avantage de pouvoir être intégré à une page HTML sans être obligé d'ouvrir une pop-up.

Remarque

Pour la gestion d'un wiki, l'utilisation de Flash Media Server peut représenter une solution alternative si vous la combinez avec le gestionnaire onChanged.

Description du fichier

Flash Player 6
et ultérieur

Chemin d'accès : ***Medias/ChatRSS/ChatFlashCom.fla***

Pour la réalisation de cette animation, nous avons eu besoin de placer sur la scène, trois textes de saisie dont voici respectivement les noms d'occurrences et de variables :

- nomChatteur_inst et nomChatteur.

- nomRoom_inst et nomRoom.

- messageChatteur_inst et messageChatteur.

Un dernier texte dynamique intitulé affichageMessages_inst a pour nom de variable affichageMessages.

Afin de contrôler le défilement du texte contenu dans l'instance affichageMessages_ inst, nous avons placé sur la scène quatre autres occurrences intitulées btMonterTexteC, btMonterTexte, btBaisserTexteC et btBaisserTexte. Il s'agit des quatre triangles situés à droite sur la scène.

L'avantage de cette application est de pouvoir contrôler le canal d'échange avec son interlocuteur. Dans un logiciel de chat, on appelle cela une « room » ou « salle ». Un dernier bouton dont le nom d'occurrence est btAllerA nous permettra d'établir la connexion au serveur sous un « nom de session » précis. Nous reviendrons sur cette notion dans les explications de cette animation.

Script

```
1  connectionAuneRoom = function () {
2     if (nomRoom != "" && nomChatteur != "") {
3        connexionChat = new NetConnection();
4           connexionChat.connect("rtmp:/livre/"+nomRoom);
5           //
6           texteCommun = SharedObject.getRemote() ("leMessage", connexionChat.uri);
7           texteCommun.connect(connexionChat);
8           if (texteCommun.data.contenuDuTexte == undefined) {
9              texteCommun.data.contenuDuTexte = "Welcomme on yazo's chat\n";
10          }
11          affichageMessages = texteCommun.data.contenuDuTexte;
12          //
13          texteCommun.onSync = function() {
14             affichageMessages = texteCommun.data.contenuDuTexte;
15             if (affichageMessages == undefined) {
16                affichageMessages = "";
17             }
18             affichageMessages_inst.scroll = affichageMessages_inst.maxscroll;
19          };
20    }
21 };
22 //
23 nomRoom = "";
24 nomChatteur = "";
25 //
26 btAllerA.onPress = function() {
27    connectionAuneRoom();
28 };
29 //
30 btBaisserTexte.onPress = function() {
31    affichageMessages_inst.scroll--;
32 };
33 btMonterTexte.onPress = function() {
34    affichageMessages_inst.scroll++;
35 };
36 //
37 nomChatteur_inst.restrict = nomRoom_inst. restrict="a-z A-Z 0-9";
38 nomChatteur_inst.maxChars = nomRoom_inst.maxChars=12;
```

```
39 //
40 messageChatteur_inst.onChanged = function() {
41    if (Key.getCode() == 13) {
42        recupTextCommun = texteCommun.data.contenuDuTexte;
43        if (recupTextCommun == undefined) {
44            recupTextCommun = "";
45        }
46        texteCommun.data.contenuDuTexte = recupTextCommun+nomChatteur+" :
           ➡ "+messageChatteur;
47        messageChatteur = "";
48    }
49 };
50 //
51 btBaisserTexteC.onPress = function() {
52    this.onEnterFrame = function() {
53        affichageMessages_inst.scroll--;
54    };
55 };
56 btBaisserTexteC.onRelease = btBaisserTexteC.onReleaseOutside=function () {
57    delete this.onEnterFrame;
58 };
59 btMonterTexteC.onPress = function() {
60    this.onEnterFrame = function() {
61        affichageMessages_inst.scroll++;
62    };
63 };
64 btMonterTexteC.onRelease = btMonterTexteC.onReleaseOutside=function () {
65    delete this.onEnterFrame;
66 };
```

Analyse

Si vous n'avez pas lu les explications relatives au fonctionnement d'une application faisant appel à Flash Media Server, veuillez vous reporter à la dernière partie de ce livre qui traite de cette technologie. Nous n'allons effectivement analyser que les grandes parties de ce script, sans expliquer les mécanismes de connexion et d'échange avec le serveur.

Ligne 1 : la fonction assure la connexion au Flash Media Server et se charge de définir les lignes d'instructions à exécuter lors de la synchronisation de l'animation avec le .fso.

Ligne 2 : nous testons le contenu des textes de saisie dans lesquels l'utilisateur doit taper son nom et celui de la pièce dans laquelle il souhaite se rendre. La connexion ne peut en effet se faire qu'à partir du moment où ces champs sont renseignés.

Lignes 3 à 11 : nous procédons à la connexion avec le serveur et affichons sur la scène (ligne 11) le contenu du cookie. Le module de chat que nous avons conçu permet à l'utilisateur d'obtenir tout ce qui a été dit dans la pièce (Room) depuis le début de sa création, c'est-à-dire la première connexion.

Lignes 13 à 19 : nous définissons les lignes d'instructions qui doivent s'exécuter au moment de la synchronisation de l'animation avec le serveur.

Vous noterez que ce gestionnaire onSync prévoit ce qu'il faut faire lors de la première connexion (lignes 15 à 17).

Ligne 18 : cette instruction permet de remonter le texte automatiquement afin que la dernière ligne soit toujours visible.

Lignes 23 et 24 : au lancement de l'animation, nous vidons le contenu des variables nomRoom et nomChatteur afin que le test de la ligne 2 fonctionne si l'utilisateur ne renseigne pas ces champs.

Lignes 26 à 28 : en haut à droite sur la scène, le bouton Aller à permet d'établir la connexion avec le serveur en appelant la fonction créée à la ligne 1.

Lignes 30 à 35 : ces deux gestionnaires gèrent le défilement du texte.

Ligne 37 : afin que l'utilisateur ne puisse pas utiliser de caractères spéciaux et accentués dans les champs Nom et Room, nous le contraignons grâce à la propriété restrict.

Lignes 40 à 49 : dès que l'utilisateur ajoute ou supprime un caractère dans la zone de saisie du message (en bas à gauche sur la scène), le gestionnaire onChanged vérifie si la touche enfoncée est bien la touche Entrée. Si c'est le cas, les instructions suivantes sont exécutées :

- La variable recupTexteCommun se charge d'aller récupérer le contenu du cookie sur le serveur (ligne 42).

- Une concaténation de la variable ci-dessus et du message saisi par l'utilisateur est renvoyée au serveur (ligne 46).

- Le champ de saisie du message en bas à gauche sur la scène est vidé (ligne 47).

- Un test s'assure qu'il ne s'agit pas de la première synchronisation. Si tel est le cas, la variable recupTexteCommun est initialisée à vide afin que la ligne 46 ne renvoie pas d'erreur.

Lignes 51 à 66 : vous avez peut-être remarqué que notre interface présente quatre boutons de contrôle du texte. Nous avons simplifié la mise en page de ces occurrences en les laissant ainsi, afin de mettre en évidence le fait qu'il est possible de faire défiler le texte par de simples clics, ou au contraire en maintenant le bouton de la souris enfoncé.

Bogues éventuels

Vous ne devez pas sortir le gestionnaire onSync de la fonction connectionAuneRoom, dans le cas contraire vous auriez des problèmes de synchronisation.

La ligne 37 joue un rôle important pour le bon fonctionnement de l'application, car elle limite la nature des caractères susceptibles d'être saisis. Elle n'est donc pas obligatoire, mais indispensable pour la stabilité du programme.

Création d'un lecteur de flux RSS

Depuis quelques mois, vous avez peut-être constaté que des icônes orange et blanches fleurissent sur les pages d'accueil des sites que vous consultez.

Figure 15-2

Ces icônes sont généralement orange et blanches, mais quelques rares webmasters ne respectent pas cette charte conventionnelle.

Il s'agit de flux ou fils RSS ! Ce sont généralement les sites qui proposent des informations dont la mise à jour est assez fréquente, qui utilisent cette technique de diffusion en ligne. Il est intéressant d'essayer de comprendre le sens de ce sigle car il démontre l'intérêt et la « complexité » du mécanisme qui se cache derrière ce nouveau standard du Web :

- RSS : Really Simple Syndication (Syndication vraiment simple) ;
- RSS : Rich Site Summary (Résumé complet d'un site).

Il s'agit avant tout d'un format de **syndication** d'informations habituellement consultables sur Internet. Plus précisément, il s'agit d'un fichier .xml qui possède une structure bien définie, et qui est mis à disposition des internautes. Le terme « syndication » nous vient de l'anglais et Wikipédia nous en donne une très bonne définition.

La syndication consiste à vendre le droit de reproduire un contenu ou de diffuser un programme à plusieurs diffuseurs. Le système de la syndication a été créé par la presse écrite américaine, les syndicates vendant leur production (cartoons, comic-strips, chroniques, etc.) à plusieurs journaux locaux.

Comme nous l'évoquions ci-dessus, ce sont principalement les sites d'actualités qui proposent des flux RSS appelés aussi fils RSS. La tableau 15-1 propose quelques exemples.

Tableau 15-1 Adresses de flux RSS

Nom du site diffuseur	Adresse
Google France	http://news.google.fr/?output=rss
Le Monde	http://www.lemonde.fr/rss/sequence/0,2-3208,1-0,0.xml
NouvelObs.com	http://permanent.nouvelobs.com/rss_permanent.xml

Paradoxalement, lorsque nous précisons que la structure du document .xml est « bien définie », elle l'est, mais malheureusement en plusieurs « versions ». Si vous regardez à nouveau les icônes ci-dessus, vous constaterez que l'une d'entre elles possède un numéro.

Il correspond au numéro de version de l'une des trois « normes » disponibles pour générer un fichier .xml selon des spécificités précises. Un flux RSS est donc un fichier .xml respectant des spécificités, mais lesquelles ?

Remarque

Ces fichiers .xml sont souvent générés dynamiquement sur un serveur. Vous observerez que certaines URL ne proposent pas un document .xml mais une page PHP qui va générer l'affichage de balises XML.

Accords non passés, émulation et évolutions individuelles des normes dans le temps sont à l'origine de la situation dans laquelle nous sommes aujourd'hui. Au départ, en 1997, Microsoft, Netscape et Dave Winner de la société UserLand proposent chacun de leur côté au W3C un format de fichier .xml. Deux ans plus tard, Netscape publie la première recommandation RSS 0.90 par l'intermédiaire de son portail, proposant aux internautes de créer leur propre chaîne de diffusion. Sans rentrer dans les détails, depuis 1999, tous les protagonistes qui ont contribué à l'évolution des RSS n'ont pas réussi à se mettre d'accord pour définir ensemble un standard commun. C'est pourquoi aujourd'hui, pour écrire un fichier .xml dans le but de générer un flux RSS, il existe trois spécificités possibles. À quoi ressemblent ces spécificités ?

Pour répondre à cette question, comparons ces deux exemples simplifiés. Rappelons tout d'abord que l'une des particularités du format .xml est de pouvoir nommer ses propres balises et de les ordonner dans le sens que l'on veut.

```
<Journal>
    <Titre>Le journal du mercredi</Titre>
    <Date>Décembre 2005</Date>
</Journal>
```

```
<Journal>
    <Date>Décembre 2005</Date>
    <Intitule>Le journal du mercredi</ Intitule >
</Journal>
```

Votre cerveau est capable d'analyser ces deux informations et il peut en restituer sans difficulté le contenu. Malheureusement, en informatique, le changement de nom des balises et la différence d'agencement des lignes posent problème. Pour ceux qui savent gérer le format .xml en Flash, vous comprenez que le titre du journal ne se trouve pas au même niveau d'un exemple à l'autre, et vous ne pouvez pas non plus le retrouver par le nom de balise car elles sont toutes les deux différentes. Il est donc important d'avoir les mêmes « repères » pour définir un standard.

Aujourd'hui, les RSS représentent un standard sur Internet, mais elles s'appuient sur deux spécificités. Celles de RSS 2.0 et celles d'Atom. Il serait absurde de vous proposer à la lecture les deux spécificités, dans la mesure où elles sont susceptibles de changer d'un jour à l'autre : nous publierions donc des informations très vites obsolètes. Voici les deux adresses que nous vous proposons de consulter pour découvrir les dernières versions des spécificités :

• RSS 2.0 : http://blogs.law.harvard.edu/tech/rss

• Atom : http://ietfreport.isoc.org/idref/draft-ietf-atompub-format/

Pour ceux qui seraient intéressés par l'histoire de « cette norme », voici une adresse qui récapitule les grandes dates de l'évolution des RSS :

http://www.opikanoba.org/xml/040315/

L'animation que nous allons maintenant analyser est très simple si vous savez manipuler le format . xml dans Flash. L'utilisateur doit saisir une adresse de flux dans un texte de saisie sur la scène, afin de le consulter.

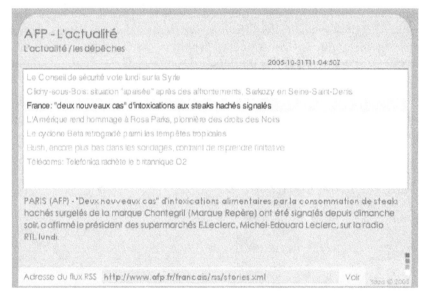

Figure 15-3
Saisissez l'adresse d'un flux .xml, validez, vous découvrirez son contenu sur la scène.

Description du fichier

Flash Player 6
et ultérieur

Chemin d'accès : *Medias/ChatRSS/LecteurFluxRSS.fla*

Notre scène se compose de quatre textes dynamiques, d'un texte de saisie et d'une occurrence de composant de type List.

Nous avons ajouté l'occurrence d'un clip sur laquelle devra cliquer l'utilisateur pour charger le flux RSS dont il aura précisé l'adresse dans le bas de la scène.

Script

```
 1  _global.etiquette = "";
 2  //
 3  chargerFluxRSS = function (adresse) {
 4      charge = new XML();
 5      charge.load(adresse);
 6      charge.ignoreWhite = true;
 7      //
 8      charge.onLoad = function() {
 9          afficherFluxRSS(charge);
10      };
11  };
12  //
13  remplacerDoubleQuot = function (txt) {
14      chaineAtraiter = new String(txt);
15      etiquette = tableauTempo=chaineAtraiter.split ("&quot;").join("\"");
16  };
17  remplacerSimpleQuot = function (txt) {
18      chaineAtraiter = new String(txt);
19      etiquette = tableauTempo=chaineAtraiter.split("&apos;").join ("\'");
20  };
21  //
22  afficherFluxRSS = function (nomInstXML) {
23      titreDuFluxRSS = nomInstXML.childNodes[0].childNodes[0].childNodes[0];
24      descriptionDuFluxRSS = nomInstXML.childNodes[0].childNodes[0].childNodes[2];
25      dateduFlux = nomInstXML.childNodes[0].childNodes[0].childNodes[5];
26      var nbrItems = nomInstXML.childNodes[0].childNodes[0].childNodes.length;
27      for (i=2; i<nbrItems; i++) {
28          etiquette = nomInstXML.childNodes[0].childNodes[i].childNodes[0].firstChild;
29          adresse = nomInstXML.childNodes[0].childNodes[i].childNodes[2].firstChild;
30          remplacerDoubleQuot(etiquette);
31          remplacerSimpleQuot(etiquette);
32          listeDesFluxRSS.addItem({label:etiquette, data:adresse});
33      }
34  };
35  //
36  chargerFluxRSS("http://www.afp.fr/francais/rss/stories.xml");
37  //
38  btVoir.onPress = function() {
39      chargerFluxRSS(adresseFluxRSS);
40  };
41  //
42  listeDesFluxRSS.vScrollPolicy = "off";
43  //
44  _global.style.setStyle  ("textSelectedColor", "0x000000");
45  _global.style.setStyle("color", "0x5E685B");
46  //
47  surveil = new Object();
48  surveil.change = function(etat) {
49      resumeArticle = etat.target.selectedItem.data;
50  };
51  listeDesFluxRSS.addEventListener("change", surveil);
```

Analyse

Avant de commencer l'analyse de ce script, il est important de signaler que vous ne pouvez pas charger de données XML qui proviennent d'un fichier hébergé sur un serveur différent de celui sur lequel se trouve le fichier SWF qui exécute la méthode `load()`.

Les fichiers XML des fils RSS sont par définition sur des serveurs différents du vôtre, dans ce cas, comment est-il possible d'y accéder ?

Nuançons notre propos. Si vous exécutez une animation à partir d'un disque dur, cette mise en garde n'est pas valable car votre fichier ne se trouve pas dans un domaine. En revanche, si vous hébergez un fichier SWF dans un domaine précis (par exemple : www.mondomaine.com), vous devez avoir une page PHP qui va lire le document .xml pour l'animation. Il doit se trouver à l'adresse www.mondomaine.com/nomdufichier.php ou dans un éventuel sous-dossier. Vous pouvez utiliser le script PHP suivant dans une page que vous placez à côté de votre fichier SWF. Appelons ce fichier `newsafp.php`.

```php
<?php
$URLaCharger = "http://www.afp.fr/francais/rss/stories.xml";
readfile($URLaCharger);
?>
```

Votre script côté Flash doit alors contenir les lignes suivantes :

```
charge = new XML();
charge.load("newsafp.php");
```

> **Rappel**
>
> Un domaine correspond à un dossier sur un serveur, auquel est associé une URL de type www.yazo.net ou www.lexplicateur.com. Pour de plus amples informations sur la structure d'un domaine, consultez l'adresse suivante : http://www.commentcamarche.net/internet/dns.php3.

Ligne 1 : nous initialisons une variable que nous utiliserons ultérieurement pour stocker des informations temporaires.

Ligne 3 : nous créons une fonction qui sera appelée lorsque l'utilisateur cliquera sur le bouton Voir situé en bas à droite sur la scène.

Lignes 4 à 6 : nous chargeons des données XML qui se trouvent à l'adresse spécifiée à la ligne 39. Nous reviendrons sur la variable `adresseFluxRSS` un peu plus tard.

Lignes 8 à 10 : nous vérifions la fin du chargement des données XML avant d'appeler la fonction chargée d'afficher le flux RSS sur la scène.

Lignes 13 à 20 : si nous tentions d'afficher le contenu de l'instance XML dans celle du composant List qui se trouve sur la scène, nous découvririons que les apostrophes et guillemets s'affichent respectivement sous les formes " et '. Pour éviter ce bogue d'affichage, nous devons changer ces entités HTML par leurs correspondances.

Nous allons appeler ces deux fonctions (lignes 13 à 20) aux lignes 30 et 31 au moment de remplir l'occurrence de la liste. À la ligne 14, nous instancions la classe `String()` afin de pouvoir utiliser la méthode `split()` qui va transformer votre texte en entrées de tableaux. Si votre texte contient deux entités, vous obtiendrez trois entrées dans votre tableau. Utilisez alors la méthode `join()` de la classe `Array()` pour obtenir une nouvelle chaîne de caractères composée de vos entrées séparées par le signe précisé en paramètre entre les parenthèses.

Ligne 22 : cette fonction est appelée (ligne 9) par la première que nous avons créée (ligne 3). Elle est chargée d'afficher le contenu de l'instance XML.

Lignes 23 à 25 : nous affichons sur la scène certains nœuds du flux RSS tels que le titre, la description et la date. Les lignes suivantes correspondent au début du flux de l'AFP :

```
<rdf:RDF>
    <channel rdf:about="http://www.afp.com/francais/">
        <title>AFP - L'actualité</title>
        <link>http://www.afp.com/francais/</link>
        <description>L'actualité / les dépêches</description>
        <dc:language>fr</dc:language>
        <dc:rights>Copyright 2005, Agence France-Presse</dc:rights>
        <dc:date>2005-10-31T14:45:15Z</dc:date>
        <dc:publisher>Agence France-Presse</dc:publisher>
    ........
```

Ligne 26 : nous stockons dans une variable le nombre de nœuds enfants du niveau 1.

Lignes 27 à 33 : nous utilisons une boucle `for()` pour remplir l'instance du composant `List`. Vous noterez que nous faisons appel aux deux fonctions chargées de convertir les entités HTML contenues dans l'instance XML.

Ligne 36 : nous exécutons la fonction `chargerFluxRSS()` une première fois au lancement de l'animation, afin qu'il y ait déjà le contenu du flux sur la scène, sans que l'utilisateur n'ait à cliquer sur le bouton Voir en bas de la scène.

Lignes 38 à 40 : nous programmons l'occurrence du bouton Voir.

Ligne 42 : nous masquons la barre de défilement de l'occurrence de type `List`.

Lignes 44 et 45 : nous réglons la couleur du texte de l'occurrence du composant.

Lignes 47 à 51 : pour finir, nous devons définir un gestionnaire associé à l'occurrence du composant `List` pour contrôler le changement de sélection de ligne.

Bogue éventuel

Le bogue le plus important de cette animation a été abordé au début de l'analyse du script. Vous devez convertir les entités HTML contenues dans l'instance XML, avant de les afficher dans l'occurrence du composant `List`.

Lecteur de flux RSS
avec un menu local déroulant

Avant de lire cette animation, nous vous encourageons vivement à consulter la précédente, car nous allons simplement analyser dans celle-ci, le rôle du menu local déroulant, c'est-à-dire les lignes 58 à 70.

Description du fichier

Flash Player 6
et ultérieur

Chemin d'accès : ***Medias/ChatRSS/Lecteur2FluxRSS.fla***

Comme nous venons de le préciser, cette animation est identique à la précédente, seul un menu local déroulant y a été ajouté. Cet élément de formulaire de type combo box possède le nom d'occurrence menuListeFluxRSS.

Script

```
1 System.useCodepage = true;
2 chargerFluxRSS = function (adresse) {
3   charge = new XML();
4   charge.ignoreWhite = true;
5   charge.load(adresse);
6   //
7   charge.onLoad = function() {
8       for (i=0; i<=30; i++) {
9         if (this.childNodes[0].childNodes[0].childNodes[i].nodeName.toLowerCase()
          ➡ == "item") {
10            premierNoeud = i;
11            break;
12        }
13      }
14      for (i=0; i<=30; i++) {
15        if (this.childNodes[0].childNodes[0].childNodes[premierNoeud].childNodes[i]
          ➡.nodeName.toLowerCase() == "description") {
16            niveauNoeudDescription = i;
17            break;
18        }
19      }
20      afficherFluxRSS(charge);
21   };
22 };
23 //
24 afficherFluxRSS = function (nomInstXML) {
25   titreDuFluxRSS = nomInstXML.childNodes[0].childNodes[0].childNodes[0];
```

```
26    descriptionDuFluxRSS = nomInstXML.childNodes[0].childNodes[0].childNodes[2];
27    dateduFlux = nomInstXML.childNodes[0].childNodes[0].childNodes[5];
28    var nbrItems = nomInstXML.childNodes[0].childNodes[0].childNodes.length-(premierNoeud);
29    nbrItems = nbrItems>10 ? nbrItems=10 : nbrItems;
30    affichageListeDesFluxRSS = "";
31    effacerLienBoutonsEnPlace();
32    for (i=premierNoeud, j=0; i<premierNoeud+nbrItems; i++, j++) {
33        affichageListeDesFluxRSS += nomInstXML.childNodes[0].childNodes[0]
          ➡.childNodes[i].childNodes[0]+"<br>";
34        _root.attachMovie("zoneClic", "zoneClic"+i, i);
35        _root["zoneClic"+i]._x = 24;
36        _root["zoneClic"+i]._y = 86.8+((j)*17.5);
37        _root["zoneClic"+i]._alpha = 0;
38        _root["zoneClic"+i].sonNumero = i;
39        _root["zoneClic"+i].onPress = function() {
40          resumeArticle = nomInstXML.childNodes[0].childNodes[0].childNodes
            ➡[this.sonNumero].childNodes[niveauNoeudDescription];
41        };
42    }
43 };
44 //
45 chargerFluxRSS("http://rss.macgeneration.com");
46 //
47 effacerLienBoutonsEnPlace = function () {
48    for (i=2; i<=12; i++) {
49        delete _root["zoneClic"+i].onPress;
50    }
51 };
52 //
53 btVoir.onPress = function() {
54    chargerFluxRSS(adresseFluxRSS);
55    resumeArticle = "";
56 };
57 //
58 var nomsElementsMenuRSS = ["LeMonde", "MacGeneration", "ZDNet", "NouvelObs", "PDAFrance"];
59 var elementsMenuRSS = ["http://www.lemonde.fr/rss/sequence/0,2-3208,1-0,0.xml",
   ➡"http://rss.macgeneration.com/", "http://www.zdnet.fr/feeds/rss/actualites/?l=5",
   ➡"http://permanent.nouvelobs.com/rss_permanent.xml", "http://www.pdafrance.com/rss/
   ➡get_rss.php"];
60 for (i=0; i<nomsElementsMenuRSS.length; i++) {
61    menuListeFluxRSS.addItem({label:nomsElementsMenuRSS[i], data:elementsMenuRSS[i]});
62 }
63 surveilListeDeroulante = new Object();
64 surveilListeDeroulante.change = function(resultat) {
65    adresseFluxRSS = resultat.target.value;
66    chargerFluxRSS(adresseFluxRSS);
67    resumeArticle = "";
68 };
69 menuListeFluxRSS.addEventListener("change", surveilListeDeroulante);
```

Analyse

Lignes 58 et 59 : nous créons deux tableaux qui vont servir de contenu et de liens au menu local déroulant.

Lignes 60 à 62 : cette boucle for() est chargée d'utiliser les deux tableaux pour remplir la combo box grâce à la méthode addItem().

Lignes 63 à 69 : nous devons créer un écouteur pour surveiller la sélection d'une commande du menu local déroulant. Pour ce faire, il faut créer une instance de la classe principale Object() que nous appelons surveilListeDeroulante. Nous définissons un gestionnaire change qui exécutera les lignes d'instructions qu'il contient (lignes 65 à 67).

Bogue éventuel

N'oubliez surtout pas la ligne 69, le gestionnaire change ne fonctionnerait pas, car l'écouteur ne serait pas enclenché.

Lecteur de flux RSS sans composant

Dans les deux premières animations, nous avons fait appel à des composants pour proposer une liste de flux et pour afficher le contenu de ces fils RSS. Nous avons souhaité développer une animation sans composant afin de la rendre compatible avec de vieux Flash Player.

Description du fichier

Chemin d'accès : ***Medias/ChatRSS/LecteurFluxRSSAutre.fla***

La scène de cette animation contient six textes dynamiques ainsi qu'une occurrence intitulée btVoir.

Script

```
1 chargerFluxRSS = function (adresse) {
2   charge = new XML();
3   charge.ignoreWhite = true;
4   charge.load(adresse);
5   //
6   charge.onLoad = function() {
7       afficherFluxRSS(charge);
8   };
9 };
```

```
10 //
11 afficherFluxRSS = function (nomInstXML) {
12    titreDuFluxRSS = nomInstXML.childNodes[0].childNodes[0].childNodes[0];
13    descriptionDuFluxRSS = nomInstXML.childNodes[0].childNodes[0].childNodes[2];
14    dateduFlux = nomInstXML.childNodes[0].childNodes[0].childNodes[5];
15    var nbrItems = nomInstXML.childNodes[0].childNodes.length;
16    nbrItems = nbrItems>12 ? nbrItems=12 : nbrItems;
17    listeDesFluxRSS = "";
18    effacerLienBoutonsEnPlace();
19    for (i=2; i<nbrItems; i++) {
20        listeDesFluxRSS += nomInstXML.childNodes[0].childNodes[i].childNodes[0]+"<br>";
21        _root.attachMovie("zoneClic", "zoneClic"+i, i);
22      _root["zoneClic"+i]._x = 24;
23      _root["zoneClic"+i]._y = 86.8+((i-2)*17.5);
24        _root["zoneClic"+i]._alpha = 0;
25        _root["zoneClic"+i].sonNumero = i;
26        _root["zoneClic"+i].onPress = function() {
27            resumeArticle =
      nomInstXML.childNodes[0].childNodes[this.sonNumero].childNodes[2];
28            resumeArticle += " -
      "+nomInstXML.childNodes[0].childNodes[this.sonNumero].childNodes[3];
29        };
30    }
31 };
32 //
33 chargerFluxRSS("http://www.afp.fr/francais/rss/stories.xml");
34 //
35 effacerLienBoutonsEnPlace = function () {
36    for (i=2; i<=12; i++) {
37        delete _root["zoneClic"+i].onPress;
38    }
39 };
40 //
41 btVoir.onPress = function() {
42    chargerFluxRSS(adresseFluxRSS);
43 };
```

Analyse

Avant d'analyser ce script, précisons que la reconnaissance du clic sur les différentes news se fera sur des occurrences transparentes qui vont être placées sur la scène. Il s'agira d'un clip dont le nom de liaison est zoneClic. Les lignes de news sont les lignes du texte dynamique dont le nom de variable est resumeArticle.

Ligne 1 : nous créons une fonction qui sera appelée lorsque l'utilisateur cliquera sur le bouton Voir situé en bas à droite sur la scène.

Ligne 4 : le paramètre de la méthode load() sera précisé à la ligne 42.

Lignes 6 à 8 : lorsque le fichier XML sera chargé, la fonction de la ligne 11 sera exécutée, affichant ainsi les valeurs et attributs des nœuds contenus dans ce document.

Lignes 11 à 31 : cette fonction assure le remplissage (lignes 12 à 14) des textes dynamiques contenus sur la scène et le placement des occurrences auxquelles nous faisions référence en introduction à cette analyse.

Ligne 33 : afin que l'interface affiche un contenu dans l'interface au lancement de l'animation, nous exécutons la fonction `chargerFluxRSS`.

Lignes 35 à 39 : comme nous le précisions en introduction à l'analyse de ce script, des occurrences sont placées sur la scène, au-dessus des lignes de news pour déceler le clic. Nous devons donc supprimer toutes ces occurrences sur la scène avant d'en replacer une nouvelle série. Cette fonction sera appelée à la ligne 18.

Lignes 41 à 43 : lorsque l'utilisateur veut voir les news d'un flux RSS qu'il a saisies dans la zone de texte du bas, il doit cliquer sur le bouton Voir de la scène qui exécute alors ce gestionnaire `onPress`.

Bogue éventuel

Si vous n'exécutez pas la ligne 18, vous risquez de générer certains bogues relatifs aux clics sur les news affichées dans le texte dynamique dont le nom de variable est `resumeArticle`.

Partie III

Manipulation du texte

Longtemps inconsidéré dans les applications Flash, le texte regagne enfin du terrain dans les développements, et ce pour deux raisons.

La première est relative aux nouvelles interfaces proposées sur Internet. Pour certains sites, il n'est plus question de placer une animation au milieu de textes et d'images dans une page web, mais au contraire de créer une animation Flash pleine page qui contient tous les médias, le texte en faisant donc partie.

La deuxième raison est directement liée aux possibilités du langage. Avec les différentes versions de Flash, l'ActionScript a proposé de plus en plus de solutions pour le traitement et la mise en forme du texte. Nous sommes passés de quelques boutons tels que le gras et l'italique dans une barre d'outils à la gestion des CSS avec des fichiers XML !

La concurrence entre développeurs Flash étant tellement grande, nous vous invitons donc vivement à maîtriser les techniques proposées dans ces études de cas, les possibilités que vous allez découvrir sont souvent méconnues ou mal connues.

16

Mise en forme du texte

Comme nous l'évoquions dans l'introduction de ce chapitre, nous allons découvrir que la mise en forme d'un texte peut se faire en utilisant des CSS avec une simplicité réellement déconcertante. Dans un deuxième temps, nous apprendrons à contrôler la saisie d'un texte.

Mettre du texte en forme (classe TextFormat())

La mise en forme d'un texte ne se fait pas obligatoirement au moment de la construction de votre interface sur la scène, lorsque vous êtes dans Flash en mode authoring. Un texte dynamique ou de saisie est par définition susceptible de changer de contenu au cours de la lecture du fichier SWF. Nous allons donc utiliser la classe TextFormat() pour obtenir une instance à laquelle nous rattacherons des propriétés de mise en forme du texte. Au travers de cette étude de cas, nous avons essayé de pousser les possibilités de mise en forme d'un texte en créant un module de traitement de texte.

Noms d'occurrence et de variable

Vous devez différencier le nom d'occurrence et le nom de variable d'un texte dynamique ou de saisie. Pour nommer l'instance (ou occurrence) d'un texte sur la scène, la case de saisie se trouve à gauche, dans la palette Propriétés. On utilise la variable d'un texte pour faire référence ou modifier son contenu, alors que le nom d'instance sert d'identifiant pour l'utilisation de méthodes et propriétés.

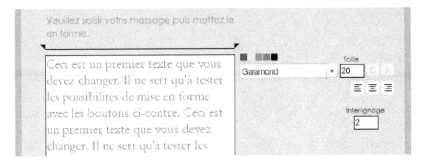

Figure 16-1

La mise en forme d'un texte peut être contrôlée à partir de l'ActionScript et non uniquement via l'interface du logiciel.

Description du fichier

Chemin d'accès : ***Manipulation du texte/MiseFormeTexte/TextFormat.fla***

Pour cette étude de cas, la scène contient de nombreux éléments, à commencer par un texte de saisie dont le nom d'instance est `message_inst` et le nom de variable `vMessage`. Il servira à contenir le texte qui va être mis en forme.

Figure 16-2

Le nom d'occurrence du texte de saisie (`message_inst`) va permettre d'utiliser la méthode `setTextFormat()` pour sa mise en forme.

D'autres éléments vont servir à la mise en forme du texte tels que :

- Deux textes de saisie dont les noms d'instance sont `corps_inst` et `interlignage_inst`, et qui possèdent les noms de variables correspondants `corps` et `interlignage`.

- Un composant de type menu déroulant nommé `polices_inst`. Nous définirons ses paramètres en ActionScript et non par l'interface du logiciel. Il servira à afficher une liste de polices disponibles pour la mise en forme du texte.

- Cinq boutons intitulés `btGras`, `btItalique`, `btAlignG`, `btAlignC` et `btAlignD`.

- Deux clips, représentés par deux triangles situés au-dessus du texte, pour définir les retraits gauche et droit du texte dont les noms sont `retraitGauche` et `retraitDroit`.

- Pour finir, cinq occurrences issues du même clip, dont les couleurs ont été modifiées *via* la palette Propriétés, ont été placées en bas à droite du texte de saisie intitulé `message_inst`.

Cœur du code

Avant de vous présenter le script et son analyse, voici le cœur de ce script. Il pourrait se résumer à ces trois lignes d'instructions :

```
var miseEnForme = new TextFormat();
miseEnForme.size = 10;
message_inst.setTextFormat(miseEnForme);
```

En effet, il suffit de créer une instance de la classe `TextFormat()`, de définir ensuite des valeurs à différentes propriétés, puis d'appliquer la mise en forme à un texte dynamique ou de saisie en faisant référence à son nom d'instance et en utilisant la méthode `setTextFormat()`.

L'animation contient deux scripts.

Script

Script sur la première image-clé de la timeline du clip représenté par un carré, pour la mise en couleur du texte :

```
1 var couleurCetteOccurrence = new Color(this);
2 this.onPress = function() {
3        _parent.miseEnForme.color = couleurCetteOccurrence.getRGB();
4        _parent.message_inst.setTextFormat(_parent.miseEnForme);
5 };
```

Script sur la première image-clé de la timeline principale :

```
 1 var miseEnForme = new TextFormat();
 2 var surveilClavier = new Object();
 3 var etatGras = false;
 4 var etatItalique = false;
 5 btGras._alpha = 50;
 6 btItalique._alpha = 50;
 7 //
 8 listePolices = TextField.getFontList().sort();
 9 //
10 for (i=0; i<listePolices.length; i++) {
11     polices_inst.addItem({label:listePolices[i], data:listePolices[i]});
12 }
13 polices_inst.rowCount = 11;
14 polices_inst.dropdownWidth = 188;
15 //
16 gestionListeDeroulante = new Object();
17 gestionListeDeroulante.change = function(resultat) {
18     miseEnForme.font = resultat.target.value;
19     message_inst.setTextFormat(miseEnForme);
20 };
21 polices_inst.addEventListener("change", gestionListeDeroulante);
22 //
23 corps_inst.onChanged = function() {
```

```
24        miseEnForme.size = corps;
25        if (corps>=6 && corps != "") {
26            message_inst.setTextFormat(miseEnForme);
27        }
28 };
29 corps_inst.onSetFocus = function() {
30        surveilClavier.onKeyDown = function() {
31            laTouche = Key.getCode();
32            if (laTouche == 38) {
33                corps++;
34            }
35            if (laTouche == 40) {
36                corps--;
37            }
38            miseEnForme.size = corps;
39            if (corps>=6 && corps != "") {
40                message_inst.setTextFormat(miseEnForme);
41            }
42        };
43        Key.addListener(surveilClavier);
44 };
45 corps_inst.onKillFocus = function() {
46        Key.removeListener(surveilClavier);
47 };
48 //
49 miseEnForme.font = "Verdana";
50 miseEnForme.size = 16;
51 message_inst.setTextFormat(miseEnForme);
52 //
53 btGras.onPress = function() {
54        etatGras = !etatGras;
55        btGras._alpha = (Number(etatGras)*50)+50;
56        miseEnForme.bold = etatGras;
57        message_inst.setTextFormat(miseEnForme);
58 };
59 btItalique.onPress = function() {
60        etatItalique = !etatItalique;
61        btItalique._alpha = (Number(etatItalique)*50)+50;
62        miseEnForme.italic = etatItalique;
63        message_inst.setTextFormat(miseEnForme);
64 };
65 //
66 btAlignG.onPress = function() {
67        miseEnForme.align = "Left";
68        message_inst.setTextFormat(miseEnForme);
69 };
70 btAlignC.onPress = function() {
71        miseEnForme.align = "Center";
72        message_inst.setTextFormat(miseEnForme);
73 };
74 btAlignD.onPress = function() {
75        miseEnForme.align = "Right";
76        message_inst.setTextFormat(miseEnForme);
```

```
77 };
78 //
79 retraitGauche.onPress = function() {
80      this.startDrag(0, 42.2, 97.9, 120, 97.9);
81      this.onMouseMove = function() {
82          decalGauche = this._x-42.2;
83          miseEnForme.leftMargin = decalGauche;
84          message_inst.setTextFormat(miseEnForme);
85      };
86 };
87 retraitGauche.onRelease = retraitGauche.onReleaseOutside=function () {
88      stopDrag();
89      delete this.onMouseMove;
90 };
91 //
92 retraitDroite.onPress = function() {
93      this.startDrag(0, 260, 97.9, 337.8, 97.9);
94      this.onMouseMove = function() {
95          decalDroite = Math.abs(this._x-337.8);
96          miseEnForme.rightMargin = decalDroite;
97          message_inst.setTextFormat(miseEnForme);
98      };
99 };
100 retraitDroite.onRelease = retraitDroite.onReleaseOutside=function () {
101      stopDrag();
102      delete this.onMouseMove;
103 };
104 //
105 interlignage_inst.onChanged = function() {
106      miseEnForme.leading = interlignage;
107      if (interlignage>=0 && interlignage != "") {
108          message_inst.setTextFormat(miseEnForme);
109      }
110 };
111 interlignage_inst.onSetFocus = function() {
112      surveilClavier.onKeyDown = function() {
113          laTouche = Key.getCode();
114          if (laTouche == 38) {
115              interlignage++;
116          }
117          if (laTouche == 40) {
118              interlignage--;
119          }
120          miseEnForme.leading = interlignage;
121          if (interlignage>=0 && interlignage != "") {
122              message_inst.setTextFormat(miseEnForme);
123          }
124      };
125      Key.addListener(surveilClavier);
126 };
127 interlignage_inst.onKillFocus = function() {
128      Key.removeListener(surveilClavier);
129 };
```

```
130 //
131 miseEnForme.size = 10;
132 message_inst.setTextFormat(miseEnForme);
133 //
```

Analyse

> **Remarque**
>
> Lorsque nous ferons référence à l'expression « texte de la scène », il s'agira du texte dynamique dont le nom d'instance est message_inst, c'est-à-dire celui qui contient les informations à mettre en forme.

Commençons par analyser le script qui se trouve sur la première image-clé de la timeline du clip servant à la mise en couleur du texte.

Ligne 1 : une instance de la classe Color() est créée dans le clip, this faisant référence à toutes les occurrences issues de ce symbole, c'est-à-dire les cinq carrés de couleur sur la scène.

Ligne 2 à 5 : gestionnaire qui s'exécutera au moment du clic sur un des carrés de couleur.

Ligne 3 : nous le verrons plus bas dans l'analyse du script suivant, miseEnForme est une instance de la classe TextFormat() qui a été créée sur la scène. Elle est en charge de la mise en forme du texte de notre application (celui de la variable vMessage). Cette ligne attribue donc à la propriété color de l'instance miseEnForme, la valeur de la couleur de l'occurrence dans laquelle se trouve ce script. C'est la méthode getRGB() qui permet de connaître la couleur.

Ligne 4 : la mise en forme du texte qui se trouve sur la scène est appliquée grâce à la méthode setTextFormat().

Analysons à présent le script principal de l'animation.

Ligne 1 : une instance de la classe TextFormat() est créée afin de stocker toutes les propriétés de mise en forme que nous allons appliquer au texte.

Ligne 2 : un objet est créé afin de surveiller toutes les actions relatives au clavier.

Lignes 3 et 4 : deux variables contenant des valeurs booléennes sont créées, afin de définir des états sur lesquels nous reviendrons ligne 53 et 60.

Lignes 5 et 6 : les deux occurrences permettant de régler le gras et l'italique du texte sont réglées à 50 % d'opacité pour simuler l'état « inactif » des boutons correspondants.

Ligne 8 : un tableau stocke la liste triée des polices disponibles sur l'ordinateur de l'utilisateur.

Lignes 10 à 12 : une boucle permet d'ajouter au composant de type menu déroulant, le contenu du tableau précédemment créé.

Lignes 13 et 14 : les valeurs 11 et 118 correspondent respectivement au nombre de lignes affichées lorsque le menu est déroulé et à la largeur du menu (valeur exprimée en pixels).

Lignes 16 à 21 : lorsque l'utilisateur va sélectionner une police du menu déroulant, un objet va notifier le changement à Flash et récupérer le nom de la police correspondante. La méthode setTextFormat() est alors utilisée pour la première fois, afin de mettre en forme le texte en utilisant la police sélectionnée.

Ligne 18 : la propriété font prend pour valeur, le nom de la police sélectionnée dans le menu.

Ligne 21 : tant que cette ligne d'instruction n'est pas exécutée, la surveillance relative à la sélection d'un nom de police dans le menu ne peut se faire.

Lignes 23 à 28 : ce gestionnaire est chargé de récupérer la valeur contenue dans le texte dynamique dont le nom de variable est corps, il l'attribue ensuite à la propriété size avant de l'appliquer au texte de la scène. La mise en forme ne pourra se faire qu'à deux conditions. Le texte dynamique dont le nom de variable est corps doit contenir un chiffre supérieur à 6, et ne doit pas être vide (c'est-à-dire au moins un chiffre).

Lignes 29 à 44 : le gestionnaire onKeyDown est activé dès lors que l'utilisateur clique sur l'occurrence intitulée corps_inst, il surveille l'activité liée au clavier et teste les touches enfoncées. La flèche du haut, dont le code est 38, permet d'accroître la valeur de corps. Dans le même temps, à chaque pression sur une touche du clavier, et sous les mêmes conditions que celles que nous avons vues précédemment (corps supérieur à 6 et différent de vide), la mise en forme du texte de la scène est effectuée.

Lignes 45 à 47 : ce gestionnaire va annuler la surveillance de l'activité du clavier dès que la zone de texte intitulée corps_inst n'est plus active.

Lignes 49 à 51 : ces trois lignes d'instructions auraient pu être placées juste après la première ligne de ce script, car elles définissent deux propriétés de l'instance miseEnForme avant que celle-ci ne soit appliquée.

Lignes 53 à 64 : ces lignes d'instructions permettent de mettre en gras et/ou en italique, le texte de la scène.

Lignes 54 et 60 : nous avions évoqué dans l'analyse du premier script de cette animation, ces deux variables qui contiennent des valeurs booléennes. À chaque clic sur le bouton gras ou italique, la valeur booléenne s'inverse, permettant ainsi de définir la valeur des propriétés bold et italic.

Lignes 55 et 61 : les valeurs booléennes sont traduites en valeurs numériques, permettant ainsi de faire le calcul qui renvoie donc 50 ou 100.

Rappel

En informatique, true vaut 1 et false vaut 0. Le point d'exclamation permet de basculer la valeur true à false et inversement.

Lignes 66 à 77 : ces gestionnaires assurent l'alignement du texte de la scène en utilisant la propriété align de la classe TextFormat().

Lignes 79 à 86 : dès lors que l'utilisateur clique sur l'occurrence intitulée `reraitGauche` et la bouge, elle est rendue mobile sur un axe horizontal uniquement. La valeur correspondant à sa position exprimée en pixels est alors utilisée dans un calcul. La valeur de la variable intitulée `decalGauche` est utilisée pour définir le retrait de la marge de gauche du texte de la scène.

Lignes 87 à 90 : dès que l'utilisateur relâche le bouton de la souris, l'occurrence n'est plus mobile et le gestionnaire `onMouseMove` est détruit.

Lignes 92 à 103 : voir les explications des lignes 79 à 90.

Lignes 105 à 129 : voir les explications des lignes 23 à 47.

Lignes 131 et 132 : décidément, ces deux lignes d'instructions auraient également pu êtres regroupées avec les lignes 1, 49 et 50.

Bogues éventuels

Dans un tel script, ils peuvent être nombreux, mais voici tout de même ceux qui restent les plus probables :

- Ne pas oublier d'ajouter la méthode `addListener()`.

- Pour l'interlignage et le corps, il ne fallait pas oublier de vérifier le contenu des variables `corps` et `interlignage`.

- Lignes 67, 71 et 75, ne pas oublier de saisir les valeurs entre guillemets.

- Ne pas oublier de définir les valeurs initiales des variables des lignes 3 et 4.

Voilà, cette étude de cas vous aura démontré qu'il est très simple de mettre en forme un texte par le biais de la classe `TextFormat()` et la méthode `setTextFormat()` de la classe `Text-Field()`.

Mettre du texte en forme (classe TextFormat() et CSS)

Pour cette étude de cas, nous avons utilisé deux fichiers .css intitulés `stylesResultat1.css` et `stylesResultat2.css`. Vous découvrirez leurs contenus dans la partie Script de cette étude de cas.

Nous allons constater que la seule difficulté dans cette animation est relative à la vérification du chargement des données provenant des documents .css avant l'application de la mise en forme. C'est uniquement dans un deuxième temps que les données seront chargées.

Attention

Nous y reviendrons au cours des explications, mais nous devons dès à présent préciser qu'une CSS ne peut être appliquée à un texte dynamique ou de saisie qui contient déjà des données. Vous devez associer une CSS à un texte dynamique (ou de saisie), puis charger vos données dans un deuxième temps.

Par ailleurs, il est important de comprendre que la mise en forme ne peut se faire que sous une seule condition : les noms utilisés pour définir les balises du document XML et les tags (ou sélecteurs) du fichier .css doivent être identiques.

```
Nom {
font-family: Verdana, Arial, Helvetica, sans-serif;
…
```

et

```
<Entreprises>
<Entreprise>
    <Nom>L'eau Réal</Nom>
  …
```

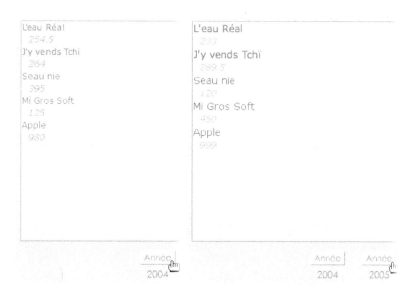

Figure 16–3

Ce photomontage présente la mise en forme du texte obtenue à partir de l'application des deux fichiers .css.

Rappel

Si la gestion du XML dans une application Flash vous pose problème, n'oubliez pas de consulter la première partie de ce livre qui traite de ce sujet.

Description du fichier

Chemin d'accès : ***Manipulation du texte/MiseFormeTexte/TextFormatCSS.fla***

Cette animation présente l'avantage de ne contenir qu'un texte dynamique sur la scène, et dont le nom d'instance est `zoneDeTexte_inst` avec un nom de variable intitulé `zoneDeTexte` et deux instances d'un symbole de type bouton, dont les noms sont `btAnnee04` et `btAnnee05`.

La structure du seul script de cette animation est la suivante :

1. Chargement du fichier CSS.

2. Vérification du chargement, puis application de la mise en forme au texte dynamique.

3. Chargement du contenu du texte dynamique (un fichier XML dans notre exemple).

4. Vérification du chargement, puis remplissage du texte dynamique par les données XML.

Script

Contenu du fichier `stylesResultat1.css` :

```
1 Nom {
2       font-family: Verdana, Arial, Helvetica, sans-serif;
3       font-size: 12px;
4       color: #5E685B;
5 }
6 Valeur {
7       font-family: Verdana, Arial, Helvetica, sans-serif;
8       font-size: 12px;
9       color: #7C897A;
10      font-style: italic;
11           text-indent: 10pt;
12 }
```

Contenu du fichier `stylesResultat2.css` :

```
1 Nom {
2       font-family: Verdana, Arial, Helvetica, sans-serif;
3       font-size: 14px;
4       color: #993300;
5 }
6 Valeur {
7       font-family: Verdana, Arial, Helvetica, sans-serif;
8       font-size: 12px;
9       color: #999933;
10      font-style: italic;
11           text-indent: 10pt;
12 }
```

Contenu du fichier XML :

```
<Entreprises>
<Entreprise>
     <Nom>L'eau Réal</Nom>
     <Valeur>254.5</Valeur>
</Entreprise>
<Entreprise>
     <Nom>J'y vends Tchï</Nom>
     <Valeur>264</Valeur>
</Entreprise>
<Entreprise>
     <Nom>Seau nie</Nom>
     <Valeur>395</Valeur>
</Entreprise>
<Entreprise>
     <Nom>Mi Gros Soft</Nom>
     <Valeur>125</Valeur>
</Entreprise>
<Entreprise>
     <Nom>Apple</Nom>
     <Valeur>980</Valeur>
</Entreprise>
</Entreprises>
```

Le script suivant a été placé sur la première image-clé de la timeline principale.

```
 1 btAnnee04.onPress = function() {
 2      var styleCSS1 = new TextField.StyleSheet();
 3      styleCSS1.load("stylesResultat1.css");
 4      styleCSS1.onLoad = function(etat) {
 5          if (etat) {
 6              zoneDeTexte_inst.styleSheet = styleCSS1;
 7              var charge = new XML();
 8              charge.load("annee2004.xml");
 9              charge.ignoreWhite = true;
10              charge.onLoad = function() {
11                  zoneDeTexte = this;
12              };
13          }
14      };
15 };
16 btAnnee05.onPress = function() {
17      var styleCSS2 = new TextField.StyleSheet();
18      styleCSS2.load("stylesResultat2.css");
19      styleCSS2.onLoad = function(etat) {
20          if (etat) {
21              zoneDeTexte_inst.styleSheet = styleCSS2;
22              var charge = new XML();
```

```
23            charge.load("annee2005.xml");
24            charge.ignoreWhite = true;
25            charge.onLoad = function() {
26                zoneDeTexte = this;
27            };
28        }
29    };
30 };
```

Analyse

Les contenus des fichiers .css et .xml sont très simples comme vous pouvez le constater, et ne nécessitent aucun commentaire ni la moindre analyse. Cependant il est important de rappeler ce que nous affirmions en introduction à cette étude de cas, les noms utilisés pour définir les balises du document XML et les tags du fichier .css doivent être identiques. C'est la condition pour que la mise en forme se fasse.

Concernant le script de l'animation, vous constaterez qu'il s'agit des deux mêmes gestionnaires, seul le nom du fichier .css change. Nous allons donc analyser uniquement un gestionnaire onPress.

Ligne 2 : une instance intitulée styleCSS1 est créée. À partir de ce moment-là, deux solutions s'offrent à vous. Utilisez la méthode setStyle() pour définir un attribut de mise en forme ou chargez le contenu d'un fichier .css contenant des tags. Nous retiendrons cette deuxième possibilité.

Attention
La classe TextField.StyleSheet() n'est disponible qu'à partir du player Flash 7.

Ligne 3 : la méthode load() permet de charger le contenu d'un fichier .css comme dans notre exemple stylesResultat1.css.

Lignes 4 et 5 : un gestionnaire est chargé de vérifier la fin du chargement du contenu du fichier CSS. Si tel est le cas…

Ligne 6 : …on utilise la propriété styleSheet pour appliquer la mise en forme à l'instance du texte intitulée zoneDeTexte_inst.

Lignes 7 à 9 : on charge le contenu du fichier .xml uniquement lorsque les sélecteurs (tags) CSS ont été appliqués au texte dynamique ou de saisie.

Ligne 10 : une fois encore, une vérification du chargement des données est nécessaire avant d'essayer de faire référence aux balises contenues dans le document XML.

Ligne 11 : la feuille de style est appliquée, le chargement du fichier XML est terminé, on peut enfin placer le contenu de notre instance charge dans le texte dynamique sur la scène.

Bogues éventuels

Le principal bogue que vous pourriez rencontrer dans cette application est relatif au non-respect du choix strictement identique des noms de balises XML et sélecteurs (tags) de votre fichier CSS.

Par ailleurs, oublier de vérifier la fin du chargement des sélecteurs et des balises XML empêcherait d'aboutir au résultat.

Contrôler la casse et la nature d'un texte

Cette étude de cas très courte, va nous démontrer qu'il est possible de contrôler la présence d'une majuscule en début de mot, de changer toute la casse d'une chaîne de caractères et non le contenu intégral d'un texte dynamique. Par ailleurs, afin d'éviter des erreurs de format de données, nous allons contraindre l'utilisateur à ne saisir que des chiffres dans une zone de texte.

Figure 16–4

Le gestionnaire onChanged permet de contrôler chaque ajout ou suppression de caractères dans un texte de saisie.

Rappel

Vous n'êtes pas obligés d'instancier la classe `String()` pour utiliser la méthode `substr()`. Par ailleurs, les paramètres à spécifier pour cette méthode correspondent au numéro de caractère à partir duquel va se faire l'extraction et au nombre de caractères à prendre en compte. Rappelons également que le premier caractère d'une chaîne porte l'index 0 et non 1. En revanche, le deuxième paramètre de la méthode `substring()` correspond également à un numéro de caractère. Mais attention, il faut commencer à compter à partir de 1 pour le premier caractère.

Dans l'expression « Aurel, Snake et TiMopi sont géniaux », la virgule correspond au cinquième caractère. Dans ce cas, `substr(7,5)` revient à écrire `substring(7,12)`.

Description du fichier

Chemin d'accès : *Manipulation du texte/MiseFormeTexte/CasseContrainte.fla*

L'animation de cette étude de cas contient tout simplement cinq textes de saisie dont les noms d'instance et de variables sont respectivement :

1. Nom : `nom_inst` et `vNom`.

2. Prénom : `prenom_inst` et `vPrenom`.

3. Adresse e-mail : as nommé.

4. Code postal : `codePostal_inst` et `codePostal`.

5. Ville : `ville_inst` et `vVille`.

L'unique script de cette étude de cas, gère la surveillance des textes de saisie `nom_inst`, `ville_inst`, `prenom_inst` et `codePostal_inst`.

Script

```
 1 nom_inst.onChanged = function() {
 2       vNom = vNom.toUpperCase();
 3 };
 4 ville_inst.onChanged = function() {
 5       vVille = vVille.toUpperCase();
 6 };
 7 //
 8 prenom_inst.onChanged = function() {
 9       premierCaractere = vPrenom.substr(0, 1).toUpperCase();
10       finDuMot = vPrenom.substr(1, vPrenom.length-1).toLowerCase();
11       vPrenom = premierCaractere+finDuMot;
12 };
13 //
14 codePostal_inst.restrict = "0-9";
15 codePostal_inst.maxChars = 5;
```

Analyse

Précisons que le gestionnaire `onChanged` est invoqué (appelé) dès que l'utilisateur change le contenu d'un texte de saisie par ajout ou suppression d'un caractère.

Lignes 1 à 3 et 4 à 6 : dès que l'utilisateur saisit un texte, il est automatiquement mis en capitales quel que soit l'état de verrouillage de la touche Majuscule, grâce à la méthode `toUpperCase()`.

Ligne 9 : une extraction de chaîne permet de connaître le premier caractère saisi, il est alors aussitôt mis en majuscule et stocké dans une variable.

Ligne 10 : à l'inverse, tous les caractères du texte de saisie intitulé `vPrenom`, sont mis en minuscules à l'exception du premier caractère, puis sont stockés dans une variable.

Ligne 11 : par concaténation des deux variables évoquées ci-dessus, le prénom est réécrit avec une majuscule en début de mot.

Lignes 14 et 15 : le texte de saisie dans lequel l'utilisateur indiquera son code postal n'acceptera que des chiffres de cinq caractères au plus.

Bogues éventuels

Très souvent, les novices oublient d'ajouter des parenthèses à la méthode `toUpperCase()`, pensant qu'il s'agit d'une propriété. À l'inverse, la propriété `restrict` ne possède pas de parenthèses car il ne s'agit pas d'une méthode.

Vérification de la saisie d'un texte en cours de frappe

Cette animation est perfectible, mais très intéressante, car elle propose une solution de développement pour supprimer tous les termes d'un texte que vous souhaitez bannir. De plus, la technique est très simple car il suffit de rechercher dans un texte de saisie une chaîne de caractères, et de la comparer à une entrée d'un tableau.

Rappel

Rappelons que la première entrée d'un tableau porte l'index 0. De ce fait, dans la condition de répétition d'une boucle `for()`, vous devez tester la stricte infériorité à la longueur d'un tableau.

Description du fichier

Flash Player 6
et ultérieur

Chemin d'accès : ***Manipulation du texte/MiseFormeTexte/VerifSaisie.fla***

L'animation contient une occurrence de clip initialement masquée, et qui sera visible lorsque l'utilisateur cliquera dans la zone d'un texte de saisie intitulée `zoneSaisie_inst`.

Le script contenu sur la première image-clé de la timeline principale assure deux fonctions :

1. Le fait de sélectionner et désélectionner le texte de saisie.

2. Le fait de saisir ou supprimer des caractères dans le texte de saisie.

Script

```
1 msgAlerte._visible = false;
2 //
3 zoneSaisie_inst.onSetFocus = function() {
4     infosSaisie = "Message en cours de saisie...";
5     msgAlerte._visible = true;
6 };
7 zoneSaisie_inst.onKillFocus = function() {
8     infosSaisie = "Votre message contient "+zoneSaisie.length+" caractère(s)";
```

```
 9        msgAlerte._visible = false;
10 };
11 //
12 listeMotsInterdits = ["con", "connard", "salope", "pute", "enculé", "pd"];
13 rechercheMotsInterdits = function () {
14      for (i=0; i<listeMotsInterdits.length; i++) {
15          positionTrouvee = zoneSaisie.toLowerCase().indexOf(listeMotsInterdits[i]);
16          if (positionTrouvee>=0) {
17              chaineaVerifier = new String(zoneSaisie);
18              espace = chaineaVerifier.substr(positionTrouvee+listeMotsInterdits[i]
                ➥.length, 1) == " ";
19              if (espace) {
20                  zoneSaisie = zoneSaisie.substring(0, zoneSaisie.length-listeMots-
                    ➥Interdits[i].length-1);
21              }
22              espaceApresS = chaineaVerifier.substr(positionTrouvee
                ➥+listeMotsInterdits[i].length, 2) == "s ";
23              if (espaceApresS) {
24                  zoneSaisie = zoneSaisie.substring(0, zoneSaisie.length-listeMots-
                    ➥Interdits[i].length-2);
25              }
26          }
27      }
28 };
29 //
30 zoneSaisie_inst.onChanged = function() {
31      rechercheMotsInterdits();
32      caracteresRestants = 500-zoneSaisie.length;
33 };
```

Analyse

> **Rappel**
>
> En annexe, la section « indexOf() ou recherche d'une chaîne » de ce livre vous propose un rappel sur le fonctionnement de la méthode indexOf().

Ligne 1 : l'occurrence qui apparaîtra lorsque l'utilisateur cliquera dans le texte de saisie est initialement masquée.

Lignes 3 à 5 : un gestionnaire invoqué lorsque l'utilisateur cliquera dans le texte de saisie, sera chargé d'afficher un message temporaire dans la variable d'un texte dynamique présent sur la scène, et de rendre visible l'occurrence évoquée ci-dessus.

Lignes 7 à 10 : lorsque l'utilisateur désélectionnera le texte de saisie intitulé zoneSaisie inst, un message lui indiquera le nombre de caractères contenus dans son texte. Une occurrence sera également masquée.

Ligne 12 : ce tableau contient tous les termes à surveiller. Il serait préférable d'utiliser le contenu d'un fichier .xml. Dans un souci de simplification des explications de cette étude de cas, nous avons opté pour le choix d'un tableau.

Ligne 13 : une fonction de vérification de contenu est donc créée, elle va être appelée dans un gestionnaire onChanged invoqué dès que l'utilisateur saisira du texte.

Ligne 14 : une boucle for() va parcourir le tableau qui contient les mots à bannir.

Ligne 15 : une variable stocke le résultat de la recherche de chaque entrée du tableau dans le texte de saisie. -1 sera renvoyé si aucune correspondance n'a été trouvée ; un chiffre correspondant à l'index du premier caractère du mot rencontré sera renvoyé dans le cas contraire.

Ligne 16 : un test évalue le contenu de la variable évoquée à la ligne précédente.

Lignes 17 et 18 : si le test renvoie une valeur supérieure ou égale à 0, l'un des mots figurant dans le tableau a été trouvé dans le texte de saisie : il faut alors le supprimer. On commence alors par créer une instance de la classe String(), afin d'y associer le contenu du texte de saisie. Pour ne pas supprimer une chaîne de caractères contenue dans un mot, on s'assure qu'une espace est bien présente derrière le mot rencontré en effectuant un test. Le mot « content » contient en effet la chaîne de caractères « con », et ce n'est pourtant pas une insulte. Une variable intitulée espace contient donc le résultat du test présenté ci-dessus. Si cette variable contient la valeur true, on extrait alors du texte de saisie tout le texte, du début jusqu'au dernier caractère, qui précède le mot à supprimer.

Lignes 22 à 25 : de la même façon qu'un test s'est assuré de la présence d'une espace derrière chaque chaîne de caractères, une vérification de l'accord au pluriel est effectuée.

Remarque

Si l'utilisateur tape sur la touche Entrée, aucune espace n'est alors insérée derrière le dernier mot saisi : le test qui évalue s'il s'agit d'un mot ne fonctionnera donc pas. Si l'utilisateur revient dans le texte et tape une insulte, le nombre de caractères contenus dans ce gros mot est alors utilisé pour supprimer les derniers caractères du texte de saisie. Pour optimiser ce module, il faudrait donc retenir la position du mot rencontré, puis extraire deux chaînes de caractères : celle qui se trouve avant le mot recherché et celle qui est après. Par concaténation, on peut reconstituer le contenu du texte de saisie sans le mot banni.

Lignes 30 à 33 : lorsque l'utilisateur saisit son texte, la vérification est faite et un message indique sur la scène le nombre de caractères restants. La limite est fixée à 500 caractères.

Nous aurions pu développer une animation plus précise, surveillant davantage les mots saisis par l'utilisateur, mais nous avons préféré la garder simple, afin qu'il soit facile de la comprendre avec nos explications.

Bogue éventuel

La plus grande difficulté réside dans la précision des valeurs correspondant aux paramètres des méthodes substr() et substring().

Le composant DataGrid

Si un jour vous avez besoin de présenter des données sous forme de tableau, gardez à l'esprit que le composant DataGrid propose cette fonctionnalité.

Description du fichier

Flash Player 6
et ultérieur

Chemin d'accès : ***Manipulation du texte/MiseFormeTexte/DataGrid.fla***

Nous avons placé sur la scène un composant de type DataGrid et nous avons nommé son occurrence tableauScores.

Script

```
1 // Création de colonnes pour activer le tri des données.
2 tableauScores.addColumn("Nom");
3 tableauScores.addColumn("Score");
4 tableauScores.setSize(250,150);
5 tableauScores.vScrollPolicy = "off"
6 donnees = new Array({Nom:"Marine", Score:3135 }, {Nom:"Luna", Score:403}, {Nom:"David",
   Score:25});
7 tableauScores.dataProvider = donnees;
8 // Création d'un objet écouteur pour DataGrid.
9 ecouteur = new Object();
10 ecouteur.headerRelease = function(evt_obj:Object) {
11   switch (evt_obj.target.columns[evt_obj.columnIndex].columnName) {
12   case "name" :
13     tableauScores.sortOn("name", Array.CASEINSENSITIVE);
14     break;
15   case "score" :
16     tableauScores.sortOn("score", Array.NUMERIC);
17     break;
18   }
19 };
20 // Ajout de l'écouteur au DataGrid.
21 tableauScores.addEventListener("headerRelease", ecouteur);
```

Analyse

Lignes 2 et 3 : nous définissons des noms de colonnes à utiliser dans le tableau.

Lignes 4 et 5 : nous définissons l'apparence de l'occurrence du composant de type Data-Grid.

Lignes 6 et 7 : nous remplissons l'occurrence avec les valeurs spécifiées sous forme de tableau.

Lignes 9 à 21 : nous créons un écouteur chargé de détecter le clic sur l'occurrence et plus particulièrement sur les en-têtes de colonnes afin de redéfinir le tri des lignes.

Bogues éventuels

Respectez la casse dans la saisie des noms de colonnes entre les lignes 2, 3 et 6.

17

Traitement du texte et des variables

Tous les développeurs Flash savent faire défiler un texte dynamique ou de saisie, car la méthode est très simple. En revanche, lui associer un ascenseur complique la tâche si l'on ne souhaite pas utiliser celui qui est proposé en composant. Inclure un mot de passe, un module de recherche dans un texte, rendre un texte cliquable, gérer les tabulations, appliquer des effets d'animation, utiliser le composant List, ce sont autant de techniques qu'il est possible de combiner avec un texte.

Vérifier la validité d'une adresse e-mail

Cette étude de cas est essentielle, dès lors que vous aurez besoin de proposer un texte de saisie à l'utilisateur, afin qu'il saisisse son adresse e-mail. En effet, vous devez vous assurer de sa validité.

Figure 17-1

Une adresse e-mail doit impérativement contenir une arobase ainsi qu'un point.

> **Rappel**
>
> En annexe, la section « indexOf() ou recherche d'une chaîne » vous propose un rappel sur le fonctionnement de la méthode indexOf().

Description du fichier

Chemin d'accès : ***Manipulation du texte/TraitementTexte/VerifAdMail.fla***

L'animation ne contient que peu d'éléments : un texte de saisie dont le nom de variable est adresseMail, son nom d'instance étant adresse_inst et une occurrence de clip intitulée btEnvoyer présente sur la scène, mais qui n'a pas vraiment de fonction dans notre étude de cas. Elle va uniquement permettre de démontrer l'intérêt du gestionnaire onChanged. Si vous deviez réellement utiliser ce bouton (l'occurrence du clip), remplacez le contenu de la ligne 2 du script suivant par les instructions de votre choix.

La structure du script de cette étude de cas est très simple, car il ne faut gérer que deux points :

1. Le bouton d'envoi.

2. Le gestionnaire onChanged qui s'assure de la validité de l'adresse e-mail saisie.

Script

```
1 btEnvoyer.onPress = function() {
2       commentaire = "Vous avez envoyé votre adresse mail";
3 };
4 btEnvoyer.enabled = false;
5 btEnvoyer._alpha = 30;
6 //
7 adresse_inst.onChanged = function() {
8       arobas = adresseMail.indexOf("@");
9       pointdomaine = adresseMail.indexOf(".");
10      if (arobas>-1 && pointdomaine>-1) {
11          btEnvoyer.enabled = true;
12          btEnvoyer._alpha = 100;
13      } else {
14          btEnvoyer.enabled = false;
15          btEnvoyer._alpha = 30;
16      }
17 };
```

Analyse

Lignes 1 à 3 : lorsque l'utilisateur cliquera sur le bouton, un message va s'afficher dans le texte dynamique dont le nom de variable est commentaire.

Ligne 4 : dès le lancement de l'animation, le bouton `Envoyer` est désactivé afin que l'utilisateur ne puisse pas cliquer dessus. Ce n'est qu'après vérification de l'adresse e-mail qu'il sera réactivé.

Ligne 5 : pour faire comprendre à l'utilisateur que le bouton est désactivé, il est rendu transparent à 30 % de son opacité d'origine.

Lignes 7 à 17 : le gestionnaire `onChanged` sera invoqué dès que l'utilisateur cliquera sur une touche du clavier, alors que le texte de saisie intitulé `adresse_inst` est actif.

Ligne 8 : une variable stocke le résultat de la recherche de l'arobase dans le texte de saisie. Si le résultat est égal à `-1`, c'est que l'arobase n'a pas été trouvée.

Ligne 9 : une variable stocke également le résultat de la recherche d'un point dans le texte de saisie.

Lignes 10 à 16 : un test s'assure que les deux variables ont des valeurs supérieures à `-1`, ce qui démontre la présence d'un point et du caractère arobase. Si tel est le cas, le bouton est rendu actif et opaque à 100 %.

Remarque

La structure de test prévoit un `else`, car il se pourrait que l'utilisateur saisisse correctement son adresse e-mail et la modifie ensuite en supprimant l'arobase ou le point accidentellement.

Bogue éventuel

Comme nous l'évoquions dans l'étude de cas précédente, le paramètre saisi entre les parenthèses doit l'être entre guillemets, sauf s'il s'agit du nom d'une variable.

Faire défiler un texte avec ascenseur

Pour cette étude de cas, nous avons développé deux animations que nous vous présentons ici l'une après l'autre. Réaliser un ascenseur relève d'une technique simple, en revanche, rendre les lignes cliquables est une chose plus difficile. Nous allons donc commencer par analyser l'étude de cas la plus simple, celle qui ne propose pas de clic sur les lignes, mais seulement un défilement !

Rappel

Consultez la première partie de ce livre pour un rappel sur la gestion du XML dans Flash. Le paragraphe qui précède la figure 17-3 vous rappellera le fonctionnement de la propriété `scroll`.

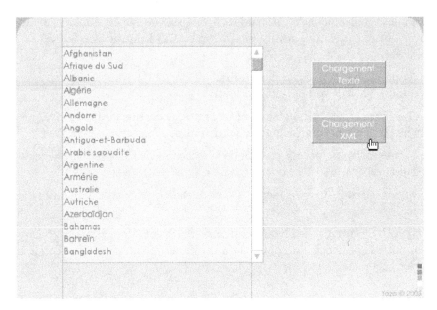

Figure 17-2
Il n'est pas nécessaire d'utiliser un ascenseur pour contrôler le défilement du texte. Seule la propriété scroll *suffit.*

Description du fichier

Flash Player 6
et ultérieur

Chemin d'accès : ***Manipulation du texte/TraitementTexte//FaireDefilerTexteAscenseur.fla***

À l'ouverture du fichier, l'interface donne l'impression que la scène contient un ascenseur accompagné d'une liste. Il s'agit simplement d'un texte dynamique dont le nom d'occurrence est zoneDeTexte_inst et dont le nom de variable est zoneDeTexte. L'ascenseur est en fait une occurrence représentée par un simple rectangle vert sur une barre blanche, qui n'est ni plus ni moins qu'une forme inactive servant de décoration. Les deux flèches situées aux extrémités de l'ascenseur sont deux occurrences intitulées bt_monter et bt_descendre.

L'animation ne contient qu'un seul script, mais avec de nombreuses parties. Ces dernières sont des gestionnaires qui s'occupent de gérer :

1. le chargement du fichier .xml lorsque l'utilisateur clique sur l'occurrence intitulée btChargeXML ;

2. le chargement du texte du fichier Pays.txt ;

3. le défilement du texte.

338

Script

Pour cette animation, nous avons proposé deux méthodes de chargement du contenu du texte dynamique. Voici ce que contient le fichier intitulé `Pays.xml` :

```
<Monde>
<pays>Afghanistan</pays>
<pays>Afrique du Sud</pays>
<pays>Albanie</pays>
<pays>Algérie</pays>
<pays>Allemagne</pays>
<pays>Andorre</pays>
<pays>Angola</pays>
<pays>Antigua-et-Barbuda</pays>
<pays>Arabie saoudite</pays>
<pays>Argentine</pays>
<pays>Arménie</pays>
<pays>Australie</pays>
</Monde>
```

Remarque

Afin de ne pas remplir inutilement deux pages, nous avons rétréci la liste pour vous la présenter. Celle qui se trouve dans le fichier `Pays.xml` est complète, elle contient les 194 noms de pays que compte le monde. Nous avons fait la même chose pour le fichier texte.

Voici ce que contient le fichier intitulé `Pays.txt` :

```
zoneDeTexte=Afghanistan<br>Afrique du Sud<br>Albanie<br>Algérie<br>Allemagne<br>
➥Andorre<br>Angola<br>
```

Vous noterez que les sauts de lignes sont représentés par la balise `<br>` qui sera interprétée dans le texte dynamique. De ce fait, n'oubliez pas de cocher la case « Rendre le texte au format HTML » qui se trouve dans la palette Propriétés et qui est représentée par une balise vide `< >`.

Le script sur la première image-clé de la timeline principale n'est pas trop long, et contient surtout des lignes de codes répétitives. Vous noterez que certains gestionnaires contiennent deux événements car ils prévoient que l'utilisateur relâche aussi le clic en dehors de l'occurrence sur laquelle il a cliqué.

```
 1 btChargeXML.onPress = function() {
 2     var chargementTexte = new XML();
 3     chargementTexte.load("Pays.xml");
 4     chargementTexte.ignoreWhite = true;
 5     chargementTexte.onLoad = function() {
 6         zoneDeTexte = "";
 7         nbrNoeuds = chargementTexte.childNodes[0].childNodes.length;
 8         for (i=0; i<nbrNoeuds; i++) {
 9             zoneDeTexte += this.childNodes[0].childNodes[i]+"<br>";
10         }
11     };
12 };
```

```
13 btChargeTexte.onPress = function() {
14      zoneDeTexte = "";
15      loadVariablesNum("Pays.txt", 0);
16      ascenseur._y = 65;
17 };
18 //
19 //
20 //
21 bt_descendre.onPress = function() {
22      this.onEnterFrame = function() {
23          coefAscenseur = (zoneDeTexte_inst.scroll/zoneDeTexte_inst.maxscroll);
24          ascenseur._y = 65+(248*coefAscenseur);
25          zoneDeTexte_inst.scroll++;
26      };
27 };
28 bt_descendre.onRelease = bt_descendre.onReleaseOutside=function () {
29      delete this.onEnterFrame;
30 };
31 //
32 bt_monter.onPress = function() {
33      this.onEnterFrame = function() {
34          coefAscenseur = (zoneDeTexte_inst.scroll/zoneDeTexte_inst.maxscroll);
35          ascenseur._y = 65+(248*coefAscenseur);
36          zoneDeTexte_inst.scroll--;
37      };
38 };
39 bt_monter.onRelease = bt_monter.onReleaseOutside=function () {
40      delete this.onEnterFrame;
41 };
42 ascenseur.onPress = function() {
43      startDrag(this, false, 354, 65, 354, 313);
44      this.onEnterFrame = function() {
45          zoneDeTexte_inst.scroll = zoneDeTexte_inst.maxscroll*((this._y-65)/248);
46      };
47 };
48 ascenseur.onRelease = ascenseur.onReleaseOutside=function () {
49      stopDrag();
50      delete this.onEnterFrame;
51 };
```

Analyse

Lignes 1 à 12 : le code contenu dans ce gestionnaire s'exécutera lorsque l'utilisateur cliquera sur l'occurrence intitulée brChargeXML. Comme son nom l'indique, la fonctionnalité de ce gestionnaire est de remplir la variable intitulée zoneDeTexte.

Lignes 2 à 4 : chargement du fichier XML.

Lignes 5 à 11 : gestionnaire qui va remplir la variable zoneDeTexte de l'occurrence zoneDeTexte_Inst.

Lignes 13 à 17 : ce gestionnaire s'exécutera lorsque l'utilisateur cliquera sur l'occurrence intitulée btChargeTexte chargée de placer le contenu du fichier texte dans la variable zoneDeTexte. Nous vous conseillons de choisir cette technique dans le seul cas où l'utilisation d'un fichier .xml serait impossible. Au cas où l'ascenseur ne serait pas en haut, il est replacé à sa position la plus haute lors du chargement du contenu du fichier texte.

Rappel

N'oubliez pas que le paramètre 0 de la méthode loadVariablesNum() correspond au niveau sur lequel se trouve la variable intitulée zoneDeTexte du texte dynamique zoneDeTexte_inst. Elle est sur la scène, donc au niveau 0, c'est-à-dire le _level0.

Avant de passer à l'analyse des lignes 21 à 27, faisons le petit rappel suivant. Lorsque vous souhaitez faire défiler le contenu d'un texte dynamique ou de saisie, vous utilisez la propriété scroll associée au nom d'instance d'un texte de saisie ou dynamique. La figure 17-3 nous explique que le contenu est comparable à un bloc qui remonte et descend d'un cran. L'unité de mesure étant la ligne.

Si vous exécutez donc l'instruction suivante, zoneDeTexte_inst.scroll = 3;, cela signifie que la troisième ligne du bloc de lignes vient se caler en haut du texte dynamique, faisant ainsi remonter le texte. La figure 17-3 illustre la ligne d'instruction que nous venons d'expliquer.

Enfin, la propriété maxscroll permet de connaître le nombre de décalages qu'il est possible de faire avec la propriété scroll dans la zone de texte. Elle ne renvoie donc pas le nombre de lignes contenues dans un texte dynamique, mais le nombre total de lignes moins le nombre de lignes affichées dans le texte dynamique. Ainsi, la figure 17-4 vous démontre que le contenu d'un texte de saisie ou dynamique ne peut jamais remonter trop haut, affichant ainsi du vide sous les dernières lignes.

Figure 17-3

La propriété scroll n'est pas obligatoirement incrémentée comme c'est généralement le cas dans les exemples. Elle peut également être réglée à une valeur précise.

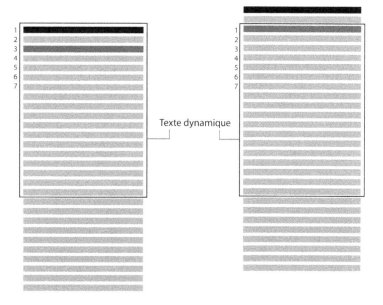

Texte dynamique

Figure 17-4

Il est impossible de régler la valeur de la propriété scroll avec une plus grande valeur que celle que renvoie maxscroll. Dans cet exemple, on constate que la 11ᵉ ligne ne pourra pas remonter plus haut, sinon nous obtiendrions une ligne vide en bas.

Texte dynamique

Lignes 21 à 27 : ce gestionnaire va gérer le défilement du texte vers le haut et celui de l'ascenseur vers le bas. La position de ce dernier est calculée en fonction d'un rapport qui est le suivant : la ligne actuellement en haut du texte dynamique par rapport au nombre total de lignes que contient le contenu du texte dynamique (ligne 23).

Ligne 24 : le chiffre 65 correspond à la position verticale de l'ascenseur par rapport au haut de la scène (_y). Le chiffre 248 représente le nombre de pixels sur lesquels peut se déplacer l'ascenseur. C'est la hauteur de la zone blanche moins la hauteur de l'ascenseur.

Remarque

Nous avons imbriqué un gestionnaire onEnterFrame afin que le défilement puisse se faire de façon continue lors du clic maintenu.

Ligne 25 : dans ce cas précis, la propriété scroll remonte le texte d'une ligne, nous permettant ainsi de voir les lignes du bas du texte dynamique.

Lignes 28 à 30 : lorsque l'utilisateur relâchera le clic sur l'occurrence bt_descendre, et comme nous avions utilisé le gestionnaire onEnterFrame, ce dernier doit être annulé.

Les lignes 32 à 41, relatives à l'occurrence bt_monter, ont la même fonctionnalité que les lignes 21 à 30. Référez-vous donc à ces explications.

Lignes 42 à 51 : ces deux gestionnaires gèrent le déplacement de l'ascenseur dans sa zone de défilement. Cette dernière est définie comme paramètre de la méthode startDrag(), c'est-à-dire sur la 354e colonne de pixels du bord gauche da la scène. L'ascenseur ne peut donc pas bouger horizontalement, mais uniquement verticalement entre la 65e ligne de pixel du haut de la scène et la 313e ligne. Lorsqu'un clic est effectué sur l'ascenseur, le gestionnaire onEnterFrame assure le défilement du texte en fonction de la position verticale de l'occurrence ascenseur.

Ligne 45 : nous vous rappelions que maxscroll correspond au défilement possible des lignes contenues dans le texte dynamique. Il faut donc appliquer un coefficient à la valeur que nous renvoie maxscroll. Le calcul est le suivant : lorsque vous faites défiler l'ascenseur, vous le positionnez verticalement à une valeur précise renvoyée par this._y. Il faut retirer les 65 pixels qui se trouvent avant l'ascenseur lorsqu'il est en haut de son emplacement, pour ramener la plus petite valeur à 0. Divisez ensuite par la valeur 248 qui correspond à l'échelle maximale, exprimée en pixels, sur laquelle l'ascenseur va pouvoir défiler.

Bogue éventuel

Nous vous avons expliqué les calculs nécessaires pour le défilement du texte avec les boutons et l'ascenseur, mais une mauvaise évaluation des distances des occurrences de vos applications pourrait occasionner un dysfonctionnement de votre application. En effet, les dimensions de votre ascenseur et la hauteur de votre zone de texte ne seront pas toujours les mêmes que celle de notre étude de cas.

Passons à présent à l'analyse de la deuxième animation.

Faire défiler un texte avec ascenseur avec des lignes cliquables

Remarque

Il est vrai que pour cette animation, nous aurions pu utiliser un composant spécialement dédié à l'affichage des listes (List), nous avons fait le choix de vous proposer cette technique pour vous démontrer qu'il est possible de développer ses propres listes. De plus, le contenu de la liste peut être formaté plus facilement. L'étude de cas suivante vous propose tout de même l'utilisation du composant List.

Figure 17-5

Les lignes sont cliquables car des occurrences de clips transparentes ont été ajoutées sur le texte dynamique. N'oubliez pas d'encapsuler la police utilisée dans le texte dynamique ou de saisie, l'interlignage variant d'une typo à l'autre.

Description du fichier

Flash Player 6
et ultérieur

Chemin d'accès : *Manipulation du texte/TraitementTexte/FaireDefilerTexte-Ascenseur2.fla*

Il contient le même contenu que l'étude de cas précédente, seuls le bouton de chargement du texte a été retiré et un texte dynamique a été ajouté. Son nom de variable est `temoin`.

Cette animation contient également un seul script avec de nombreuses parties. Ces dernières sont également des gestionnaires qui s'occupent de gérer :

1. Le chargement du fichier .xml lorsque l'utilisateur clique sur l'occurrence intitulée `btChargeXML`.

2. Le défilement du texte.

3. La création d'occurrences transparentes sur le texte afin de détecter les clics.

Nous n'analyserons donc pas la totalité du script, car il reprend la plupart des lignes d'instructions de l'étude de cas précédente.

Script

Le script de cette animation est à peine plus long et plus complexe que le précédent, mais il fait appel à un fichier .xml différent dont le contenu est le suivant.

Fichier intitulé `PaysPopulation.xml` :

```
<Monde>
<pays rang="1" population="1 306 313 812">Chine</pays>
<pays rang="2" population="1 080 264 388">Inde</pays>
<pays rang="3" population="295 734 134">Etats-Unis</pays>
<pays rang="4" population="241 973 879">Indonésie</pays>
<pays rang="5" population="186 112 794">Brésil</pays>
<pays rang="6" population="162 419 946">Pakistan</pays>
</Monde>
```

Remarque

Nous vous présentons uniquement les six premières balises afin de ne pas remplir inutilement 2 pages de texte comme dans l'étude de cas précédente.

Le script sur la première image-clé de la timeline principale est le suivant :

```
 1 var Style1 = new TextFormat();
 2 Style1.tabStops = [160];
 3 //
 4 btChargeXML.onPress = function() {
 5      var chargementTexte = new XML();
 6      chargementTexte.load("PaysPopulation.xml");
 7      chargementTexte.ignoreWhite = true;
 8      chargementTexte.onLoad = function() {
 9          zoneDeTexte = "";
10          nbrNoeuds = chargementTexte.childNodes[0].childNodes.length;
11          for (i=0; i<nbrNoeuds; i++) {
12              population = this.childNodes[0].childNodes[i].attributes.population;
13              zoneDeTexte += this.childNodes[0].childNodes[i].childNodes[0]
              ➥+"\t"+population+"<br>";
14          }
15          zoneDeTexte_inst.setTextFormat(Style1);
16      };
17 };
18 //
19 bt_descendre.onPress = function() {
20      this.onEnterFrame = function() {
21          coefAscenseur = (zoneDeTexte_inst.scroll/zoneDeTexte_inst.maxscroll);
22          ascenseur._y = 65+(248*coefAscenseur);
23          zoneDeTexte_inst.scroll++;
24      };
25 };
26 bt_descendre.onRelease = bt_descendre.onReleaseOutside=function () {
27      delete this.onEnterFrame;
28 };
```

```
29 //
30 bt_monter.onPress = function() {
31     this.onEnterFrame = function() {
32         coefAscenseur = (zoneDeTexte_inst.scroll/zoneDeTexte_inst.maxscroll);
33         ascenseur._y = 65+(248*coefAscenseur);
34         zoneDeTexte_inst.scroll--;
35         if(zoneDeTexte_inst.scroll==1) ascenseur._y = 65
36     };
37 };
38 bt_monter.onRelease = bt_monter.onReleaseOutside=function () {
39     delete this.onEnterFrame;
40 };
41 ascenseur.onPress = function() {
42     startDrag(this, false, 354, 65, 354, 313);
43     this.onEnterFrame = function() {
44         zoneDeTexte_inst.scroll = zoneDeTexte_inst.maxscroll*((this._y-65)/248);
45     };
46 };
47 ascenseur.onRelease = ascenseur.onReleaseOutside=function () {
48     stopDrag();
49     if(zoneDeTexte_inst.scroll==1) ascenseur._y = 65
50     delete this.onEnterFrame;
51 };
52 //
53 //
54 for (i=0; i<=16; i++) {
55     _root.attachMovie("zoneDeClic", "zoneDeClic"+i, i);
56     _root["zoneDeClic"+i]._x = 75;
57     _root["zoneDeClic"+i]._y = 49+(i*17);
58     _root["zoneDeClic"+i].identifiant = i;
59     _root["zoneDeClic"+i]._alpha = false;
60     _root["zoneDeClic"+i].onPress = function() {
61         temoin = this.identifiant+zoneDeTexte_inst.scroll;
62     };
63 }
```

Analyse

Comme nous l'évoquions dans la description du fichier de cette étude de cas, reportez-vous à la précédente analyse pour des explications sur le script, mais revenons sur quelques lignes.

Ligne 1 : une instance de la classe TextFormat() est créée afin de pouvoir définir un taquet de tabulation qui va nous servir à afficher les informations à placer dans le texte dynamique sur deux colonnes.

Ligne 2 : tabStops est donc la propriété de la classe TextFormat() qui permet de contenir des valeurs correspondant aux positions des taquets de tabulations à placer dans un texte dynamique ou de saisie.

Ligne 12 : une première variable stocke l'attribut population de chaque nœud du document XML.

Ligne 13 : par concaténation, chaque ligne du texte dynamique est définie en utilisant :

- La valeur des nœuds du document XML.
- L'expression "\t" qui est un code permettant d'ajouter un renvoi de tabulation.
- La valeur de la variable précédemment évoquée.
- L'expression <br> qui est une balise qui sera interprétée par le player Flash. Il s'agit d'un saut de ligne en HTML.

Ligne 15 : la mise en forme du texte dynamique se fait par l'utilisation de la méthode setTextFormat() en utilisant les propriétés de l'instance Style1 de la classe TextFormat().

Ligne 35 : nous avons ajouté cette ligne d'instruction, car le défilement du texte s'arrêtait parfois à la ligne deux alors que l'ascenseur était bien en haut de sa zone de défilement.

Lignes 55 à 63 : cette boucle for() permet de placer un clip de la bibliothèque dont le nom de liaison est zoneDeClic.

Ligne 55 : chaque occurrence placée est nommée zoneDeClic1, zoneDeClic2, zoneDeClic3, etc. Il s'agit de rectangles de la largeur du texte dynamique et de la hauteur d'une ligne de texte.

Lignes 56 et 57 : ces occurrences sont placées à 75 pixels du bord gauche de la scène et à intervalles réguliers à partir de 49 pixels du haut de la scène. Le chiffre 17 correspond à la hauteur d'une ligne de texte.

Ligne 58 : comme cela est expliqué en préambule de ce livre, il y a une différence entre le code exécuté au moment où la boucle s'exécute elle-même, et celui où le code défini pour chaque occurrence s'exécutera (ligne 60). Il est donc nécessaire d'associer une valeur propre à chaque occurrence.

Ligne 59 : les occurrences sont rendues invisibles.

Ligne 60 : un gestionnaire onPress est défini pour chaque occurrence dupliquée afin d'exécuter l'instruction de la ligne 61.

Rappel

Le contenu du texte dynamique contient les nœuds d'un document .xml, qui ont pour valeurs des noms de pays et pour attributs les populations correspondantes. Aucun tri ne se fait, les nœuds contiennent déjà des valeurs triées.

Ligne 61 : l'objectif de cette application est de dérouler un texte et de connaître le numéro de ligne cliqué, numéro correspondant également au rang du pays cliqué. Il suffit de connaître le décalage actuel du texte dynamique et de l'additionner au numéro correspondant à la valeur de l'identifiant définie pour l'occurrence cliquée.

Bogue éventuel

Si vous n'avez pas encapsulé la police utilisée dans le texte dynamique, un décalage entre les lignes se fera peut-être selon la machine de l'utilisateur. Vous perdrez ainsi la correspondance entre les lignes et les occurrences dupliquées.

Faire défiler un texte dans un composant List

Cette étude de cas est très intéressante, car elle démontre que faire défiler du texte est une technique qui nécessite peu de code, mais un code néanmoins un peu complexe.

Figure 17-6

Le composant List *propose de contenir et faire dérouler du texte assez rapidement, mais avec un script un peu complexe.*

> **Remarque**
>
> Les méthodes, propriétés et événements de la classe List sont très nombreux, mais trois d'entre eux suffisent à remplir une occurrence du composant et gérer le clic sur une ligne.

Description du fichier

Flash Player 6 et ultérieur

Chemin d'accès : ***Manipulation du texte/TraitementTexte/FaireDefilerTexteList.fla***

L'animation contient uniquement trois éléments :

1. Une occurrence du composant List.

2. Un texte dynamique dont le nom de variable est temoin.

3. Une occurrence de clip sur laquelle l'utilisateur cliquera pour charger le contenu du composant à partir d'un fichier .xml.

Elle contient également un seul script qui se compose de deux parties :

1. Des lignes d'instructions qui chargent le fichier .xml et utilisent son contenu pour remplir le composant.

2. D'autres lignes d'instructions qui gèrent l'action à exécuter lorsque l'utilisateur cliquera sur une ligne de l'occurrence du composant List.

Script

```
1  btChargeXML.onPress = function() {
2      var chargementTexte = new XML();
3      chargementTexte.load("PaysPopulation.xml");
4      chargementTexte.ignoreWhite = true;
5      chargementTexte.onLoad = function() {
6          nbrNoeuds = chargementTexte.childNodes[0].childNodes.length;
7          for (i=0; i<nbrNoeuds; i++) {
8              nomPays = this.childNodes[0].childNodes[i].childNodes[0];
9              population = this.childNodes[0].childNodes[i].attributes.population;
10             listePays.addItem({label:i+". "+nomPays, data:population});
11         }
12     };
13 };
14 //
15 listePays.change = function(laLigne) {
16     temoin = laLigne.target.value;
17 };
18 listePays.addEventListener("change", listePays);
```

Analyse

Lignes 1 à 12 : le code contenu dans ce gestionnaire s'exécutera lorsque l'utilisateur cliquera sur l'occurrence intitulée brChargeXML. Comme son nom l'indique, la fonctionnalité de ce gestionnaire est de charger le contenu d'un fichier .xml, dans le composant List.

Lignes 2 à 4 : chargement du fichier .xml.

Lignes 5 à 11 : gestionnaire qui va remplir l'occurrence du composant List intitulée liste-Pays.

Ligne 8 : elle stocke temporairement dans une variable intitulée nomPays la valeur de chaque nœud du document .xml.

Ligne 9 : elle stocke temporairement dans une variable intitulée population la valeur de l'attribut population de chaque nœud du document .xml.

Ligne 10 : grâce à la boucle for(), nous ajoutons à l'occurrence du composant List, autant de lignes qu'il y a de nœuds dans le fichier .xml. Vous pourrez tout de même observer qu'une concaténation a été faite afin d'ajouter un numéro devant chaque ligne.

Analysons la structure nécessaire pour remplir une occurrence de composant `List` :

```
{label:"Texte figurant dans la liste",data:"Valeur renvoyée sur le clic du texte"}
```

Les mots `label` et `data` ne peuvent être changés, ils font partie de la structure. Une virgule est nécessaire pour séparer ces deux parties. La première sert donc à définir le contenu de la liste, la deuxième associe une valeur à la première. Chaque partie est composée de deux sous parties : `label` et `"Texte figurant dans la liste` séparées par deux points. Dans notre exemple, nous avons saisi des textes entre guillemets, mais cela pourrait être des valeurs numériques, alphanumériques ou des noms de variables comme dans notre étude de cas.

Lignes 15 à 17 : un gestionnaire est chargé de surveiller le moindre changement de sélection de ligne. Si tel est le cas, la variable `temoin` contient la valeur (`data` et non `label`) correspondant à la ligne cliquée.

Ligne 18 : tant que cette ligne d'instruction n'est pas exécutée, la surveillance de la ligne 15 ne peut démarrer.

Cette étude de cas démontre qu'il est très rapide de remplir et programmer une zone de texte cliquable, mais cela reste néanmoins assez complexe pour un débutant de comprendre la structure et la syntaxe nécessaires pour gérer une occurrence de composant `List`.

Bogues éventuels

Les bogues peuvent être nombreux car nous nous retrouvons dans cette étude de cas, face à des lignes d'instructions un peu complexes. La dernière ligne du script est donc susceptible de contenir de nombreuses erreurs.

Réaliser un système de mot de passe

En introduction à cette étude de cas, nous préciserons qu'il est conseillé de ne pas inscrire dans le script, le mot de passe et le login à comparer avec ceux qui sont saisis par l'utilisateur. En effet, il est très simple de trouver sur Internet des logiciels capables de lire le contenu d'un fichier .swf. Donc, les informations contenues dans ces fichiers ne sont pas sécurisées. Dans ce cas, nous vous conseillons fortement de comparer la saisie de l'utilisateur avec des données provenant d'une base de donnée sur un serveur.

Nous vous proposons donc dans cette étude de cas, d'analyser la structure que doit avoir une animation Flash pour proposer à l'utilisateur de s'identifier.

Rappel

N'utilisez pas les méthodes `toUpperCase()` et `toLowerCase()` si vous souhaitez que les textes de saisie soient sensibles à la casse.

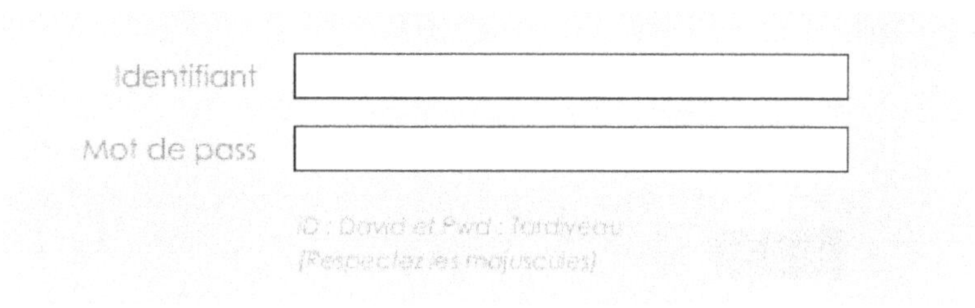

Figure 17-7

L'utilisateur ne pourra cliquer sur le bouton Valider qu'à partir du moment où il aura saisi le bon identifiant et le bon mot de passe.

Identifiant

Mot de pass

ID : David et Pwd : Tardiveau
(Respectez les majuscules)

Description du fichier

Chemin d'accès : *Manipulation du texte/TraitementTexte/MotDePasse.fla*

Deux textes de saisie ont été placés sur scène. Leurs noms d'instances et de variables sont respectivement identifiant_inst, identifiant, motDePasse_inst et motDePasse. Une occurrence de clip est placée en bas à droite des textes de saisie, son nom est btValidation.

L'animation ne contient qu'un seul script très simple de compréhension.

Script

```
 1 stop();
 2 //
 3 btValidation._alpha = 25;
 4 btValidation.onPress = function() {
 5     gotoAndStop(3);
 6 };
 7 //
 8 btValidation.enabled = false;
 9 //
10 motDePasse_inst.onChanged = identifiant_inst.onChanged=function () {
11     if (identifiant == "David" && motDePasse == "Tardiveau") {
12         btValidation.enabled = true;
13         btValidation._alpha = 100;
14     } else {
15         btValidation.enabled = false;
16         btValidation._alpha = 25;
17     }
};
```

Attention

Pourquoi avons-nous placé la commande prevFrame() sur la deuxième image-clé de la timeline principale ? Lorsque la tête de lecture est bloquée sur une image, il vous suffit de faire un clic droit sur l'animation et de sélectionner la commande En avant. La tête de lecture continue, ne tenant ainsi pas compte de la commande stop(). Vous pouvez dire au revoir à l'intérêt de votre mot de passe.

Analyse

Ligne 1 : la tête de lecture est bloquée pour empêcher la lecture des autres images qui composent l'animation.

Ligne 3 : pour donner l'impression que le seul bouton de validation que contient la scène n'est pas cliquable, la transparence de cette occurrence est réglée à 30 % de son opacité d'origine.

Lignes 4 à 6 : un clic sur cette occurrence permet de passer à l'image 3.

Où et comment est géré le mot de passe si un script propose déjà de déplacer la tête de lecture sur l'image 3 ? La ligne 8 désactive tout de suite le gestionnaire après sa définition.

Lignes 10 à 18 : un autre gestionnaire surveille la saisie de l'utilisateur. Dès que ce dernier ajoute ou supprime un caractère dans l'un des deux textes dynamiques dont les noms d'occurrences sont `motDePasse_inst` et `identifiant_inst`, un test est effectué.

Ligne 11 : ce test compare le contenu des variables de ces textes dynamiques. Si la saisie de l'utilisateur correspond aux deux expressions attendues (`David` et `Tardiveau`), le bouton de validation, c'est-à-dire la seule occurrence de clip disponible sur la scène, est rendue opaque et cliquable.

Réaliser un module de recherche

L'une des études de cas de ce livre vous propose une mise en forme proche de celle que vos pourriez faire dans un logiciel de traitement de texte. Mais il lui manque une fonction, la recherche. C'est ce que nous vous proposons dans cette animation. La technique est extrêmement simple et s'appuie une fois encore sur la méthode `indexOf()`.

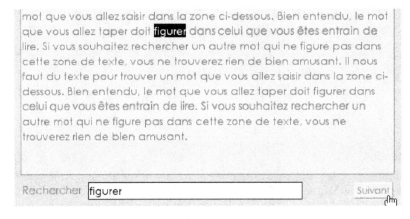

Figure 17-8

La recherche d'un mot se fait simplement, mais sa sélection pour sa surbrillance est un peu plus compliquée.

Rappel

En annexe, la section « indexOf() ou recherche d'une chaîne » vous propose un rappel sur le fonctionnement de la méthode `indexOf()`.

Description du fichier

Flash Player 6
et ultérieur

Chemin d'accès : ***Manipulation du texte/TraitementTexte/ModuleRecherche.fla***

Un texte dynamique a été placé sur la scène, mais il pourrait s'agir d'un texte de saisie. Ses noms d'occurrence et de variable sont respectivement `zoneDeTexte_inst` et `motRecherche_inst`.

L'occurrence sur laquelle l'utilisateur devra cliquer pour rechercher le mot de son choix s'intitule `btSuivant`.

Le script de cette animation est extrêmement simple et structuré :

1. Un premier gestionnaire surveille la saisie du mot recherché.

2. Un deuxième contient le cœur du code chargé d'effectuer la recherche.

Script

```
1 motRecherche_inst.onChanged = motRecherche_inst.onSetFocus=function () {
2       continuerRecherche = true;
3       debutRecherche = 0;
4       nbrMotsTouves = 0;
5 };
6 btSuivant.onPress = function() {
7       if (continuerRecherche) {
8           temoin = _root.zoneDeTexte.indexOf(motRecherche, debutRecherche);
9           if (temoin>=0) {
10              Selection.setFocus(_root.zoneDeTexte_inst);
11              Selection.setSelection(temoin, temoin+motRecherche.length);
12              continuerRecherche = true;
13              //zoneDeTexte_inst.replaceSel(motRemplace);
14              debutRecherche = temoin+motRecherche.length;
15              nbrMotsTouves++;
16          } else {
17              continuerRecherche = false;
18              motRecherche = nbrMotsTouves+" occurrence(s) trouvée(s)";
19          }
20      }
21 };
```

Analyse

Ligne 1 : dès que l'utilisateur ajoutera ou supprimera un caractère dans le texte de saisie dont le nom d'occurrence est `motRecherche_inst`, les lignes d'instructions dans le gestionnaire `onChanged` s'exécuteront.

353

Lignes 2 à 4 : trois variables sont initialisées afin de conditionner le déroulement de la recherche. Nous reviendrons sur elles un peu plus loin dans ces explications.

Lignes 6 à 21 : lorsque l'utilisateur cliquera donc sur l'occurrence `btSuivant`, deux tests imbriqués vont s'exécuter.

Ligne 7 : ce premier test s'assure que la variable intitulée `continuerRecherche` vaut `true`. Elle vaut `false` si aucun mot n'a été trouvé.

Ligne 8 : la variable `temoin` stocke le résultat de la recherche du mot saisi par l'utilisateur. Pourquoi ces deux paramètres `motRecherche` et `debutRecherche` ? Commençons par rappeler que le premier correspond à la chaîne de caractères recherchée. Il s'agit de la variable `motRecherche` de l'occurrence `motRecherche_inst` qui se trouve sur la scène. Le deuxième paramètre est optionnel, mais indispensable dans notre application. En effet, notre application repose sur des recherches successives. Il est donc important de préciser le début d'une nouvelle recherche lorsqu'un premier mot a été trouvé. C'est donc le rôle de la ligne 14 qui précise que le nouveau début de la prochaine recherche, correspond au caractère placé derrière le mot trouvé. La variable `temoin` contient la valeur correspondant à l'index du premier caractère du mot trouvé.

Ligne 9 : un nouveau test permet de s'assurer que le résultat de la ligne 8 est supérieur à -1, signifiant qu'une chaîne de caractères a été trouvée.

Ligne 10 : on précise que l'occurrence sur laquelle une sélection va être appliquée est `zoneDeTexte_inst`, le texte dynamique sur lequel porte la recherche.

Ligne 11 : on peut alors procéder à la sélection en spécifiant un caractère de début et un autre de fin. On utilise la valeur renvoyée par la méthode `indexOf()` et la longueur du mot recherché.

> **Remarque**
>
> La méthode `selection()` de la classe du même nom nécessite deux paramètres, le deuxième est un index et non une longueur de chaîne.

Ligne 12 : la variable `continuerRecherche` indique qu'il est possible d'exécuter à nouveau le gestionnaire appliqué à l'occurrence `btSuivant` au prochain clic sur cette dernière.

Ligne 13 : dans l'éventualité d'une fonction de Rechercher/Remplacer, nous avons laissé la ligne d'instruction qu'il serait nécessaire d'utiliser pour procéder au remplacement de la sélection. Il faudrait juste ajouter un texte dynamique dont le nom de variable serait `motRemplace`.

Ligne 14 : on spécifie le point de départ de la prochaine recherche en stockant dans la variable `debutRecherche` utilisée comme paramètre de la méthode `indexOf()`, l'index dont le calcul correspond au dernier trouvé, auquel on ajoute la longueur de la chaîne.

Ligne 15 : une variable stocke le nombre d'occurrences trouvées.

Lignes 16 à 20 : si aucun mot n'a été trouvé au moment où l'utilisateur a cliqué sur l'occurrence `btSuivant`, on interdit alors qu'il puisse à nouveau cliquer dessus en réglant la valeur de la variable `continuerRecherche` sur `false`. On affiche alors le nombre d'occurrences trouvées.

Remarque

Le dernier terme « occurrences » n'a rien à voir avec celles de Flash, c'est-à-dire la représentation graphique d'un symbole sur la scène, il s'agit de nombre d'exemplaires de mots trouvés.

Bogues éventuels

Les bogues relatifs à cette étude de cas sont les suivants :

- Risque d'erreur ligne 11 pour le deuxième paramètre de la méthode. Il s'agit d'un index et non d'une longueur.

- Vous devez penser à définir un nouvel index pour démarrer une nouvelle recherche après la dernière occurrence trouvée (ligne 14).

Rendre un texte cliquable

Les techniques qui permettent de rendre un texte cliquable sont nombreuses. C'est pourquoi nous avons développé une simple animation qui n'a pas été scénarisée, et qui propose uniquement de cliquer sur des liens.

Description du fichier

Flash Player 6
et ultérieur

Chemin d'accès : *Manipulation du texte/TraitementTexte/TexteCliquable.fla*

Cette animation a la particularité de ne posséder que deux textes dynamiques et un texte statique, car certains autres vont être créés dynamiquement avec la méthode `createTextField()`.

Le premier texte dynamique a pour nom de variable `zoneTexteHTML`. Le deuxième a pour nom d'instance `texteCliquable_inst` et `texteCliquable` pour nom de variable.

Le seul et unique script placé sur la première image-clé de la timeline principale se décompose en plusieurs parties, car nous allons rendre cliquables différents textes selon différentes manières :

1. Utilisation d'une balise `<a href>` dans un texte HTML.

2. Utilisation de la propriété `url` de la classe `TextFormat()`.

3. Création dynamique d'un texte sur la scène puis à nouveau utilisation de la classe `TextFormat()`.

Script

```
 1 zoneTexteHTML = "Si vous cliquez sur <b><a href='http://www.yazo.net'>cette adresse</a>
   ➥</b>, vous trouverez les bonnes infos.";
 2 //
 3 texteCliquable = "Cliquez sur ce texte";
 4 var style1 = new TextFormat();
 5 style1.url = "http://www.yazo.net";
 6 style1.font = "Verdana";
 7 style1.bold = true;
 8 style1.size = 14;
 9 texteCliquable_inst.setTextFormat(style1);
10 //
11 nomsDesSites = ["google", "yahoo", "apple", "voila", "lycos"];
12 for (i=0; i<nomsDesSites.length; i++) {
13     _root.createTextField("site"+nomsDesSites[i], i, 50, 150+(i*20), 200, 25);
14     _root["site"+nomsDesSites[i]].html = true;
15     nomDuChamps = "http://www."+nomsDesSites[i]+".fr";
16     var style2 = new TextFormat();
17     style2.font = "Verdana";
18     style2.size = 12;
19     style2.url = nomDuChamps;
20     _root["site"+nomsDesSites[i]].text = nomDuChamps;
21     _root["site"+nomsDesSites[i]].autoSize = true;
22     _root["site"+nomsDesSites[i]].setTextFormat(style2);
23 }
24 //
25 delete style2;
26 delete style1;
```

Le premier lien qui figure en haut de la scène n'a pas été défini en ActionScript. Il vous suffit simplement de sélectionner un ou plusieurs caractères dans un texte statique, saisissez alors l'URL correspondante dans la palette Propriétés (figure 17-9).

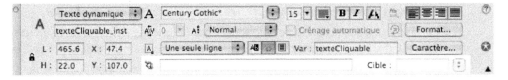

Figure 17-9

Il est très simple d'attribuer un lien à un texte statique ou dynamique. Une zone de texte située dans la palette Propriétés est prévue à cet effet.

Analyse

Ligne 1 : le premier texte dynamique est rempli de l'expression saisie entre guillemets. Cette dernière contient des balises qui vont êtres interprétées par le Flash Player, car le texte dynamique a la case « Rendre le texte au format HTML » cochée. Ce bouton se trouve au milieu de la palette Propriétés, il est représenté par une balise vide ‹ ›.

Ligne 3 : le deuxième texte dynamique est également rempli de l'expression suivante, saisie entre guillemets.

Ligne 4 : une instance de la classe `TextFormat()` est créée afin que des propriétés (lignes 5 à 8) lui soient définies.

Ligne 9 : une fois les propriétés définies, on peut alors les appliquer à l'occurrence `texteCliquable_inst`.

Ligne 11 : les entrées de ce tableau intitulé `nomsDesSites` vont servir à remplir le contenu des textes qui vont être créés dynamiquement à la ligne 13.

Lignes 12 à 23 : une boucle va créer autant de textes dynamiques que le tableau contient d'entrées.

Ligne 13 : sur la scène, le texte créé porte le nom construit à partir de la concaténation de l'expression « site » et de la valeur de l'une des entrées du tableau. Le niveau de chaque occurrence créée équivaut à la valeur de la variable locale `i`. Les textes créés dynamiquement sont placés à 50 pixels du bord gauche de la scène. Le paramètre suivant sert à positionner verticalement les occurrences. Enfin, les deux derniers paramètres correspondent à la largeur et à la hauteur du texte.

Ligne 14 : sans cette ligne d'instruction, la balise `<a href>` ne sera pas reconnue et les textes ne seront donc pas cliquables.

Ligne 15 : le texte qui va être placé dans le texte créé dynamiquement est temporairement stocké dans la variable `nomDuChamps`. Nous utilisons une fois encore une concaténation pour la construction du contenu du texte.

Lignes 16 à 19 : comparables aux lignes 4 à 8, elles vont permettre de mettre en forme les textes créés dynamiquement.

Ligne 20 : c'est cette ligne d'instruction qui place le contenu du texte dynamique.

Ligne 21 : cette ligne d'instruction permet ensuite d'ajuster la largeur de la zone de texte à la largeur de son contenu.

Ligne 22 : les lignes 16 à 19 avaient défini le style à appliquer aux textes dynamiques, la méthode `setTextFormat()` exécute la mise en forme.

Lignes 25 et 26 : ces deux dernière lignes sont facultatives, elles permettent tout simplement de supprimer les deux instances de mise en forme qui ne servent plus.

Bogue éventuel

Il arrive assez souvent qu'on définisse l'URL d'un texte, mais qu'on oublie de régler la propriété HTML sur `true` (ligne 14).

Gérer les tabulations

Pour gérer les tabulations dans un texte dynamique ou de saisie, vous devez avoir préparé au préalable les lignes qui vont être insérées. Elles doivent en effet contenir des renvois de tabulation. Une fois encore, deux solutions s'offrent à nous pour placer du texte sur la scène de Flash, nous avons retenu les deux techniques, celle des listes et celle d'un fichier .xml.

Figure 17-10

Le formatage d'un texte en colonne se fait très simplement, malheureusement, peu de personnes savent gérer les tabulations dans un texte.

Pays	Capitales	Monnaies
France	Paris	Euro
Espagne	Madrid	Euro
Angleterre	Londres	Livre

Pays	Capitales	Régimes	Monnaies
France	Paris	République	Euro
Angleterre	Londres	Monarchie	Livre
Belgique	Bruxelles	Monarchie	Euro
Inde	New Delhi	République	Roupie
Japon	Tokyo	Monarchie	Yen
Chine	Pékin	République	Renminbi
Canada	Ottawa	Monarchie	Dollar canadien

Rappel

Si la gestion du format .xml dans une application Flash vous pose problème, n'oubliez pas de consulter la première partie de ce livre qui traite de ce sujet.

Description du fichier

Flash Player 6 et ultérieur

Chemin d'accès : ***Manipulation du texte/TraitementTexte/Tabulations.fla***

Cette animation ne contient que deux textes dynamiques qui auraient pu êtres créés dynamiquement. Les noms d'occurrences et de variables sont respectivement `zoneDeTexte_inst`, `zoneDeText2_inst`, `zoneDeTexte` et `zoneDeTexte2`.

L'animation ne contient qu'un seul script qui se compose de quatre parties bien distinctes :

1. Remplissage du texte dynamique `zoneDeTexte_inst`.

2. Mise en forme de ce texte dynamique.

3. Remplissage du texte dynamique `zoneDeTexte2_inst`.

4. Mise en forme de ce texte dynamique.

Script

Pour le remplissage du deuxième texte dynamique intitulé zoneDeTexte2_inst, un fichier .xml intitulé villes.xml a été utilisé, voici son contenu :

```
1  <?xml version='1.0' encoding='utf-8'?>
2  <Monde>
3      <Pays Nom="France">
4          <Capitale>Paris</Capitale>
5          <Regime>République</Regime>
6          <Monnaie>Euro</Monnaie>
7      </Pays>
8      <Pays Nom="Angleterre">
9          <Capitale>Londres</Capitale>
10         <Regime>Monarchie</Regime>
11         <Monnaie>Livre</Monnaie>
12     </Pays>
13     <Pays Nom="Belgique">
14         <Capitale>Bruxelles</Capitale>
15         <Regime>Monarchie</Regime>
16         <Monnaie>Euro</Monnaie>
17     </Pays>
18     <Pays Nom="Inde">
19         <Capitale>New Delhi</Capitale>
20         <Regime>République</Regime>
21         <Monnaie>Roupie</Monnaie>
22     </Pays>
23     <Pays Nom="Japon">
24         <Capitale>Tokyo</Capitale>
25         <Regime>Monarchie</Regime>
26         <Monnaie>Yen</Monnaie>
27     </Pays>
28     <Pays Nom="Chine">
29         <Capitale>Pékin</Capitale>
30         <Regime>République</Regime>
31         <Monnaie>Renminbi</Monnaie>
32     </Pays>
33     <Pays Nom="Canada">
34         <Capitale>Ottawa</Capitale>
35         <Regime>Monarchie</Regime>
36         <Monnaie>Dollar canadien</Monnaie>
37     </Pays>
38 </Monde>
```

Le script sur la première image-clé de la timeline principale est le suivant :

```
1  var pays = ["France", "Espagne", "Angleterre"];
2  var capitales = ["<b>Paris</b>", "Madrid", "Londres"];
3  var monnaies = ["Euro", "Euro", "Livre"];
4  zoneDeTexte = "<b>Pays\tCapitales\tMonnaies\n\n</b>";
5  for (i=0; i<pays.length; i++) {
6      zoneDeTexte += pays[i]+"\t"+capitales[i]+"\t"+monnaies[i]+newline;
```

```
 7 }
 8 styleTaquets = new TextFormat();
 9 styleTaquets.tabStops = [100, 200];
10 zoneDeTexte_inst.setTextFormat(styleTaquets);
11 //
12 chargementXML = new XML();
13 chargementXML.load("villes.xml");
14 chargementXML.ignoreWhite = true;
15 chargementXML.onLoad = function() {
16     var racine = this.firstChild;
17     var enregistrements = racine.childNodes.length;
18     zoneDeTexte2 = "<b>Pays\tCapitales\tRégimes\tMonnaies\n\n</b>";
19     for (i=0; i<enregistrements; i++) {
20         pays = racine.childNodes[i].attributes.Nom;
21         capitale = racine.childNodes[i].childNodes[0].firstChild;
22         regime = racine.childNodes[i].childNodes[1].firstChild;
23         monnaie = racine.childNodes[i].childNodes[2].firstChild;
24         zoneDeTexte2 += pays+"\t"+capitale+"\t"+regime+"\t"+monnaie+newline;
25     }
26     //
27     styleTaquets2 = new TextFormat();
28     styleTaquets2.tabStops = [100, 220, 330];
29     zoneDeTexte2_inst.setTextFormat(styleTaquets2);
30 };
```

Analyse

Lignes 1 à 3 : lorsque nous allons utiliser les premières lignes de code du seul script de cette animation, nous aurons besoin de tableaux pour remplir le premier tableau (voir la figure 17-10). Chacune de ces trois premières lignes représente donc le contenu des colonnes Pays, Capitales et Monnaies.

Ligne 4 : rappelons que nous avons un texte dynamique sur la scène dont le nom de variable est zoneDeTexte. En exécutant cette ligne d'instruction, la première ligne du tableau est donc remplie. Elle contient des balises qui vont êtres interprétées ainsi que des codes de renvois de tabulation. Il faudra attendre l'exécution de la ligne 10 pour que la mise en forme se fasse.

Lignes 5 à 7 : la boucle nous permet de parcourir toutes les entrées des trois tableaux, et de les placer dans le texte dynamique. Une ligne ajoutée est composée d'une concaténation comprenant trois entrées (issues des trois tableaux) séparées par un code de renvoi de tabulation \t. Le mot-clé newline permet de préparer la prochaine insertion à la ligne.

Lignes 8 à 10 : une première instance est créée à partir de la classe TextFormat(). C'est uniquement à partir de ce moment-là qu'il est possible de définir des taquets de tabulation dans un texte dynamique ou de saisie. Il faut ensuite utiliser la propriété tabStops et lui associer un tableau comprenant des valeurs qui seront utilisées pour placer les taquets.

Voilà, ces premières lignes du script auront permis de remplir le premier tableau. Nous allons à présent passer au deuxième.

Lignes 12 à 14 : le fichier intitulé `villes.xml` est chargé dans la mémoire vive de l'ordinateur.

Ligne 16 : lorsque le chargement est terminé (état indiqué par le gestionnaire de la ligne 15), une première variable stocke la racine du fichier .xml.

Ligne 17 : une deuxième variable contient le nombre de nœuds dans le document .xml.

Ligne 18 : rappelons que nous avons un texte dynamique sur la scène, dont le nom de variable est `zoneDeTexte2`. En exécutant cette ligne d'instruction, la première ligne du tableau est donc remplie. Elle contient des balises qui vont êtres interprétées, ainsi que des codes de renvois de tabulation. Il faudra attendre l'exécution de la ligne 29 afin que le formatage du texte se fasse.

Lignes 19 à 25 : des lignes 5 à 7, il était très simple de remplir les colonnes du premier tableau. Cela ne va pas être plus difficile pour le deuxième tableau. En revanche, si nous procédions à l'exécution d'une seule ligne d'instruction, elle serait extrêmement longue.

Lignes 20 à 23 : nous préférons donc utiliser quatre variables qui vont stocker temporairement les contenus des nœuds.

Ligne 24 : elle exécute le remplissage du tableau comme la ligne 6 l'a fait.

Lignes 27 à 29 : elles assurent la même fonction de mise en forme du texte que les lignes 8 à 10.

Bogue éventuel

Cette animation ne présente pas de difficultés particulières, le seul risque d'erreur est de se tromper dans la valeur spécifiée pour les `childNodes[]`.

Nous allons maintenant vous présenter un certain nombre d'animations qui vous proposent des effets sur le texte. Il ne s'agit pas d'études de cas comme les autres, car la plupart d'entre elles ne contiennent aucune occurrence sur la scène. Nous vous présenterons donc uniquement les scripts accompagnés de leurs analyses avec une description rapide de la timeline de chaque fichier.

Remarque

Nous n'avons pas inclus de copies d'écrans dans cette partie du livre, car les effets nécessitent la lecture des animations.

Rappel

Si la manipulation d'occurrences créées dynamiquement vous pose problème, consultez l'avant-propos de ce livre.

Affichage en mode Telex

Description du fichier

Flash Player 6
et ultérieur

Chemin d'accès : ***Manipulation du texte/TraitementTexte/Telex.fla***

Seul un texte dynamique dont le nom de variable est zoneDaffichage, est présent sur la scène. La bibliothèque ne contient aucun symbole.

Script

```
1 lachaine = new String("La matrice n'a pas trouvé votre identifiant,\nvous avez une chance
  ➡de ne pas être taxé\nau prochain recensement.");
2 i = 0;
3 function telex() {
4       i++;
5       zoneDaffichage = lachaine.substring(0, i)+"_";
6       if (i>=lachaine.length) {
7             clearInterval(lancer);
8             zoneDaffichage = lachaine.substring(0, lachaine.length);
9       }
10 }
11 lancer = setInterval(telex, 50);
```

Analyse

Ligne 1 : nous instancions la classe String() afin d'obtenir l'occurrence intitulée lachaine qui va nous servir de « réservoir » de caractères. Ce sont ces derniers qui vont s'afficher les uns après les autres en mode Telex.

Ligne 2 : une première variable est initialisée à 0. Elle va nous servir à compter les caractères de l'instance lachaine. Rappelons que le premier caractère d'une chaîne porte l'index 0 et non 1.

Ligne 3 : cette fonction va être utilisée à la ligne d'instruction 11, c'est elle qui contient le cœur du script.

Ligne 4 : afin d'afficher les caractères les uns après les autres, rappelons que la variable i va nous aider à compter.

Ligne 5 : la variable zoneDaffichage va stocker à chaque itération (lorsque i change de valeur), un caractère de l'instance lachaine. La concaténation avec le signe + permet simplement d'obtenir le caractère underscore derrière le caractère extrait avec la méthode substring().

Ligne 6 : un test vérifie si tout le contenu de l'occurrence lachaine a été affiché sur la scène, en s'assurant que i a une valeur supérieure au nombre de caractères contenus dans l'occurrence lachaine.

Ligne 7 : il est important d'arrêter le processus de répétition qui a permis d'obtenir cet affichage séquentiel.

Ligne 8 : elle permet de retirer le caractère underscore à la fin du texte qui se trouve sur la scène.

Ligne 11 : c'est cette fonction qui déclenche l'affichage du texte obtenu grâce aux lignes 4 à 9.

Rappel

Le paramètre 50 de la fonction setInterval() permet de préciser le laps de temps entre deux répétitions. 1 000 équivaut à 1 seconde.

Bogue éventuel

Vous devez penser à annuler l'exécution de la fonction setInterval(), c'est le rôle de la ligne 7, sinon, vous faites tourner un traitement inutilement.

Affichage en mode Aéroport

La scène ne contient rien, la bibliothèque ne possède qu'un symbole de type clip dont le nom de liaison est caractere. Ce clip contient lui-même un texte dynamique dont le nom de variable est lettreHasard.

Description du fichier

Chemin d'accès : ***Manipulation du texte/TraitementTexte/Aeroport.fla***

Précisons que cette animation contient deux scripts. Un sur la première image-clé de la timeline principale de l'animation, et un autre sur la première image-clé du clip.

Script

Script de l'image-clé 1 de la timeline principale :

```
1 _global.alphabet = new String(" ABCDEFGHIJKLMNOPQRSTUVWXYZ',..");
2 var chaineAaffcicher = String("LE NORD DE LA PLAGE EST PLUS CHAUD");
3 for (i=0; i<chaineAaffcicher.length; i++) {
4     _root.attachMovie("caractere", "c"+i, i);
```

```
5        _root["c"+i]._x = 50+(i*13);
6        _root["c"+i]._y = 50;
7        _root["c"+i].vCaractere = chaineAaffcicher.substr(i, 1);
8 }
```

Script de l'image-clé 1 du clip :

```
1 function afficherCaracteres() {
2        lettreHasard = alphabet.substr(random(alphabet.length), 1);
3        if (vCaractere.toUpperCase() == lettreHasard.toUpperCase()) {
4                clearInterval(lancerAffichage);
5        }
6 }
7 var lancerAffichage = setInterval(afficherCaracteres, 80);
```

Analyse

Script de l'image-clé 1 de la timeline principale de l'animation

Ligne 1 : comme dans l'exemple précédent, nous instancions la classe `String()` afin d'obtenir l'occurrence intitulée `alphabet` qui va nous servir de « réservoir » de caractères.

Ligne 2 : nous stockons dans une variable intitulée `chaineAafficher`, une chaîne de caractères, celle que nous souhaitons voir s'afficher à la fin de l'animation.

Lignes 3 à 8 : cette boucle va permettre de placer sur la scène, l'unique symbole de notre animation autant de fois qu'il y a de caractères dans l'expression `"LE NORD DE LA PLAGE EST PLUS CHAUD"`. Les caractères susceptibles de s'afficher dans les occurrences obtenues sont ceux de la liste `alphabet`.

Ligne 4 : rappelons que le nom de liaison de notre symbole est `caractere`. Ce dernier est placé sur la scène grâce à la méthode `attachMovie()`.

Ligne 5 : la largeur d'une occurrence est de 14,8 pixels. Nous plaçons donc les occurrences sur la scène, espacées de 13 pixels. Lorsque `i` vaut `0`, le premier caractère est placé à 50 pixels du bord gauche de la scène ; lorsque `i` vaut `1`, l'occurrence suivante est placée à 63 pixels du bord gauche de la scène, etc.

Ligne 6 : toutes les occurrences sont alignées à 60 pixels du haut de la scène.

Ligne 7 : nous définissons une variable pour chaque occurrence placée, et nous l'initialisons avec une valeur correspondant au caractère qu'il faut finir par afficher. La première occurrence placée sur la scène mémorise qu'il faut qu'elle finisse par afficher le premier caractère de la chaîne `"LE NORD DE LA PLAGE EST PLUS CHAUD"`.

Script de l'image-clé 1 de la timeline du clip

Nous aurions pu placer les quelques lignes de code ci-dessous à la suite du premier script, cela aurait d'ailleurs été plus judicieux, mais le script complet vous aurait semblé plus complexe. Là, nous obtenons deux script assez simples à comprendre.

Lignes 1 à 6 : la fonction `afficherCaracteres()` va être exécutée en continu à intervalles réguliers grâce à la ligne 7 de ce script.

Ligne 2 : rappelons que le clip dans lequel se trouve ce script, contient un texte dynamique dont le nom de variable est `lettreHasard`. Un caractère extrait de la chaîne contenue dans l'instance `alphabet` va donc s'afficher aléatoirement, nous allons donc obtenir l'effet escompté.

Ligne 3 : un test vérifie si le caractère affiché aléatoirement correspond au caractère stocké dans la variable `vCaractere` que nous avions définie à la ligne 7 du script précédent.

Ligne 4 : si le test précédent s'avère, il faut alors arrêter l'affichage aléatoire des caractères dans la variable `lettreHasard`.

Ligne 7 : c'est cette ligne d'instruction qui démarre l'affichage aléatoire des caractères dans le clip.

Rappel

Le paramètre 80 de la fonction `setInterval()` permet de préciser le laps de temps entre deux répétitions. 1 000 équivaut à 1 seconde.

Bogues éventuels

Le bogue éventuel est relatif à la valeur que vous préciseriez comme premier paramètre de la méthode `substr()`. Gardez toujours à l'esprit que le premier caractère d'une chaîne porte le numéro d'index 0.

Par ailleurs, rappelons que la comparaison entre deux caractères ou deux chaînes se fait avec la même casse, c'est pourquoi nous utilisons la méthode `toUpperCase()` qui bascule un texte en majuscules.

Affichage de lettres glissant sur la scène

Il n'y a rien sur la scène ni dans la bibliothèque.

Description du fichier

Flash Player 6 et ultérieur

Chemin d'accès : ***Manipulation du texte/TraitementTexte/LettresGlissent.fla***

L'unique script suivant suffit à réaliser cette animation.

Script

```
1 var chaineAafficher = String("LE NORD DE LA PLAGE EST PLUS CHAUD");
2 style1 = new TextFormat();
3 style1.font = "Verdana";
4 style1.bold = true;
5 //
6 for (i=0; i<chaineAafficher.length; i++) {
7     _root.createEmptyMovieClip("lettre"+i, i);
8     _root["lettre"+i]._x = 50+(i*13);
9     _root["lettre"+i]._y = 50;
10    _root["lettre"+i].createTextField("caractere", 1, 0, 0, 80, 80);
11    _root["lettre"+i].caractere.text = chaineAafficher.substr(i, 1);
12    _root["lettre"+i].caractere.setTextFormat(style1);
13    _root["lettre"+i].destinationX = _root["lettre"+i]._x;
14    _root["lettre"+i].destinationY = _root["lettre"+i]._y;
15    _root["lettre"+i]._x = random(1000)-200;
16    _root["lettre"+i]._y = random(830)-200;
17    _root["lettre"+i]._xscale = random(2000)+50;
18    _root["lettre"+i]._yscale = random(2000)+50;
19    _root["lettre"+i].onEnterFrame = function() {
20        distXrestante = this.destinationX-this._x;
21        distYrestante = this.destinationY-this._y;
22        echelleXrestante = 100-this._xscale;
23        echelleYrestante = 100-this._yscale;
24        this._x += (distXrestante)*0.2;
25        this._y += (distYrestante)*0.2;
26        this._xscale += (echelleXrestante)*0.1;
27        this._yscale += (echelleYrestante)*0.1;
28        bonneEchelleX = Math.abs(this._xscale) == 100;
29        bonneEchelleY = Math.abs(this._yscale) == 100;
30        if (Math.abs(distXrestante)<1 && Math.abs(distYrestante)<1 && bonneEchelleX
           ➥&& bonneEchelleY) {
31            this._x = this.destinationX;
32            this._y = this.destinationY;
33            this._xscale = 100;
34            this._yscale = 100;
35            delete this.onEnterFrame;
36        }
37    };
38 }
```

Analyse

Ligne 1 : comme dans l'exemple précédent, nous stockons dans une variable intitulée chaineAafficher, une chaîne de caractères, celle que nous souhaitons voir s'afficher à la fin de l'animation.

Lignes 2 à 4 : création d'une instance de la classe `TextFormat()` pour la mise en forme des caractères.

Ligne 6 : cette boucle va placer autant de clips sur la scène qu'il y a de caractères contenus dans la chaîne `"LE NORD DE LA PLAGE EST PLUS CHAUD"`.

Ligne 7 : les occurrences créées sur la scène vont porter les noms `lettre0`, `lettre1`, `lettre2`, etc.

Ligne 8 : nous plaçons toutes les occurrences sur la scène, espacées de 13 pixels. Lorsque `i` vaut 0, le premier caractère est placé à 50 pixels du bord gauche de la scène ; lorsque `i` vaut 1, l'occurrence suivante est placée à 63 pixels du bord gauche de la scène, etc.

Ligne 9 : verticalement, les occurrences sont placées à 50 pixels du haut de la scène.

Ligne 10 : à l'intérieur des occurrences placées sur la scène, un texte est créé dynamiquement grâce à la méthode `createTextField()`. Le nom d'occurrence donné à ces textes peut être identique, car ils ne se trouvent pas sur la même timeline.

Ligne 11 : nous définissons un contenu pour chaque texte de toutes les occurrences sur la scène. Il s'agit d'un caractère extrait de la chaîne contenue dans la variable `chaineAafficher`. La première occurrence créée sur la scène va contenir le caractère « L ». La deuxième va contenir la lettre « E », ainsi de suite, jusqu'à former la phrase de la première ligne d'instruction.

Ligne 12 : le style créé aux lignes 2 à 4 est appliqué aux textes.

Lignes 13 et 14 : pour chaque occurrence, nous définissons deux variables qui vont contenir ses coordonnées actuelles sur la scène, et qui vont également servir de point de destination. Nous reviendrons sur ce point plus loin dans ces explications.

Lignes 15 et 16 : après avoir mémorisé leurs places, nous pouvons à présent disposer les occurrences de façon aléatoire n'importe où sur la scène. Comment sommes-nous arrivés à proposer ces valeurs ? Rappelons que la scène mesure 600 pixels de largeur. La valeur minimale qu'il est possible d'obtenir avec `random(1000)` est 0. La valeur maximale est 999. Si nous soustrayons 200 au résultat, la plus petite valeur devient alors -200, et la plus grande 799. Donc, les occurrences peuvent être placées à 200 pixels en dehors des limites de la scène.

Lignes 17 et 18 : nous procédons aux mêmes réglages pour les échelles verticales et horizontales des caractères.

Ligne 19 : nous définissons un gestionnaire pour chaque caractère, afin qu'il exécute en continu le code des lignes 20 à 35.

Ligne 20 : nous calculons la distance qui sépare un caractère de sa place de destination (mémorisée à la ligne 13). Nous calculons 10 % de cette distance. Nous demanderons ensuite à l'occurrence de se déplacer horizontalement d'autant de pixels que le résultat de ce calcul. Comprenez bien que la distance à parcourir va être de plus en plus petite, le mouvement va donc se faire avec un ralenti pour les dernières distances.

Ligne 21 : verticalement, nous procédons au même calcul que celui de la ligne précédente (ligne 20).

Lignes 22 et 23 : nous effectuons les mêmes calculs et les mêmes réglages pour les échelles du caractère.

Lignes 24 et 25 : le caractère se déplace avec les valeurs calculées aux lignes 20 et 21.

Lignes 26 et 27 : les échelles sont également réduites pour atteindre la taille de 100 %.

Ligne 28 : nous stockons dans une variable intitulée `bonneEchelleX`, une valeur booléenne obtenue avec le test qui évalue si la taille horizontale du caractère est bien revenue à 100 %.

Ligne 29 : nous procédons au même test pour l'échelle verticale.

Ligne 30 : le test vérifie si l'occurrence est arrivée à sa destination, et si elle est revenue à son échelle.

Lignes 31 à 34 : si le test s'avère, nous fixons définitivement les échelles et la place de l'occurrence.

Ligne 35 : il faut aussi annuler l'exécution du gestionnaire qui assurait le déplacement et le changement d'échelle de l'occurrence.

Bogue éventuel

Le principal bogue de cette animation est lié aux valeurs renvoyées par les lignes 20 et 21. En effet, à la ligne 30, on essaye de savoir si les occurrences sont à moins de 1 pixel de leur emplacement de destination, c'est-à-dire entre 0 et 1 pixel. Si une occurrence provient de la gauche ou du haut de son emplacement, la valeur est négative. La fonction `Math.abs()` permet donc d'obtenir une valeur absolue, c'est-à-dire une valeur positive.

Affichage d'un texte clignotant avec le filtre GlowFilter

La scène ne contient qu'un texte dynamique dont le nom d'instance est `enseigne_inst`. La bibliothèque ne contient aucun symbole.

Description du fichier

> Flash Player 8
> et ultérieur

Chemin d'accès : ***Manipulation du texte/Traitement/Clignot2.fla***

Ce script placé sur l'image-clé 1 de la timeline principale de l'animation permet d'obtenir l'effet que nous vous invitons vivement à consulter dans le .swf correspondant.

Script

```
 1 import flash.filters.GlowFilter;
 2 lueurFiltre = new GlowFilter(0x0033FF, 0.8, 10, 10, 0.8, 5, false, false);
 3 listeFiltresEnseigne = [lueurFiltre];
 4 //
 5 etatLumiere = false;
 6 couleurEnseigne = ["0x003366", "0x0033FF"];
 7 //
 8 styleTexteEnseigne = new TextFormat();
 9 //
10 controleEclairageEnseigne = function () {
11     etatLumiere = !etatLumiere;
12     styleTexteEnseigne.color = couleurEnseigne[Number(etatLumiere)];
13     enseigne_inst.setTextFormat(styleTexteEnseigne);
14     listeFiltresEnseigne = etatLumiere ? [lueurFiltre] : [];
15     enseigne_inst.filters = listeFiltresEnseigne;
16 };
17 //
18 setInterval(controleEclairageEnseigne, 800);
```

Analyse

Ligne 1 : création de la fonction permettant de faire descendre la barre de commandes. Elle contient un gestionnaire `onEnterFrame`.

Ligne 2 : nous générons une nouvelle instance de la classe `GlowFilter()` afin de pouvoir l'ajouter à la liste de la ligne suivante.

Ligne 3 : nous devons créer une liste, afin de pouvoir y ajouter tous les filtres à appliquer à une ou plusieurs occurrences. Nous aurions tout à fait pu diviser cette ligne d'instructions en deux lignes, la première créant une liste, la deuxième utilisant la méthode `push()`.

Ligne 5 : rappelons que le principe de cette animation est de représenter un clignotement. Cela se traduit donc par un état qui se manifeste entre deux états inverses. Nous allons donc pouvoir utiliser une valeur booléenne pour réaliser ce genre d'opération. Nous commençons par initialiser une variable avec la valeur `false`.

Ligne 6 : cette liste contient deux entrées, deux couleurs, nous les utiliserons comme paramètres à la ligne 12.

Ligne 8 : nous créons une instance de la classe `TextFormat()` afin de changer l'apparence du texte que nous allons faire clignoter.

Lignes 10 à 16 : cette fonction va s'exécuter en continu à la ligne 18. C'est elle qui contient le cœur du script.

Ligne 11 : puisque cette fonction va s'exécuter pratiquement toutes les secondes, la valeur de la variable `etatLumiere` va s'inverser en continu. C'est grâce à la valeur booléenne de cette variable que nous allons pouvoir obtenir cet état alternatif dont nous avons besoin pour le clignotement.

Ligne 12 : rappelons qu'une valeur booléenne est soit `true`, soit `false`. Dans certains langages, on peut également utiliser 1 ou 0, c'est le cas en ActionScript. La fonction `Number()` nous permet de convertir une chaîne de caractères en nombre. Nous l'utilisons donc pour transformer `true` en 1 et `false` en 0. Notre tableau `couleurEnseigne` contient deux entrées, nous allons donc pouvoir utiliser nos valeurs transformées.

Ligne 13 : nous appliquons le style dont nous venons de changer la propriété `color`. Rappelons que `enseigne_inst` est le nom d'instance du texte dynamique qui se trouve sur la scène et non son nom de variable.

Ligne 14 : pour définir la valeur du tableau `listeFiltresEnseigne`, nous testons la valeur de la variable `etatLumiere`. Si cette dernière a pour valeur `true`, nous renvoyons un tableau avec une entrée, dans le cas contraire, nous vidons le tableau.

Ligne 15 : avec la propriété `filters`, nous pouvons appliquer notre filtre à l'occurrence `enseigne_inst`.

Ligne 18 : la fonction que nous venons d'analyser ensemble peut à présent être exécutée en continu à raison d'une fois toutes les 0,8 secondes.

Bogue éventuel

N'oubliez pas d'importer la classe du filtre que vous voulez exploiter. Le nom qui se trouve devant la méthode `setTextFormat()` est celui d'une occurrence et le nom d'une variable lorsqu'il s'agit d'un texte.

Affichage d'un texte qui vibre

Il n'y a rien sur la scène ni dans la bibliothèque.

Description du fichier

Flash Player 6 et ultérieur

Chemin d'accès : ***Manipulation du texte/Traitement/Vibre.fla***

Ce script placé sur l'image-clé 1 de la timeline principale de l'animation permet d'obtenir l'effet que nous vous invitons vivement à consulter dans le .swf correspondant.

Script

```
 1  var chaineAafficher = String("LE NORD DE LA PLAGE EST PLUS CHAUD");
 2  style1 = new TextFormat();
 3  style1.font = "Verdana";
 4  style1.bold = true;
 5  //
 6  for (i=0; i<chaineAafficher.length; i++) {
 7      _root.createEmptyMovieClip("lettre"+i, i);
 8      _root["lettre"+i]._x = 50+(i*13);
 9      _root["lettre"+i]._y = 50;
10      _root["lettre"+i].createTextField("caractere", 1, 0, 0, 80, 80);
11      _root["lettre"+i].caractere.text = chaineAafficher.substr(i, 1);
12      _root["lettre"+i].caractere.setTextFormat(style1);
13      _root["lettre"+i].origX = _root["lettre"+i]._x;
14      _root["lettre"+i].origY = _root["lettre"+i]._y;
15      //
16  }
17  faireVibrertexte = function () {
18      for (i=0; i<chaineAafficher.length; i++) {
19          _root["lettre"+i]._x = _root["lettre"+i].origX+random(4);
20          _root["lettre"+i]._y = _root["lettre"+i].origY+random(4);
21      }
22  };
23  //
24  setInterval(faireVibrertexte, 50);
```

Analyse

Ligne 1 : comme dans l'exemple précédent, nous stockons dans une variable intitulée chaineAafficher, une chaîne de caractères, celle que nous souhaitons voir vibrer sur la scène.

Lignes 2 à 4 : création d'une instance de la classe TextFormat() pour la mise en forme des caractères.

Ligne 6 : cette boucle va placer autant de clips sur la scène qu'il y a de caractères contenus dans la chaîne "LE NORD DE LA PLAGE EST PLUS CHAUD".

Ligne 7 : les occurrences créées sur la scène vont porter les noms lettre0, lettre1, lettre2, etc.

Ligne 8 : nous plaçons toutes les occurrences sur la scène, espacées de 13 pixels. Lorsque i vaut 0, le premier caractère est placé à 50 pixels du bord gauche de la scène ; lorsque i vaut 1, l'occurrence suivante est placée à 63 pixels du bord gauche de la scène, etc.

Ligne 9 : verticalement, les occurrences sont placées à 50 pixels du haut de la scène.

Ligne 10 : à l'intérieur des occurrences placées sur la scène, un texte est créé dynamiquement grâce à la méthode createTextField(). Le nom d'occurrence donné à ces textes peut être identique, car ils ne se trouvent pas sur la même timeline.

Ligne 11 : nous définissons un contenu pour chaque texte de toutes les occurrences sur la scène. Il s'agit d'un caractère extrait de la chaîne contenue dans la variable `chaineAaffi-cher`. La première occurrence créée sur la scène va contenir le caractère « L ». La deuxième va contenir la lettre « E », et ainsi de suite, jusqu'à former la phrase de la première ligne d'instruction.

Ligne 12 : le style créé aux lignes 2 à 4 est appliqué aux textes.

Lignes 13 et 14 : nous définissons pour chaque occurrence, deux variables qui vont contenir ses coordonnées actuelles sur la scène, et qui vont également servir de point de référence. Lorsque chaque occurrence vibrera, elle le fera autour de ce point, notamment aux lignes 19 et 20.

Ligne 17 : nous créons une fonction qui va être appelée de façon continue à la ligne 24.

Lignes 18 à 21 : cette boucle va permettre de faire référence à toutes les occurrences qui se trouvent sur la scène, et de les placer à plus ou moins 4 pixels du point de référence de chaque occurrence, aussi bien sur un axe horizontal que vertical.

Ligne 24 : la fonction créée à la ligne 17 est exécutée en continu à intervalles réguliers, à raison de 20 fois par seconde (1000/50), tout dépend de la vitesse de la machine et de la puissance de sa carte graphique. Si cette valeur était réglée à 1 000, le changement de position du caractère se ferait une fois par seconde.

Affichage d'un texte qui explose

Il existe de nombreux logiciels qui permettent de générer des animations qui utilisent cet effet, ici nous avons voulu vous démontrer que la technique est extrêmement simple.

Description du fichier

Chemin d'accès : ***Manipulation du texte/Traitement/TexteExplose.fla***

La scène contient deux occurrences issues de deux symboles de type clips. Celles-ci ne serviront qu'à exécuter l'explosion et remettre les occurrences en place. Leurs noms sont : `btReplacer` et `btExplosion`.

Script

```
1 var chaineAaffciher = String("LE NORD DE LA PLAGE EST PLUS CHAUD");
2 style1 = new TextFormat();
3 style1.font = "Verdana";
4 style1.bold = true;
```

```
 5 //
 6 var vitesse = [];
 7 for (i=5; i<=20; i++) {
 8      vitesse.push(i);
 9      vitesse.push(i*-1);
10 }
11 //
12 placerLettres = function () {
13      for (i=0; i<chaineAaffcicher.length; i++) {
14          _root.createEmptyMovieClip("lettre"+i, i);
15          _root["lettre"+i]._x = 70+(i*13);
16          _root["lettre"+i]._y = 150;
17          //
18          _root["lettre"+i].createTextField("caractere", 1, -5, -5, 80, 80);
19          _root["lettre"+i].caractere.text = chaineAaffcicher.substr(i, 1);
20          _root["lettre"+i].caractere.setTextFormat(style1);
21          _root["lettre"+i].pasX = vitesse[random(30)];
22          _root["lettre"+i].pasY = vitesse[random(30)];
23      }
24 };
25 //
26 placerLettres();
27 //
28 btExplosion.onPress = function() {
29      for (i=0; i<chaineAaffcicher.length; i++) {
30          _root["lettre"+i].onEnterFrame = function() {
31              this.coef += 0.1;
32              this._x += this.pasX;
33              this._y += this.pasY;
34          };
35      }
36 };
37 //
38 btReplacer.onPress = function() {
39      placerLettres();
40 };
```

Analyse

Ligne 1 : comme dans l'exemple précédent, nous stockons dans une variable intitulée chaineAafficher, une chaîne de caractères, celle que nous souhaitons voir exploser sur la scène.

Lignes 2 à 4 : création d'une instance de la classe TextFormat() pour la mise en forme des caractères.

Lignes 6 à 10 : un tableau est créé afin que nous stockions à l'intérieur des valeurs qui vont servir à définir les vitesses et directions de déplacements des occurrences. Afin que toutes les valeurs ne soient pas positives, pour que certaines occurrences puissent sortir vers la gauche et vers le haut de la scène, nous ajoutons des entrées dont la valeur a été rendue négative par une multiplication par -1.

Ligne 12 : comme nous l'avons vu dans la description du fichier, deux occurrences sur la scène vont nous permettre de lancer l'explosion et de remettre les occurrences en place. Comme son nom l'indique, la fonction `placerLettres` va nous permettre de repositionner les occurrences afin qu'elles puissent à nouveau exploser.

Ligne 13 : cette boucle va placer autant de clips sur la scène qu'il y a de caractères contenus dans la chaîne `"LE NORD DE LA PLAGE EST PLUS CHAUD"`.

Ligne 14 : les occurrences créées sur la scène vont porter les noms `lettre0`, `lettre1`, `lettre2`, etc.

Ligne 15 : nous plaçons toutes les occurrences sur la scène, espacées de 13 pixels. Lorsque `i` vaut `0`, le premier caractère est placé à 50 pixels du bord gauche de la scène ; lorsque `i` vaut `1`, l'occurrence suivante est placée à 63 pixels du bord gauche de la scène, etc.

Ligne 16 : verticalement, les occurrences sont placées à 50 pixels du haut de la scène.

Ligne 18 : à l'intérieur des occurrences placées sur la scène, un texte est créé dynamiquement grâce à la méthode `createTextField()`. Le nom d'occurrence donné à ces textes peut être identique, car ils ne se trouvent pas sur la même timeline.

Ligne 19 : nous définissons un contenu pour chaque texte de toutes les occurrences sur la scène. Il s'agit d'un caractère extrait de la chaîne contenue dans la variable `chaineAafficher`. La première occurrence créée sur la scène va contenir le caractère « L ». La deuxième va contenir la lettre « E », et ainsi de suite, jusqu'à former la phrase de la première ligne d'instruction.

Ligne 20 : le style créé aux lignes 2 à 4 est appliqué aux textes.

Lignes 21 et 22 : nous définissons pour chaque occurrence, deux variables qui vont contenir ses coordonnées actuelles sur la scène, et qui vont également servir de vitesse de déplacement.

Ligne 26 : la fonction créée à la ligne 12 est exécutée une première fois afin de placer la phrase sur la scène. Rappelons que ce texte est composé d'occurrences contenant des textes dynamiques.

Ligne 28 : ce gestionnaire s'exécutera lorsque l'utilisateur cliquera sur le bouton qui permet de lancer l'explosion.

Ligne 29 : une boucle va permettre de s'adresser à toutes les occurrences de la scène (celles qui contiennent nos caractères).

Ligne 30 : le gestionnaire `onEnterFrame` est associé à chaque occurrence.

Lignes 31 et 32 : le mouvement de l'occurrence au moment de l'explosion est obtenu grâce au déplacement horizontal (ligne 31) et vertical (ligne 32) des occurrences. Rappelons que les valeurs de déplacement de chaque occurrence ont été fixées au moment de leur création.

Lignes 37 et 38 : ce gestionnaire s'exécutera lorsque l'utilisateur cliquera sur le bouton qui permet de remettre en place les occurrences contenant les lettres.

Bogue éventuel

Il était important pour cette animation de comprendre la nécessité d'avoir des valeurs négatives pour que les éclats de l'explosion partent dans tous les sens.

Nous aurions pu ajouter à cette série d'animations proposant des effets d'affichage du texte, de nombreuses autres, mais il faut bien s'arrêter. Nous pourrions écrire un livre complet sur les différents modes d'affichage d'un texte ou d'une image.

Si vous souhaitez faire arriver un texte de l'extérieur de la scène pour le placer au centre de l'écran, utilisez le script du personnage qui se déplace par clics au chapitre 11.

Pour afficher un texte avec un fondu entrant, consultez l'animation sur les transitions au chapitre 8.

18

Manipulation des tableaux

Nous consacrons un chapitre complet à des études de cas faisant appel aux tableaux, car il en existe de plusieurs sortes, exploités de différentes façons. Ces derniers sont indispensables pour « manipuler » des variables en grand nombre. La gestion des entrées d'un tableau est une technique très simple à maîtriser, en revanche l'utilisation qui en est faite l'est moins.

Il est important de préciser que le terme tableau possède selon les langages de programmation, des synonymes tels que liste et array. Ce dernier étant tout simplement la traduction de tableau en anglais. On peut donc employer indifféremment l'un de ces trois termes.

Afficher un tableau (array) sous forme de liste

Cette étude de cas est très intéressante pour deux raisons. La première est liée à l'affichage des entrées du tableau qui va se faire sous forme de liste de courses. La deuxième raison est relative à la suppression d'une entrée d'un tableau qui est une technique moins connue.

Figure 18-1

Le contenu d'un tableau s'affiche sous forme de liste grâce à une boucle for() et au mot-clé newline.

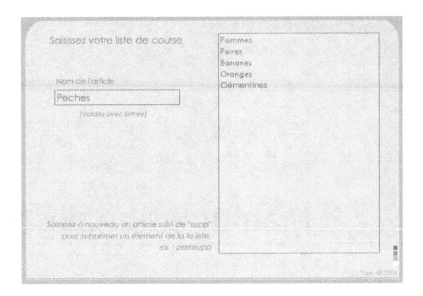

Rappel

Le mot-clé newline permet d'insérer un retour à la ligne dans un texte dynamique ou de saisie, mais vous pouvez aussi utiliser la balise <br> si le bouton « Rendre le texte au format HTML » de la palette Propriétés est activé. Dans certains cas, vous pouvez également utiliser le caractère d'échappement \n.

Par ailleurs, rappelons que les méthodes toLowerCase() et toUpperCase(), permettent de basculer tous les caractères d'une chaîne en minuscules ou en majuscules. L'exécution de ces méthodes est indispensable pour la comparaison de deux chaînes. On ne peut en effet comparer « Samedi » et « samedi », il s'agit de deux textes différents.

Description du fichier

Flash Player 6 et ultérieur

Chemin d'accès : ***Manipulation du texte/ManipulationTableaux/ManipTableauEnListe.fla***

Cette animation présente un contenu de scène très réduit et simple. Un premier texte de saisie dont le nom d'occurrence est nomElementAjouter_inst avec un nom de variable nomElementAjouter a été placé sur la scène. Il correspond à la zone de saisie dans laquelle l'utilisateur va taper les articles à ajouter à sa liste de courses. Un texte dynamique intitulé affichageCourses se trouve également sur la scène, il va recevoir et afficher le contenu du tableau sous forme de mots les uns sous les autres.

Le script de cette animation semble un peu complexe, cela est dû au fait que nous avons imbriqué trois tests, mais les lignes d'instructions à exécuter ne présentent pas de réelles difficultés à l'exception de la ligne 9. Le script se décompose en trois parties :

1. La création d'un tableau vide.

2. Un test qui vérifie le contenu du texte de saisie avant d'essayer de l'ajouter dans le tableau.

3. La création d'une fonction qui va afficher les entrées du tableau les unes sous les autres dans le texte dynamique.

Script

```
1 var listeCourses = [];
2 //
3 _root.onKeyDown = function() {
4       laTouche = Key.getCode();
5       if (laTouche == 13 && nomElementAjouter != "") {
6           if (nomElementAjouter.substr(nomElementAjouter.length-4, 4).toLowerCase()
              ➡== "supp") {
7               for (i=0; i<listeCourses.length; i++) {
8                   if (listeCourses[i].toLowerCase() == nomElementAjouter.substr
                    ➡(0, nomElementAjouter.length-4).toLowerCase()) {
9                       listeCourses.splice(i, 1);
10                      affichageEnListe();
11                      nomElementAjouter = "";
12                  }
13              }
14          } else {
15              listeCourses.push(nomElementAjouter);
16              affichageEnListe();
17              nomElementAjouter = "";
18          }
19      }
20 };
21 Key.addListener(_root);
22 //
23 affichageEnListe = function () {
24      affichageCourses = "";
25      for (i=0; i<listeCourses.length; i++) {
26          affichageCourses += listeCourses[i]+newline;
27      }
28 };
```

Analyse

Avant d'analyser ce script, rappelons le principe de cette animation : l'utilisateur a la possibilité d'ajouter des entrées au tableau listeCourses en tapant sur la touche Entrée de son clavier, après la saisie de son texte. Si le contenu du texte de saisie se termine par « supp », il ne sera alors pas ajouté, mais supprimé du tableau et de la liste de courses.

Ligne 1 : un tableau intitulé listeCourses est créé vide, car il va contenir les entrées ajoutées par l'utilisateur.

Ligne 3 : un gestionnaire va exécuter les lignes d'instructions qu'il contient dès que l'utilisateur va taper sur une touche de son clavier, c'est-à-dire lors de la saisie.

Ligne 4 : une variable mémorise le code de la touche enfoncée.

Ligne 5 : un test s'assure que la touche enfoncée est Entrée et que le contenu de la zone du texte de saisie n'est pas vide.

Ligne 6 : un autre test vérifie si le texte saisi par l'utilisateur ne se termine pas par « supp ».

Ligne 7 à 13 : dans le cas où le mot saisi par l'utilisateur se termine par « supp », une boucle va parcourir toutes les entrées du tableau et les comparer avec la chaîne de caractères située avant ce suffixe.

Ligne 8 : comme nous l'avons précisé en rappel de cette étude de cas, il est indispensable de comparer des minuscules avec des minuscules. Si l'utilisateur a saisi une première fois « Pomme », puis « pommesupp », la suppression de l'entrée ne pourra pas se faire car « pomme » et « Pomme » sont deux chaînes différentes.

Ligne 9 : si le test de la ligne 8 s'avère, l'entrée trouvée peut alors être supprimée. La boucle for() de la ligne 7 va parcourir le tableau, lorsqu'une entrée est comparée au texte saisi par l'utilisateur, la variable locale i vaut alors une valeur précise. On utilise cette dernière pour connaître l'index de l'entrée à supprimer.

Ligne 10 : il est indispensable de remettre à jour l'affichage du texte dynamique.

Ligne 11 : la zone du texte de saisie doit être vidée.

ligne 15 : si le mot saisi par l'utilisateur ne contient pas le suffixe « supp », il peut alors être ajouté au tableau.

Lignes 16 et 17 : il faut également remettre à jour l'affichage du texte dynamique et vider le contenu du texte de saisie.

Ligne 21 : le gestionnaire de la ligne 3 a été défini, mais il ne sert à rien tant que la surveillance du clavier n'a pas été enclenchée.

Lignes 23 à 28 : une boucle permet d'afficher les entrées du tableau listeCourses les unes sous les autres grâce au mot-clé newline. La ligne 24 est très importante et indispensable. Si vous l'omettez, vous afficherez plusieurs fois votre tableau dans le texte dynamique.

> **Remarque**
> N'omettez pas la ligne 21, le déclenchement de la surveillance du clavier ne se ferait pas.

Bogues éventuels

Pour cette application, nous ne devons pas parler de bogue, mais plutôt d'erreur de logique. Il est en effet très important de vérifier le contenu du texte de saisie avant d'essayer de l'ajouter au tableau.

Par ailleurs, il ne faut surtout pas oublier d'afficher le contenu du tableau. Le manipuler en ajoutant et en supprimant des entrées ne met pas à jour le contenu du texte dynamique.

Erreur de logique ou bogue, si vous omettez la ligne 24, le résultat sera flagrant. Le texte dynamique contient plusieurs listes les unes sous les autres.

Réaliser un quadrillage

Cette étude de cas est particulièrement intéressante, car elle va nous démontrer qu'il est possible de créer un tableau à partir de deux notions très simples. Les boucles for() et la création de textes dynamiques par le biais de la méthode createTextField(). Pour améliorer l'apparence du tableau, nous avons utilisé la classe TextFormat(), mais cela n'est pas une obligation. Cela fonctionnerait tout autant sans cette technique de mise en forme dynamique du texte.

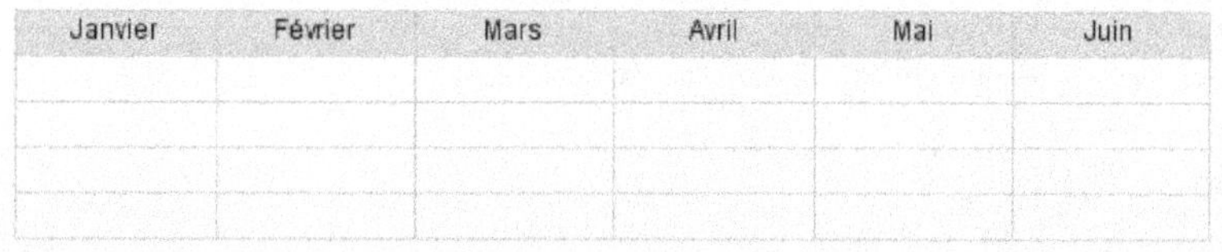

Figure 18-2
Ce tableau est constitué de 30 textes dynamiques disposés sous formes de lignes et de colonnes, grâce à deux boucles for() imbriquées.

Description du fichier

Flash Player 6
et ultérieur

Chemin d'accès : ***Manipulation du texte/ManipulationTableaux/TableauQuadrillage.fla***

Cette animation a la particularité de ne contenir aucune occurrence sur la scène ni le moindre symbole dans la bibliothèque. Nous avons donc utilisé uniquement des lignes de codes pour générer ce tableau. Le script de la première image-clé n'est pas très long pour autant, mais il se décompose en trois parties :

1. La création d'une instance de la classe TextFormat() pour mettre en forme le contenu des cellules.

2. La création d'une liste pour remplir la première ligne du tableau.

3. La création des textes dynamiques au sein d'une boucle for().

Notons que nous aurions tout à fait pu nous passer de l'étape de remplissage des cellules si nous nous étions arrêtés à la simple création du tableau. Vous aurez sûrement vous-même à remplir un jour les tableaux que vous créerez, nous avons donc ajouté cette ligne d'instruction à notre script (ligne 23).

> **Attention**
>
> Vous êtes susceptible de faire différents types de tableau, c'est pourquoi le mode de remplissage peut varier. Il peut s'agir d'un tableau où l'utilisateur va lui-même saisir un contenu dans les cellules, ou bien un tableau dont le remplissage se fera à partir de données situées dans une base ou un fichier .xml ou le résultat de calculs.

Script

```
 1 var styleCel = new TextFormat();
 2 styleCel.align = "center";
 3 styleCel.font = "Arial";
 4 var mois = ["Janvier", "Février", "Mars", "Avril", "Mai", "Juin"];
 5 //
 6 _root.createEmptyMovieClip("tableau", 100);
 7 tableau._x = 30;
 8 tableau._y = 80;
 9 var exemplaire = 0;
10 for (i=0; i<=5; i++) {
11     for (j=0; j<5; j++) {
12         exemplaire++;
13         tableau.createTextField("case"+exemplaire, exemplaire, (i*90), (j*20), 90,
   20);
14         tableau["case"+exemplaire].type = "input";
15         tableau["case"+exemplaire].border = true;
16         tableau["case"+exemplaire].borderColor = 0x999999;
17         //
18         tableau["case"+exemplaire].onChanged = function() {
19            this.setTextFormat(styleCel);
20         };
21         //
22         if (j == 0) {
23             tableau["case"+exemplaire].text = mois[i];
24             tableau["case"+exemplaire].setTextFormat(styleCel);
25             tableau["case"+exemplaire].background = true;
26             tableau["case"+exemplaire].backgroundColor = 0xA3ADA2;
27             tableau["case"+exemplaire].type = "dynamic";
28             tableau["case"+exemplaire].selectable = false;
29         }
30     }
31 }
```

Analyse

Lignes 1 à 3 : une instance de la classe `TextFormat()` est créée et définie, mais elle n'est pas appliquée tout de suite, elle le sera au moment de la saisie du texte dans les cellules du tableau.

Ligne 4 : ce tableau va nous permettre de définir le contenu des cellules de la première ligne du tableau.

Ligne 6 : comme nous vous l'indiquions en introduction de cette étude de cas, les cellules du tableau sont des textes créés dynamiquement. Nous décidons de créer une occurrence vide sur la scène, afin de placer tous les textes dynamiques dans cette dernière. Ainsi, pour manipuler les cellules du tableau, il suffira de faire référence à cette occurrence intitulée `tableau`.

Lignes 7 et 8 : comme nous venons de le dire, nous pouvons contrôler la position du tableau car les cellules (textes dynamiques) sont contenues dans l'occurrence intitulée `tableau`.

Ligne 9 : nous préparons le travail de création des cellules en initialisant une variable qui va servir à définir un suffixe aux noms des textes créés dynamiquement.

Lignes 10 et 11 : ces deux boucles imbriquées vont permettre de répéter 36 fois la création des textes dynamiques.

Ligne 13 : les cellules de notre tableau sont créées grâce à cette ligne d'instruction. Les paramètres (`i*90`) et (`j*90`) permettent de placer les textes dynamiques sous la formes de six colonnes de six cellules.

Pour visualiser la progression de la création du tableau, nous vous invitons à marquer un point d'arrêt sur cette ligne en effectuant un clic sur son numéro, comme vous le montre la figure 18-3. Effectuez un Ctrl + Entrée (PC) ou Commande + Entrée (Mac) pour visualiser votre animation en mode debugger. Cliquez alors sur le triangle vert qui contrôle la lecture de l'animation. Une première cellule va se créer, cliquez alors plusieurs fois sur le bouton lecture (triangle vert) pour voir les textes dynamiques se placer progressivement.

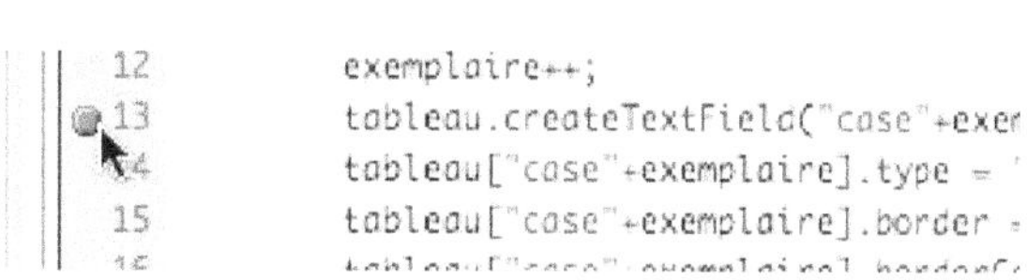

Figure 18-3

Un point d'arrêt dans un script permet d'exécuter un script et de l'arrêter sur la ligne qui contient ce rond rouge.

```
12    exemplaire++;
13    tableau.createTextField("case"+exer
14    tableau["case"+exemplaire].type = '
15    tableau["case"+exemplaire].border -
16    tableau["case"+exemplaire].borderC
```

Ligne 14 : nous précisons que les textes créés dynamiquement sont de type « texte de saisie ».

Lignes 15 et 16 : nous appliquons un contour et une couleur de contour au texte, cela forme ainsi des cellules.

Lignes 18 à 20 : un gestionnaire `onChanged` est associé à chaque « cellule », cela va permettre de surveiller le changement du contenu des textes de saisie. Dès que l'utilisateur ajoute ou supprime donc un signe (caractère, chiffre, ponctuation, etc.) dans une cellule, il est automatiquement réglé en Arial et placé au centre de la cellule. La méthode `setTextFor-mat()` et le style défini aux lignes 1 à 3 vont mettre le contenu des textes de saisie en forme.

Lignes 23 à 28 : ces lignes d'instructions permettent de remplir la première ligne du tableau en utilisant le contenu de la liste intitulée `mois`. En effet, à chaque fois que la variable locale `j` est réinitialisée à `0`, lorsque la variable `i` s'incrémente, le texte dynamique correspondant change de couleur de fond, il est rendu non sélectionnable.

Ce script est intéressant par la diversité des techniques qu'il emploie, mais nous aurions pu aller encore plus loin en ajoutant des calculs préliminaires sur la dernière ligne du tableau, et une fonction de mémorisation de toutes les cellules. L'étude de cas suivante vous propose donc une analyse des lignes supplémentaires et nécessaires à l'ajout de ces deux fonctionnalités.

Bogues éventuels

Une fois encore, nous n'allons pas parler de bogue dans cette étude de cas, mais plutôt d'erreur de logique. Une des difficultés de cette animation est relative à la notion de boucles imbriquées. Vous devez utiliser deux variables locales, et comprendre que l'une des deux (la variable `j` dans notre exemple) va être sollicitée davantage car elle se trouve imbriquée dans une première boucle.

On notera par ailleurs que nous avons été obligés d'appliquer le style `styleCel` au moment où l'utilisateur saisit son texte, car dans le cas où il effacerait le contenu d'une cellule, le style disparaîtrait avec.

Réaliser une grille de calculs

Avec beaucoup de temps et de réflexion, il serait possible de refaire un tableur avec des fonctionnalités basiques. Une cellule n'est ni plus ni moins qu'un texte de saisie auquel il est possible d'associer des gestionnaires d'événements chargés de surveiller les changements de contenu du tableau.

Description du fichier

Flash Player 6
et ultérieur

Chemin d'accès : *Manipulation du texte/ManipulationTableaux/Tableau-Quadrillage2.fla*

Pour comprendre cette animation, vous devez commencer par lire l'étude de cas précédente. Nous n'allons en effet analyser dans celle-ci, que les lignes d'instructions qui ne se trouvent pas dans le script de l'animation précédente.

Comme nous l'évoquions dans l'étude de cas précédente, nous allons ajouter un calcul automatique des totaux en bas de chaque colonne, ainsi qu'une fonctionnalité de mémorisation du contenu du tableau.

Script

Si vous n'avez pas lu l'introduction de cette animation, rappelons que les lignes d'instructions suivantes sont placées à la suite du script de l'étude de cas précédente pour n'en former qu'un seul.

```
 1 var listeCellules = [];
 2 for (i=1; i<=30; i++) {
 3      listeCellules[i] = "";
 4 }
 5 //
 6 var styleGras = new TextFormat();
 7 styleGras.bold = true;
 8 styleGras.align = "center";
 9 styleGras.font = "Arial";
10 //
11 for (i=1; i<=30; i++) {
12      tableau["case"+i].tabIndex = i;
13      tableau["case"+i].sonNumero = i;
14      tableau["case"+i].onChanged = function() {
15          listeCellules[this.sonNumero] = this.text;
16          memoTableau.data.contenuTableau = listeCellules;
17          //memoTableau.flush();
18          for (k=5; k<=30; k += 5) {
19              sommeTempo = 0;
20              for (j=k-1; j>=k-3; j--) {
21                  sommeTempo += Number(tableau["case"+j].text);
22              }
23              tableau["case"+k].text = sommeTempo;
24              if (tableau["case"+k].text == "NaN") {
25                  tableau["case"+k].text = "";
26              }
27              listeCellules[k] = tableau["case"+k].text;
28              memoTableau.data.contenuTableau = listeCellules;
29              //memoTableau.flush();
30              tableau["case"+k].setTextFormat(styleGras);
31          }
32          this.setTextFormat(styleCel);
33      };
34 }
```

```
35 //
36 memoTableau = SharedObject.getLocal("memoires");
37 if (memoTableau.data.contenuTableau != undefined) {
38     listeCellules = memoTableau.data.contenuTableau;
39     for (i=1; i<=30; i++) {
40         tableau["case"+i].text = listeCellules[i];
41         tableau["case"+i].setTextFormat(styleCel);
42         if (i%5 == 0) {
43             tableau["case"+i].setTextFormat(styleGras);
44         }
45     }
46 } else {
47     memoTableau.data.contenuTableau = listeCellules;
48 }
```

Analyse

Avant de commencer, précisons que les lignes d'instructions 18 à 20 de l'animation précédente ont été retirées, car la mise en forme des cellules se fait dans le traitement du calcul des sommes.

Par ailleurs, il aurait été préférable de ne pas utiliser les mêmes racines de noms d'occurrences pour les cellules du haut du tableau.

Ligne 1 : un premier tableau vide est créé afin de stocker le contenu de chaque cellule. Il sera utilisé dans le processus de mémorisation avec la classe SharedObject.

Lignes 2 à 4 : le tableau que nous venons de créer est rempli, il contient à présent trente entrées dont la valeur de chacune est une chaîne de caractères vide.

Lignes 6 à 9 : nous instancions la classe TextFormat() afin de définir un style de texte qui sera utilisé pour la mise en forme des cellules du bas du tableau, celles qui afficheront les totaux des colonnes.

Lignes 11 à 34 : dans cette boucle, nous allons calculer les sommes de chaque colonne et afficher le résultat sur la dernière ligne.

Ligne 12 : les cellules du tableau sont créées verticalement. La propriété tabIndex permet de définir l'ordre de sélection des occurrences sur la scène lorsque vous utilisez la touche Tabulation.

Ligne 13 : nous associons à chaque texte de saisie une variable qui sera utilisée pour le remplissage automatique des cellules.

Ligne 14 : ce gestionnaire va nous permettre de surveiller toutes les modifications qui surviendraient dans l'une des cellules du tableau. Si tel est le cas, on essaye alors de faire la somme de chaque colonne dans les cellules du bas.

Ligne 15 : le tableau que nous avions créé à la ligne 1 et rempli à la suivante, est utilisé pour placer la valeur de ses entrées dans chaque texte de saisie.

Ligne 16 : on stocke dans un cookie intitulé `memoTableau`, le contenu du tableau intitulé `listeCellules`.

Ligne 17 : nous l'avons laissée pour vous rappeler que dans le cas où vous souhaiteriez accéder à des informations stockées dans un cookie (un `SharedObject`), vous devez toujours utiliser la méthode `flush()` pour forcer l'écriture des données. La ligne 16 va réellement s'exécuter lorsque vous fermerez la fenêtre de votre navigateur ou celle du player Flash.

Ligne 18 : une boucle va exécuter cinq fois les lignes d'instructions qu'elle contient. Rappelons que les calculs que nous allons effectuer vont se faire par colonne. Nous devons donc prendre tous les textes de saisie d'une colonne, sauf le texte du bas, et additionner leurs contenus.

Ligne 19 : cette variable est dans un premier temps initialisée à 0, car elle va contenir la somme de toutes les cellules d'une colonne. Elle sera initialisée cinq fois car notre tableau contient cinq colonnes.

Ligne 20 : rappelons que le nom des textes de saisie est composé du préfixe « case » et d'un suffixe à base d'un chiffre. Dans le cas de la première colonne, nous devons par exemple additionner le contenu des textes de saisie intitulés `case4`, `case3`, et `case2`. C'est pourquoi la variable locale `j` est définie en fonction de la variable locale `k` qui va avoir pour valeurs 5, 10, 15, 20, 25 et 30.

Rappelons que les textes de saisie se trouvent dans une occurrence intitulée `tableau`, qui se trouve sur la scène : d'où la syntaxe obtenue `tableau ["case"+j]`.

Remarque

N'utilisez jamais `case` comme nom de variable, il s'agit d'un mot réservé et utilisé avec la structure conditionnelle `switch()`.

Ligne 21 : c'est cette ligne qui effectue précisément la somme des trois cellules qui composent une colonne. La propriété `text` est utilisée, car nous ne faisons pas référence à la variable d'une instance, mais à son contenu.

Ligne 23 : la première cellule du tableau s'intitule `case1`. Celle qui se trouve en bas de la première colonne s'appelle `case5`. De façon logique et mathématique, les cellules qui se trouvent sur la dernière ligne du tableau, c'est à dire en bas de chaque colonne, s'intitulent `case5`, `case10`, `case15`, `case20`, `case25` et `case30`. La variable locale `k` a été initialisée à 5 et va s'incrémenter de 5 en 5. La concaténation obtenue va donc renvoyer les noms que nous venons de citer ci-dessus. Nous pouvons ainsi stocker dans ces textes de saisie le total de la ligne 21.

Lignes 24 et 25 : lorsque certaines cellules du tableau seront vides, le résultat de la somme de la colonne à laquelle elles appartiennent renverra `Nan` qui signifie Not a Number. Nous ne souhaitons donc pas afficher cette valeur, c'est pourquoi nous la remplaçons par une chaîne de caractères vide.

Ligne 27 : il ne faut pas oublier de remplir les entrées de notre liste intitulée `listeCellules`, qui va être utilisée pour stocker les valeurs de notre tableau (la grille de textes de saisie). Rappelons que cette liste sera stockée dans le cookie de la ligne 16.

Ligne 28 : le tableau (la liste intitulée `listeCellules`) a été mis à jour à la ligne précédente, il faut à présent l'envoyer dans le cookie `memoTableau`.

Ligne 30 : le style de texte que nous avions défini aux lignes 6 à 9 et qui met le texte en gras, en Arial et au centre, est appliqué aux cellules des totaux.

Ligne 32 : le reste des cellules du tableau est mis en forme avec le premier style créé aux lignes 1 à 3.

Ligne 36 : un cookie intitulé `memoTableau` est créé et associé au fichier `memoires`.

Ligne 37 : ce test ne va s'avérer qu'une seule fois dans l'existence du fichier. Lorsque vous lancerez votre fichier .swf pour la première fois sur une machine, le cookie n'existera pas encore, la variable `contenuTableau` n'existera donc pas non plus.

Ligne 38 : on initialise donc le contenu du tableau `listeCelulles`.

Lignes 39 et 40 : on remplit chaque texte de saisie du tableau et on le met en forme également.

Ligne 42 : le test évalue si la division de `i` par `5` renvoie `0`. Si tel est le cas, c'est qu'il s'agit d'une cellule de bas de colonne, on peut alors lui appliquer un style différent (texte en gras).

Ligne 47 : si le cookie existe sur la machine, c'est à dire que le fichier a déjà été lu une première fois, on stocke dans la variable `contenuTableau` du cookie, le contenu de la liste `listeCellules`.

Bogues éventuels

Il est difficile de parler de bogues dans une telle animation, car les risques d'erreurs relèvent davantage de la logique de développement d'une telle application.

Manipuler les tableaux associatifs

L'utilisation des tableaux associatifs est une technique comparable à la gestion d'une double liste linéaire. Elle est plus complexe à manipuler pour sa syntaxe, mais moins abstraite. Il est un exemple très démonstratif qui combine la vidéo et les listes de propriétés, mais nous avons voulu vous présenter une animation simple qui n'est pas vraiment une étude de cas. Veuillez consulter l'étude de cas sur la vidéo (MediasVideoSousTitres.fla) pour découvrir un script faisant appel aux listes de propriétés.

Rappel

Le principe du tableau associatif est de stocker dans un tableau entre accolades, une propriété accompagnée de sa valeur. L'entrée d'un tableau est donc une paire propriété/valeur, et on ne peut inverser l'ordre de la paire. Dans l'exemple suivant, nous illustrons les différents types de valeurs qu'il est possible d'associer à une propriété dans la liste `villes`.

```
quartiers = ["Montmartre", "Gobelins", "Opéra", "Saint Germain"];
villes = {Paris:quartiers, Marseille:"Bouches du Rhône", Toulouse:33};
resultat1 = villes.Paris;
resultat2 = villes.Paris[3];
resultat3 = villes.Marseille;
resultat4 = villes.Toulouse;
```

Vous noterez que la propriété d'un tableau n'est jamais saisie entre guillemets, alors que sa valeur doit l'être comme dans l'exemple `Marseille:"Bouches du Rhône"`. Cependant, si la valeur d'une propriété n'est pas alphanumérique, c'est-à-dire une variable ou une valeur numérique, dans ce cas, vous ne devez pas utiliser de guillemets.

Description du fichier

Chemin d'accès : ***Manipulation du texte/ ManipulationTableaux /ManipTableauxAssociatifs.fla***

Flash Player 6 et ultérieur

L'utilisateur doit taper le nom d'un pays dans un texte de saisie, la capitale correspondante s'affiche alors.

Sur la scène, nous avons disposé un texte de saisie et un autre dynamique. Leurs noms d'occurrences et de variables sont respectivement :

- `nomPays_inst` et `vNomPays` ;
- `nomCapitale_inst` et `vNomCapitale`.

Le script de cette animation est vraiment très court et simple, il se décompose en deux parties :

1. La création d'une liste de propriété.
2. Un test qui évalue la saisie de l'utilisateur.

Script

```
1 listePays = {France:"Paris", Allemagne:"Berlin", Angleterre:"Londres",
➥Espagne:"Madrid", Portugal:"Lisbonne", Italie:"Rome", Suisse:"Geneve",
➥Luxembourg:"Luxembourg", Belgique:"Bruxelles"};
2 nomPays_inst.onChanged = function() {
3      capitale = listePays[vNomPays];
4      if (capitale == undefined) {
5          capitale = "";
6      }
7      vNomVille = capitale;
8 };
```

Analyse

Ligne 1 : une liste de propriétés contenant neuf entrées est créée.

Ligne 2 : un gestionnaire est chargé de surveiller la saisie du texte dans l'instance intitulée `nomPays_inst`.

Ligne 3 : la variable `vNomPays` est celle du texte de saisie dont le nom d'occurrence est `nomPays_inst`. En d'autres termes, lorsque l'utilisateur tape du texte sur la scène, sa saisie est utilisée comme paramètre. Si le texte inscrit est « France », la ligne d'instruction numéro 3 ressemble alors à celle-ci :

```
capitale = listePays[France];
```

Cela revient à écrire :

```
capitale = listePays.France;
```

Cette ligne permet donc de stocker temporairement dans la variable `capitale`, le résultat de la ligne d'instruction ci-dessus.

Lignes 4 à 6 : un test vérifie la valeur renvoyée par la ligne 3. En effet, dès que l'utilisateur tape un caractère, le résultat est automatiquement envoyé dans la variable `capitale`. Tant que la saisie ne correspond pas à l'un des noms de pays de la liste linéaire de la ligne 1, la valeur `undefined` est renvoyée. Il faut donc effacer cette valeur en la remplaçant par une chaîne vide.

Ligne 7 : la valeur de la variable `capitale` est affichée sur la scène.

Bogue éventuel

Comme nous l'évoquions dans le rappel de cette animation, vous ne devez pas saisir le nom des propriétés entre guillemets, c'est généralement le principal bogue lié à ce type de listes.

Partie IV

Les jeux

Créer des jeux en Flash n'est pas une nouveauté. Alors pourquoi introduire un tel chapitre dans ce livre ? Pour ne plus avoir à retrouver les mêmes questions dans les forums et dans la boîte e-mail de Yazo.net ! Non, ce message introductif n'est pas un « coup de gueule », mais il est vrai que tous les nouveaux développeurs Flash essayent de créer des jeux comme premières applications. Ceux qui sont proposés dans ce chapitre font donc partie des standards rencontrés sur Internet, notamment dans des opérations marketing (jackpot et grattage). Les jeux les plus souvent développés pour les enfants sont le memory, le puzzle et le coloriage, nous ne les avons donc pas oublié !

19

Jeux pour enfants

Jeu du Memory

Cette étude de cas est très intéressante, car elle fait appel à de très nombreuses notions de programmation élémentaires et avancées. Le principe est simple, vous devez cliquer sur deux cases (carrés verts), deux photos s'affichent pendant quelques secondes. S'il s'agit des mêmes photos, elles restent retournées (photos visibles).

Pour réaliser cette animation, nous avions le choix entre une construction entièrement dynamique et un mélange de dynamique/statique. Nous avons retenu la première solution car cela nous a semblé plus facile.

Description du fichier

Flash Player 6 et ultérieur

Chemin d'accès : ***Jeux/JeuxEnfants/JeuxMemory.fla***

La scène ne contient que deux textes dynamiques dont les noms de variables sont nbr-Coups et score. Nous aurions pu créer ces textes dynamiquement, mais nous n'avons pas voulu ajouter de lignes d'instructions supplémentaires.

Le script n'est pas très long, mais il se décompose tout de même en trois 3 parties :

1. L'initialisation des variables et tableaux.

2. La construction du tableau de quatre colonnes sur trois lignes.

3. La fonction de vérification.

Figure 19-1

Le jeu du Memory est plus simple à réaliser avec une construction dynamique.

Script

```
1 var listeVignettes = [];
2 var listesVignettesMelangees = [];
3 var casesDecouvertes = 0;
4 var nbrCoups = 0;
5 var score = 0;
6 //
7 for (i=1; i<=6; i++) {
8       listeVignettes.push(i);
9       listeVignettes.push(i);
10 }
11 //
12 vignettesRestantes = 12;
13 for (i=0; i<=11; i++) {
14       listesVignettesMelangees.push(listeVignettes.splice(random(vignettesRestantes), 1));
15       vignettesRestantes--;
16 }
17 //
18 var horizontale = 150;
19 var verticale = 100;
```

```
20 for (i=0; i<=11; i++) {
21      numeroImg = listesVignettesMelangees[i];
22      _root.attachMovie("img"+numeroImg, "img"+i, i);
23      leCache = _root.attachMovie("cache", "cache"+i, i+20);
24      _root["img"+i]._x = leCache._x=horizontale;
25      _root["img"+i]._y = leCache._y=verticale;
26      horizontale += 100;
27      if (horizontale>450) {
28          horizontale = 150;
29          verticale += 100;
30      }
31      //
32      _root["cache"+i].paire = numeroImg;
33      _root["cache"+i].onPress = function() {
34          if (casesDecouvertes<=1) {
35              this._visible = 0;
36              casesDecouvertes++;
37              if (casesDecouvertes == 1) {
38                  premiereCase = this.paire[0];
39                  nomCache1 = this._name;
40              }
41              if (casesDecouvertes == 2) {
42                  nbrCoups++;
43                  deuxiemeCase = this.paire.toString();
44                  nomCache2 = this._name;
45                  lancerVerif = setInterval(verification, 1000);
46              }
47          }
48      };
49 }
50 //
51 verification = function () {
52      if (premiereCase != deuxiemeCase) {
53          _root[nomCache1]._visible = 1;
54          _root[nomCache2]._visible = 1;
55      } else {
56          score++;
57          if (score == 6) {
58              score = "Gagné !";
59          }
60      }
61      clearInterval(lancerVerif);
62      casesDecouvertes = 0;
63 };
```

Analyse

Cases, caches, photos…

Nous devons dès à présent préciser que nous allons utiliser trois termes plus ou moins similai-res. Le jeu représente dans son état initial, des photos retournées. On voit alors le dos des pho-tos. Ces dernières sont positionnées à des emplacements que nous pourrions qualifier de cases. Bien évidemment, on ne peut voir le dos des photos. Nous avons donc placé les occurrences d'un symbole représentant un carré vert sur chaque photo, faisant ainsi office de cache et représentant le dos des photos.

Ligne 1 : nous créons un premier tableau qui va contenir une série de 12 entrées : des chiffres allant de 1 à 6 par paire.

Ligne 2 : nous créons également un deuxième tableau qui contiendra le contenu du premier avec les entrées mélangées. [1,3,2,1,4,2,3,4…].

Ligne 3 : comme son nom l'indique, cette variable va comptabiliser le nombre de cases découvertes. Nous ne pouvons en effet découvrir plus de deux cases à la fois.

Ligne 4 : cette variable comptabilise le nombre de coups, c'est-à-dire le nombre de paires retournées.

Ligne 5 : enfin, une dernière variable est chargée de compter le nombre de paires trouvées.

Lignes 7 à 10 : cette boucle `for()` va permettre de remplir le tableau créé à la ligne 1. N'oublions pas que le but du jeu est de retrouver des paires d'occurrences, nous devons donc manipuler des paires de variables. Le fait d'ajouter deux fois la même valeur va nous permettre d'obtenir le tableau suivant :

```
[1,1,2,2,3,4,4,4,5,5,6,6].
```

Nous allons à présent procéder au mélange du tableau. Pour ce faire, nous allons utiliser un tableau vide, dans lequel nous allons stocker aléatoirement les entrées de celui que nous venons de construire.

Ligne 12 : nous initialisons cette variable à 12 car nous avons besoin d'obtenir dans un premier temps, un chiffre compris entre 0 et 11, soit 12 valeurs.

Ligne 13 : la boucle `for()` de cette ligne d'instruction va nous permettre de répéter 12 fois l'extraction d'une entrée du tableau `listeVignettes`.

Lignes 14 et 15 : nous ajoutons dans le tableau vide `listesVignettesMelangees`, une extraction évoquée ci-dessus. La liste va peu à peu se vider. C'est pourquoi la valeur de la variable de la ligne 15 doit diminuer.

Afin de mieux comprendre la ligne 14, ajoutons ces explications. Nous l'avons réécrite ainsi :

```
elementAajouter = listeVignettes.splice(random(vignettesRestantes), 1);
listesVignettesMelangees.push(elementAajouter);
```

Vous pouvez constater que nous avons ajouté une ligne, mais simplifié la compréhension. Nous avons ajouté à la suite de ces deux lignes, les quatre demandes de traces suivantes :

```
trace("Element ajouté : "+elementAajouter);
trace("Liste listeVignettes : "+listeVignettes);
trace("Liste listesVignettesMelangees : "+listesVignettesMelangees);
trace("-----------------------------------------");
```

Nous obtenons alors l'affichage suivant dans la fenêtre Sortie.

```
Element ajouté : 4
Liste listeVignettes : 1,1,2,2,3,3,4,5,5,6,6
Liste listesVignettesMelangees : 4
-----------------------------------------
Element ajouté : 5
Liste listeVignettes : 1,1,2,2,3,3,4,5,6,6
Liste listesVignettesMelangees : 4,5
-----------------------------------------
Element ajouté : 2
Liste listeVignettes : 1,1,2,3,3,4,5,6,6
Liste listesVignettesMelangees : 4,5,2
-----------------------------------------
Element ajouté : 4
Liste listeVignettes : 1,1,2,3,3,5,6,6
Liste listesVignettesMelangees : 4,5,2,4
-----------------------------------------
Element ajouté : 1
Liste listeVignettes : 1,2,3,3,5,6,6
Liste listesVignettesMelangees : 4,5,2,4,1
-----------------------------------------
Etc.
```

La variable `elementAajouter` qui correspond à l'extraction grâce à la méthode `splice()`, contient bien une entrée du premier tableau. En observant ensuite le contenu de nos deux tableaux, on constate que l'un se vide peu à peu, alors que le deuxième se remplit. Nous avons écourté l'affichage du résultat sur cette page, mais à la fin de l'exécution de la boucle `for()` de la ligne 13, voici ce que l'on obtient.

```
Element ajouté : 6
Liste listeVignettes : 3,5
Liste listesVignettesMelangees : 4,5,2,4,1,1,2,6,3,6
-----------------------------------------
Element ajouté : 5
Liste listeVignettes : 3
Liste listesVignettesMelangees : 4,5,2,4,1,1,2,6,3,6,5
-----------------------------------------
Element ajouté : 3
Liste listeVignettes :
Liste listesVignettesMelangees : 4,5,2,4,1,1,2,6,3,6,5,3
-----------------------------------------
```

`listeVignettes.splice()` retire non seulement une entrée d'un tableau, mais renvoie également la valeur extraite, c'est pourquoi cette méthode se trouve dans `push()`.

> **Remarque**
>
> Vous pouvez extraire plus d'une entrée si vous changez le chiffre 1 de notre exemple (le deuxième paramètre de la méthode) par une autre valeur.

Lignes 18 et 19 : ces variables vont servir à définir les positions horizontales et verticales des occurrences qui vont êtres créées dynamiquement.

Ligne 20 : nous avons besoin de placer 12 cases sur la scène pour composer notre jeu, la boucle `for()` va donc répéter les lignes d'instructions suivantes :

Ligne 21 : la variable temporaire `numeroImg` prend pour valeur les entrées du tableau contenant les chiffres mélangés.

Ligne 22 : nous plaçons sur la scène, les cases du jeu.

Ligne 23 : nous plaçons également une occurrence qui va représenter le dos de la photo retournée.

Lignes 24 et 25 : les photos et dos de photos sont placés au même endroit.

Ligne 26 : cette variable s'incrémente afin de décaler le positionnement des photos vers la droite.

Lignes 27 à 30 : si quatre photos ont été placées côte à côte pour constituer une première ligne, c'est que la valeur de la variable `horizontale` dépasse 450. La valeur de cette dernière est alors réinitialisée à 150, ce qui correspond à la position _x des photos de la colonne de gauche sur la scène. Une nouvelle ligne va également être créée, il faut donc incrémenter la valeur de la variable verticale qui définit la position _y des occurrences.

Ligne 32 : nous attribuons à chaque cache, c'est-à-dire l'occurrence qui se trouve au-dessus de la photo, un numéro qui permet de retrouver les paires. En d'autres termes, lorsque nous allons cliquer sur deux caches l'un après l'autre, s'ils portent tous les deux le même numéro, c'est que le joueur s'est souvenu de la position des deux photos. Il a peut-être eu aussi un peu de chance.

Ligne 33 : un gestionnaire est défini pour chaque occurrence représentant un cache.

À partir de maintenant, les lignes d'instructions qui vont suivre vont s'exécuter au moment où le joueur va cliquer sur un cache (une photo retournée). Rappelons qu'il est impossible de retourner plus de deux photos à la fois.

Ligne 34 : un premier test s'assure qu'il n'y a pas encore de photo retournée.

Ligne 35 : si aucune photo n'est encore retournée, l'occurrence sur laquelle le joueur vient de cliquer est rendue invisible.

Ligne 36 : on comptabilise le nombre de photos retournées.

Lignes 37 à 40 : dans le cas où une photo est retournée, une première variable intitulée `premiereCase` prend pour valeur le numéro de l'occurrence sur laquelle le joueur vient de cliquer. Il est également important de retenir le nom de l'occurrence qui vient d'être masquée, car il faudra la rendre à nouveau visible si les deux photos retournées sont différentes. C'est le rôle de la variable `nomCache1`.

Lignes 41 à 46 : dans le cas où deux cases sont retournées, on incrémente le nombre de coups, une deuxième variable prend pour valeur le nom de l'occurrence sur laquelle le joueur vient de cliquer. La ligne 45 lance l'identification des deux cartes afin de les comparer. Vous noterez que la fonction n'a pas été simplement appelée. Nous sommes passés par la fonction `setInterval()` qui permet de temporiser le déclenchement de la fonction qu'elle exécute. La valeur 1 000 signifie que les photos restent visibles 1 seconde. Changez donc ce paramètre si vous souhaitez afficher les photos plus longtemps à l'écran.

Ligne 51 : c'est donc le rôle de cette fonction de vérifier si les numéros des deux occurrences qui viennent d'être cliquées, sont identiques.

Lignes 52 à 56 : ce test qui vérifie si les occurrences qui viennent d'être masquées portent le même numéro, va soit les rendre à nouveau visibles, soit incrémenter le score.

Ligne 57 : un test vérifie si la variable `score` n'a pas atteint la valeur 6. Cela signifierait alors que toutes les paires de photos ont été trouvées.

Ligne 61 : nous annulons le test qui s'exécute en continu.

Ligne 62 : afin que le joueur puisse à nouveau retourner deux autres photos, nous devons réinitialiser la variable `casesDecouvertes` à 0.

Voilà, comme vous l'aurez remarqué, le script n'est pas trop difficile, seules les lignes 38 et 43 peuvent poser des difficultés de compréhension si l'on n'a pas l'habitude de manipuler les tableaux. Retenez simplement que ces deux variables stockent les numéros d'occurrences qui avaient été initialement définis.

Puzzle

Pour l'animation précédente, nous avions opté pour un développement entièrement dynamique, pour celle-ci, nous préférons retenir deux études de cas. Pour éviter certaines confusions, nous vous invitons à consulter dans un premier temps, uniquement l'une des deux animations.

Nous allons donc commencer par vous présenter une animation dont les pièces de puzzle se trouvent déjà sur la scène et portent déjà des noms.

Figure 19-2

Les pièces de ce puzzle sont déjà placées sur la scène, seuls le déplacement et la vérification de la position sont effectués en ActionScript.

Description du fichier

Flash Player 6
et ultérieur

Chemin d'accès : ***Jeux/JeuxEnfants/JeuxPuzzle.fla***

Comme nous l'évoquions en introduction, la scène contient des occurrences au nombre de 15, toutes intitulées piece1, piece2... piece15.

Le script de cette animation a la particularité d'être très simple, car le développement d'une telle application ne présente pas de difficulté particulière. Nous aurions pu réduire et ainsi simplifier davantage le code si nous avions retiré les lignes d'instructions relatives au magnétisme des pièces. En effet, lorsque le joueur place une pièce de puzzle au bon endroit, elle est recalée au pixel près, et il n'est plus possible de la bouger. Revenons sur la structure du script qui est composé de deux parties :

1. L'initialisation des variables et tableaux.

2. L'attribution de gestionnaires onPress et onRelease aux occurrences.

Précisons que cette deuxième partie contient le cœur du code qui assure le glisser-deplacer des pièces.

Script

```
 1 var placeX = 50;
 2 var placeY = 50;
 3 listePlacesX = [0];
 4 listePlacesY = [0];
 5 //
 6 for (i=1; i<=15; i++) {
 7      //
 8      _root["piece"+i]._x = random(520)+40;
 9      _root["piece"+i]._y = random(350)+40;
10      //
11      _root["piece"+this.i].onPress = function() {
12          this.startDrag();
13          this.swapDepths(50);
14      };
15      _root["piece"+this.i].onRelease = _root["piece"+this.i].onReleaseOutside=function () {
16          stopDrag();
17          numeroPiece = this._name.substr(5, 2);
18          placeX = listePlacesX[numeroPiece];
19          placeY = listePlacesY[numeroPiece];
20          coordXDepose = this._x;
21          coordYDepose = this._y;
22          decalHoriz = Math.abs(placeX-coordXDepose);
23          decalVertic = Math.abs(placeY-coordYDepose);
24          if (decalHoriz<10 && decalVertic<10) {
25              delete this.onPress;
26              delete this.onRelease;
27              delete this.onReleaseOutside;
28              this._x = placeX;
29              this._y = placeY;
30          }
31      };
32      //
33      listePlacesX.push(placeX);
34      listePlacesY.push(placeY);
35      //
36      placeX += 100;
37      if (placeX>450) {
38          placeX = 50;
39          placeY += 100;
40      }
41 }
```

Analyse

Lignes 1 et 2 : ces deux variables vont définir le premier emplacement en _x et _y de la première pièce de puzzle la plus en haut à gauche. Elle vont peu à peu s'incrémenter entre les lignes 36 à 40, avant d'être utilisées aux lignes 33 et 34.

Ligne 3 et 4 : ces deux tableaux vont contenir grâce aux lignes 33 et 34, les emplacements vers lesquels le joueur devra déposer les pièces de puzzle. Chaque pièce va posséder un emplacement fixe.

Vous noterez tout de même que la première entrée du tableau possède déjà une valeur. Rappelons que la première pièce de puzzle va porter le nom d'occurrence `piece1`. Nous allons utiliser les numéros d'index du tableau pour établir une corrélation avec les noms d'occurrences. L'occurrence intitulée `piece3` va contenir deux variables dont les valeurs auront été récupérées à l'index 3 des tableaux `listePlaceX` et `listePlaceY`. Reportez-vous aux explications des lignes d'instructions 33 et 34 pour voir quel sera le contenu de ces deux tableaux.

Ligne 6 : nous allons à présent procéder à l'assignation de gestionnaires de type `onPress` et `onRelease` pour chaque occurrence. Il est très important de préciser que nous allons utiliser le chiffre qui se trouve derrière le nom de chaque occurrence comme index pour établir une relation avec les tableaux `listePlaceX` et `listePlaceY`.

Lignes 8 et 9 : nous commençons par mélanger la position des occurrences actuellement présentes sur la scène.

Lignes 11 à 14 : nous affectons ensuite le premier gestionnaire dont le rôle est de rendre chaque pièce du puzzle mobile. Vous noterez la présence de la fonction `swapDepths()` qui devra placer au premier plan la pièce cliquée. Nous aurions pu choisir n'importe quelle valeur comprise entre 16 et l'infini.

Ligne 15 : nous allons à présent affecter à chaque occurrence un gestionnaire qui va devoir exécuter toutes les lignes d'instructions comprises entre 16 et 30, lorsqu'une pièce de puzzle sera relâchée. Nous préférons gérer deux évènements, car si vous omettiez la ligne 13, vous risqueriez de relâcher votre occurrence alors qu'une autre se trouve entre celle que vous avez saisie et le curseur.

Ligne 16 : lorsque l'utilisateur relâche une pièce de puzzle, il faut alors arrêter son état de mobilité.

Ligne 17 : nous venons de l'évoquer, nous allons exploiter le suffixe du nom de chaque occurrence, nous devons alors l'extraire et le stocker dans une variable. Le mot-clé `this` fait référence au nom qui figure devant le gestionnaire d'événement. Gardez à l'esprit que le premier caractère d'une chaîne exploitée comme paramètre de la méthode `substr()` porte le numéro 0.

Lignes 18 et 19 : nous stockons dans deux variables intitulées `placeX` et `placeY`, les valeurs récupérées des deux tableaux `listePlaceX` et `listePlaceY` qui contiennent les emplacements sur lesquels le joueur doit déposer les pièces.

Lignes 20 et 21 : nous stockons dans deux autres variables, la position actuelle de l'occurrence relâchée.

Lignes 22 et 23 : nous calculons les écarts exprimés en pixels entre les coordonnées _x et _y de l'occurrence relâchée et le point de destination sur lequel le joueur doit relâcher la pièce de puzzle.

Lignes 24 à 30 : si la pièce de puzzle (l'occurrence) est placée à moins de 10 pixels de son emplacement, on supprime alors ses gestionnaires qui permettent de la rendre mobile et on cale l'occurrence au pixel près.

Attention ! Le code que nous analysons depuis la ligne 15 est valable pour les occurrences au moment où le joueur relâchera une pièce de puzzle. L'accolade qui ferme le gestionnaire se trouve à la ligne 31. Les instructions qui se trouvent donc entre les lignes 33 et 41 sont exécutées au chargement de l'animation, lors de la construction dynamique de l'interface, c'est-à-dire lors du placement des images (les pièces du puzzle) sur la scène.

Lignes 33 et 34 : chaque occurrence vient d'être programmée afin qu'elle réagisse au glisser-déplacer. Nous avons vu qu'aux lignes 18 et 19, nous faisions référence à ces listes. Mais que contiennent ces dernières ? Ces deux lignes 33 et 34 vont nous permettre d'obtenir à la fin de l'exécution de la boucle, les tableaux suivants :

```
0,50,150,250,350,450,50,150,250,350,450,50,150,250,350,450
0,50,50,50,50,50,150,150,150,150,150,250,250,250,250,250
```

Rappelons que chaque pièce de puzzle va venir récupérer dans ces tableaux des valeurs placées aux index indiqués à la fin du nom de leur occurrence.

L'occurrence intitulée `piece3` doit venir se placer à 250 pixels du bord gauche de la scène et à 50 pixels du haut de la scène.

Lignes 36 à 40 : pour constituer les tableaux des lignes d'instructions précédentes, dont le contenu est affiché ci-dessus, nous incrémentons deux variables.

Bogue éventuel

Pour fixer à un emplacement précis chaque pièce relâchée, nous devons calculer l'écart entre ses coordonnées et celles auxquelles elle doit se trouver. Le problème est que nous testons si cet écart est inférieur à 10 pixels. Si une pièce est relâchée entre 0 et -10 pixels de son emplacement de destination, le test de la ligne 24 ne peut pas fonctionner. C'est pourquoi il est indispensable de rendre absolues les valeurs des écarts calculés aux lignes 22 et 23.

Nous évoquions en introduction à cette étude de cas, que nous avions retenu deux animations. Voici la deuxième qui ne contient aucune occurrence sur la scène, à l'exception d'un cadre noir qui délimite l'emplacement du puzzle.

Puzzle avec chargement dynamique de photos

Pour développer cette animation, nous avons été obligés de faire appel à la classe `Movie-ClipLoader()`, car le placement des pièces du puzzle sur la scène se fait par le chargement d'image. Si vous travaillez sur Flash MX 2004, vous devez uniquement utiliser des images .jpg non optimisées.

Rappelons donc que l'affectation d'un gestionnaire à une image chargée ne peut se faire tant que la fin du chargement n'est pas constatée. Nous reviendrons sur ce dernier point dans l'analyse des lignes d'instructions. Si vous avez commencé par lire la première étude de cas, vous constaterez que le code est très ressemblant à celui que nous allons voir, ainsi que la structure du script.

Description du fichier

Flash Player 7
et ultérieur

Chemin d'accès : ***Jeux/JeuxEnfants/JeuxPuzzle2.fla***

Cette animation a la particularité de ne rien contenir sur la scène. Le script suivant suffit à construire ce puzzle.

Script

```
1 var placeX = 50;
2 var placeY = 50;
3 listePlacesX = [0];
4 listePlacesY = [0];
5 //
6 for (i=1; i<=15; i++) {
7      _root.createEmptyMovieClip("piece"+i, i);
8      _root["piece"+i]._x = random(520)+40;
9      _root["piece"+i]._y = random(350)+40;
10     //
11     imageAcharger = "images/img"+i+".jpg";
12     //
13     _root["chargeur"+i] = new MovieClipLoader();
14     _root["chargeur"+i].i = i;
15     _root["chargeur"+i].onLoadComplete = function() {
16          _root["piece"+this.i].onPress = function() {
17               this.startDrag();
18               this.swapDepths(50);
19          };
20          _root["piece"+this.i].onRelease = _root["piece"+this.i].
            onReleaseOutside-function () {
21               stopDrag();
22               numeroPiece = this._name.substr(5, 2);
```

404

```
23              placeX = listePlacesX[numeroPiece];
24              placeY = listePlacesY[numeroPiece];
25              coordXDepose = this._x;
26              coordYDepose = this._y;
27              decalHoriz = Math.abs(placeX-coordXDepose);
28              decalVertic = Math.abs(placeY-coordYDepose);
29              if (decalHoriz<10 && decalVertic<10) {
30                  delete this.onPress;
31                  delete this.onRelease;
32                  delete this.onReleaseOutside;
33                  this._x = placeX;
34                  this._y = placeY;
35              }
36          };
37      };
38      _root["chargeur"+i].loadClip(imageAcharger, _root["piece"+i]);
39      //
40      listePlacesX.push(placeX);
41      listePlacesY.push(placeY);
42      //
43      placeX += 100;
44      if (placeX>450) {
45          placeX = 50;
46          placeY += 100;
47      }
48 }
```

Analyse

Lignes 1 et 2 : ces deux variables vont définir le premier emplacement en _x et _y de la première pièce de puzzle la plus en haut à gauche. Elle vont peu à peu s'incrémenter entre les lignes 36 à 40, avant d'être utilisées aux lignes 33 et 34.

Lignes 3 et 4 : ces deux tableaux vont contenir grâce aux lignes 33 et 34, les emplacements vers lesquels le joueur devra déposer les pièces de puzzle. Chaque pièce va posséder un emplacement fixe.

Vous noterez tout de même que la première entrée du tableau possède déjà une valeur. Rappelons que la première pièce de puzzle va porter le nom d'occurrence piece1. Nous allons utiliser les numéros d'index du tableau pour établir une corrélation avec les noms d'occurrences : l'occurrence intitulée piece3 va contenir deux variables dont les valeurs auront été récupérées à l'index 3 des tableaux listePlaceX et listePlaceY. Reportez-vous aux explications des lignes d'instructions 40 et 41 pour voir quel sera le contenu de ces deux tableaux.

Lignes 6 à 9 : nous allons charger des images .jpg sur la scène pour représenter les pièces de notre puzzle. Elles vont donc devoir être rattachées à des occurrences, la boucle for() va donc créer dans un premier temps 15 occurrences vides (ligne 7), puis les disposer de façon aléatoire sur la scène (lignes 8 et 9).

Ligne 11 : dans une variable, nous stockons le résultat d'une concaténation qui va renvoyer la valeur suivante :

```
images/img1.jpg
```

En effet, les images de notre puzzle se trouvent dans un dossier intitulé images. Elles ont toutes le même préfixe : img1.jpg, img2.jpg, img3.jpg, etc.

Ligne 13 : comme nous vous le précisions en introduction à cette animation, il est impossible d'assigner un gestionnaire à une image (à l'occurrence qui la contient) qui est chargée dynamiquement avec la méthode loadMovie(). Si vous tentez en effet une telle assignation alors que le chargement n'est pas terminé, le gestionnaire ne reste pas. Vous avez alors deux solutions.

• Tester la fin du chargement en utilisant les méthodes getBytesLoaded() et getBytes-Total() avant d'assigner des gestionnaire aux occurrences.

• Utiliser la classe MovieClipLoader().

Nous avons opté pour la méthode la plus simple et la plus conseillée. Nous créons donc une instance de la classe MovieClipLoader(). N'oubliez pas que cette ligne d'instruction se trouve dans une boucle, nous allons donc créer quinze instances.

Ligne 14 : nous assignons à chaque instance une variable qui prend pour valeur celle de i.

Lignes 15 à 19 : le gestionnaire onLoadComplete va nous permettre de préciser ce qui doit être fait lorsque l'image sera totalement chargée : rendre l'occurrence mobile au clic sur une image (lignes 16 à 18).

Avant d'aller plus loin dans l'analyse du script, il est très important de préciser que nous allons utiliser le chiffre qui se trouve derrière le nom de chaque occurrence créée à la ligne 7, comme index pour établir une relation avec les tableaux listePlaceX et listePlaceY.

Ligne 20 : nous allons à présent affecter à chaque occurrence, un gestionnaire qui va devoir exécuter toutes les lignes d'instructions comprises entre 16 et 30, lorsqu'une pièce de puzzle sera relâchée. Nous préférons gérer deux évènements car si vous omettiez la ligne 13, vous risqueriez de relâcher votre occurrence alors qu'une autre se trouve entre celle que vous avez saisie et le curseur.

Ligne 21 : lorsque l'utilisateur relâche une pièce de puzzle, il faut alors arrêter son état de mobilité.

Ligne 22 : nous l'évoquions ci-dessus, nous allons exploiter le suffixe du nom de chaque occurrence, nous devons alors l'extraire et le stocker dans une variable. Le mot-clé this fait référence au nom qui figure devant le gestionnaire d'évènement. Gardez à l'esprit que le premier caractère d'une chaîne exploitée comme paramètre de la méthode substr() porte le numéro 0.

Lignes 23 et 24 : nous stockons dans deux variables intitulées placeX et placeY, les valeurs récupérées des deux tableaux listePlaceX et listePlaceY qui contiennent les emplacements sur lesquels le joueurs doit déposer les pièces.

Lignes 25 et 26 : nous stockons dans deux autres variables, la position actuelle de l'occurrence relâchée.

Lignes 27 et 28 : nous calculons les écarts exprimés en pixels entre les coordonnées _x et _y de l'occurrence relâchée, et le point de destination sur lequel le joueur doit relâcher la pièce de puzzle.

Lignes 29 à 36 : si la pièce de puzzle (l'occurrence) est placée à moins de 10 pixels de son emplacement, on supprime alors ses gestionnaires qui permettent de la rendre mobile et on cale l'occurrence au pixel près.

Attention ! Le code que nous analysons depuis la ligne 15 est valable pour les occurrences au moment où le joueur relâchera une pièce de puzzle. L'accolade qui ferme le gestionnaire se trouve à la ligne 31. Les instructions qui se trouvent donc entre les lignes 33 et 41 sont exécutées au chargement de l'animation, lors de la construction dynamique de l'interface, c'est-à-dire lors du placement des images (les pièces du puzzle) sur la scène.

Ligne 38 : nous avons créé une instance de la classe MovieClipLoader(), nous avons défini le contenu du gestionnaire onLoadComplete(), nous devons à présent lancer le chargement de l'image dans une occurrence.

Lignes 40 et 41 : chaque occurrence vient d'être programmée afin qu'elle réagisse au glisser-déplacer. Nous avons vu qu'aux lignes 18 et 19, nous faisions référence à ces listes. Mais que contiennent ces dernières ? Ces deux lignes 33 et 34 vont nous permettre d'obtenir à la fin de l'exécution de la boucle, les tableaux suivants :

```
0,50,150,250,350,450,50,150,250,350,450,50,150,250,350,450
0,50,50,50,50,50,150,150,150,150,150,250,250,250,250,250
```

Rappelons que chaque pièce de puzzle va venir récupérer dans ces tableaux, des valeurs placées aux index indiqués à la fin du nom de leur occurrence.

L'occurrence intitulée piece3 doit venir se placer à 250 pixels du bord gauche de la scène et à 50 pixels du haut de la scène.

Lignes 43 à 47 : pour constituer les tableaux des lignes d'instructions précédentes, dont le contenu est affiché ci-dessus, nous incrémentons deux variables.

Bogue éventuel

Pour fixer à un emplacement précis chaque pièce relâchée, nous devons calculer l'écart entre ses coordonnées et celles auxquelles elle doit se trouver. Le problème est que nous testons si cet écart est inférieur à 10 pixels. Si une pièce est relâchée entre 0 et -10 pixels de son emplacement de destination, le test de la ligne 29 ne peut pas fonctionner. C'est pourquoi il est indispensable de rendre absolues les valeurs des écarts calculés aux lignes 27 et 28.

Jeu de coloriage

Figure 19-3

La mise en couleur des différentes parties de ces caractères se fait par un simple clic après avoir sélectionné une couleur.

Cette étude de cas extrêmement simple ne contient que peu de code. Elle est néanmoins intéressante, car elle démontre qu'il est possible de ne pas nommer les occurrences lorsque vous les placez sur la scène.

Pour procéder à la création de nos formes, nous avons tapé un texte sur la scène avant de le vectoriser. Nous avons ensuite tracé des droites en traversant les caractères, il est alors très simple de sélectionner uniquement une partie du caractère par un clic avec la flèche noire.

Figure 19-4

Effectuez 2 séparations pour passer de l'état texte à l'état formes.

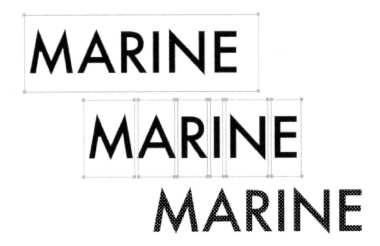

Remarque

Pour passer de l'état texte à l'état formes, vous devez appliquer deux fois le raccourci clavier Ctrl + B ou Commande + B. La première fois, vous transformez le texte en plusieurs composés d'un caractère, la deuxième fois, vous obtenez des formes.

Description du fichier

Flash Player 6
et ultérieur

Chemin d'accès : *Jeux/JeuxEnfants/JeuxColoriage.fla*

La scène ne contient qu'une seule occurrence, un carré vide au contour noir (voir la figure 19-5) qui va venir se placer autour de la case de couleur sélectionnée. Nous aurions pu créer cette occurrence dynamiquement, nous avons préféré économiser quelques lignes de codes.

Figure 19-5

Pour indiquer la couleur en cours de sélection, ce petit carré vient se positionner aux mêmes coordonnées _x et _y que la case cliquée.

Comme vous avez pu le constater, le script ne contient que peu de lignes d'instructions car la technique de mise en couleur est très simple. Voici les grandes étapes de développement :

1. Création d'un tableau contenant des codes couleurs.

2. Création du nuancier de couleur (figure 19-5).

3. Affectation des gestionnaires aux pastilles du nuancier et aux formes à mettre en couleur.

Remarque

Dans cette animation, vous pouvez choisir une couleur et l'appliquer ensuite à plusieurs occurrences ou faire l'inverse, c'est-à-dire cliquer sur une occurrence et essayer plusieurs couleurs.

Script

```
1 var lstCouleurs = ["000000", "333333", "666666", "999999", "BBBBBB", "FFFFFF",
  "FF0000", "00FF00", "0000FF", "FFFF00", "FF00FF", "00FFFF"];
2 var memoCouleur = "0xFF0000";
3 //
4 cadreSelection._x = 109;
5 cadreSelection._y = 388;
6 //
7 for (i=0; i<lstCouleurs.length; i++) {
```

```
 8        _root.attachMovie("pastille", "pastille"+i, i);
 9        _root["pastille"+i]._x = 19+(i*15);
10        _root["pastille"+i]._y = 388;
11        _root["pastille"+i].saCouleur = new Color(_root["pastille"+i]);
12        _root["pastille"+i].saCouleur.setRGB("0x"+lstCouleurs[i]);
13        _root["pastille"+i].onPress = function() {
14            _root.memoCouleur = this.saCouleur.getRGB();
15            cadreSelection._x = this._x;
16            cadreSelection._y = this._y;
17            _root[nomOccurrenceActive].saCouleur.setRGB(_root.memoCouleur);
18        };
19 }
20 for (i=2; i<=11; i++) {
21        _root["instance"+i].saCouleur = new Color(_root["instance"+i]);
22        _root["instance"+i].onPress = function() {
23            this.saCouleur.setRGB(_root.memoCouleur);
24            _root.nomOccurrenceActive = this._name;
25        };
26 }
```

Analyse

Ligne 1 : nous créons un tableau qui contient les couleurs que nous allons pouvoir utiliser dans cette animation.

Ligne 2 : une première variable est également initialisée dans le but de mémoriser la couleur en cours de sélection.

Lignes 4 et 5 : lorsque l'utilisateur cliquera sur une case de couleur, un cadre noir indiquera la sélection en cours en venant l'entourer.

Ligne 7 : cette boucle for() a pour fonction de créer les cases de couleur et leur assigner un gestionnaire (voir la figure 19-5).

Ligne 8 : le symbole avec le nom de liaison pastille, est placé sur la scène. Toutes les occurrences obtenues s'intitulent pastille1, pastille2, etc.

Lignes 9 et 10 : les occurrences précédemment créées sont positionnées sur la scène à 388 pixels du haut de la scène. Horizontalement, elles sont espacées de 3 pixels les unes des autres, car chaque occurrence mesure en effet 12 pixels de largeur. Le 19 sert à indiquer la position horizontale initiale de la première case de couleur.

Ligne 11 : nous créons à l'intérieur de chaque case de couleur, une instance de la classe Color() intitulée saCouleur. C'est grâce à elle qu'il est déjà possible d'affecter une couleur aux pastilles.

Ligne 12 : la couleur de chaque pastille est définie en paramètres du tableau lstCouleurs que nous avions créé sur la première ligne du script.

Lignes 13 à 18 : ce gestionnaire assigné à toutes les occurrences créées dynamiquement, va permettre de stocker dans une variable intitulée memoCouleur, le code couleur de la case cliquée. Par ailleurs, le cadre noir vient se placer sur la case cliquée. À la ligne 24, une variable intitulée `nomOccurrenceActive` aura pour valeur le nom de la dernière forme cliquée. La ligne 17 permet donc d'appliquer la couleur choisie.

Lignes 20 à 26 : nous allons assigner de nouveaux gestionnaires aux formes que nous souhaitons mettre en couleur. Nous devons donc passer par une boucle, mais il faut d'abord connaître le nombre d'occurrences et leurs noms. Si vous n'attribuez pas de nom à une occurrence, vous devez savoir qu'elle s'appelle par défaut `instanceX` (X étant un chiffre qui s'incrémente automatiquement dès que vous déposez un symbole sur la scène). Pour connaître précisément le nombre d'occurrences présentes dans une image de votre timeline, vous pouvez les compter, mais aussi consulter la fenêtre Debugger. Elle propose en effet dans sa partie supérieure gauche, un listing de toutes les occurrences. Évitez tout de même ce genre de choix. Nous vous conseillons toujours de nommer vos occurrences.

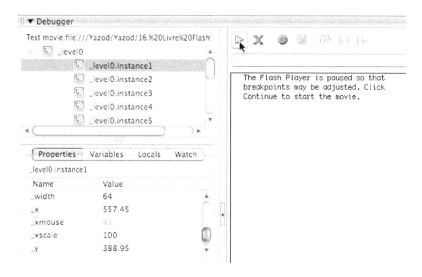

Figure 19-6

La fenêtre Debugger a plusieurs fonctionnalités, mais elle permet surtout de connaître la présence et le nom des occurrences d'une image.

Ligne 21 : nous créons une instance de la classe `Color()` afin de pouvoir mettre en couleur les formes.

Ligne 22 : ce gestionnaire s'exécutera lorsque l'utilisateur cliquera sur une forme. La mise en couleur de la forme sera effectuée et une variable mémorisera le nom de l'occurrence cliquée.

Bogue éventuel

Lorsque vous faites référence à un code couleur, n'oubliez pas de spécifier le préfixe `0x` qui permet d'indiquer au player Flash qu'il s'agit d'un code couleur en hexadécimal.

Jeu de mémoire sonore

L'intérêt de cette animation est la temporisation de séquences. En programmation, il est difficile d'enchaîner des séquences avec des temps de pause différents et des phases de vérification d'états et de données en fonction d'événements. C'est pourquoi nous avons cherché un jeu qui pourrait se prêter à de telles contraintes. Le jeu de mémoire convient parfaitement.

Le fonctionnement du jeu est le suivant. Lorsque l'utilisateur clique sur le bouton situé en haut de la scène, les 9 touches deviennent cliquables et une première note musicale est émise. Il faut alors cliquer sur la case qui vient de s'animer et jouer le son. Après chaque bonne reproduction d'une séquence, une note est ajoutée.

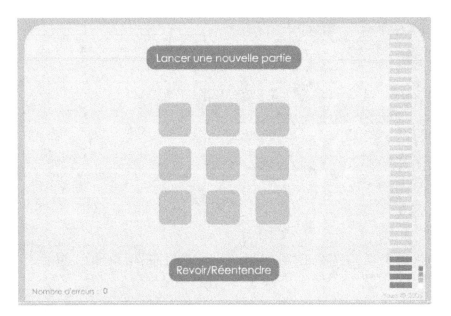

Figure 19-7

Vous vous souvenez de ce célèbre jeu où vous deviez répéter une séquence sonore sur 4 gros boutons en couleurs ? En voici la version Flash avec encore plus de boutons.

Description du fichier

Flash Player 6
et ultérieur

Chemin d'accès : ***Jeux/JeuxEnfants/MemoSonore.fla***

Nous avons commencé par placer sur la scène deux occurrences intitulées btLancerJeu et btRevoir. Nous avons ensuite disposées sous forme de tableau (3 lignes de 3 cases) 9 autres occurrences intitulées t0 à t8.

Nous aurions pu placer dynamiquement ces 9 cases, mais nous avons souhaité limiter le script de cette animation qui est déjà très long.

Script

```
 1  //##########################################
 2  //####### Initialisation des variables ####
 3  //##########################################
 4  //
 5  var serieNotesAJouer = [];
 6  var serieNotesJouees = [];
 7  var numeroSonAJouer:Number = 0;
 8  var nombreSonAJouer = 1;
 9  var ecoute = new Sound();
10  var erreurConstatee = false;
11  var prochainNumeroNiveauAAllumer = 1;
12  var nbrErreurs = 0;
13
14  //##########################################
15  //##### Initialisation des occurrences ####
16  //##########################################
17  //
18  btRevoir._alpha = 20;
19
20  //##########################################
21  //###### Initialisation des 9 touches #####
22  //##########################################
23  //
24  for (i=0; i<=8; i++) {
25    _root["t"+i]._alpha = 30;
26  }
27  //
28  function initialiserTouches() {
29    //
30    for (i=0; i<=8; i++) {
31      _root["t"+i].sonNumero = i;
32      _root["t"+i]._alpha = 100;
33      _root["t"+i].onPress = function() {
34        serieNotesJouees.push(this.sonNumero);
35        voirPion(this);
36        ecoute.loadSound("sons/son"+(this.sonNumero+1)+".mp3",1);
37        verifierErreurs();
38      };
39    }
40  }
41  //
42  btLancerJeu.onPress = function() {
43    btRevoir._alpha = 100;
44    serieNotesJouees = [];
```

```
45    nbrErreurs = 0;
46    for (i=0; i<30; i++) {
47      serieNotesAJouer.push(random(9));
48      _root.attachMovie("recrangleNiveau","niveau"+(i+1),i,{_x:555, _y:375-(i*12), _alpha:25});
49    }
50    //
51    initialiserTouches();
52    numeroSonAJouer = 0;
53    serieNotesJouees = [];
54    lancerLecture = setInterval(lectureSerieSonDecouvrir, 1000);
55    //
56  };
57  //
58  function jouerUneNote() {
59    voirPion(_root["t"+serieNotesAJouer[numeroSonAJouer]]);
60    ecoute.loadSound("sons/son"+(serieNotesAJouer[numeroSonAJouer]+1)+".mp3",1);
61  }
62  //
63  //
64  //
65  function verifierErreurs() {
66
67    if (serieNotesJouees.length == nombreSonAJouer) {
68      for (i=0; i<serieNotesJouees.length; i++) {
69        if (serieNotesAJouer[i] != serieNotesJouees[i]) {
70          erreurConstatee = true;
71        }
72      }
73      if (erreurConstatee) {
74        nbrErreurs++;
75        numeroSonAJouer = 0;
76        serieNotesJouees = [];
77        lancerLecture = setInterval(lectureSerieSonDecouvrir, 1000);
78      } else {
79        _root["niveau"+prochainNumeroNiveauAAllumer]._alpha = 100;
80        prochainNumeroNiveauAAllumer++;
81        nombreSonAJouer++;
82        numeroSonAJouer = 0;
83        serieNotesJouees = [];
84        lancerLecture = setInterval(lectureSerieSonDecouvrir, 1000);
85      }
86      erreurConstatee = false;
87    }
88  }
89  //
90  function lectureSerieSonDecouvrir() {
91    jouerUneNote();
92    numeroSonAJouer++;
93    if (numeroSonAJouer>=nombreSonAJouer) {
94      clearInterval(lancerLecture);
95    }
96  }
```

```
 97  //
 98  btRevoir.onPress = function() {
 99    numeroSonAJouer = 0;
100    serieNotesJouees = [];
101    lancerLecture = setInterval(lectureSerieSonDecouvrir, 1000);
102  };
103
104  function voirPion(occurrence) {
105    occurrence.onEnterFrame = function() {
106      this._xscale -= 2;
107      this._yscale -= 2;
108      this._alpha -= 5;
109      if (this._xscale<=80) {
110        this._xscale = 100;
111        this._yscale = 100;
112        this._alpha = 100;
113        delete this.onEnterFrame;
114      }
115    };
116  }
```

Analyse

Lignes 5 à 12 : nous initialisons des variables pour pouvoir les utiliser dans notre programme. Comme nous allons devoir en utiliser beaucoup, nous avons fait extrêmement attention à choisir des noms très représentatifs des valeurs qu'elles vont contenir.

Ligne 18 : nous masquons légèrement l'occurrence du bouton qui permettra de rejouer une séquence sonore lorsque l'utilisateur n'aura pas bien entendu toutes les notes jouées. Nous aurions pu ajouter, en ligne 19, l'instruction btRevoir.enabled=false pour éviter que le curseur soit représenté sous la forme d'un doigt au survol de l'occurrence. Il faudrait alors rétablir la valeur de cette propriété à true à la ligne 44.

Lignes 24 à 26 : nous rendons légèrement transparentes les touches pour indiquer à l'utilisateur qu'elles ne sont pas cliquables.

Lignes 28 à 40 : nous initialisons les 9 touches du jeu pour qu'elles puissent émettre un son lors du clic (ligne 36).

Ligne 31 : on associe un numéro à chaque touche.

Ligne 32 : on rétablit l'opacité de chaque touche.

Lignes 33 à 38 : on définit un gestionnaire d'événement qui sera exécuté lorsque l'utilisateur cliquera sur l'une des 9 touches.

Ligne 34 : on ajoute le numéro de la touche pressée à une liste pour pouvoir comparer les notes jouées à celles qu'il fallait jouer.

Ligne 35 : on fait appel à la fonction voirPion() qui permet d'animer la touche cliquée.

Ligne 36 : un son est joué. Il s'agit d'une note dont le nom de fichier est obtenu par concaténation de la chaîne de caractères « son » et de la valeur de la variable sonNumero associée à chaque touche (ligne 31).

Ligne 37 : on fait appel à la fonction verifierErreurs() (lignes 65 à 88) afin de valider la séquence jouée par l'utilisateur.

Lignes 42 à 56 : ce gestionnaire d'événement est chargé d'initialiser le jeu pour démarrer une partie.

Ligne 43 : le bouton servant à rejouer la séquence est rendu visuellement actif.

Ligne 44 : on initialise et vide le tableau serieNotesJouees pour pouvoir le remplir progressivement à chaque note pressée.

Ligne 45 : la variable nbrErreurs permettra de vérifier si une différence est constatée entre la note attendue (qu'il fallait jouer) et la note jouée par l'utilisateur.

Lignes 46 à 49 : nous disposons les 30 rectangles (à droite sur la scène) servant à indiquer le niveau atteint par le joueur.

Ligne 51 : nous initialisons les touches.

Ligne 52 : nous précisons que le son à jouer est le premier de la liste.

Ligne 54 : nous lançons une fonction setInterval() afin d'exécuter la fonction lectureSerieSonDecouvrir toutes les 1 000 millisecondes (soit 1 seconde).

Lignes 58 à 61 : cette fonction permet d'en exécuter une autre intitulée voirPion() et de jouer le son d'une note.

Lignes 65 à 88 : la fonction verifierErreurs() est appelée à chaque pression sur une touche.

Lignes 67 à 72 : nous commençons par nous assurer que le nombre de notes jouées est identique à la valeur de la variable nombreSonAJouer pour éviter un bogue sur lequel nous reviendrons plus tard. Nous effectuons ensuite une boucle afin de comparer les numéros des notes jouées avec ceux des notes qu'il fallait jouer.

Lignes 73 à 85 : nous vérifions si une erreur a été constatée.

Lignes 74 à 77 : si une erreur est constatée, nous réinitialisons certaines variables pour pouvoir relancer la partie.

Lignes 79 à 84 : si aucune erreur n'est constatée, nous réinitialisons certains paramètres (variables et propriétés) pour pouvoir poursuivre le jeu.

Ligne 86 : nous réinitialisons la valeur de la variable erreurConstatee à false afin de pouvoir refaire d'autres tests de vérification d'erreurs.

Lignes 90 à 96 : la fonction lectureSerieSonDecouvrir permet de parcourir le tableau serieNotesAJouer pour jouer les sons de la séquence que l'utilisateur doit reproduire. Lorsque toutes les notes sont jouées, on interrompt la fonction setInterval() exécutée aux lignes 54, 77, 84 ou 101.

Lignes 98 à 102 : ce gestionnaire permet de rejouer la séquence à reproduire.

Lignes 104 à 116 : cette fonction permet de réaliser une animation des touches qui deviennent de plus en plus petites et légèrement transparentes avant de revenir à leur état initial.

Bogues éventuels

Les bogues dans une telle animation peuvent être nombreux. Nous vous conseillons donc de nommer vos variables avec des noms représentatifs de ce qu'elles contiennent ou représentent.

Jeu du morpion

Nous avons voulu réaliser une animation très simple, pour permettre aux personnes débutant en programmation d'utiliser les boucles et les tableaux. Le jeu du morpion se prête tout à fait à cela et c'est pourquoi nous l'avons retenu.

Figure 19-8

Le célèbre jeu de morpion : le joueur doit réussir à aligner 3 formes identiques avant son adversaire.

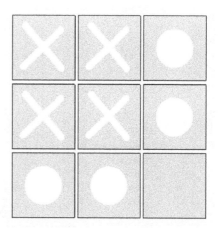

Description du fichier

Flash Player 6 et ultérieur

Chemin d'accès : ***Jeux/JeuxEnfants/Morpion.fla***

Comme nous venons de l'évoquer, nous avons cherché à simplifier la conception de cette animation. C'est pourquoi nous avons commencé par créer un symbole avec 3 images-clés. La première est une image-clé contenant uniquement un carré, la deuxième contient ce même carré avec le dessin d'une croix et la troisième le dessin d'un rond.

Nous avons placé le symbole 9 fois sur la scène pour obtenir la disposition représentée sur la figure 19-8. Chaque occurrence est nommée a0, a1 et a2 pour la première ligne, b0, b1 et b2 pour la deuxième ligne, et enfin c0, c1 et c2 pour la troisième et dernière ligne.

Un texte dynamique dont le nom de variable est vMessage est créé sous les cases pour pouvoir afficher le mot « Gagné » lorsque l'un des deux joueurs aura remporté une manche.

Dans un souci de simplification, nous n'avons pas prévu la possibilité de relancer une partie.

Script

```
 1 var lignes = ["a", "b", "c"];
 2
 3 var lignea = [5, 5, 5];
 4 var ligneb = [5, 5, 5];
 5 var lignec = [5, 5, 5];
 6
 7 var lignesTotal = [];
 8 lignesTotal = lignea.concat(ligneb, lignec);
 9
10 var joueur = true;
11
12 for (i=0; i<=2; i++) {
13   for (j=0; j<=2; j++) {
14     _root[lignes[i]+j].onPress = function() {
15       var nomCetteOccurrence = this._name;
16       var chiffre = nomCetteOccurrence.substr(1, 1);
17       var lettre = nomCetteOccurrence.substr(0, 1);
18       switch (joueur) {
19         case true :
20           _root["ligne"+lettre][chiffre] = 1;
21           break;
22         case false :
23           _root["ligne"+lettre][chiffre] = 0;
24           break;
25       }
26       joueur = !joueur;
27       this.gotoAndStop(Number(joueur)+2);
28       verifierLigne();
29     };
30   }
31 }
32
33 function verifierLigne() {
34   lignesTotal = [];
35   lignesTotal = lignea.concat(ligneb, lignec);
36
```

```
37    ligne0 = [0, 1, 2];
38    ligne1 = [3, 4, 5];
39    ligne2 = [6, 7, 8];
40    ligne3 = [0, 3, 6];
41    ligne4 = [1, 4, 7];
42    ligne5 = [2, 5, 8];
43    ligne6 = [0, 4, 8];
44    ligne7 = [6, 4, 2];
45
46    for (i=0; i<=7; i++) {
47
48      valeur1 = _root["ligne"+i][0];
49      valeur2 = _root["ligne"+i][1];
50      valeur3 = _root["ligne"+i][2];
51      valeur1 = lignesTotal[valeur1];
52      valeur2 = lignesTotal[valeur2];
53      valeur3 = lignesTotal[valeur3];
54      ligneComplete = valeur1+valeur2+valeur3;
55      if (ligneComplete == 3 || ligneComplete == 0) {
56        vMessage = "Gagné";
57      }
58
59    }
60
61 }
```

Analyse

Avant toute explication sur les lignes d'instructions qui constituent notre script, voyons comment nous allons pouvoir détecter la présence d'une ligne sur le plateau à jouer.

Nous pouvons dire que le tableau de 3 lignes de 3 cellules représente 9 cases. Nous allons créer un tableau intitulé lignesTotal dans lequel nous allons concaténer les 3 listes lignea, ligneb et lignec. Nous allons ensuite tester les 7 combinaisons susceptibles de contenir les mêmes formes.

Ligne 1 : nous initialisons un premier tableau dont les valeurs correspondent aux suffixes des noms de lignes que nous allons constituer.

Lignes 3 à 5 : nous initialisons 3 tableaux qui contiennent des valeurs que nous fixons à 5 pour pouvoir vérifier ultérieurement si une ligne à été obtenue avec 3 formes identiques. Nous reviendrons sur les détails quelques lignes plus loin.

Ligne 7 : nous initialisons le fameux tableau qui va contenir les valeurs des 3 listes lignea, ligneb et lignec.

Ligne 8 : nous remplissons le tableau par concaténation.

419

Ligne 10 : la variable `joueur` va prendre successivement les valeurs `true` et `false` pour définir alternativement le tour de chaque joueur.

Lignes 12 à 31 : ces deux boucles `for` imbriquées permettent de définir les gestionnaires d'événements associés à chacune des 3 cellules du tableau de 9 cases.

Ligne 14 : cette ligne est importante à comprendre car elle fait dynamiquement référence aux noms d'occurrence. Nos 9 cases s'intitulent `a0`, `a1`, `a2`, `b0`, `b1`, `b2`, `c0`, `c1` et `c2`. Un premier tableau, intitulé `lignes`, contient les lettres `a`, `b` et `c`, soit les préfixes des noms d'occurrences. Grâce aux deux boucles `for` des lignes 12 et 13, et la concaténation des 3 lettres et des valeurs `0`, `1` et `2`, nous réussissons à faire référence aux noms des occurrences.

Lignes 15 à 17 : nous stockons dans des variables locales intitulées `nomCetteOccurrence`, `chiffre` et `lettre`, les valeurs nécessaires au traitement du choix de joueur. Précisons tout de même que la valeur `this._name` permet de récupérer le nom de l'occurrence cliquée.

Lignes 18 à 25 : en fonction de la valeur de la variable `joueur` (`true` ou `false`), nous affectons la valeur `1` ou `0` dans les tableaux `lignea`, `ligneb` ou `lignec`.

Ligne 26 : nous basculons la valeur booléenne de la variable `joueur`.

Ligne 27 : nous affichons une croix ou un rond dans la case cliquée.

Ligne 28 : nous vérifions l'éventuelle présence d'une ligne.

Lignes 33 à 61 : cette fonction est appelée à chaque clic sur l'une des 9 cases.

Ligne 34 : nous vidons le tableau afin de pouvoir le remplir de nouvelles valeurs.

Ligne 35 : nous le remplissons avec de nouvelles valeurs.

Lignes 37 à 44 : nous définissons 8 tableaux qui contiennent les différents numéros d'entrées constituant des combinaisons possibles pour obtenir une droite.

Lignes 46 à 59 : cette boucle `for` évalue si le total des valeurs contenues aux entrées spécifiées dans les 8 tableaux est égal à 0 ou à 3. Rappelons que initialement, les valeurs des entrées sont réglées à 5. Pour obtenir 0, il faut donc additionner trois zéros et pour obtenir 3, il faut additionner trois fois le chiffre 1. Sur les lignes 20 et 23, souvenez-vous que les valeurs initiales (le chiffre 5) sont changées en 0 ou 1 selon le joueur. Si le test est positif, l'occurrence `vMessage` est alors affichée.

Remarque

Nous n'avons pas éliminé la possibilité de pouvoir recliquer sur une case qui contient déjà un rond ou une croix, afin de pouvoir changer de forme en cas d'erreur. Au cas où vous souhaiteriez gérer et empêcher cette possibilité, il faudrait modifier le contenu des boucles imbriquées for comme le montre le script ci-après.

Script

```
for (i=0; i<=2; i++) {
  for (j=0; j<=2; j++) {
    _root[lignes[i]+j].onPress = function() {
      if (this._currentframe == 1) {
        this.enabled = 0;
        var nomCetteOccurrence = this._name;
        var chiffre = nomCetteOccurrence.substr(1, 1);
        var lettre = nomCetteOccurrence.substr(0, 1);
        switch (joueur) {
          case true :
            _root["ligne"+lettre][chiffre] = 1;
            break;
          case false :
            _root["ligne"+lettre][chiffre] = 0;
            break;
        }
        joueur = !joueur;
        this.gotoAndStop(Number(joueur)+2);
        verifierLigne();
      }
    };
  }
}
```

Analyse

Nous avons ajouté un test qui permet de vérifier si l'image affichée du clip cliqué est bien la première, celle qui ne contient pas de forme. Si tel est le cas, il est alors possible d'exécuter le code que nous avions déjà. Vous noterez que nous avons également ajouté une ligne d'instructions qui désactive le clic sur l'occurrence.

Bogues éventuels

La principale difficulté dans cette animation réside dans l'interprétation des noms de cases, c'est pourquoi la ligne 14 est particulièrement délicate.

Jeu du serpent

Comme vous pourrez le remarquer, le code de cette animation n'est pas très compliqué.

Le déplacement du serpent est effectué par les touches fléchées du clavier. Il s'agit d'occurrences placées dynamiquement sur la scène en fonction de valeurs stockées dans un tableau.

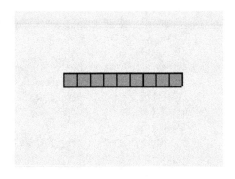

Description du fichier

Chemin d'accès : ***Jeux/JeuxEnfants/Serpent.fla***

Nous avons placé sur la scène un clip dont le nom d'occurrence est tete_inst. Une fois encore, nous aurions pu placer ce symbole dynamiquement sur la scène grâce à une ligne de code.

Script

```
1 var directionX = 10;
2 var directionY = 0;
3 piecesCorps = [];
4 placeXMemorisees = [];
5 placeYMemorisees = [];
6 //
7 var surveilClavier = new Object();
8 surveilClavier.onKeyDown = function() {
9   codeToucheEnfoncee = Key.getCode();
10  replacerPiecesCorps();
11  switch (codeToucheEnfoncee) {
12
13    case 37 :
14    if (directionX != 10) {
15        directionX = -10;
16        directionY = 0;
17      }
10      brcak;
19    case 38 :
20      if (directionY != 10) {
```

```
21          directionY = -10;
22          directionX = 0;
23        }
24      break;
25    case 39 :
26      if (directionX != -10) {
27        directionX = 10;
28        directionY = 0;
29      }
30      break;
31    case 40 :
32      if (directionY != -10) {
33        directionY = 10;
34        directionX = 0;
35      }
36      break;
37  }
38
39 };
40 Key.addListener(surveilClavier);
41 //
42 function avancerSerpent() {
43   tete_inst._x += directionX;
44   tete_inst._y += directionY;
45   replacerPiecesCorps();
46   if (tete_inst._x>=610) tete_inst._x = 5;
47   if (tete_inst._x<=-10) tete_inst._x = 594;
48   if (tete_inst._y>=440) tete_inst._y = 7;
49   if (tete_inst._y<=-10) tete_inst._y = 396;
50 }
51
52 btLancerSerpent.onPress = function() {
53   piecesCorps.push(tete_inst);
54   placeXMemorisees.push(tete_inst._x);
55   placeYMemorisees.push(tete_inst._y);
56   for (i=1; i<=9; i++) {
57     piecesCorps.push(_root.attachMovie("partieCorps", "partie"+i, i,
         ➥{_x:tete_inst._x-(i*10), _y:tete_inst._y}));
58     placeXMemorisees.push(piecesCorps[i]._x);
59     placeYMemorisees.push(piecesCorps[i]._y);
60   }
61   lancerSerpent = setInterval(avancerSerpent, 100);
62 };
63
64 function replacerPiecesCorps() {
65   placeXMemorisees[0] = tete_inst._x;
66   placeYMemorisees[0] = tete_inst._y;
67   for (i=1; i<=9; i++) {
```

```
68     piecesCorps[i]._x = placeXMemorisees[i-1];
69     piecesCorps[i]._y = placeYMemorisees[i-1];
70   }
71   placeXMemorisees = [];
72   placeYMemorisees = [];
73   placeXMemorisees.push(tete_inst._x);
74   placeYMemorisees.push(tete_inst._y);
75   for (i=1; i<=9; i++) {
76     placeXMemorisees.push(piecesCorps[i]._x);
77     placeYMemorisees.push(piecesCorps[i]._y);
78   }
79 }
```

Analyse

Avant d'aborder toute analyse, gardez à l'esprit que le serpent est composé d'une occurrence dont le nom est tete_inst et de 9 autres qui vont être placées dynamiquement sur la scène.

Lignes 1 et 2 : nous stockons dans deux variables les valeurs correspondant aux vitesses de déplacement horizontal et vertical du serpent.

Ligne 3 : nous créons un tableau vide qui va contenir les noms des différentes occurrences qui vont composer le serpent.

Lignes 4 et 5 : nous créons deux tableaux supplémentaires qui vont contenir les coordonnées des différentes parties (occurrences) du serpent.

Lignes 7 à 40 : nous créons un objet d'écoute chargé de changer la direction du serpent. Pour être plus précis, lorsque l'utilisateur va cliquer sur une touche, le code saisi va être mémorisé (ligne 9) puis un switch va changer les valeurs des variables directionX et directionY, modifiant ainsi le sens de déplacement de l'animal. Afin que le serpent ne parte pas en diagonale lorsque nous changeons de direction, nous réinitialisons toujours les deux valeurs. La fonction appelée à la ligne 10 sera analysée plus loin. Vous noterez également qu'un test évalue le sens de déplacement du serpent afin d'interdire un changement de direction opposé à l'actuel. C'est précisément la ligne 40 qui enclenche la surveillance des touches du clavier.

Lignes 42 à 50 : cette fonction est appelée par l'instruction setInterval() de la ligne 61. Elle est chargée de faire avancer la tête du serpent et de faire suivre le reste du corps. Quatre tests permettent de faire revenir le serpent sur la scène lorsqu'il en sort.

Lignes 52 à 62 : ce gestionnaire d'événement est chargé d'initialiser le jeu en mémorisant une première fois la position des 10 occurrences qui composent le serpent. Il lance également le déplacement de l'animal à la ligne 61.

Lignes 53 à 55 : nous stockons dans le tableau intitulé piecesCorps le nom d'occurrence de la tête du serpent. Nous aurons besoin d'y faire référence pour obtenir les coordonnées que devra prendre la première pièce du corps (après la tête) lors du premier déplacement.

Nous mémorisons, dans les deux autres tableaux, les coordonnées X et Y de l'occurrence `tete_inst`.

Lignes 56 à 60 : comme nous venons de le dire, nous plaçons les 9 occurrences qui composent le corps, mais nous mémorisons également leurs coordonnées X et Y afin de pouvoir utiliser ces valeurs lors du déplacement du serpent.

Comment va fonctionner le déplacement du serpent ?

Imaginez que l'occurrence de la tête du serpent se trouve à 220 pixels du bord gauche de la scène. À présent, voici les coordonnées (toujours en X) des 9 autres occurrences : 200, 180, 160, 140, 120, 100, 80, 60, 40. Pour faire avancer l'animal, nous allons placer sa tête à 240 pixels. Qu'en est-il du reste du corps ? Nous ne pouvons pas le faire avancer de 20 pixels comme nous l'avons fait pour la tête car le problème n'est pas si simple. Nous allons utiliser les valeurs 220 à 60 que nous aurons préalablement mémorisées dans un tableau pour replacer les 9 occurrences horizontalement. Si nous procédons de la même façon verticalement, nous allons donc demander à chaque occurrence qui compose le serpent de prendre pour position, celle de l'occurrence qui la précède.

Lignes 64 à 79 : comme nous venons de l'expliquer, la fonction `replacerPiecesCorps()` est chargée de repositionner chaque occurrence du serpent avant de mémoriser la nouvelle position de chaque partie de l'animal.

Afin de conserver un code relativement simple, nous n'avons pas ajouté la fonctionnalité qui consiste à agrandir la taille du serpent en fonction de ce qu'il mange, mais si vous souhaitez le faire, il faut tout simplement utiliser les dernières valeurs (qu'on n'utilise plus) des deux tableaux `placeXmemorisees` et `placeYMemorisees` pour placer une nouvelle occurrence à l'aide de la méthode `attachMovie()`.

Bogues éventuels

Vous devez penser à réinitialiser les tableaux `placeXmemorisees` et `placeYmemorisees` avant d'utiliser la méthode `push()`. Par ailleurs, vous devez toujours commencer par ajouter à ces deux tableaux les coordonnées de l'occurrence `tete_inst`.

Jeu du taquin

Cette animation est un classique, aussi bien en matière de jeu que de développement. Nombreuses sont les solutions qui existent, notamment avec l'usage de tableaux tels que nous les avons utilisés pour la gestion du morpion, mais nous en avons retenu une qui est très simple, à la portée des néophytes en matière de programmation.

Nous avons décidé de tester la disponibilité d'un emplacement en menant un test d'intersection entre la case cliquée et deux occurrences invisibles placées sur la « case vide ».

Figure 19-10

Un taquin assez réaliste par le déplacement des pièces qui le composent.

Description du fichier

Flash Player 6
et ultérieur

Chemin d'accès : ***Jeux/JeuxEnfants/Taquin.fla***

Pour cette animation, nous sommes partis d'une scène vide. Toutes les occurrences qui composent l'animation sont donc placées dynamiquement avec la commande attach-Movie().

Nous aurions également pu utiliser le chargement dynamique d'images, ce qui nous aurait permis une mise à jour simplifiée du choix des vignettes.

Nous avons utilisé plusieurs images, mais est aussi faisable un système de masque ou de copie de pixels pour obtenir plusieurs segments d'image.

Script

```
1  import mx.transitions.Tween;
2  import mx.transitions.easing.*;
3
4  var nbrCases = 0;
5  //
6  for (i=0; i<4; i++) {
7    for (j=0; j<4; j++) {
8      nbrCases++;
9      temp = _root.attachMovie("caseUnite", "case"+nbrCases, nbrCases,
       ➡{_x:90+(j*78), _y:60+(i*78)});
10     temp.conteneur.loadMovie("imagesPuzzle/image"+nbrCases+".png");
11     temp.onPress = function() {
12       if (this.hitTest(barreH) || this.hitTest(barreV)) {
13         destinationX = barreH._x;
14         destinationY = barreH._y;
15         barreH._x = barreV._x=this._x;
16         barreH._y = barreV._y=this._y;
17
18         new Tween(this, "_x", Regular.easeOut, this._x, destinationX, 0.7, true);
19         new Tween(this, "_y", Regular.easeOut, this._y, destinationY, 0.7, true);
20       }
21
22     };
23
24   }
25 }
26 //
27 _root.attachMovie("barreVerticale","barreH",1000,{_x:case1._x, _y:case1._y});
28 _root.attachMovie("barreHorizontale","barreV",1001,{_x:case1._x, _y:case1._y});
29 barreH._visible = barreV._visible=false;
30 //
31 case1.removeMovieClip();
32 //
33 // Impossible avec Masque car image fait toucher le détecteur de cellule vide
```

Analyse

Remarque

Le symbole que nous plaçons dynamiquement sur la scène à l'aide de la méthode attach-Movie() contient une occurrence intitulée conteneur.

Lignes 1 et 2 : nous commençons par importer les classes qui vont nous permettre d'exécuter les lignes 18 et 19.

Ligne 4 : la variable nbrCases va simplement nous servir à définir le niveau de profondeur pour la méthode attachMovie() de la ligne 9.

Lignes 6 à 25 : nous effectuons une boucle imbriquée dans une autre afin de placer 15 images sur la scène.

Ligne 8 : comme nous l'évoquions ci-dessus, nous avons besoin d'une valeur unique à chaque placement d'une nouvelle occurrence (ligne 9).

Ligne 10 : nous chargeons à l'intérieur de celle-ci, dans l'occurrence imbriquée qui s'intitule conteneur, une image numérotée qui se trouve dans le dossier imagesPuzzle.

Ligne 11 : nous définissons pour chacune des 15 occurrences un gestionnaire d'événement onPress afin de pouvoir faire glisser chaque cellule.

> **Remarque**
>
> L'emplacement vide que peut venir prendre une case adjacente est représenté par deux occurrences transparentes intitulées barreH et barreV.

Ligne 12 : un test permet de vérifier si les occurrences barreH et barreV touchent la case cliquée afin d'échanger les places. Les deux occurrences viennent se placer aux coordonnées X et Y de la case cliquée et réciproquement.

Lignes 18 et 19 : le déplacement de la case cliquée est effectué par glissement grâce à la classe Tween().

Lignes 27 et 28 : les deux occurrences barreH et barreV sont placées dynamiquement avant d'être rendues invisibles (ligne 29).

Ligne 31 : afin de pouvoir déplacer les cases, nous supprimons la première.

Bogues éventuels

N'oubliez pas la saisie des deux premières lignes : l'instanciation de la classe Tween() des lignes 18 et 19 ne fonctionnerait pas.

Jeu du pendu

Parmi les nombreux jeux « classiques » auxquels nous avons tous joué figure celui du pendu. La réalisation de cette animation a été motivée par un souhait personnel de l'auteur de ce livre et non en réponse à des lecteurs ou des internautes cherchant à réaliser une telle application au travers des différents forums dédiés à Flash. Le script reste néanmoins très intéressant à analyser car il met en avant la gestion de la pression des touches du clavier et la conversion d'un fichier XML en tableau.

Figure 19-11

Le célèbre jeu du pendu réalisé en Flash

Description du fichier

Flash Player 6 et ultérieur

Chemin d'accès : ***Jeux/JeuxEnfants/Pendu.fla***

Le contenu de cette animation est très simple car nous n'avons placé sur la scène que deux occurrences.

- Un texte dynamique dont le nom de variable est vMessageDeFin.

- Un clip qui contient 15 images-clés. Les 8 premières représentent les différentes étapes du dessin d'un pendu (la potence, la potence avec la tête, la potence avec la tête et le corps, etc.). Sur l'image 15, nous avons représenté une personne qui a les pieds au sol, les bras en l'air, pour signifier qu'il a gagné avant de se faire pendre. L'occurrence de ce clip s'intitule pendu_inst.

Script

```
1 //
2 // Initialisation des variables
3 //
4
5 var listeDesMots;
6 var racine;
```

```
 7 var nombreMots;
 8 var nombreCaracteresATrouver;
 9 var nombreCaracteresTrouves = 0;
10
11 //
12 // Chargement de mots
13 //
14
15 var alphabetXML:XML = new XML();
16 alphabetXML.ignoreWhite = true;
17
18 alphabetXML.onLoad = function() {
19   var noeudListeDesMots = this.firstChild.firstChild.firstChild;
20   var chaineListeDesMots = new String(noeudListeDesMots);
21   listeDesMots = chaineListeDesMots.split(",");
22   nombreMots = listeDesMots.length;
23   construireAffichageLettres();
24 };
25
26 alphabetXML.load("dictionnaire.xml");
27
28 //-------------------------------------------------------
29
30 function obtenirMot() {
31   return (listeDesMots[random(nombreMots)]);
32   nombreCaracteresTrouves = 0;
33 }
34
35 function construireAffichageLettres() {
36   motATraiter = obtenirMot();
37   nombreCaracteresATrouver = motATraiter.length;
38   var placePremiereLettre = (600-(nombreCaracteresATrouver*30))/2+15
39   for (i=0; i<nombreCaracteresATrouver; i++) {
40     _root.attachMovie("caseLettre","lettre"+i,i,{_x:placePremiereLettre+(i*30)
       ➥, _y:50});
41     _root["lettre"+i].bonneLettre = motATraiter.substr(i, 1).toUpperCase();
42   }
43   Key.addListener(verifSaisie);
44
45 }
46
47 //-------------------------------------------------------
48
49 var verifSaisie = new Object();
50
51 verifSaisie.onKeyDown = function() {
52   var toucheEnfoncee = Key.getAscii();
53   toucheAComparer = String.fromCharCode(toucheEnfoncee).toUpperCase();
```

```
54  var lettreTrouvee = false;
55  for (i=0; i<nombreCaracteresATrouver; i++) {
56    if (_root["lettre"+i].bonneLettre == toucheAComparer) {
57      _root["lettre"+i].vCaracteres = _root["lettre"+i].bonneLettre;
58      nombreCaracteresTrouves++;
59      lettreTrouvee = true;
60      _root["lettre"+i].bonneLettre = "Lettre Trouvée";// Afin de ne pas ajouter de
        ➠points lorsque plusieurs pressions sur la même touche
61    }
62  }
63  if (nombreCaracteresTrouves == nombreCaracteresATrouver) {
64    pendu_inst.gotoAndStop(15);
65    vMessageDeFin = "Gagné";
66
67  }
68  if (lettreTrouvee == false) {
69    pendu_inst.nextFrame();
70    if (pendu_inst._currentframe == 8) {
71      vMessageDeFin = "Perdu : "+motATraiter;
72      Key.removeListener(verifSaisie);
73    }
74  }
75 };
```

Le contenu du fichier XML intitulé `dictionnaire.xml` est le suivant :

```
<dico>
<enregistrement>Rouge,Vert,Bleu,Jaune,Janvier,Février,Mars,Lundi,Mardi,Voiture,Vélo,Chien,
➠Cheval,Papier,Carton,Manger,Apprendre,Lire,Regarder,Télévision,Ordinateur,Nature,
➠Montagne,Mer,Campagne,Musique,Cinéma</enregistrement>
</dico>
```

Analyse

La principale difficulté de cette animation aura été de trouver la logique d'analyse d'un mot pour le comparer à un autre. Par ailleurs, nous avons cherché à optimiser le stockage des données dans un seul nœud XML afin d'éviter de parcourir toute une arborescence ; la méthode `split()` nous aura permis de faciliter ce traitement.

Lignes 5 à 9 : nous commençons par initialiser les variables auxquelles nous allons faire appel pour stocker les différentes informations à traiter dans notre animation. Leurs noms parlent d'eux-mêmes, mais nous reviendrons sur leurs contenus en temps voulu.

Ligne 15 : nous commençons par créer une instance de la classe `XML()` pour y stocker le contenu du fichier `verbes.xml`.

Ligne 16 : nous précisons que les éventuelles lignes vierges (sauts de lignes) contenues dans le fichier XML doivent être ignorées.

Lignes 18 à 24 : le contenu de la fonction onLoad va s'exécuter lorsque le chargement du contenu du fichier XML dans l'instance créée à la ligne 15 sera terminé.

Ligne 19 : nous récupérons l'ensemble des mots contenus dans le premier nœud de l'arborescence.

Lignes 20 et 21 : nous créons une instance de la classe String() afin de pouvoir faire appel à la méthode split() dont la fonction est de convertir une liste de mots séparés par des virgules en tableau.

Ligne 22 : nous mémorisons dans la variable nombreMots, le nombre de mots contenus dans le tableau listeDesMots.

Ligne 23 : la fonction construireAffichageLettres() va nous permettre de placer sur la scène autant de rectangles vides qu'il y a de lettres à deviner.

Ligne 26 : nous chargeons le contenu du fichier XML dans l'instance intitulée alphabetXML.

Lignes 30 à 33 : cette fonction est chargée de retourner un mot choisi au hasard dans le tableau listeDesMots. Pour cela, un nombre aléatoire compris entre 0 et le nombre de mots est généré puis est utilisé pour lire la valeur de l'entrée à l'index spécifié.

Ligne 32 : nous réinitialisons la variable nombreCaracteresTrouves pour pouvoir procéder à une autre partie (option non développée dans cette animation ; consultez l'animation suivante).

Lignes 35 à 45 : cette fonction va concrètement permettre de placer les clips correspondant aux lettres à trouver sur la scène.

Ligne 36 : nous stockons dans une variable le mot à trouver.

Ligne 37 : nous stockons le nombre de caractères contenus dans le mot à trouver.

Ligne 38 : la variable placePremiereLettre contient, après un calcul, la valeur à ajouter à la propriété _x de la première occurrence qu'il faut placer sur la scène (la première lettre). Cela permet de centrer l'ensemble des lettres.

Lignes 39 à 42 : cette boucle place le symbole dont le nom de liaison est caseLettre, grâce à la méthode attachMovie(), autant de fois qu'il y a de lettres dans le mot à trouver.

Ligne 41 : nous stockons dans ce clip une variable intitulée bonneLettre dont la valeur correspond à la lettre à trouver.

Ligne 43 : nous enclenchons la surveillance du clavier.

Lignes 49 à 75 : nous déclarons un objet intitulé verifSaisie et lui associons un événement onKeyDown pour définir les lignes d'instructions à exécuter quand une touche du clavier sera enfoncée.

Ligne 52 : nous mémorisons le code ASCII de la touche enfoncée.

Ligne 53 : nous stockons dans une variable, intitulée `toucheAComparer`, le caractère obtenu par une conversion du code ASCII. Pour information, nous pouvons obtenir deux types de code lorsqu'une touche du clavier est enfoncée, mais nous ne pouvons pas connaître le signe typographique qui a été saisi. Nous devons donc procéder à cette conversion grâce à la méthode `fromCharCode()`. Pour pouvoir comparer deux caractères, nous devons utiliser la méthode `toUpperCase()` afin de ne pas faire la distinction entre les majuscules et les minuscules.

Ligne 54 : avant d'effectuer un test sur les lignes suivantes, nous réinitialisons la variable `lettreTrouvee` à `false`.

Lignes 55 à 62 : nous comparons la lettre saisie à l'ensemble des caractères contenus dans le mot à deviner.

Lignes 63 à 67 : ce test, effectué à chaque pression d'une touche, vérifie si le nombre de lettres trouvées correspond au nombre de caractères contenus dans le mot à deviner. Si tel est le cas, la variable intitulée `vMessageDeFin` du texte dynamique qui se trouve sur la scène affiche le message « Gagné ».

Lignes 68 à 74 : ce test fait avancer la tête de lecture du clip représentant progressivement les différentes étapes du pendu sur la scène lorsqu'une touche du clavier est enfoncée alors qu'elle n'est pas contenue dans le mot à deviner. Si la tête de lecture du clip représentant le pendu arrive sur l'image 8, nous marquons la fin de la partie aux lignes 71 et 72.

Bogues éventuels

L'oubli de la ligne 32 entraîne une erreur de calcul. La variable `nombreCaracteresTrouves` permet en effet de définir si toutes les lettres d'un mot ont été trouvées. Si nous ne réinitialisons pas la valeur de cette variable, l'ordinateur peut estimer que vous avez trouvé toutes les lettres d'un mot même si ce n'est pas le cas.

Jeu du pendu avec plusieurs parties

Voici une nouvelle version du jeu du pendu dans laquelle vous allez pouvoir effectuer plusieurs parties successives sans être obligé de relancer l'animation. Le code n'est pas plus compliqué, mais légèrement plus long.

Description du fichier

Flash Player 6 et ultérieur

Chemin d'accès : ***Jeux/JeuxEnfants/Pendu2.fla***

Seule l'occurrence d'un clip a été ajoutée sur la scène afin de pouvoir cliquer dessus pour relancer une nouvelle partie. Elle s'intitule `btNouveauMot`.

Script

```
 1  //
 2  // Initialisation des variables
 3  //
 4
 5  var listeDesMots;
 6  var racine;
 7  var nombreMots;
 8  var nombreCaracteresATrouver;
 9  var nombreCaracteresTrouves = 0;
10
11  //
12  // Chargement de mots
13  //
14
15  var alphabetXML:XML = new XML();
16  alphabetXML.ignoreWhite = true;
17
18  alphabetXML.onLoad = function() {
19    var noeudListeDesMots = this.firstChild.firstChild.firstChild;
20    var chaineListeDesMots = new String(noeudListeDesMots);
21    listeDesMots = chaineListeDesMots.split(",");
22    nombreMots = listeDesMots.length;
23    construireAffichageLettres();
24  };
25
26  alphabetXML.load("dictionnaire.xml");
27
28  // --------------------------------------------------------
29
30  function obtenirMot() {
31    return (listeDesMots[random(nombreMots)]);
32    nombreCaracteresTrouves = 0;
33  }
34
35  function construireAffichageLettres() {
36    motATraiter = obtenirMot();
37    nombreCaracteresATrouver = motATraiter.length;
38    var placePremiereLettre = (600-(nombreCaracteresATrouver*30))/2+15
39    for (i=0; i<nombreCaracteresATrouver; i++) {
40      _root.attachMovie("caseLettre","lettre"+i,i,{_x:placePremiereLettre+(i*30), _y:50});
41      _root["lettre"+i].bonneLettre = motATraiter.substr(i, 1).toUpperCase();
42    }
43    Key.addListener(verifSaisie);
44
45  }
46
```

```
47 function detruireLettres() {
48   for (i=0; i<nombreCaracteresATrouver; i++) {
49     _root["lettre"+i].removeMovieClip();
50   }
51 }
52
53 // -------------------------------------------------------
54
55 var verifSaisie = new Object();
56
57 verifSaisie.onKeyDown = function() {
58   var toucheEnfoncee = Key.getAscii();
59   toucheAComparer = String.fromCharCode(toucheEnfoncee).toUpperCase();
60   var lettreTrouvee = false;
61   for (i=0; i<nombreCaracteresATrouver; i++) {
62     if (_root["lettre"+i].bonneLettre == toucheAComparer) {
63       _root["lettre"+i].vCaracteres = _root["lettre"+i].bonneLettre;
64       nombreCaracteresTrouves++;
65       lettreTrouvee = true;
66       _root["lettre"+i].bonneLettre = "Lettre Trouvée";// Afin de ne pas ajouter de
          ➡points lorsque plusieurs pressions sur la même touche
67     }
68   }
69   if (nombreCaracteresTrouves == nombreCaracteresATrouver) {
70     pendu_inst.gotoAndStop(15);
71     vMessageDeFin = "Gagné";
72   }
73   if (lettreTrouvee == false) {
74     pendu_inst.nextFrame();
75     if (pendu_inst._currentframe == 8) {
76       vMessageDeFin = "Perdu : "+motATraiter;
77       Key.removeListener(verifSaisie);
78     }
79   }
80 };
81
82 btNouveauMot.onPress = function() {
83   nombreCaracteresTrouves=0
84   vMessageDeFin = "";
85   pendu_inst.gotoAndStop(1);
86   detruireLettres();
87   construireAffichageLettres();
88 };
```

Analyse

Lignes 47 à 51 : elles constituent une fonction qui est appelée à chaque nouvelle construction d'un mot sur la scène. Précisons, en effet, que l'affichage de cellules (celles qui vont contenir un caractère lorsqu'il a été trouvé par l'utilisateur lors d'une pression sur une touche du clavier) passe par une suppression préalable des lettres du mot à deviner précédemment.

Lignes 82 à 88 : ce gestionnaire d'événement associé à l'occurrence intitulée `btNouveauMot`, qui se trouve sur la scène, permet de relancer une nouvelle partie proposant ainsi un nouveau mot à deviner. Toutes les variables auxquelles fait référence le programme pour la gestion de la détection d'une lettre trouvée sont réinitialisées.

Bogues éventuels

Si vous oubliez d'appeler la fonction `detruireLettres`, le nombre de cases affichées sera, dans certains cas, supérieur au nombre de lettres du mot à deviner.

20

Autres jeux

Machine à sous (jackpot)

Cette étude de cas est une des plus difficiles de ce livre. Non pas par son degré de complexité, mais par sa longueur. Commençons donc par rappeler le fonctionnement de notre jackpot.

Remarque

Nous aurions pu obtenir l'effet de flou des fruits avec le filtre BlurFilter, mais nous avons préféré développer une application compatible avec le player Flash 7. Si vous ne souhaitez pas obtenir l'effet de flou en passant par une deuxième image (voir la description de l'animation), vous pouvez alors utiliser le script suivant. Dans cet exemple, fruit_inst est le nom d'une occurrence qui se trouve sur la scène.

```
import flash.filters.BlurFilter;
//
var flou_filtre = new BlurFilter(0, 15, 10);
listeDesFiltres = [flou_filtre];
fruit_inst.filters = listeDesFiltres;
```

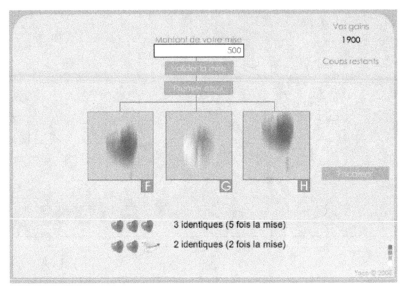

Figure 20-1
Le joueur utilise les touches F, G et H de son clavier pour contrôler le lancement et l'arrêt des trois choix.

Description du fichier

Flash Player 6
et ultérieur

Chemin d'accès : ***Jeux/Autres/JeuxMachineSous.fla***

Cette animation contient de nombreuses occurrences sur la scène car il serait fastidieux de tout créer dynamiquement. Voici un inventaire de son contenu :

- Trois occurrences servant de boutons, intitulées btValidation, btEncaisser et premier-Essai.

- Un texte de saisie dont les noms d'instance et de variable sont respectivement mise_inst et mise.

- Deux textes dynamiques dont les noms de variables sont gains et coupsRestants. Pour ce dernier, un nom d'instance a également été attribué : affCoupsRestants_inst.

- Trois occurrences intitulées bande1, bande2 et bande3 qui correspondent aux bandes de fruits (voir la figure 20-2).

- Trois occurrences intitulées msk1, msk2 et msk3 qui correspondent à trois carrés aux emplacements de l'affichage des fruits (voir la figure 20-1).

Attention, le clip qui affiche une bande de fruit contient deux images clés sur sa timeline. La première contient l'image que vous voyez sur la figure 20-1, la deuxième contient la même image floutée verticalement dans Photoshop.

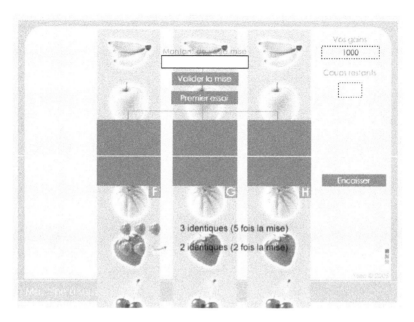

Figure 20-2

Les fruits sont présents dans un même clip sous forme d'une bande verticale.

Le reste de l'interface n'est là que pour renseigner le joueur sur le nom des touches à utiliser ainsi, et sur le montant des mises.

Le joueur ne peut lancer la machine tant qu'une mise n'a pas été proposée. Cette dernière doit être supérieure à 0, et ne peut excéder le montant de nos gains.

Il doit ensuite cliquer sur un bouton qui va lancer la machine pour la première fois (après une nouvelle mise).

Il arrête ensuite le défilement des bandes par une pression sur les touches F, G et H. Pour relancer les bandes, il utilise les mêmes touches dans la limite de trois essais.

S'il ne souhaite pas utiliser ses trois chances, il peut à n'importe quel moment encaisser la somme qu'il a gagnée.

L'animation ne contient qu'un seul script qui doit gérer de nombreux paramètres :

1. La création de trois masques appliqués aux bandes.
2. L'initialisation des variables et des tableaux.
3. La programmation des boutons et des trois touches de contrôle du jeu.
4. La création de deux fonctions pour vérifier le départ d'une manche et pour l'encaissement.

Script

```
 1 bande1.setMask(msk1);
 2 bande2.setMask(msk2);
 3 bande3.setMask(msk3);
 4 //
 5 var etatBande1 = false;
 6 var etatBande2 = false;
 7 var etatBande3 = false;
 8 //
 9 var positionsBandes = [393, 314, 245, 167, 90, 17];
10 //
11 var nbrLancers = 0;
12 var coupsRestants = 3;
13 var gains = 1000;
14 var mise = 0;
15 //
16 btEncaisser.enabled = 0;
17 btEncaisser._alpha = 50;
18 //
19 lancerBande = function (nomBande) {
20       nomBande._y += 20;
21       if (nomBande._y>413) {
22             nomBande._y = -36;
23       }
24 };
25 //
26 _root.onKeyDown = function() {
27       laTouche = Key.getCode();
28       switch (laTouche) {
29       case 70 :
30             etatBande1 = !etatBande1;
31             if (etatBande1) {
32                if (coupsRestants>=1) {
33                   coupsRestants--;
34                   bande1.gotoAndStop(2);
35                   lancer1 = setInterval(lancerBande, 10, bande1);
36                }
37             } else {
38                if (lancer1 != undefined) {
39                   bande1.gotoAndStop(1);
40                   clearInterval(lancer1);
41                   delete lancer1;
42                   bande1._y = positionsBandes[random(6)];
43                   verifierFin();
44                }
45             }
46             break;
47       case 71 :
48             etatBande2 = !etatBande2;
49             if (etatBande2) {
```

```
50                 if (coupsRestants>=1) {
51                     coupsRestants--;
52                     bande2.gotoAndStop(2);
53                     lancer2 = setInterval(lancerBande, 10, bande2);
54                 }
55             } else {
56                 if (lancer2 != undefined) {
57                     bande2.gotoAndStop(1);
58                     clearInterval(lancer2);
59                     delete lancer2;
60                     bande2._y = positionsBandes[random(6)];
61                     verifierFin();
62                 }
63             }
64             break;
65         case 72 :
66             etatBande3 = !etatBande3;
67             if (etatBande3) {
68                 if (coupsRestants>=1) {
69                     coupsRestants--;
70                     bande3.gotoAndStop(2);
71                     lancer3 = setInterval(lancerBande, 10, bande3);
72                 }
73             } else {
74                 if (lancer3 != undefined) {
75                     bande3.gotoAndStop(1);
76                     clearInterval(lancer3);
77                     delete lancer3;
78                     bande3._y = positionsBandes[random(6)];
79                     verifierFin();
80                 }
81             }
82             break;
83         }
84 };
85 //
86 btValidationMise.onPress = function() {
87     possibiliteMise = gains-mise;
88     if (possibiliteMise<0 || mise == 0) {
89         mise = 0;
90     } else {
91         mise_inst.selectable = false;
92         premierEssai._alpha = 100;
93         premierEssai.enabled = true;
94     }
95 };
96 //
97 premierEssai._alpha = 50;
98 premierEssai.enabled = false;
99 premierEssai.onPress = function() {
100     Key.addListener(_root);
```

```
101        premierEssai._alpha = 50;
102        premierEssai.enabled = false;
103        btValidationMise._alpha = 50;
104        btValidationMise.enabled = 0;
105        etatBande1 = true;
106        etatBande2 = true;
107        etatBande3 = true;
108        bande1.gotoAndStop(2);
109        lancer1 = setInterval(lancerBande, 10, bande1);
110        bande2.gotoAndStop(2);
111        lancer2 = setInterval(lancerBande, 10, bande2);
112        bande3.gotoAndStop(2);
113        lancer3 = setInterval(lancerBande, 10, bande3);
114 };
115 //
116 //affCoupsRestants_inst._visible = false;
117 verifierFin = function () {
118        if (coupsRestants<=3) {
119            affCoupsRestants_inst._visible = true;
120            btEncaisser.enabled = true;
121            btEncaisser._alpha = 100;
122        }
123        if (coupsRestants == 0 && lancer1 == undefined && lancer2 == undefined && lancer3
        ➡== undefined) {
124            compterGains();
125            // etatBande1 = false;
126            // etatBande2 = false;
127            // etatBande3 = false;
128            premierEssai._alpha = 50;
129            premierEssai.enabled = false;
130            Key.removeListener(_root);
131        }
132 };
133 //
134 compterGains = function () {
135        b1 = Number(bande1._y);
136        b2 = Number(bande2._y);
137        b3 = Number(bande3._y);
138        lesTrois = b1 == b2 && b2 == b3 && b1 == b3;
139        lesDeux1 = b1 == b2;
140        lesDeux2 = b2 == b3;
141        lesDeux3 = b1 == b3;
142        if (lesTrois) {
143            gains += (mise*5);
144            mise = 0;
145        } else if (lesDeux1 || lesDeux2 || lesDeux3) {
146            gains += (mise*2);
147            mise = 0;
148        } else {
149            gains -= (mise);
150            mise = 0;
```

```
151          }
152          coupsRestants = 3;
153          affCoupsRestants_inst._visible = false;
154          btValidationMise._alpha = 100;
155          btValidationMise.enabled = 1;
156          mise_inst.selectable = true;
157          btEncaisser.enabled = 0;
158          btEncaisser._alpha = 50;
159 };
160 btEncaisser.onPress = function() {
161          if (lancer1 == undefined && lancer2 == undefined && lancer3
        ➡== undefined) {
162              compterGains();
163              etatBande1 = false;
164              etatBande2 = false;
165              etatBande3 = false;
166              premierEssai._alpha = 50;
167              premierEssai.enabled = false;
168              Key.removeListener(_root);
169              btEncaisser.enabled = 0;
170              btEncaisser._alpha = 50;
171          }
172 };
```

Analyse

Lignes 1 à 3 : les bandes de fruits ne doivent être visibles qu'au travers des trois occurrences de forme carrée, placées au centre de la scène.

Lignes 5 à 7 : ces trois variables vont nous permettre de savoir si une bande est en cours de défilement ou à l'arrêt. Au début du jeu, la machine n'est pas lancée, les bandes sont donc à l'arrêt.

Ligne 9 : les valeurs contenues dans ce tableau correspondent aux coordonnées _y qui permettent d'arrêter une bande sur un des six fruits.

Ligne 10 : ces variables vont nous permettre de :

- nbrLancers : connaître le nombre de lancers déjà effectués.

- coupsRestants : connaître le nombre de coups restants.

- gains : gérer les gains du joueur.

- mise : mémoriser la somme misée par le joueur.

Lignes 16 et 17 : dès le lancement du jeu, il faut rendre inactif le bouton d'encaissement. Il ne sera rendu actif qu'à partir du moment où le joueur aura lancé le jeu au moins une fois.

Lignes 19 à 24 : cette fonction va être appelée par un setInterval(). Elle permet de faire défiler une bande de haut en bas.

Lignes 26 à 84 : ce gestionnaire va permettre d'exécuter des instructions en fonction de la touche enfoncée.

Ligne 27 : le code de la touche enfoncée est mémorisé dans une variable intitulée laTouche.

Ligne 28 : cette structure va nous permettre d'effectuer des choix d'exécutions en fonction de la touche enfoncée.

Nous allons analyser les lignes 29 à 46, celles qui suivront de 47 à 83 ne le seront pas, car il s'agit des mêmes explications pour les deux autres touches G et H.

Ligne 29 : la ligne 28 reçoit comme paramètre un code de touche. Ce dernier est donc utilisé et s'il s'agit bien de la valeur 70 (qui correspond au code de la touche F) les lignes d'instructions 30 à 46 sont exécutées.

Ligne 30 : le joueur vient de cliquer sur la touche F de son clavier, il faut changer la valeur booléenne de la variable etatBande.

Ligne 31 : si cette valeur vaut true, on exécute les lignes d'instruction 32 à 36.

Ligne 32 : on teste d'abord si le joueur a encore la possibilité de jouer. Rappelons qu'il n'est possible de lancer que trois fois le jeu.

Ligne 33 : il faut penser à retirer 1 coup restant à chaque lancement.

Ligne 34 : nous vous avions précisé au début de l'animation que l'effet de flou obtenu sur les fruits est le résultat de l'affichage de l'image 2 du clip contenant la bande de fruits. Nous devons donc changer la position de la tête de lecture de la timeline du clip.

Ligne 35 : l'identifiant lancer1 permet de mémoriser que la fonction setInterval() a été exécutée. À la ligne 19, nous vous avions précisé que le défilement vertical de la bande serait effectué en continu.

Ligne 37 : si la bande est déjà en cours de défilement, on exécute alors les lignes d'instructions qui suivent.

Ligne 38 : on s'assure que la fonction setInterval() a bien été exécutée.

Lignes 39 à 41 : on arrête alors le défilement de la bande. La tête de lecture de la timeline du clip de la bande est replacée sur l'image 1 qui présente une image non floutée. On détruit l'identifiant lancer1 afin de pouvoir relancer la bande.

Ligne 42 : on arrête au hasard la bande sur un fruit, en choisissant une des coordonnées de la liste positionBandes.

Ligne 43 : nous devons vérifier les gains éventuels du joueur.

Ligne 46 : si la touche enfoncée par le joueur est bien la touche F, la structure switch() doit s'interrompre.

Nous allons à présent devoir programmer les boutons proposés dans l'interface du jeu.

Lignes 86 à 95 : nous devons rendre cliquable le bouton premierEssai qui va permettre de lancer le jeu.

Lignes 87 à 88 : nous vérifions d'abord que le joueur possède suffisamment d'argent. Si le joueur n'a rien misé ou proposé une mise trop grande (supérieure au montant de ses gains), le texte de saisie mise est réinitialisé à 0.

Lignes 91 à 93 : si le test précédent est positif, nous pouvons alors rendre cliquable le bouton premierEssai et empêcher une nouvelle proposition de mise.

Lignes 97 à 98 : ces deux lignes ont pour effet de rendre inactif le bouton premierEssai dès le lancement de l'application. Elles sont par ailleurs comparables aux lignes 16 et 17 et auraient pu se trouver en haut du script.

Ligne 99 : ce gestionnaire va lancer le jeu pour la première fois après que la mise ait été vérifiée.

Ligne 100 : le joueur vient de cliquer sur le bouton de lancement du jeu, nous pouvons démarrer la surveillance du clavier.

Lignes 101 à 104 : les deux boutons de lancement du jeu et de validation de la mise doivent être rendus inactifs car ils ne présentent plus aucun intérêt à ce niveau-là du jeu.

Lignes 105 à 107 : les bandes de fruits doivent être signalées comme étant en cours de jeu.

Lignes 108 à 113 : il faut afficher la deuxième image-clé de la timeline des trois occurrences représentant les fruits pour les raisons évoquées ci-dessus, et demander le défilement des bandes.

Lignes 117 à 132 : nous l'avons vu, cette fonction est appelée à chaque fois que le joueur a lancé une des bandes.

Lignes 118 à 122 : si le joueur n'a plus la possibilité de relancer de bandes, le bouton btEncaisser est rendu inactif et opaque.

Lignes 123 à 130 : s'il ne reste plus de coups à jouer, le bouton premierEssai est rendu inactif et légèrement masqué. Les touches F, G et H ne servent plus à rien, car plus aucune surveillance du clavier n'est effectuée (ligne 130).

Lignes 134 à 159 : cette fonction va permettre d'ajouter ou de soustraire au texte dynamique gains, le montant de la mise avec un éventuel bonus selon le nombre de fruits identiques. Elle va aussi rendre à nouveau valide le bouton de validation de la mise.

Lignes 135 à 137 : ces variables vont stocker les coordonnées _y de chaque bande afin de pouvoir être comparées.

Ligne 138 : cette ligne est intéressante, car il est assez rare de voir l'affectation de la valeur true ou false de cette façon. Si les variables comparées ont les mêmes valeurs, la variable lesTrois vaut true.

Lignes 139 à 141 : ces trois variables vont également prendre pour valeur true ou false.

Lignes 142 à 151 : nous évaluons ensuite les valeurs de ces variables (lignes 138 à 141) afin de définir le montant des gains.

Lignes 152 à 158 : nous réinitialisons tous les paramètres que nous avons déjà rencontrés afin de pouvoir rejouer.

Lignes 160 à 172 : ce gestionnaire va permettre d'encaisser les gains selon la condition spécifiée (les bandes ont au moins été lancées une fois), tout en précisant que les bandes ne sont pas en cours de jeu. Les boutons premierEssai et btEncaisser sont rendus inactifs.

Comme vous avez pu le constater, ce jeu contient un script assez long, mais les lignes d'instructions ne présentent pas de difficultés particulières.

Lorsque vous devez réaliser un jeu comme celui-ci, vous devez faire un listing des fonctionnalités de chaque partie de l'interface. Nous avons pu constater que des boutons activent certains boutons et en désactivent d'autres. C'est cette gestion qui est la plus difficile à maîtriser.

Bogue éventuel

Tant que vous n'avez pas exécuté la ligne 100, la surveillance du clavier ne peut se faire.

Jeu de tir

Il existe plusieurs types de jeux de tir, mais nous avons retenu celui qui est sûrement le plus populaire aujourd'hui. Nous ne citerons pas de noms de jeux utilisant ce système de visée lors de parcours au travers desquels on rencontre de nombreux adversaires, mais nous vous proposons dans cette animation le même principe.

Figure 20-3

Des objets volants identifiés traversent l'écran, visez, tirez !

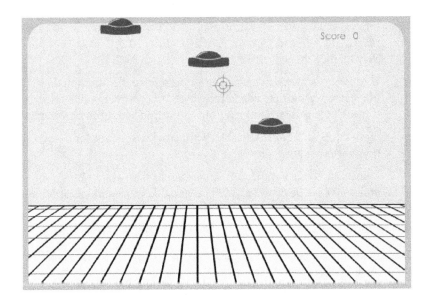

Pour la réalisation de cette animation, nous avons fabriqué dans Illustrator un sol représenté par le quadrillage vert clair et noir, mais il n'apporte rien au jeu si ce n'est la sensation de bouger en même temps que l'arme. Quel que soit le décor, le plus important du script est de faire bouger la cible et de faire voler des objets dans le ciel.

Description du fichier

Chemin d'accès : ***Jeux/Autres/JeuxTir.fla***

La scène de cette animation contient le décor (quadrillage vert et noir), il s'agit d'une occurrence intitulée sol_inst. La cible est également déjà présente sur la scène, son nom d'occurrence est cible_inst. Par ailleurs, un texte dynamique dont le nom de variable est vScore a été placé dans le coin supérieur droit de la scène.

Pour finir, nous avons placé un rectangle sur l'image 1 (une occurrence intitulée masqueSol_inst) un peu moins large que la largeur de la scène, et qui va nous servir de masque. Nous reviendrons dessus plus loin dans ces explications.

Le script est relativement simple, il ne présente aucune difficulté particulière et se décompose en trois parties :

1. La préparation de la scène.

2. La gestion des vaisseaux.

3. La gestion du tir.

Script

```
1 cible_inst.startDrag(true);
2 Mouse.hide();
3 cible_inst.swapDepths(10000);
4 //
5 var vEnclench = false;
6 //
7 sol_inst.setMask(masqueSol_inst);
8 sol_inst.onEnterFrame = function() {
9       this._y = 370+(_root._ymouse/-10);
10      this._x = 300+((300-_root._xmouse)/10);
11 };
12 //
13 var exemplaire = 0;
14 //
15 envoyerObjet = function () {
16      placeOrigineX = [-100, 700];
17      placeVitesse = [5, -5];
18      var accelerateur = random(4)+1;
19      var choixIndex = random(2);
20      var vitesse = placeVitesse[choixIndex];
```

```
21      exemplaire++;
22      _root.attachMovie("objetVolant", "objet"+exemplaire, exemplaire);
23      _root["objet"+exemplaire]._x = placeOrigineX[choixIndex];
24      _root["objet"+exemplaire]._y = 10+random(200);
25      _root["objet"+exemplaire].onEnterFrame = function() {
26          this._x += vitesse*accelerateur;
27          if (Math.abs(this._x-300)) {
28              if (this.hitTest(_root.cible_inst) && vEnclench) {
29                  this.removeMovieClip();
30                  vScore++;
31              }
32          }
33      };
34 };
35 //
36 _root.onMouseDown = function() {
37      vEnclench = true;
38 };
39 _root.onMouseUp = function() {
40      vEnclench = false;
41 };
42 //
43 lancerJeu = setInterval(envoyerObjet, 1000);
```

Analyse

Nous aurions pu ajouter des fonctionnalités à cette animation (explosion des vaisseaux, canon de l'arme visible en bas de la scène et qui suit le viseur, bruitages, une limite dans le temps, etc.), mais nous avons au contraire voulu rendre le code de cette animation très lisible, à la portée de tous. Il ne reste donc plus que les fonctionnalités de base, le déplacement automatique de la cible et les mouvements des vaisseaux.

Ligne 1 : l'occurrence intitulée cible_inst est rendue mobile suivant le curseur de la souris. Le paramètre true est indispensable pour que le point d'alignement de l'occurrence se fixe sur la pointe de la flèche que représente le curseur.

Ligne 2 : nous masquons le curseur.

Ligne 3 : les vaisseaux vont être placés dynamiquement sur la scène avec un niveau de plus en plus élevé au cours du jeu. Afin de garder l'occurrence de la cible devant tous les vaisseaux, réglons sa position (son plan) au niveau 1 000.

Ligne 5 : pour savoir si le bouton de la souris est enfoncé, nous aurions pu évaluer la valeur du gestionnaire onMouseDown, qui renvoie undefined tant qu'une ligne comme la ligne 37 n'est pas exécutée. Nous avons opté pour une autre solution qui consiste à utiliser une variable à laquelle on définit une valeur booléenne (lignes 37 à 42).

Ligne 7 : le quadrillage que vous voyez au centre de l'animation est plus grand que la largeur de la scène, pour que nous puissions le faire glisser de gauche à droite et de bas en haut. Nous masquons donc les contours de notre animation (partie vert foncé).

Lignes 8 à 10 : ces lignes d'instructions sont facultatives, ce sont elles qui font bouger le sol. Nous calculons la distance qui sépare le curseur de la souris d'un point précis de la scène, aussi bien sur l'axe horizontal que vertical, puis nous décalons le quadrillage du sol dans le sens opposé du curseur.

Ligne 13 : nous allons créer de nombreuses occurrences dynamiquement sur la scène, il faut donc une variable pour définir le nom de chacune ainsi que leurs niveaux.

Ligne 15 : cette fonction qui va être appelée en continu va placer un vaisseau sur la scène et lui définir un comportement.

Lignes 16 et 17 : ces deux listes vont nous servir à placer initialement les vaisseaux en dehors des limites de la scène, afin que nous puissions les voir traverser l'animation de gauche à droite ou inversement. La vitesse de -5 ou +5 pixels est relative à la position initiale du vaisseau.

Ligne 18 : nous stockons dans une variable une valeur qui servira à faire varier la vitesse de déplacement des vaisseaux.

Ligne 19 : nous stockons dans une autre variable intitulée `choixIndex`, une valeur qui va servir à choisir une des deux valeurs dans les tableaux `placeOrigineX` et `placeVitesse`.

Remarque

La fonction `random(2)` va vous renvoyer deux valeurs possibles en commençant à partir de 0, soit 1 ou 0. En effet, pour obtenir 1 ou 2, il aurait fallu saisir `random(2)+1`. Dans notre cas, nous avons besoin de choisir une des deux entrées de nos tableaux dont les numéros d'index sont 0 et 1.

Ligne 20 : nous stockons dans une dernière variable, la valeur qui va être utilisée pour déplacer un vaisseau.

Ligne 21 : comme nous le précisions à la ligne 13, nous incrémentons cette variable pour l'utiliser avec la méthode `attachMovie()`.

Ligne 22 : une occurrence issue du symbole qui contient un vaisseau et dont le nom de liaison est `objetVolant`, est placée sur la scène.

Ligne 23 : nous plaçons cette dernière à gauche ou à droite de la scène.

Ligne 24 : verticalement, elle est également placée de façon aléatoire.

Ligne 25 : lorsque l'occurrence d'un vaisseau est placée sur la scène, nous lui définissons un gestionnaire afin de la faire avancer et de gérer les tirs sur elle.

Ligne 26 : nous définissons la vitesse du vaisseau.

Lignes 27 à 29 : si le vaisseau a réussi à traverser la scène et qu'il en sort à plus de 100 pixels, il est automatiquement détruit. Le joueur ne voit pas cette destruction, elle n'est pas non plus comptabilisée, c'est uniquement une gestion des vaisseaux dans le jeu qui finirait par ralentir l'animation.

Lignes 37 à 39 : dès que le joueur clique sur la scène, la variable intitulée vEnclench prend pour valeur true.

Lignes 40 à 42 : dès que le joueur relâche le bouton de sa souris, la variable intitulée vEnclench reprend pour valeur false.

Avec les lignes 37 à 42, on peut donc savoir si le joueur clique sur le bouton de sa souris. Il ne nous reste plus qu'à tester s'il clique alors que la cible touche un vaisseau, c'est le rôle des lignes 30 à 33.

Lignes 30 à 33 : si l'occurrence de la cible touche donc cette occurrence qui contient ce script, c'est-à-dire toutes les occurrences qui sont placées sur la scène, et que le joueur a bien le bouton de sa souris enfoncé, le vaisseau disparaît.

Ligne 44 : cette fonction setInterval() nous permet de placer un vaisseau sur la scène toutes les secondes. Si vous souhaitez augmenter ce laps de temps, changez la valeur 1 000. 3 000 permettrait d'obtenir un vaisseau toutes les trois secondes.

Certains l'auront peut-être remarqué, il est très facile de tricher à ce jeu. En effet, les vaisseaux disparaissent dès qu'ils touchent le viseur alors que le bouton de la souris est enfoncé, sans même être obligé de faire plusieurs clics. Il faudrait donc optimiser notre script en ajoutant une variable supplémentaire que nous allons appeler vRecharge.

```
cible_inst.startDrag(true);
Mouse.hide();
cible_inst.swapDepths(10000);
//
var vEnclench = false;
var vRecharge = true;
```

et

```
if (this.hitTest(_root.cible_inst) && vEnclench && vRecharge) {
        this.removeMovieClip();
        vScore++;
        vRecharge = false;
    }
```

et

```
_root.onMouseUp = function() {
vEnclench = false;
vRecharge = true;
};
```

Voilà, il est encore possible de tricher, mais cela relève plus du bogue. Nous n'irons pas plus loin, le script commencerait à devenir plus complexe.

Si vous souhaitez donner encore plus de réalisme à ce jeu, et si vous utilisez Flash, vous pouvez alors ajouter les lignes d'instructions suivantes en haut du script :

```
import flash.filters.BlurFilter;
flou_filtre = new BlurFilter(5, 0, 10);
listeDesFiltres = [flou_filtre];
```

et celles-ci après la méthode attachMovie() avant le gestionnaire onEnterFrame.

```
_root["objet"+exemplaire].filters = listeDesFiltres;
```

Encore plus de réalisme ? Faites un vrai graphisme !

Jeu de grattage

Nous allons vous proposer pour cette étude de cas, deux animations qui font appel à des techniques totalement différentes.

La première est plus simple car elle consiste à détruire des occurrences survolées, mais elle est moins optimisée.

La deuxième va utiliser la technique du masque dynamique. À chaque déplacement de la souris, une occurrence est placée sur la scène à la position du curseur.

Figure 20-4
L'impression de grattage est obtenue à partir de la suppression d'occurrences qui recouvrent la totalité du texte !

Description du fichier

Flash Player 6
et ultérieur

Chemin d'accès : *Jeux/Autres/JeuxGrattage1.fla*

Pour cette première animation, le contenu de la scène se limite à un texte statique aux coordonnées 109 en _x et 60 en _y.

Le script de l'animation est extrêmement simple car il se résume à une double boucle qui va placer dynamiquement un symbole sur la scène. Chaque occurrence alors obtenue reçoit l'assignation d'un gestionnaire onRollOver.

Script

```
1 var exemplaires = 0;
2 for (i=0; i<=80; i++) {
3     for (j=0; j<=20; j++) {
4         exemplaires++;
5         _root.attachMovie("tache", "tache"+exemplaires, exemplaires);
6         _root["tache"+exemplaires]._x = 40+i*6;
7         _root["tache"+exemplaires]._y = 40+j*6;
8         _root["tache"+exemplaires]._rotation = random(360);
9         _root["tache"+exemplaires].onRollOver = function() {
10            this.removeMovieClip();
11        };
12    }
13 }
```

Analyse

Ligne 2 : il nous faut un nom unique pour chaque occurrence créée. Nous devons donc composer les noms par concaténation avec une chaîne de texte fixe et une valeur différente à chaque exécution de la boucle, c'est le rôle de la variable exemplaires.

Ligne 3 : la première boucle for va exécuter 80 répétitions de 20 placements sur la scène.

Ligne 6 : le symbole dont le nom de liaison est tache est placé sur la scène. Les noms donnés aux occurrences sont tache1, tache2, tache3, etc. Nous aurions pu choisir un autre préfixe, nous n'étions pas obligé de prendre le même que le nom de liaison.

Lignes 7 à 9 : les occurrences placées sur la scène sont positionnées en lignes les unes sous les autres. Pour éviter d'obtenir une répétition de motifs identiques, nous avons donné une orientation différente à chaque occurrence.

Lignes 10 à 12 : à chaque survol d'une occurrence par le curseur, elle est automatiquement détruite.

> **Remarque**
> Si vous souhaitiez vous-même placer des occurrences sur la scène, il est important de savoir qu'elles ne pourront pas être détruites, mais uniquement masquées ou positionnées en dehors de la scène.

Cette technique présente l'avantage d'être très simple, mais elle n'est pas optimisée, cela se ressent dans l'affichage de l'animation. Toutes les occurrences ne disparaissent pas au survol du curseur lorsqu'il va trop vite. Nous vous proposons donc une deuxième technique un peu plus complexe, mais néanmoins plus rapide à l'affichage.

La scène a un contenu légèrement différent. Elle contient les éléments suivants :

- Un texte dans un clip avec un rectangle de couleur identique à celle qui doit apparaître derrière le texte au grattage.

- Un rectangle noir placé au même endroit que le clip contenant le texte.

Jeu de grattage avec utilisation d'un masque

Nous avons fait une copie d'écran où nous vous montrons que le texte est bien dans un clip contenant un rectangle de couleur.

Figure 20-5

La scène de couleur vert foncé contient un texte dans un clip sur un rectangle de couleur, ainsi qu'un rectangle noir.

Description du fichier

Flash Player 6
et ultérieur

Chemin d'accès : ***Jeux/Autres/JeuxGrattage2.fla***

Pour cette animation, nous avons utilisé une occurrence intitulée msk dans laquelle nous allons créer des occurrences pour donner de la matière au masque qui va alors révéler l'occurrence zoneMasquee.

Script

```
1 var exemplaires = 0;
2 //
3 _root.createEmptyMovieClip("msk", 1);
4 //
```

```
 5 _root.onMouseDown = function() {
 6     _root.onMouseMove = function() {
 7         exemplaires++;
 8         _root.msk.attachMovie("tache", "tache"+exemplaires, exemplaires);
 9         _root.msk["tache"+exemplaires]._x = _xmouse;
10         _root.msk["tache"+exemplaires]._y = _ymouse;
11         _root.msk["tache"+exemplaires]._rotation = random(360);
12     };
13 };
14 _root.onMouseUp = function() {
15     delete _root.onMouseMove;
16 };
17 zoneMasquee.setMask(msk);
```

Analyse

Ligne 2 : comme dans l'animation précédente, la valeur de cette variable va nous permettre de nommer différemment toutes les occurrences placées sur la scène.

Ligne 4 : un clip vide est créé sur la scène. Il n'est pas positionné à un endroit précis, de ce fait, il reste en haut à gauche de la scène.

Ligne 6 : ce premier gestionnaire va permettre d'exécuter celui qui se trouve à la ligne 7. Les lignes d'instructions 8 à 12 ne pourront donc s'exécuter qu'à partir du moment où l'utilisateur maintiendra le bouton de la souris enfoncé, tout en la bougeant.

Ligne 8 : dès que l'utilisateur bouge sa souris, la variable exemplaires s'incrémente donc.

Ligne 9 : grâce à la valeur de la variable ci-dessus, nous pouvons placer une occurrence dans le clip créé à la ligne 4, en la nommant tache3 (si exemplaires vaut 3).

Lignes 10 à 11 : cette occurrence est placée à l'endroit précis du curseur de la souris.

Ligne 12 : comme dans l'animation précédente, afin de ne pas avoir une répétition de motifs, nous orientons les occurrences à des valeurs aléatoires.

Ligne 15 : lorsque l'utilisateur relâche le bouton de la souris, il faut détruire le gestionnaire mouseMove.

Ligne 18 : jusqu'à présent, nous avons un texte sur la scène qui se trouve dans un clip. Son occurrence s'intitule zoneMasquee. Le clip vide que nous avons créé sur la scène à la ligne 4 s'appelle msk. Nous appliquons donc à l'occurrence qui contient le texte, un masque, celui qui contient toutes vos « duplications » de formes. Ainsi, plus vous ajoutez d'occurrences dans le clip du masque, plus vous voyez le contenu de l'occurrence contenant le texte.

Cette technique est donc plus complexe que la première, mais le mouvement est plus fluide.

Bogue éventuel

Comme vous l'aurez constaté, nous ne plaçons pas les occurrences sur la scène, mais dans une autre occurrence. La plupart des exemples que vous avez sûrement rencontrés place les occurrences sur _root, mais ce n'est pas la seule possibilité.

Jeu de dames en réseau

Dans le dossier Jeux/Autres, vous découvrirez qu'il existe plusieurs fichiers JeuxDames. Celui qui porte le suffixe Intro sert d'exemple dans la dernière partie de ce livre sur les Explications communes inter-applications. Celui qui porte le numéro 2 contient le même script que celui que nous allons analyser, à une petite différence près. Une fonction a été créée afin de simplifier et optimiser le script. Cela rend tout de même les explications un peu plus complexes, nous allons donc analyser l'animation JeuxDames.fla.

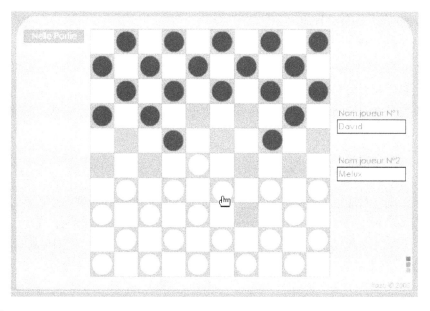

Figure 20-6
Cases et pions sont placés dynamiquement, ce qui simplifie le développement d'une telle application.

Ce jeu a la particularité d'être jouable en réseau, il faut donc disposer d'un serveur Flash Communication Server ou Flash Media Server. Référez-vous à la dernière partie de ce livre sur les Explications communes.

Description du fichier

Chemin d'accès : *Jeux/Autres/JeuxDames.fla*

L'animation ne contient pas le plateau de jeu que vous voyez sous les pions, car il est construit dynamiquement. L'animation contient uniquement le bouton en haut à gauche qui permet de rejouer une nouvelle partie. Cette occurrence s'appelle btNellePartie.

Deux textes de saisie vont permettre aux joueurs de saisir leurs noms. Il aurait tout à fait été envisageable d'ajouter du son à cette animation, afin que les joueurs puissent dialoguer entre eux, ou bien même d'ajouter une zone de chat, mais nous avons préféré simplifier l'animation. Si vous souhaitiez toutefois ajouter une de ces deux fonctionnalités ou même les deux, dans la partie Médias de ce livre, vous trouverez des études de cas vous proposant l'analyse d'animations partageant du texte et/ou du son.

L'animation ne contient qu'un seul script, mais il est très long et assez complexe pour un novice. Il reste cependant très structuré car il se divise en sept parties :

1. la connexion au serveur Flash Media Server et la création d'un cookie ;

2. l'initialisation d'une liste et de deux variables ;

3. la construction du plateau ;

4. le placement des pions noirs ;

5. le placement des pions blancs ;

6. la synchronisation du mouvement des joueurs ;

7. la programmation du bouton permettant de rejouer une nouvelle partie.

Script

```
 1 maConnect = new NetConnection();
 2 maConnect.connect("rtmp:/livre/studio1");
 3 coursier = SharedObject.getRemote("position", maConnect.uri, true);
 4 coursier.connect(maConnect);
 5 //
 6 var exemplaires = 0;
 7 var nomsDesCases = ["caseBlanche", "caseNoire"];
 8 var caseActuelle = false;
 9 //
10 for (i=1; i<=10; i++) {
11     caseActuelle = !caseActuelle;
12     for (j=1; j<=10; j++) {
13         exemplaires++;
14         caseActuelle = !caseActuelle;
15         laCase = nomsDesCases[Number(caseActuelle)];
16         _root.attachMovie(laCase, "case"+exemplaires, exemplaires);
```

```
17              _root["case"+exemplaires]._x = 100+j*35;
18              _root["case"+exemplaires]._y = 10+i*35;
19          }
20 }
21 //
22 placerPions = function (nomSymbole, nomOccurrence, niveauDepart, decalageVertical,
   ➥nomListePlacesX, nomListePlacesY) {
23      var exemplaires = 0;
24      var niveauPions = niveauDepart;
25      var decalageCase = -35;
26      _root[nomListePlacesX] = [];
27      _root[nomListePlacesY] = [];
28      _root[nomListePlacesX].push("");
29      _root[nomListePlacesY].push("");
30      for (i=1; i<=4; i++) {
31          decalageCase = decalageCase == -35 ? 0 : -35;
32          for (j=1; j<=5; j++) {
33              exemplaires++;
34              niveauPions++;
35              //
36              _root[nomOccurrence+exemplaires].removeMovieClip();
37              _root.attachMovie(nomSymbole, nomOccurrence+exemplaires, niveauPions);
38              _root[nomOccurrence+exemplaires]._x = 100+(j*70)+decalageCase;
39              _root[nomOccurrence+exemplaires]._y = decalageVertical+i*35;
40              _root[nomOccurrence+exemplaires].sonNumero = exemplaires;
41                  _root[nomListePlacesX].push(_root[nomOccurrence+exemplaires]._x);
42                  _root[nomListePlacesY].push(_root[nomOccurrence+exemplaires]._y);
43              _root[nomOccurrence+exemplaires].onPress = function() {
44                  this.swapDepths(_root.getNextHighestDepth());
45                  this.startDrag();
46              };
47              _root[nomOccurrence+exemplaires].onRelease = _root[nomOccurrence
                ➥+exemplaires].onReleaseOutside=function () { stopDrag();};
48              //
49              _root[nomOccurrence+exemplaires].onMouseMove = function() {
50                  _root[nomListePlacesX][this.sonNumero] = this._x;
51                  _root[nomListePlacesY][this.sonNumero] = this._y;
52                  coursier.data.listePionsBlancsX = listePionsBlancsX;
53                  coursier.data.listePionsBlancsY = listePionsBlancsY;
54                  coursier.data.listePionsNoirsX = listePionsNoirsX;
55                  coursier.data.listePionsNoirsY = listePionsNoirsY;
56              };
57          }
58      }
59      //
60      coursier.data.listePionsBlancsX = listePionsBlancsX;
61      coursier.data.listePionsBlancsY = listePionsBlancsY;
62      coursier.data.listePionsNoirsX = listePionsNoirsX;
63      coursier.data.listePionsNoirsY = listePionsNoirsY;
64      //
65 };
```

```
66 placerPions("pionNoir", "pionNoir", 1000, 10, "listePionsNoirsX", "listePionsNoirsY");
67 placerPions("pionBlanc", "pionBlanc", 1100, 220, "listePionsBlancsX", "listePionsBlancsY");
68 //
69 //
70 coursier.onSync = function() {
71     listePionsBlancsX = coursier.data.listePionsBlancsX;
72     listePionsBlancsY = coursier.data.listePionsBlancsY;
73     listePionsNoirsX = coursier.data.listePionsNoirsX;
74     listePionsNoirsY = coursier.data.listePionsNoirsY;
75     for (i=1; i<=20; i++) {
76         _root["pionNoir"+i]._x = listePionsNoirsX[i];
77         _root["pionNoir"+i]._y = listePionsNoirsY[i];
78         //
79         _root["pionBlanc"+i]._x = listePionsBlancsX[i];
80         _root["pionBlanc"+i]._y = listePionsBlancsY[i];
81     }
82     nomJoueur1 = coursier.data.nomJoueur1;
83     nomJoueur2 = coursier.data.nomJoueur2;
84 };
85 //
86 nomJoueur1_inst.onChanged = function() {
87     coursier.data.nomJoueur1 = this.text;
88 };
89 nomJoueur2_inst.onChanged = function() {
90     coursier.data.nomJoueur2 = this.text;
91 };
92 btNellePartie.onPress = function() {
93     placerPions("pionNoir", "pionNoir", 1000, 10, "listePionsNoirsX", "listePionsNoirsY");
94     placerPions("pionBlanc", "pionBlanc", 1100, 220, "listePionsBlancsX",
        ➡"listePionsBlancsY");
95 };
```

Analyse

Lignes 1 à 4 : nous établissons une connexion avec le serveur en choisissant studio1 comme nom de session. Nous créons également un cookie, appelé SharedObject, qui va contenir les entrées de deux tableaux que nous allons lui envoyer aux lignes 52 et 53.

Ligne 6 : nous allons créer des occurrences dynamiquement. Nous devons donc utiliser une variable pour la construction du nom par concaténation.

Ligne 7 : cette liste contient deux noms de liaisons de symboles qui vont être utilisés pour la construction dynamique du plateau.

Ligne 8 : la construction du plateau va se faire à partir de cases blanches et noires. Nous utilisons la valeur booléenne d'une variable pour obtenir une alternance.

Construction du plateau de jeu

Ligne 10 : nous nous apprêtons à répéter 10 fois…

Ligne 12 : …la création d'une ligne de 10 cases.

Ligne 11 : comme nous le précisions ci-dessus, afin de placer des cases noires et des cases blanches, nous utilisons une valeur booléenne. Comment ? Explications aux lignes 14 et 15…

Ligne 13 : comme nous l'évoquions à la ligne 6, cette variable va permettre de nommer nos occurrences `case1`, `case2`, `case3`, etc., et de les positionner à des niveaux différents.

Ligne 14 : le résultat de l'exécution de cette ligne d'instruction est d'inverser la valeur de la variable `caseActuelle`. Cela ne fonctionne bien sûr qu'avec des valeurs booléennes. Les valeurs `true` et `false` peuvent être converties en 1 et 0 grâce à la fonction `Number()`.

Ligne 15 : en faisant référence à notre tableau `nomsDesCases` qui ne contient que deux entrées, nous allons pouvoir obtenir les expressions `caseBlanche` et `caseNoire` qui correspondent aux noms de liaison des symboles à placer sur la scène.

Ligne 16 : le symbole dont le nom de liaison correspond à la valeur de la variable `laCase` est placé sur la scène.

Lignes 17 et 18 : les occurrences sont placées les unes sous les autres, colonne après colonne.

Placement des pions sur le plateau

Comme vous avez peut-être pu le constater, nous avons deux fois les mêmes lignes d'instructions dans deux fonctions différentes. Nous allons donc analyser uniquement la fonction `placerPionsNoirs`.

Ligne 22 : cette fonction place les pions sur le plateau et programme chaque occurrence.

Ligne 23 : nous allons créer des occurrences dynamiquement. Nous devons donc utiliser une variable pour la construction du nom par concaténation.

Ligne 24 : cette variable va être utilisée pour définir le niveau (le plan) de chaque occurrence.

Ligne 25 : cette variable va nous aider à placer les pions sur le plateau.

Lignes 26 et 27 : ces deux listes vont être celles que nous allons utiliser le plus souvent. Elles vont contenir les coordonnées _x et _y de tous les pions noirs. Ce sont elles qui vont permettre de synchroniser les plateaux de deux joueurs, car elles vont être envoyées au serveur Flash Media aux lignes 58 et 59.

Lignes 28 et 29 : la première entrée du tableau ne va pas être exploitée dans notre application, c'est pourquoi nous lui définissons une valeur quelconque.

Ligne 30 : nous allons placer quatre lignes de pions, nous avons donc besoin d'une boucle allant de 1 à 4.

Ligne 31 : une ligne sur deux, les pions noirs doivent être placés plus loin. Nous ajoutons donc cette ligne d'instruction pour décaler le premier pion des lignes impaires.

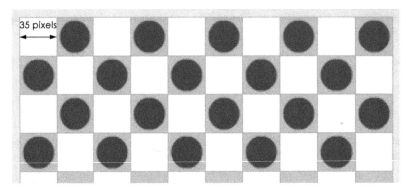

Figure 20-7

Les pions doivent toujours être placés sur les cases de même couleur, ils sont donc placés plus ou moins loin du bord gauche de la scène, selon la ligne sur laquelle ils se trouvent.

Ligne 33 : rappelons que cette variable va être utilisée pour nommer les occurrences.

Ligne 34 : cette variable va définir le niveau (le plan) de chaque occurrence, ce sera le troisième paramètre de la méthode attachMovie().

Ligne 36 : juste avant de placer un pion, nous retirons une occurrence qui porterait éventuellement le même nom.

Ligne 37 : nous plaçons sur la scène, le symbole dont le nom de liaison est pionNoir.

Lignes 38 et 39 : l'occurrence obtenue est alors précisément placée verticalement et horizontalement, en tenant compte du décalage à respecter une ligne sur deux (voir la figure 20-7).

Ligne 40 : nous définissons pour chaque occurrence, une variable intitulée sonNumero qui correspond au suffixe de son nom. L'occurrence intitulée pionNoir7 possède une variable intitulée sonNumero, dont la valeur est 7. Elle servira à faire référence au numéro d'index (numéro d'entrée) dans la liste.

Lignes 41 et 42 : chaque position de pion est mémorisée dans deux listes. La position _x est envoyée dans la liste intitulée placesXPionsNoirs. La position _y est envoyée dans la liste intitulée placesYPionsNoirs.

Lignes 43 à 46 : ce gestionnaire définit le comportement que devra avoir un pion lorsqu'il est cliqué. Il sera rendu mobile et viendra se placer au premier plan des autres.

Lignes 49 à 54 : ce gestionnaire est très important, car c'est lui qui synchronise les plateaux des deux joueurs à distance. En effet, l'occurrence en cours de déplacement inscrit ses coordonnées dans les listes placesXPionsNoirs et placesYPionsNoirs, au numéro d'entrée correspondant au suffixe de son nom d'occurrence (voir la ligne 40). Les lignes 52 et 53 envoient ensuite au cookie sur le serveur, le contenu des deux tableaux placesXPionsNoirs et placesYPionsNoirs.

Lignes 58 et 59 : visiblement, ces deux lignes d'instructions effectuent le même travail, mais elles ne se trouvent pas au même endroit. En effet, elles ne vont pas s'exécuter au même instant.

Celles des lignes 52 et 53 vont se déclencher lorsqu'un pion est relâché. Celles des lignes 58 et 59 se déclenchent lorsque les pions sont placés sur le plateau pour la première fois au lancement du jeu.

Synchronisation du mouvement des joueurs

La synchronisation des données échangées entre les joueurs s'appuie sur la gestion des cookies côté serveur. Souvenez-vous, les premières lignes de ce script ont établi une connexion, nous allons pouvoir lire et écrire des données sur le serveur.

Ligne 104 : le gestionnaire onSync va recevoir du serveur tous les changements effectués par le joueur adverse.

Lignes 105 à 108 : à la réception des nouveautés, nous stockons dans quatre variables le contenu des « variables » stockées côté serveur.

Ligne 109 : nous devons à présent exploiter ce que nous avons reçu. Souvenez-vous, nous avions exécuté aux lignes 58, 59, 99 et 100, des lignes d'instructions dont le rôle était d'envoyer au serveur le contenu de tableaux. Nous devons à présent parcourir ces tableaux pour utiliser les valeurs de ces entrées. Cette boucle for() va donc nous servir à repositionner tous les pions de notre animation.

Lignes 110 à 114 : chaque occurrence est positionnée en _x et en _y, aussi bien pour les pions noirs que pour les pions blancs.

Lignes 116 à 117 : au cas où l'un des joueurs changerait son nom, les textes dynamiques présents sur la scène doivent être mis à jour. Pour être encore plus précis, dès que deux personnes se connectent à cette application, dès qu'elles saisissent leurs noms, ce sont ces deux lignes d'instructions qui les affichent sur la scène.

Lignes 120 à 122 : côté application et non serveur, dès que l'utilisateur tape son nom dans le texte de saisie intitulé nomJoueur1_inst, il est automatiquement envoyé au serveur Flash Media. Celui-ci se charge alors de le renvoyer à tous les utilisateurs connectés à la session studio1, notre adversaire dans le cas de notre application.

Programmation du bouton Nouvelle partie

Ligne 126 : lorsque l'un des deux joueurs clique sur ce bouton, les deux principales fonctions de notre application qui sont chargées de placer les pions sur le plateau s'exécute.

Bogues éventuels

Une fois encore, dans un tel programme le risque de bogue est inéluctable, mais c'est surtout la logique de construction du script qui est le plus difficile. Dans cette application, il faut par exemple gérer la relation avec le serveur. Le déplacement d'une occurrence ne pose pas vraiment de problème, c'est de mémoriser sa position qui nécessite du code et donc génère des risques d'erreurs.

Jeu du chemin le plus court

Depuis plusieurs années, Yazo.net propose des animations disponibles en téléchargement (`.fla` et `.swf`). Voici une nouvelle animation qui devrait vous occuper quelques heures.

Contrairement à la figure 20-8 la scène présente uniquement des points (sans les droites qui indiquent le parcours optimisé). Le but de ce jeu est de tracer un chemin qui passe par tous les points avec un minimum de clics.

Figure 20-8

Effectuez de simples clics sur la scène de l'animation, une balle se déplace en faisant disparaître toutes celles qu'elle rencontre sur son passage.

Description du fichier

Chemin d'accès : ***Jeux/Autres/YazoLignes.fla***

La scène de cette animation contient les éléments suivants :

- L'occurrence d'un composant de type `ComboBox` pour pouvoir proposer des numéros de parties. Elle s'intitule `listeDesSeries`.

- Deux textes dynamiques dont les noms de variables sont `affichageClics` et `clicsMaxi`. Comme leurs noms le précisent, pour chaque partie choisie dans le menu, un nombre maximum de clics sera affiché ainsi que le nombre de coups (clics) joués.

- Pour finir, nous avons placé une occurrence intitulée `balle` qui va se déplacer en fonction des différents clics que vous effectuerez.

Script

```
1 var nbrClics:Number = 0;
2 var etatClic:Boolean = false;
3 var affichageClics:Number = 0;
4 var noeudAouvrir:Number = 0;
5 var racine:XML;
6 //
7 import mx.transitions.Tween;
8 import mx.transitions.easing.*;
9 //
10 // Chargement des données XML
11 //
12 var chargeDocXML:XML = new XML();
13 chargeDocXML.ignoreWhite = true;
14 chargeDocXML.onLoad = function() {
15   racine = this.firstChild;
16   nbrListe = this.firstChild.childNodes.length;
17   listeDesSeries.addItem("|---|");
18   for (i=0; i<nbrListe; i++) {
19     listeDesSeries.addItem(i+1);
20   }
21   listeDesSeries.setStyle("fontSize",10);
22   listeDesSeries.setSize(40,20);
23 };
24 chargeDocXML.load("coordonnees.xml");
25 //
26 // Déplacement de la balle
27 //
28 _root.onMouseDown = function() {
29   if (_ymouse>25 && etatClic) {
30     nbrClics++;
31     affichageClics = nbrClics;
32     retourX = new Tween(balle, "_x", Regular.easeOut, balle._x, _xmouse, 0.5, true);
```

```
33      retourY = new Tween(balle, "_y", Regular.easeOut, balle._y, _ymouse, 0.5, true);
34      //
35      a = 0;
36      retourY.onMotionChanged = function() {
37        for (i=0; i<20; i++) {
38          if (balle.hitTest(_root["piece"+i])) {
39            _root["piece"+i].removeMovieClip();
40          }
41        }
42      };
43    }
44  };
45  //
46  // Construction de la disposition des pièces
47  //
48  function placerDroites(numeroSerieChoisie) {
49    nbrClics = 0;
50    for (i=0; i<20; i++) {
51      pointX = racine.childNodes[numeroSerieChoisie].childNodes[0].childNodes[i]
        ➥.attributes.coordx;
52      pointY = racine.childNodes[numeroSerieChoisie].childNodes[0].childNodes[i]
        ➥.attributes.coordy;
53      this.attachMovie("piece","piece"+i,i,{_x:pointX, _y:pointY});
54      clicsMaxi = racine.childNodes[numeroSerieChoisie].childNodes[1].childNodes.length-1;
55    }
56  }
57  //
58  // Écouteur servant à empêcher le clic lorsque le menu est déroulé
59  var surveil:Object = new Object();
60  surveil.open = function() {
61    etatClic = false;
62  };
63  listeDesSeries.addEventListener("open",surveil);
64  surveil.close = function() {
65    etatClic = true;
66  };
67  listeDesSeries.addEventListener("close",surveil);
68  surveil.change = function(recup) {
69    noeudAouvrir = recup.target.selectedIndex-1;
70    if (noeudAouvrir>=0) {
71      placerDroites(noeudAouvrir);
72    }
73    affichageClics = 0;
74    balle._x = 13;
75    balle._y = 307;
76  };
77  listeDesSeries.addEventListener("change",surveil);
78  //
79  // Fonction servant à tracer le chemin optimal
80  //
81  function tracerChemin() {
```

```
 82    _root.createEmptyMovieClip("chemin",1000);
 83    nombreNoeudsLigne = clicsMaxi;
 84    premierPointX = racine.childNodes[noeudAouvrir].childNodes[1].childNodes[0]
       ➥.attributes.coordx;
 85    premierPointY = racine.childNodes[noeudAouvrir].childNodes[1].childNodes[0]
       ➥.attributes.coordy;
 86    chemin.lineStyle(15,0xCCCCCC,50);
 87    chemin.moveTo(premierPointX,premierPointY);
 88    for (i=1; i<=nombreNoeudsLigne; i++) {
 89      pointX = racine.childNodes[noeudAouvrir].childNodes[1].childNodes[i]
        ➥.attributes.coordx;
 90      pointY = racine.childNodes[noeudAouvrir].childNodes[1].childNodes[i]
        ➥.attributes.coordy;
 91      chemin.lineTo(pointX,pointY);
 92    }
 93  }
 94  _root.onKeyDown = function() {
 95    if (Key.isDown(Key.SHIFT)) {
 96      tracerChemin();
 97    }
 98  };
 99  _root.onKeyUp = function() {
100    chemin.removeMovieClip();
101  };
102  Key.addListener(_root);
```

Voici le contenu du fichier XML intitulé `coordonnees.xml` :

```
<seriesPoints>
<serie>
<points>
<point coordx='209.5' coordy='246'/>
<point coordx='112.55' coordy='222'/>
<point coordx='43.55' coordy='167'/>
<point coordx='88.55' coordy='209'/>
<point coordx='155.55' coordy='161'/>
<point coordx='94.55' coordy='140'/>
<point coordx='64.55' coordy='106'/>
<point coordx='143.55' coordy='219'/>
<point coordx='179.55' coordy='228'/>
<point coordx='213.5' coordy='177'/>
<point coordx='201.5' coordy='57'/>
<point coordx='229.5' coordy='88'/>
<point coordx='40.55' coordy='46'/>
<point coordx='9.55' coordy='250'/>
<point coordx='187.5' coordy='273'/>
<point coordx='226.5' coordy='35'/>
<point coordx='197.5' coordy='103'/>
<point coordx='156.55' coordy='122'/>
<point coordx='224.5' coordy='310'/>
<point coordx='46.55' coordy='113'/>
</points>
```

```
<ligne>
<point coordx='14' coordy='299'/>
<point coordx='43' coordy='56'/>
<point coordx='222' coordy='303'/>
<point coordx='226' coordy='43'/>
<point coordx='87' coordy='234'/>
</ligne>
</serie>

<serie>
<points>
<point coordx='39.55' coordy='189.7'/>
<point coordx='118.55' coordy='160.8'/>
<point coordx='190.5' coordy='187'/>
<point coordx='98.55' coordy='190.9'/>
<point coordx='173.55' coordy='138.05'/>
<point coordx='132.55' coordy='194.1'/>
<point coordx='145.55' coordy='254.25'/>
<point coordx='71.55' coordy='153.85'/>
<point coordx='105.55' coordy='144.75'/>
<point coordx='141.55' coordy='160.95'/>
<point coordx='21.55' coordy='66.4'/>
<point coordx='155.55' coordy='234.35'/>
<point coordx='70.55' coordy='124.45'/>
<point coordx='49.55' coordy='213.65'/>
<point coordx='18.55' coordy='218.6'/>
<point coordx='99.55' coordy='106.5'/>
<point coordx='127.55' coordy='226.3'/>
<point coordx='139.55' coordy='116.15'/>
<point coordx='35.55' coordy='266.6'/>
<point coordx='170.55' coordy='105.2'/>
</points>
<ligne>
<point coordx='18' coordy='290'/>
<point coordx='33' coordy='209'/>
<point coordx='161' coordy='115'/>
<point coordx='167' coordy='260'/>
<point coordx='24' coordy='69'/>
<point coordx='225' coordy='199'/>
</ligne>
</serie>
</seriesPoints>
```

Dans le fichier fourni en exemple (ou dans celui que vous pourriez vous-même réaliser) il y a bien évidemment davantage de lignes que dans la description ci-avant. Il nous a semblé inutile de reproduire ici un tel fichier, puisque seule sa structure nous intéresse.

Analyse

Lignes 1 à 5 : nous initialisons les variables avec lesquelles nous allons travailler.

Lignes 7 et 8 : nous importons les classes nécessaires au bon fonctionnement de la classe `Tween()`.

Lignes 12 à 14 : nous instancions la classe `XML()` afin de pouvoir y charger le contenu du fichier `coordonnees.xml` (ligne 24).

Ligne 15 : nous mémorisons dans une variable le contenu utile du fichier XML pour faciliter le traitement des données.

Ligne 16 : nous mémorisons dans une autre variable le nombre de nœuds contenus à la racine du document XML.

Ligne 17 : dans l'occurrence du composant de type `ComboBox`, nous définissons l'étiquette (visible dans le menu) de la première entrée.

Lignes 18 à 20 : nous remplissons ensuite cette occurrence de type `ComboBox` avec des numéros.

Lignes 21 et 22 : nous formatons l'occurrence de type `ComboBox`.

Lignes 28 à 44 : si l'utilisateur clique sur la scène du jeu au-delà du 25ème pixel du haut de la scène, les lignes d'instructions suivantes pourront être exécutées. La valeur de la variable `etatClic` doit également être fixée à `true` (nous reviendrons sur ce paramètre plus loin dans cette analyse).

Ligne 30 : nous avons besoin de mémoriser le nombre de clics effectués par l'utilisateur pour le comparer aux nombre de clics optimal (pour pouvoir effacer toutes les pastilles en un minimum de clics). Nous afficherons ensuite cette valeur dans un texte dynamique qui se trouve sur la scène, dont le nom de variable est `affichageClics`.

Lignes 32 et 33 : nous déplaçons l'occurrence intitulée `balle` à l'emplacement du clic.

Lignes 36 à 42 : au cours du déplacement de la balle, nous vérifions si la balle touche des pastilles disposées sur la scène de jeu. Si tel est le cas, elles sont alors supprimées (ligne 39).

Lignes 48 à 56 : la fonction `placerDroites` permet de disposer sur la scène les pastilles que le joueur devra faire disparaître en les survolant avec la balle. Nous commençons par mémoriser de façon répétée dans deux variables intitulées `pointX` et `pointY` les valeurs extraites du fichier XML afin de les utiliser comme paramètres de la méthode `attach-Movie()` de la ligne 53.

Lignes 59 à 66 : nous évoquions à la ligne 29 la nécessité de fixer la valeur de la variable `etatClic` à `true`. En effet, lorsque le menu est déroulé, le choix d'une entrée se fait en cliquant au-delà du 25ème pixel du haut de la scène. Afin que ce clic ne soit pas interprété comme un clic de déplacement de la balle, nous utilisons une variable booléenne. Lorsque le menu est déroulé, la variable `etatClic` est positionnée à `false` et à `true` lorsque le menu est fermé.

Lignes 68 à 76 : lorsque l'utilisateur choisit un numéro dans le menu déroulant (la Combo-Box), la fonction placerDroite() est chargée de placer les pastilles sur la scène. La balle est replacée en bas à gauche de la scène et nous réinitialisons la valeur du nombre de clics effectués au cours d'une partie.

Lignes 81 à 102 : cette fonction cachée permet d'afficher une aide lorsque l'utilisateur appuie sur la touche Shift de son clavier. Les droites qui indiquent le chemin optimal sont affichées.

Bogues éventuels

N'oubliez pas la saisie des lignes 7 et 8 : l'instanciation de la classe Tween() des lignes 32 et 33 ne fonctionnerait pas sans cela.

Modèles pour le jeu du chemin le plus court

Pour pouvoir mettre à jour le jeu que nous venons d'analyser ensemble, voici l'animation qui nous a servi à constituer les listes de données XML contenues dans le fichier coordonnees.xml.

Description du fichier

Flash Player 6 et ultérieur

Chemin d'accès : ***Jeux/Autres/YazoModeleLignes.fla***

Nous avons tout simplement placé 20 occurrences sans les nommer, car nous faisons référence au nom donné par défaut à une occurrence instance1, instance2, etc. C'est à l'exécution de l'animation que les données XML sont copiées dans le Presse-papiers. Vous n'avez alors plus qu'à coller le contenu de votre Presse-papiers dans le fichier XML intitulé coordonnees.xml.

Script

```
1 docXML = "<serie>"+newline+"<points>"+newline;
2 for (i=1; i<=20; i++) {
3   positionX = _root["instance"+i]._x;
4   positionY = _root["instance"+i]._y;
5   docXML += "<point coordx='"+positionX+"' coordy='"+positionY+"'/>"+newline;
6 }
7 docXML += "</points>"+newline;
8 docXML += "<ligne>"+newline;
```

```
 9 _root.onMouseDown = function() {
10   docXML += "<point coordx='"+_root._xmouse+"' coordy='"+_root._ymouse+"'/>"+newline;
11 };
12 _root.onKeyDown = function() {
13   docXML += "</ligne>"+newline;
14   docXML += "</serie>";
15   trace(docXML);
16 };
17 Key.addListener(_root);
```

Analyse

Ligne 1 : nous initialisons une variable intitulée docXML en lui donnant pour valeur la chaîne de caractères qui correspond à la première ligne d'un document XML.

Lignes 2 à 6 : nous ajoutons des nœuds enfants à notre arborescence XML.

Ligne 7 : nous fermons un premier nœud enfant.

Ligne 8 : nous ouvrons un nouveau nœud intitulé ligne.

Lignes 9 à 11 : nous ajoutons à la fin d'un nœud enfant les balises point et ligne pour pouvoir stocker les informations nécessaires pour tracer les droites de l'aide qui s'affiche lorsque l'on appuie sur la touche Shift.

Lignes 12 à 17 : lorsque vous tapez sur une touche du clavier, le nœud XML se referme et est copié dans le Presse-papiers. Il suffit alors de le coller à la suite des nœuds du document coordonnees.xml.

Bogues éventuels

La plus grosse difficulté dans cette animation est relative à la construction du fichier XML. N'oubliez pas que toute balise ouverte doit être fermée.

Exercice pédagogique

L'animation que nous allons à présent aborder pourrait être adaptée à de nombreuses situations, l'objectif étant de constituer des paires. Dans notre exemple il s'agit d'une traduction, mais nous aurions aussi bien pu placer un calcul dans la colonne de gauche et des résultats dans celle de droite. Initialement, nous nous sommes posés un certains nombre de questions pour savoir si nous avions intérêt à développer cette animation de façon dynamique. Généralement, cela est toujours conseillé, mais notre souci de vouloir être compris d'un plus grand nombre nous a conduit à retenir la solution d'un développement mixte : utilisation du scénario/scène et du code.

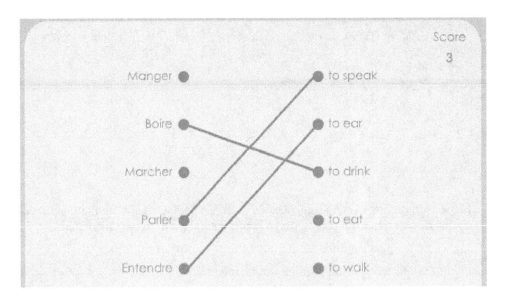

Figure 20-9

Exercice pédagogique classique : l'apprenant doit maintenir le bouton de la souris sur l'une des pastilles de gauche pour la déplacer sur l'une de celles qui se trouvent à droite.

Description du fichier

Flash Player 6
et ultérieur

Chemin d'accès : ***Jeux/Autres/ExercicePedago.fla***

Pour réaliser cette animation, nous avons donc utilisé 8 occurrences (les pastilles noires) intitulées p1 à p4 et r1 à r4 que nous avons réparties en deux colonnes. Nous avons ensuite placé des textes statiques à l'extérieur de ces pastilles.

Nous avons également placé une occurrence de clip contenant le mot « Gagné » et l'avons nommée messageFin.

Pour finir, afin de comptabiliser le nombre de bonnes réponses, nous avons ajouté une dernière variable intitulée vScore, située en haut à droite de la scène.

Script

```
1 var numeroLigne = 0;
2 vScore = 0;
3 messageFin._visible = false;
4
5 for (i=1; i<=5; i++) {
6     _root["p"+i].sonNumero = 1,
7     _root["p"+i].onPress = function() {
8         pointXDepart = _xmouse;
```

```
 9      pointYDepart = _ymouse;
10      tempo = _root.createEmptyMovieClip("ligneLien"+numeroLigne, numeroLigne);
11      this.onMouseMove = function() {
12        tempo = _root.createEmptyMovieClip("ligneLien"+numeroLigne, numeroLigne);
13        tempo.lineStyle(3,0x5E685B,100);
14        tempo.moveTo(pointXDepart,pointYDepart);
15        tempo.lineTo(_xmouse,_ymouse);
16      };
17    };
18
19    _root["p"+i].onReleaseOutside = function() {
20      if (_root["r"+this.sonNumero].hitTest(_xmouse, _ymouse)) {
21        delete this.onMouseMove;
22        tempo.lineTo(_xmouse,_ymouse);
23        numeroLigne++;
24        vScore++;
25      } else {
26        delete this.onMouseMove;
27        tempo.removeMovieClip();
28      }
29      if (vScore == 5) {
30        messageFin._visible = true;
31      }
32    };
33 }
```

Analyse

Ligne 1 : nous allons avoir besoin de créer des occurrences vides pour y associer une ligne (celle qui sera tracée lorsque vous déplacerez une pastille de la colonne de gauche sur l'une de celles qui se trouvent à droite). À chaque nouvelle ligne créée, nous devons lui associer un niveau (voir explication de la ligne 10). Nous stockerons donc le nombre de lignes déjà créées dans la variable numeroLigne. Ce nom évoque explicitement le numéro de ligne à utiliser pour le prochain niveau.

Ligne 2 : à chaque bonne réponse de l'utilisateur, nous incrémenterons la valeur de cette variable.

Ligne 3 : nous avons disposé sur la scène une occurrence qui s'affichera lorsque toutes les bonnes réponses seront trouvées ; nous devons donc commencer par la masquer.

Lignes 5 à 17 : nous effectuons une boucle pour définir les événements onPress et onRelease associés à chaque pastille.

Ligne 6 : nous définissons une variable associée à chaque occurrence pour pouvoir récupérer sa valeur lors du clic sur chaque pastille.

Lignes 8 et 9 : nous mémorisons dans deux variables les coordonnées du clic de la souris que nous utiliserons à la ligne 14.

Ligne 10 : nous créons un clip vide avec un nom obtenu par concaténation de l'expression ligneLien et de la valeur de la variable numeroLigne. Nous utilisons également cette dernière pour définir son niveau de plan comme nous l'évoquions dans les explications concernant la ligne 1.

Lignes 11 à 16 : nous définissons un gestionnaire d'événement chargé de tracer une droite lorsque la souris sera en mouvement (onMouseMove).

Ligne 12 : à chaque mouvement de la souris, nous allons devoir redessiner la ligne préalablement créée en gardant le même niveau.

Ligne 13 : nous définissons un style de trait pour la droite.

Ligne 14 : nous définissons le point de départ de la droite avec les valeurs mémorisées aux lignes 8 et 9.

Ligne 15 : nous venons de définir le point de départ de notre droite ; nous définissons ici, grâce à la méthode lineTo(), le point d'arrivée et traçons en même temps la droite.

Ligne 19 : lorsque l'utilisateur relâche le bouton de sa souris après avoir tracé une droite entre deux pastilles, nous devons évaluer sa réponse.

Ligne 20 : un test s'assure que la pastille sur laquelle l'utilisateur relâche le bouton de la souris comporte le même suffixe numéroté que la pastille sur laquelle il avait préalablement cliqué pour commencer à tracer la droite. Par exemple, si l'utilisateur a cliqué sur l'occurrence p2, il doit relâcher le bouton de la souris sur l'occurrence r2. La valeur 2 à comparer est stockée dans la variable sonNumero associée à chaque pastille.

Ligne 21 : lorsque le bouton de la souris est relâché, nous devons supprimer le gestionnaire d'événement onMouseMove pour interrompre le dessin de la droite.

Ligne 22 : nous traçons une dernière ligne.

Ligne 23 : nous incrémentons la variable servant à compter les numéros des lignes déjà tracées.

Ligne 24 : nous augmentons le nombre de bonnes réponses.

Lignes 26 et 27 : si l'utilisateur n'a pas relâché l'extrémité de la droite sur la bonne pastille (s'il établit une mauvaise relation), nous supprimons la ligne tracée.

Lignes 29 à 31 : un test est effectué pour savoir si les 5 relations ont été validées.

Bogues éventuels

L'oubli des lignes 6 et 13 fait partie des erreurs classiques. Par ailleurs, le mot clé this est très important à la ligne 20. Ce dernier fait référence à la variable associée à l'occurrence.

Si vous oubliez les lignes 21 et 26, le tracé de la droite se poursuivra, même si vous avez relâché le bouton de la souris.

Partie V

Autres fonctionnalités

Il est loin le temps où FutureSplash se contentait de faire de simples animations en 1995-1996 ! Aujourd'hui, nous ne parlons plus uniquement de fichiers lisibles sur Internet grâce à un player, mais d'animations et d'applications qui possèdent des fonctionnalités avancées !

Avant d'aller plus loin, rappelons qu'il existe trois techniques de lecture d'une animation à ce jour.

- Utiliser le lecteur disponible dans le dossier Players, lui-même rangé dans le dossier parent de l'application Flash. Il s'agit d'une application qui ne nécessite pas l'exécution de Flash pour fonctionner.

- Transformer une animation en un projecteur.

- Faire appel au plug-in de votre navigateur. Précisons à ce sujet qu'il n'est pas nécessaire d'inclure un fichier .swf dans une page HTML pour le visualiser. Un simple glisser-déplacer dans la fenêtre d'un navigateur suffit à lire une animation.

Étendre les capacités d'un fichier .swf et personnaliser son interface, voilà comment nous pourrions résumer ce chapitre.

21

Impression, e-mail et fenêtre

Ce chapitre ne possède pas d'animations associées, nous n'utiliserons donc pas la même structure de présentation des explications.

Envoyer un e-mail à partir de Flash

> Flash Player 6
> et ultérieur

Précisons dès à présent qu'il existe principalement deux techniques pour envoyer un e-mail à partir d'une animation Flash :

- Utiliser la fonction `mail()` en PHP.
- Ouvrir votre logiciel de messagerie.

Commençons par cette dernière qui ne présente aucune difficulté.

1. Saisissez la ligne d'instruction suivante dans un script demandant l'envoi d'un e-mail :

```
getURL("mailto:yazo@yazo.net");
```

Si vous exécutez cette ligne d'instruction à partir d'une application off-line, le navigateur de votre ordinateur se lancera avant d'ouvrir votre logiciel de messagerie.

À présent, voyons la technique qui consiste à faire appel à une page PHP. Cette dernière doit contenir le script suivant :

```
<?
mail($adresse,$objet,$message,"From: $dest\nReply-To: $dest\nX-Mailer: PHP/");
?>
```

Lorsque vous ferez appel à cette page, elle s'attend à ce que vous lui envoyiez trois variables dont les noms sont `adresse`, `objet` et `message`. Revenons à présent sur l'animation qui va appeler cette page. Elle doit contenir trois textes de saisie dont les noms sont `vAdresse`, `vObjet` et `vMessage`. Le script de la première image-clé de l'animation est le suivant :

```
btEnvoi.onPress = function() {
adresse = "http://www.yazo.net/envoyermail.php?adresse="+vAdresse+"&objet="
➡+vObjet+"&message="+vMessage;
loadVariablesNum(adresse, 0);
};
```

Vous noterez que nous avons d'abord concaténé une chaîne de caractères qui correspond à l'adresse, avec les variables à envoyer comme paramètres de l'URL. C'est ensuite que nous faisons appel à la méthode `loadVariables()`.

Imprimer une animation

Cette animation est particulièrement intéressante car elle ne se limite pas à un simple appel de la fenêtre d'impression… En effet, vous allez découvrir qu'il est possible d'effectuer trois types d'impression :

- une occurrence ;
- la scène ;
- une partie de la scène.

Figure 21-1

Lorsque vous cliquez sur le bouton d'impression, cette première fenêtre vous demande de spécifier quel type d'impression vous souhaitez.

Description du fichier

Flash Player 7
et ultérieur

Chemin d'accès : *NAVIGATEUR OS CDROM/Navigateurs/ NavigateurImprimer.fla*

La scène de cette animation ne contient que deux occurrences. Celle d'un clip dont le nom est photo_inst qui représente la photo à imprimer. La deuxième et dernière est celle du bouton Imprimer dont le nom d'occurrence est btImprimer. Un symbole dont le nom de liaison est panneauImpression va nous servir d'interface d'impression comme vous pouvez le voir sur la figure 21-1.

Le script de cette étude de cas est particulièrement grand, mais il est très structuré, car il contient les gestionnaires rattachés aux quatre boutons de l'interface d'impression. Il faut ajouter à cela :

1. La définition d'une fonction finImpression appelée après chaque choix (figure 21-1).

2. La gestion d'un système de dessin d'une zone d'impression.

Script

```
1  btImprimer.onPress = function() {
2      //
3      finImpression = function () {
4          _root.panneauImpression.removeMovieClip();
5          nelleImpression.send();
6          delete nelleImpression;
7      };
8      //
9      _root.attachMovie("panneauImpression", "panneauImpression", 1);
10     panneauImpression._x = 300;
11     panneauImpression._y = 200;
12     //
13     panneauImpression.btDefinirZone.onPress = function() {
14         _root.panneauImpression.removeMovieClip();
15         _root.attachMovie("curseurCroix", "curseurCroix", 1000);
16         curseurCroix.startDrag(true);
17         Mouse.hide();
18         _root.onMouseDown = function() {
19             xOrig = _root._xmouse;
20             yOrig = _root._ymouse;
21             this.onMouseMove = function() {
22                 _root.createEmptyMovieClip("boiteImpression", 1);
23                 boiteImpression.lineStyle(1, 0, 75);
24                 boiteImpression.moveTo(xOrig, yOrig);
25                 boiteImpression.lineTo(_root._xmouse, yOrig);
26                 boiteImpression.lineTo(_root._xmouse, _root._ymouse);
27                 boiteImpression.lineTo(xOrig, _root._ymouse);
28                 boiteImpression.lineTo(xOrig, yOrig);
29             };
30         };
```

```
31          _root.onMouseUp = function() {
32              delete onMouseMove;
33              xRelache = _root._xmouse;
34              yRelache = _root._ymouse;
35              delete _root.onMouseMove;
36              droite = Math.max(xOrig, xRelache)-30;
37              gauche = Math.min(xOrig, xRelache)-30;
38              bas = Math.max(yOrig, yRelache)-34;
39              haut = Math.min(yOrig, yRelache)-34;
40              boiteImpression.attachMovie("btAnnulation", "btAnnulation", 2);
41              boiteImpression.btAnnulation._x = xOrig+15;
42              boiteImpression.btAnnulation._y = yOrig+15;
43              boiteImpression.btAnnulation.onPress = function() {
44                  boiteImpression.removeMovieClip();
45                  curseurCroix.removeMovieClip();
46                  Mouse.show();
47                  delete _root.onMouseDown;
48              };
49              boiteImpression.attachMovie("btValidation", "btValidation", 3);
50              boiteImpression.btValidation._x = xOrig+40;
51              boiteImpression.btValidation._y = yOrig+15;
52              boiteImpression.btValidation.onPress = function() {
53                  curseurCroix.removeMovieClip();
54                  Mouse.show();
55                  delete _root.onMouseDown;
56                  boiteImpression.removeMovieClip();
57                  //
58                  nelleImpression = new PrintJob();
59                  nelleImpression.start();
60                  nelleImpression.addPage(photo_inst, {xMin:gauche, xMax:droite,
    ➡yMin:haut, yMax:bas});
61                  finImpression();
62              };
63          };
64      };
65      //
66      panneauImpression.btImprimerPhoto.onPress = function() {
67          nelleImpression = new PrintJob();
68          nelleImpression.start();
69          nelleImpression.addPage(photo_inst);
70          finImpression();
71      };
72      //
73      panneauImpression.btImprimerScene.onPress = function() {
74          nelleImpression = new PrintJob();
75          nelleImpression.start();
76          _root._xscale = 50;
77          _root._yscale = 50;
78          nelleImpression.addPage(_root);
```

```
79              finImpression();
80              _root._xscale = 100;
81              _root._yscale = 100;
82          };
83          panneauImpression.btImprimerCommentaire.onPress = function() {
84              _root.createTextField("contenuAImprimer", 5, -100, -100, 200, 200);
85              chargeXML = new XML("Ceci est un texte, un exemple.");
86              contenuAImprimer.text = chargeXML;
87              //contenuAImprimer.text = new Date();
88              nelleImpression = new PrintJob();
89              nelleImpression.start();
90              nelleImpression.addPage(contenuAImprimer);
91              finImpression();
92          };
93          //
94          panneauImpression.btFermeture.onPress = function() {
95              _root.panneauImpression.removeMovieClip();
96          };
97 };
```

Analyse

Ligne 2 : ce gestionnaire contient la définition de tous les autres. Nous aurions pu et dû procéder différemment, en appelant notamment des fonctions préalablement définies, mais nous avons souhaité démontrer que l'exécution des scripts rattachés aux boutons contenus dans l'interface d'impression, ne peut se faire qu'après avoir cliqué sur ce premier bouton.

Lignes 4 à 8 : ce gestionnaire va valider la demande d'impression et envoyer les données mises en mémoire. C'est la méthode start() de la classe PrintJob() qui va permettre d'afficher la fenêtre de la figure 21-2.

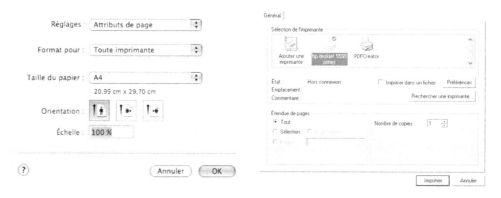

Figure 21-2

Avant de lancer l'impression, vous avez encore la possibilité d'effectuer quelques réglages.

Ligne 5 : l'interface d'impression de la figure 21-1 doit disparaître avant de proposer la fenêtre d'impression de la figure 21-2.

Ligne 6 : l'impression est validée et affiche concrètement la figure 21-2.

Ligne 7 : pour décharger la mémoire vive, nous supprimons l'instance `nelleImpression` qui a été créée à plusieurs reprises au cours de ce script (lignes 59, 68, 75, 89 et 100).

Ligne 10 : à chaque fois que l'utilisateur va cliquer sur le bouton Imprimer qui se trouve sur la scène, une occurrence du symbole dont le nom de liaison est `panneauImpression` se place sur la scène.

Lignes 11 à 12 : cette occurrence est placée précisément sur la scène.

Ligne 14 : gestionnaire exécuté si l'utilisateur demande d'imprimer avec une définition préalable de la zone d'impression.

Ligne 15 : l'interface d'impression de la figure 21-1 doit disparaître avant de proposer à la ligne 16, la fenêtre d'impression de la figure 21-2.

Lignes 17 et 18 : le curseur de la souris est changé en croix en masquant la flèche, et en plaçant un symbole rendu mobile sur la scène.

Lignes 19 à 31 : ce gestionnaire va assurer la création d'un rectangle (lignes 23 à 29) lorsque l'utilisateur va cliquer (ligne 19) puis maintenir son clic sur la scène tout en bougeant la souris (ligne 22).

Lignes 20 à 21 : deux variables stockent les coordonnées du clic sur la scène, qui vont servir de paramètres d'origine pour la création du rectangle (ligne 25).

Lignes 23 à 29 : création du rectangle ayant pour origine le clic mémorisé aux lignes 20 et 21.

Ligne 32 : ce gestionnaire doit récupérer quatre points de coordonnées pour définir la zone d'impression. Une fois que le rectangle est tracé, cela semble facile de lire quatre valeurs _x et trois autres _y. Pas si simple ! Lorsque vous tracez un rectangle avec une souris, vous maintenez votre clic de souris et vous bougez ensuite votre curseur dans quatre directions. Le clic d'origine ne représente donc pas systématiquement le coin supérieur gauche du rectangle (c'est le cas si vous bougez en effet votre souris vers la gauche et/ou vers le haut). Nous devons donc évaluer les quatre coins du rectangle.

Ligne 33 : nous devons commencer par supprimer le gestionnaire qui surveillait le mouvement de la souris.

Lignes 34 à 35 : deux variables stockent les coordonnées _x et _y de la souris au moment où l'utilisateur relâche le clic.

Lignes 37 à 40 : nous stockons à présent dans quatre variables, les coordonnées qui vont servir à définir la zone d'impression à la ligne 61.

Lignes 41 à 43 : nous affichons l'icône d'une croix sur la scène (figure 21-3). L'utilisateur va ainsi pouvoir annuler la création de ce rectangle.

Lignes 44 à 49 : un gestionnaire est associé à cette occurrence afin de supprimer le rectangle qui vient d'être tracé. Le curseur de la croix est supprimé et celui de la flèche classique est réaffiché.

Figure 21-3

*Lorsque l'utilisateur a défini
un rectangle de sélection,
il peut alors valider ou annuler
sa demande d'impression.*

Lignes 50 à 52 : nous affichons l'icône d'une coche de validation sur la scène (figure 21-3). L'utilisateur va ainsi pouvoir lancer l'impression.

Lignes 53 à 63 : ce gestionnaire associé à cette occurrence supprime le rectangle qui vient d'être tracé, et lance l'impression. Le curseur de la croix est supprimé, et celui de la flèche classique est réaffiché.

Lignes 59 à 62 : nous créons une nouvelle instance de la classe `PrintJob()` afin de pouvoir faire appel à la méthode `start()` qui affiche la fenêtre de la figure 21-2.

Ligne 61 : nous précisons que l'impression souhaitée correspond à la zone définie avec les coordonnées préalablement mémorisées dans les variables utilisées comme paramètres de la méthode `addPage()`.

Ligne 62 : l'impression est lancée !

Lignes 67 à 72 : ce gestionnaire est chargé de lancer l'impression de l'occurrence contenant la photo.

Ligne 70 : à la différence de la ligne 61, nous précisons que l'impression doit être celle de l'occurrence intitulée `photo_inst` qui contient la photo.

Lignes 74 à 83 : nous demandons à présent que l'impression soit celle de la scène, nous spécifions donc `_root` comme paramètre de la méthode `addPage()`. Avant de lancer l'impression, nous changeons l'échelle de la scène (lignes 77 et 78) afin qu'elle ne soit pas coupée sur le papier.

Lignes 84 à 93 : nous imprimons un texte qui ne se trouve pas sur la scène. Il est créé dynamiquement (ligne 85), son contenu est défini aux lignes 86 et 87.

Lignes 89 à 92 : nous lançons l'impression.

Lignes 95 à 97 : la croix située en haut à droite de l'interface d'impression (figure 21-2) permet de supprimer cette occurrence, donnant ainsi l'impression que la fenêtre a été fermée.

Vous ne penserez plus à présent qu'il n'est possible d'imprimer qu'une scène, mais précisément une zone de la scène ou des occurrences. Dans chacun de nos exemples, nous avons fait appel une seule fois à la méthode addPage(), il serait tout à fait possible d'avoir plusieurs lignes d'instructions utilisant cette fonction.

Par ailleurs, vous n'êtes pas obligés de passer par le traçage d'une zone rectangulaire (ou carrée) pour imprimer une zone précise de la scène ou d'une occurrence. Vous pouvez définir des valeurs fixes que vous auriez préalablement calculées au moment de l'intégration de votre animation.

Bogues éventuels

Dans une telle animation, les bogues peuvent être nombreux. Cependant, vous devez toujours respecter l'ordre dans lequel vous enchaînez les instructions relatives à l'impression :

- Création d'une instance de la classe PrintJob().
- Utilisation de la méthode start().
- Ajout d'informations dans la mémoire tampon avec la méthode addPage().
- lancement de l'impression avec la méthode send().

Centrer une animation dans la fenêtre

Flash Player 6
et ultérieur

Il existe deux techniques pour centrer une animation dans la fenêtre d'un navigateur, car vous avez deux possibilités pour visualiser un fichier .swf : au sein d'une page HTML, ou directement dans une fenêtre.

Dans le chapitre 12 de ce livre, l'étude « Informations et contrôle de la scène » vous présente comment centrer la scène d'une animation avec la propriété align de la classe Stage.

```
Stage.align = "r"
```

La lettre qui se trouve entre les guillemets peut être remplacée par une autre afin d'obtenir des alignements horizontaux et verticaux différents.

Voyons donc à présent comment aligner un fichier .swf dans une page HTML. Tout dépend de la technique que vous utilisez, HTML ou CSS.

Dans une page utilisant des balises HTML :

1. Créez un tableau d'une cellule (une seule ligne sur une seule colonne).

2. Ajustez la largeur et la hauteur du tableau à 100 %.

3. Choisissez un alignement horizontal et vertical au centre pour l'unique cellule de votre tableau.

4. Placez votre fichier .swf dans la cellule de votre tableau.

Remarque

Pensez à supprimer les marges du haut et de gauche de votre document.

Voici à quoi doit ressembler votre code :

```
<table width="100%" height="100%" border="0">
  <tr>
    <td align="center" valign="middle"> Placez ici la balise de votre .swf.</td>
  </tr>
</table>
```

Si vous utilisez des CSS, voici une autre méthode.

1. Saisissez le script suivant dans la balise <head> de votre document.

<style type="text/css">

```
body {
margin: 0;
padding: 0;
}
#global {
position:absolute;
left: 50%;
top: 50%;
width: 600px;
height: 400px;
margin-top: -200px;
margin-left: -300px;
}
</style>
```

Remarque

Ce script est issu de l'excellent site www.alsacreations.com.

2. Dans la balise `<body>` de votre document, utilisez une balise `<div>` comme dans l'exemple ci-après :

```
<div id="global">
Placez ici la balise de votre .swf.
</div>
```

> **Remarque**
>
> Lorsque nous vous parlons de placer votre fichier .swf dans les deux exemples ci-dessus, nous voulons parler de la balise `<object>`.

Comme vous l'avez constaté, ces trois techniques sont différentes, mais répondent surtout à des choix technologiques différents.

Redimensionner la fenêtre

| Flash Player 6 et ultérieur | Pour réaliser une telle action, nous allons avoir besoin d'exécuter une fonction JavaScript. Elle doit être placée dans la même page HTML qui contient le code permettant l'insertion d'un fichier .swf. |

Voici à quoi peut ressembler le script :

```
<script language="JavaScript" type="text/JavaScript">
function taille()
{
top.resizeTo(810,600);
}
</script>
```

Les valeurs 810 et 600 correspondent à la largeur et à la hauteur de la fenêtre.

Côté Flash, vous devez appeler la fonction avec le script suivant :

```
btRedim.onPress = function() {
    getURL("javascript:taille()");
};
```

`btRedim` est le nom d'occurrence sur laquelle l'utilisateur doit cliquer pour faire appel à la fonction `taille()` par le bais de la fonction `getURL()`.

Si vous souhaitiez ouvrir une fenêtre avec les dimensions de l'écran, utilisez la ligne d'instruction suivante.

```
top.resizeTo(screen.width,screen.height);
```

Dans le même style, si vous souhaitez placer la fenêtre à un point précis de votre écran, vous pouvez utiliser la ligne d'instruction suivante en plus, ou à la place de top.resize() de l'exemple ci-dessus.

```
top.moveTo(50,50);
```

Ouvrir une pop-up

Flash Player 6 et ultérieur

Comme nous venons de le voir dans l'explication précédente, nous allons devoir faire appel à du code JavaScript, mais nous n'allons pas faire appel à une fonction.

Faisons tout simplement référence à la ligne d'instruction suivante dans un script en ActionScript :

```
btOuvrirPopUp = function () {
getURL("javascript:void(window.open('http://www.apple.com','',
➥ 'TOP=30,LEFT=30,HEIGHT=300,WIDTH=300'))");
}
```

Nous plaçons directement le code qui aurait pu être placé dans une fonction, comme paramètre de la fonction getURL().

Appeler une fonction JavaScript

Flash Player 6 et ultérieur

Pour étendre les possibilités de Flash, vous avez la possibilité d'appeler une ou plusieurs fonctions écrites en JavaScript, situées dans la page HTML qui contient votre fichier .swf. Une fonction peut contenir des paramètres, il sera possible de les envoyer à partir de Flash.

Si vous n'avez pas encore lu l'exemple qui permet de redimensionner une fenêtre sur la scène au début de ce chapitre, nous vous invitons à le consulter.

Pour commencer, comme nous l'avons précisé ci-dessus, vous devez créer dans la page HTML, une fonction qui contient votre fichier .swf. Prenons cet exemple :

```
<script type="text/JavaScript">
afficherMessage = function() {
var temps = new Date();
var heures=temps.getHours()
var minutes=temps.getMinutes()
var message = "Vous arrivez sur le site à "+heures+":"+minutes;
  alert(message);
}
</script>
```

ou plus simplement celui-ci :

```
<script type="text/JavaScript">
afficherMessage = function() {
alert("Welcome on mon site !);
}
</script>
```

Ensuite, vous devez utiliser la fonction getURL() dans un script de votre animation Flash, et passer comme paramètre le nom de la fonction.

```
btMessage.onPress = function() {
    getURL("javascript:afficherMessage()");
};
```

Si votre fonction s'attendait à ce que vous lui passiez des paramètres, il faudrait le faire dans le script en AS.

```
btMessage.onPress = function() {
    getURL("javascript:afficherMessage(vos parametres)");
};
```

22

System.capabilities

Connaître la langue de l'ordinateur qui consulte un fichier .swf, son système d'exploitation ou OS (Mac ou PC) et la version de son player sont utiles pour personnaliser l'affichage et le fonctionnement des animations. La classe System possède un objet intitulé capabilities qui va nous permettre de connaître ces informations.

Connaître la langue de l'ordinateur

Pour démontrer l'intérêt de connaître la langue de l'ordinateur, nous avons utilisé deux fichiers .xml intitulés interfaceEn.xml et interfaceFr.xml dont les contenus sont respectivement les suivants :

```
<dataInterface>
<accueil>Welcome in  Montmartre</accueil>
<btQuitter positionX="18">Quit</btQuitter>
    <Commentaires>
        <France>
        It's a country...
        </France>
        <Angleterre>
        Islands, boats...
        </Angleterre>
        <Suisse>
```

```
            Chocolate, montains...
            </Suisse>
            <Espagne>
            Sun, beachs...
            </Espagne>
            <Allemagne>
            Rivers, Beer...
            </Allemagne>
            <Italie>
            Pizzas, pasta...
            </Italie>
        </Commentaires>
</dataInterface>


<dataInterface>
<accueil>Bienvenue à Montmartre</accueil>
<btQuitter positionX="527">Quitter</btQuitter>
        <Commentaires>
            <France>
            C'est un pays...
            </France>
            <Angleterre>
            Iles, bateaux...
            </Angleterre>
            <Suisse>
            Chocolat, montagnes...
            </Suisse>
            <Espagne>
            Soleil, plages...
            </Espagne>
            <Allemagne>
            Rivières, Bière...
            </Allemagne>
            <Italie>
            Pizzas, pâtes...
            </Italie>
        </Commentaires>
</dataInterface>
```

Lorsque nous connaîtrons la langue de l'ordinateur qui consulte notre fichier .swf, nous chargerons l'un ou l'autre des fichiers .xml.

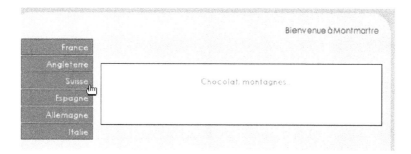

Figure 22-1

Le menu gauche de cette copie d'écran nous démontre que l'ordinateur qui a lu ce fichier .swf était en français.

Description du fichier

Flash Player 6 et ultérieur

Chemin d'accès : ***NAVIGATEUR OS CDROM/OS/ NavigateurLangueOrdinateur.fla***

La scène ne contient aucune occurrence de symbole, uniquement des textes dynamiques dont les noms de variables et d'occurrences sont les suivants :

- vAccueil et accueil_inst.
- commentaires (pas de nom d'occurrence).
- vQuitter et btQuitter.

La bibliothèque possède un seul symbole dont le nom de liaison est btPays. Il contient un texte dynamique intitulé nomPays. L'animation ne contient qu'un seul script, voici les trois étapes du développement :

1. Créer le menu de gauche dynamiquement.
2. Vérifier la langue de l'ordinateur de l'utilisateur.
3. Charger le fichier .xml correspondant à la langue.

Script

```
1 pays = ["France", "Angleterre", "Suisse", "Espagne", "Allemagne", "Italie"];
2 country = ["France", "England", "Switzerland", "Spain", "Germany", "Italy"];
3 //
4 langue = System.capabilities.language;
5 //
6 styleAccueil = new TextFormat();
7 //
8 switch (langue) {
9 case "fr" :
10      listeBoutons = pays;
11      docInterface = "interfaceFr.xml";
```

```
12        styleAccueil.color = "0x0000AA";
13        break;
14 case "en" :
15        listeBoutons = country;
16        docInterface = "interfaceEn.xml";
17        styleAccueil.color = "0xAA0000";
18        break;
19 }
20 //
21 for (i=0; i<pays.length; i++) {
22        _root.attachMovie("btPays", "btPays"+i, i);
23        _root["btPays"+i]._x = 80;
24        _root["btPays"+i]._y = 60+(i*25);
25        _root["btPays"+i].nomPays = listeBoutons[i];
26        _root["btPays"+i].sonNumero = i;
27        _root["btPays"+i].onPress = function() {
28            commentaires = chargeInterface.childNodes[0].childNodes[2].childNodes
               ➥[this.sonNumero].firstChild;
29        };
30        //Différencier le moment où i est utilisé dans la boucle
31        //et le moment où i ne vaut plus la valeur le temps de la boucle
32 }
33 //
34 chargeInterface = new XML();
35 chargeInterface.load(docInterface);
36 chargeInterface.ignoreWhite = true;
37 chargeInterface.onLoad = function() {
38        vAccueil = this.childNodes[0].childNodes[0].firstChild;
39        vQuitter = this.childNodes[0].childNodes[1].firstChild;
40        btQuitter._x = this.childNodes[0].childNodes[1].attributes.positionX;
41        accueil_inst.setTextFormat(styleAccueil);
42 };
```

Analyse

Lignes 1 à 2 : comme vous avez pu le constater sur la figure 22-1, des boutons contiennent des noms de pays. Ces deux tableaux servent donc à remplir ces occurrences.

Ligne 4 : dans une variable, nous stockons la langue de l'ordinateur qui consulte ce fichier .swf. Il s'agit des lettres fr ou en.

Ligne 6 : nous créons une instance de la classe TextFormat() qui va nous servir à mettre en forme le titre de la page (en haut à droite sur la scène).

Lignes 8 à 19 : nous procédons à une évaluation de la variable langue. En fonction du résultat, nous choisissons la liste qui sera utilisée pour remplir les textes dynamiques contenus dans les boutons de la barre de navigation (à gauche sur la scène). Nous initialisons également la valeur de la variable `docInterface` en lui attribuant comme valeur, un nom de fichier .xml. Enfin, nous définissons la propriété `color` de l'instance `styleAccueil`.

Lignes 21 à 32 : sur la scène, nous plaçons six occurrences du clip dont le nom de liaison est `btPays`. À chaque occurrence, nous assignons un gestionnaire `onPress` qui affichera un nœud du fichier .xml au clic sur une occurrence.

Ligne 25 : cette ligne d'instruction place chaque entrée de la liste `pays` ou `country` dans les occurrences des clips placées à gauche sur la scène.

Ligne 26 : cette ligne sert d'identifiant. À chaque occurrence est associée une valeur, celle de `i` au moment où la boucle `for()` place les occurrences sur la scène.

Lignes 34 à 42 : le document .xml spécifié aux lignes 11 ou 16 est chargé. Lorsque le chargement du fichier est effectif, les instructions suivantes sont effectuées.

Ligne 38 : en haut à droite sur la scène, un texte vient se placer dans le titre.

Ligne 39 : Quit ou Quitter s'affiche dans la variable `vQuitter` du texte dynamique `btQuitter`.

Ligne 40 : l'occurrence `btQuitter` est placée précisément sur la scène.

Ligne 41 : la mise en forme du titre est effectuée à l'exécution de cette ligne d'instruction.

Bogue éventuel

À la ligne 28, il est important de faire référence à une variable associée à l'occurrence cliquée (`this.sonNumero`) et non à la valeur `i`.

Connaître le système d'exploitation

Moins utile que la connaissance de la version du player, cette information reste néanmoins indispensable dès que vous devez configurer une animation en fonction de la plate-forme.

Figure 22-2

Cette barre de titre de fenêtre est personnalisée en fonction du type d'ordinateur qui lit ce fichier .swf.

Description du fichier

Flash Player 6 et ultérieur

Chemin d'accès : *NAVIGATEUR OS CDROM/OS/ NavigateurOS.fla*

La scène contient tout simplement l'occurrence d'un clip qui possède deux images clés. Sur la première, une barre de titre aux couleurs de Windows, sur la deuxième, la barre de titre de la figure 22-2.

Script

```
 1 osMachine = System.capabilities.os.substr(0, 3);
 2 switch (osMachine) {
 3 case "Mac" :
 4      barreMenu.gotoAndStop(2);
 5      break;
 6      //
 7 case "Win" :
 8      barreMenu.gotoAndStop(1);
 9      break;
10 }
```

Analyse

Ligne 2 : dans une variable, nous stockons trois lettres extraites d'une chaîne de caractères obtenue grâce à la propriété os de l'objet capabalities de la classe System.

Lignes 3 à 11 : un test vérifie le contenu de la variable. Si cette dernière contient l'expression Mac, la tête de lecture de la seule occurrence de la scène (la barre de titre) se place sur l'image 2.

Bogue éventuel

Gardez toujours à l'esprit que le premier caractère d'une chaîne porte l'index 0, vous devez donc commencer à compter à partir de 0, ce qui explique cette première valeur pour le paramètre de la méthode substr().

Connaître la version du Flash Player

Cette animation est très intéressante, car un jour ou l'autre, vous aurez besoin de connaître le numéro de version du player qui lit une animation que vous aurez conçue. En effet, à chaque mise à jour du plug-in Flash, des fonctionnalités supplémentaires sont ajoutées.

Si un utilisateur ne possède donc pas le dernier player, il ne pourra peut-être pas voir toutes les fonctionnalités des animations nécessitant le dernier plug-in.

Description du fichier

Chemin d'accès : ***NAVIGATEUR OS CDROM/OS/ NavigateurVersionPlayer.fla***

Peu importe le contenu de la scène, le plus important dans cette animation réside dans le script. Les lignes 2 et 9 sont les lignes d'instructions primordiales.

Script

```
1 stop();
2 var playerVersion = System.capabilities.version.substr(4, 1);
3 //
4 btContinuer._visible = false;
5 btContinuer.onPress = function() {
6     gotoAndStop(3);
7 };
8 //
9 if (playerVersion<=6) {
10     messageAccueil = "La version de votre player Flash est égale ou antérieure à la 6.
    ➡Si vous souhaitez consulter les vidéos proposées sur notre site, téléchargez
    ➡la dernière version du player Flash sur le site de Macromedia";
11 } else {
12     btContinuer._visible = true;
13     messageAccueil = "La version actuelle de votre player permet sans aucune difficulté
    ➡la lecture des vidéos proposées sur notre site. Cliquez sur le bouton pour
    ➡continuer.";
14 }
```

Analyse

Ligne 1 : notre animation contient plusieurs images clés, nous avons donc besoin de bloquer la tête de lecture sur l'image 1.

Ligne 2 : la variable intitulée `playerVersion` est initialisée avec une valeur correspondant au numéro de version du player. Pour être plus précis, la propriété `version` de l'objet `capabilities` de la classe `System` renvoie normalement l'expression suivante :

```
MAC 8,0,22,0
```

ou

```
WIN 8,0,22,0
```

Nous devons donc extraire le cinquième caractère de cette chaîne en utilisant la méthode `substr()`.

> **Rappel**
>
> Le premier caractère d'une chaîne porte le numéro d'index 0. Lorsque vous comptez donc les caractères d'une chaîne, commencez à partir de 0.

Ligne 4 : le bouton qui permet de continuer l'animation (sous condition que l'utilisateur possède la bonne version du player) est rendu invisible.

Lignes 5 à 7 : nous affectons un comportement au bouton évoqué à la ligne précédente.

Lignes 9 à 14 : si l'utilisateur possède une version de player supérieure ou égale à 7, nous rendons le bouton `btContinuer` visible afin de pouvoir naviguer dans l'animation. Un message d'accueil accompagne le résultat du test, quel qu'il soit.

Bogue éventuel

Il est très important de connaître la valeur renvoyée par la propriété `version`. Vous saurez donc à présent qu'une chaîne de caractères est renvoyée, mais que seul le premier caractère nous intéresse.

> **Remarque**
>
> Dans certains cas, vous aurez besoin de connaître le numéro de sous-version d'un player, vous changerez alors les paramètres de la méthode `substr()` pour extraire les valeurs situées à droite du numéro de version.

CD-Rom

Non, Flash ne peut pas remplacer Director ! Dans ce cas, pourquoi intituler ce chapitre ainsi ? Relativisons notre propos…

Lorsque vous exportez vos animations Flash en fichiers .swf, ils peuvent être lus de différentes façons comme nous vous l'avons précisé au début de cette partie. L'une de ces façons propose la lecture d'une animation au travers d'une projection, c'est-à-dire l'exécution d'une application qui contient un fichier .swf.

Flash propose en effet cette technique comme le propose Director, mais les projecteurs obtenus se limitent aux possibilités suivantes :

• quitter un projecteur ;

• contrôler le plein écran et son échelle ;

• contrôler l'affichage des menus ;

• exécuter des programmes qui se trouvent dans un dossier précis à côté du projecteur.

Nous allons donc nous attarder sur ces quatre points, après avoir découvert avec quelle simplicité se fait la création d'un projecteur.

Créer un projecteur

Avant d'aller plus loin, commençons par préciser en quoi l'utilisation d'un projecteur présente des avantages.

- Vous n'avez pas besoin d'une connexion à Internet car la lecture d'un projecteur se fait « off-line », c'est-à-dire directement à partir de son support (disque dur, CD-Rom, DVD-Rom ou tout autre support amovible).

- Vous n'avez besoin ni du logiciel Flash, ni du lecteur pour lire le projecteur qui n'est ni un fichier .fla, ni un fichier .swf.

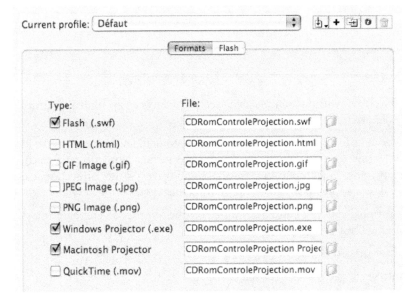

Figure 23-1

Que vous soyez sur un PC ou sur un Mac, il est tout à fait possible de créer deux projecteurs indépendamment pour les deux plates-formes.

Un projecteur permet donc une lecture simplifiée et autonome d'une animation Flash. Ne cherchez pas d'animation relative à cette technique dans le dossier qui regroupe toutes celles de ce livre, car nous allons uniquement vous présenter une procédure qui aboutit à la création d'un projecteur, nous n'avons pas besoin d'un script.

1. Sélectionnez la commande Paramètres de publication dans le menu Fichier.

2. Cochez la case relative à la création du projecteur que vous souhaitez obtenir.

3. Cliquez sur le bouton Publier.

Remarque

Vous pouvez cocher les deux cases de projecteur, vous obtiendrez deux applications dont une seule sera lisible sur votre ordinateur. L'autre le sera uniquement sur la plate-forme Mac (si vous êtes sur PC et inversement).

Voilà, votre projecteur est créé dans le même dossier que celui dans lequel se trouve le fichier .fla à partir duquel vous venez de faire votre publication.

Vous devez toujours garder le fichier .fla, car il sera indispensable pour des mises à jour avant une nouvelle publication.

Contrôles d'une projection

Dans l'explication précédente, nous avons vu qu'il n'était pas difficile de créer un projecteur. Les lignes d'instructions que nous allons analyser dans cette étude de cas ne présentent pas non plus de difficultés.

Pour cette animation, nous avons trouvé le prétexte de réaliser un diaporama, mais une seule image avec une seule occurrence nous suffirait pour créer un projecteur et utiliser ces lignes de code.

Description du fichier

Flash Player 6
et ultérieur

Chemin d'accès : ***NAVIGATEUR OS CDROM/CDROM/CDRomControleProjection.fla***

La scène ne contient que deux occurrences utiles, dont les noms sont btQuit et lancer-Proj. Il s'agit de deux boutons sur lesquels nous allons exécuter des fonctions fscommand.

Le script ne présente pas de structure particulière, uniquement des instructions dont l'exécution va se faire automatiquement pour certaines, et associées à des gestionnaires pour d'autres.

Script

```
1 fscommand("allowscale", "false");
2 fscommand("fullscreen", "true");
3 fscommand("trapallkeys", "true");
4 fscommand("showmenu", "flase");
5 //
6 var osMachine = System.capabilities.os.substr(0, 3);
7 btQuit.onPress = function() {
8     _root.attachMovie("panoQuit", "panoQuit", 10000);
```

```
 9 };
10 lancerProj.onPress = function() {
11      switch (osMachine) {
12      case "Mac" :
13          fscommand("Exec", "Frise");
14          break;
15      case "Win" :
16          fscommand("Exec", "Frise.exe");
17          break;
18      }
19 };
20 //
21 btGalerie.onPress = function() {
22      contenu.nextFrame();
23      this._visible = false;
24 };
```

Analyse

Ligne 1 : nous interdisons le redimensionnement de la scène. Elle doit donc conserver ses dimensions, qu'elle soit dans une fenêtre ou en plein écran.

Ligne 2 : l'affichage plein écran sur fond noir est exécuté.

> **Remarque**
>
> Dans une projection plein écran, la couleur autour de l'animation est relative à celle de la scène. Si vous avez donc besoin d'une projection sur fond noir avec une couleur de scène colorée, vous devez créer un calque supplémentaire que vous placez sous tous les autres, et créer un rectangle aux dimensions de la scène avec la couleur souhaitée. Vous pouvez alors choisir le noir comme couleur de scène.

Ligne 3 : normalement, cette FSCommand a pour fonction de renvoyer la gestion des touches de votre clavier à un gestionnaire onClipEvent(keyDow ou keyUp), mais nous l'utilisons surtout dans ce cas pour éviter que l'utilisateur ne bascule l'affichage de son projecteur en mode fenêtre s'il tape sur la touche Esc ou Échap. de son clavier.

Ligne 4 : nous masquons la barre des menus.

Ligne 6 : nous stockons dans une variable intitulée osMachine, une chaîne de caractères renvoyée par la propriété os de l'objet capabilities de la classe System. Grâce à la méthode substr(), nous ne conservons que les trois premiers caractères de la chaîne.

Lignes 7 à 9 : ce gestionnaire va placer sur la scène, un symbole dont le nom de liaison est panoQuit. La figure 23-2 vous démontre qu'il faut toujours proposer un écran intermédiaire entre le bouton Quitter situé sur l'interface de l'animation et le bouton qui va réellement quitter le projecteur. Ainsi, l'utilisateur peut choisir de revenir sur la scène ou de quitter réellement.

Figure 23-2

Il est indispensable de prévoir un écran proposant réellement de quitter le projecteur ou au contraire de revenir à l'animation, au cas où l'utilisateur cliquerait accidentellement sur le bouton Quitter.

Lignes 10 à 19 : ces lignes d'instructions tentent de démontrer qu'il est possible de lancer (d'exécuter) une application avec le paramètre Exec. Attention, il est très important de retenir que les applications à lancer doivent se trouver dans un dossier intitulé fscommand situé à côté du projecteur. Dans notre exemple, nous évaluons la valeur de la variable dans laquelle nous avions stocké le type d'ordinateur qui exécute le projecteur. En fonction du résultat, nous exécutons le projecteur Mac ou PC. Rappelons en effet qu'un projecteur Mac ne peut être lancé sur un PC et inversement. Un projecteur est avant tout une application.

Lignes 21 à 24 : lorsque l'utilisateur cliquera sur l'occurrence intitulée btGalerie, elle sera dans un premier temps rendue invisible (ligne 23), la tête de lecture de celle qui s'intitule contenu se déplacera à l'image suivante. Cette dernière contient plusieurs images clés. Ces lignes de code n'ont aucun rapport avec le contrôle d'un projecteur.

Remarque

Dans notre animation, le symbole placé sur la scène et qui vérifie si l'utilisateur veut vraiment quitter le projecteur, contient deux images clés. Sur la première, un message affiche le contenu de la figure 23-2. Le script placé sur cette première image-clé est le suivant.

```
stop();
btOui.onPress = function() {
gotoAndStop(2);
};
btNon.onPress = function() {
_root.panoQuit.removeMovieClip();
};
```

L'utilisateur peut soit cliquer sur le bouton Non qui retire alors l'occurrence de la scène et donc le message, soit cliquer sur le bouton Oui qui déplace alors la tête de lecture du clip sur la deuxième image-clé. Cette dernière contient le script suivant :

```
quitterProjecteur = function () {
fscommand("quit", "");
};
setInterval(quitterProjecteur, 3000);
_root.onMouseDown = function() {
fscommand("quit", "");
};
```

Une première fonction est créée, elle va être appelée par le setInterval() au bout de trois secondes.

Bogue éventuel

Il est très important d'écrire le mot System de la ligne 6 avec une majuscule, dans le cas contraire la ligne d'instruction ne pourra pas s'exécuter.

Annexe

Notions complémentaires

Cette rubrique est consacrée à des explications qui se retrouvent dans de nombreuses animations. Plutôt que d'augmenter inutilement le volume de ce livre en répétant plusieurs fois la même information/explication, nous avons préféré la répertorier dans cette partie du livre.

Flash Media Server

Flash Media Server est la version 2 de Flash Communication Server. Nous emploierons donc le nom Flash Media Server, mais tout ce que nous allons vous présenter est valable avec les deux versions.

Cette technologie proposée par Macromedia est une solution payante, environ 600 euros pour une bande passante de 1 Mo ou 50 utilisateurs, mais néanmoins très intéressante car elle permet d'étendre les fonctionnalités d'une animation en proposant de :

- diffuser un flux audio ou vidéo en streaming ;
- diffuser également un « flux de texte » ;
- gérer des cookies côté serveur.

Aujourd'hui, de nombreuses solutions techniques et surtout moins onéreuses permettent de développer des applications comme celles qui se trouvent dans ce livre. Dans ce cas, pourquoi utiliser Flash Media Server ? Nous répondrons à cette question par une autre ! N'est-il pas important de gagner du temps en développement ? Cette solution propriétaire offre l'avantage d'être très simple, son déploiement se fait rapidement et ne nécessite pas une grande connaissance en programmation.

Comment ça marche ?

Si vous devez développer des applications faisant appel à des échanges entre utilisateurs ou avec un serveur, voici comment procéder avec Flash Media Server.

Vous devez suivre un certain nombre d'étapes, mais surtout bien comprendre le fonctionnement des échanges de données. Ils ne peuvent se faire qu'entre une machine et un serveur, mais pas entre deux machines d'utilisateurs directement. Cela signifie qu'un échange entre deux machines se fera toujours par l'intermédiaire d'un serveur qui héberge et exécute l'application Flash Media Server. Tout ordinateur qui souhaite se connecter à un serveur doit posséder le player Flash.

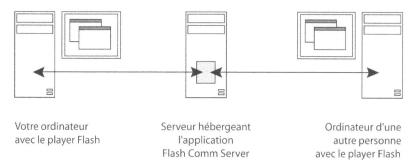

Votre ordinateur avec le player Flash

Serveur hébergeant l'application Flash Comm Server

Ordinateur d'une autre personne avec le player Flash

Figure A-1

Les échanges entre deux machines ne peuvent se faire qu'en passant par un serveur.

Tentons d'être plus précis. Imaginez-vous face à votre ordinateur en train de consulter des sites dans votre navigateur préféré. Vous cliquez sur un lien et tombez sur une page qui contient une animation Flash. Votre navigateur est capable de la lire parce que vous aviez préalablement chargé le player Flash. Le site que vous êtes en train de consulter vous propose d'aller voir une vidéo diffusée en streaming, de jouer à un jeu multijoueur et de laisser un message dans un livre d'or. N'oubliez pas que l'animation que vous avez sous les yeux est un fichier .swf qui se trouve sur votre disque dur et que c'est lui qui va faire la liaison entre votre machine et le serveur.

Créer une connexion

Si nous pouvions ouvrir le fichier .swf afin de voir le code qu'il contient, nous découvririons les lignes suivantes :

```
liaison = new NetConnection();
liaison.connect("rtmp:/livre/studio");
```

Ces deux lignes suffisent pour établir une connexion entre votre ordinateur et le serveur. Si vous devez vous-même réaliser un jour une application Flash Media Server, votre apprentissage commencera par ces deux lignes. La première instancie la classe `NetConnection()` afin de pouvoir accéder aux méthodes associées. Pour les novices, nous leur avions promis d'être clair, voici une autre explication.

Vous choisissez n'importe quel mot (nous avons choisi `liaison`, mais nous aurions pu prendre un autre mot), et vous lui donnez la valeur = `new NetConnection()`. Pour être encore plus précis, vous ne donnez pas une valeur, mais vous expliquez à Flash que vous aimeriez obtenir une copie, un exemplaire de la classe. On parle alors d'instance et non de copie, c'est pourquoi le verbe qui en décline est « instancier ». Ainsi en prenant un exemplaire, le mot s'accompagne d'un vocabulaire appelé méthodes et propriétés.

> **Remarques**
>
> `new` s'écrit avec une minuscule et `NetConnection()` ne peut s'écrire qu'avec des majuscules. À la place du paramètre `rtmp:/livre/studio`, `null` est valable lorsque vous souhaitez diffuser une vidéo ou un son en téléchargement progressif. Dans ce cas vous n'avez plus besoin de Flash Media Server.

Maintenant que nous avons instancié notre classe, nous allons établir une connexion avec la méthode `connect()`. Le paramètre qui se trouve entre les parenthèses ne peut être `null`. Vous devez spécifier une adresse utilisant le protocole RTMP (Real-Time Messaging Protocol). Le dossier intitulé `livre`, est un répertoire qui se trouve sur le serveur, vous ne pouvez donc pas choisir n'importe quel mot. Pour le dernier, la chose est différente, il s'agit d'un mot que vous pouvez choisir librement. Afin de mieux vous faire comprendre l'utilité de ce dernier, regardons cet exemple.

Vous arrivez sur une page qui contient une animation Flash. Il s'agit d'un module de chat. On vous invite à saisir votre nom et celui d'une pièce de discussion. Si vous souhaitez échanger avec une personne en privé dans la même pièce, vous devrez tous les deux indiquer le même nom. Nous pourrions donc comparer cette partie du paramètre à une session. Dans l'une des animations proposées dans ce livre, vous découvrirez que cette adresse est indiquée sous forme de concaténation permettant ainsi d'avoir plusieurs connexions par groupes d'utilisateurs.

Une connexion à un serveur sert donc à recevoir des informations, mais également à en envoyer. Ainsi, une personne peut envoyer un texte ou un flux et plusieurs personnes le reçoivent.

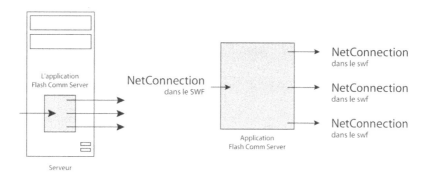

Figure A-2
La connexion à un serveur commence toujours par une instanciation de la classe NetConnection().

Lorsque la connexion est établie, vous avez alors le choix entre deux possibilités :

- Utiliser des cookies sur le serveur pour échanger des données de type texte.
- Envoyer/recevoir des médias son et/ou vidéo.

Générer un flux

Commençons par découvrir la technique d'émission/réception d'une vidéo et/ou un son. Votre connexion doit s'accompagner d'un flux, nous devons donc instancier une nouvelle classe.

```
fluxDiffusion = new NetStream(liaison);
```

À quoi correspond le paramètre liaison ? Reprenons si vous avez oublié.

```
liaison = new NetConnection();
liaison.connect("rtmp:/livre/studio");
fluxDiffusion = new NetStream(liaison);
```

Vous souhaitez simplement « diffuser » ou « recevoir » par votre connexion. Voilà, cette dernière est établie, le courant passe, nous n'avons plus qu'à émettre ou réceptionner un flux précis. Avant cela, essayons de comprendre comment peut se faire une visioconfé-rence. Puisque l'émission d'un flux se fait vers un serveur, comment un autre internaute peut-il voir ma diffusion ?

Vous allez diffuser un flux vidéo et/ou audio sous un nom précis qui sera envoyé au serveur. Ce dernier dispose donc de cette information. Si quelqu'un cherche à recevoir un flux du serveur en précisant le nom que vous avez utilisé pour la diffusion, pourquoi le serveur ne lui délivrerait-il pas ?

Envoyer et recevoir un flux

Si vous souhaitez diffuser l'image d'une webcam, la technique est très simple. Utilisez simplement la méthode `publish()` de la classe `NetStream()`.

Vous souhaitez recevoir la diffusion d'un flux, là c'est beaucoup plus compliqué ! Utilisez simplement la méthode `play()`.

Rassurez-vous, nous apporterons des informations complémentaires à ces méthodes quelques lignes plus loin.

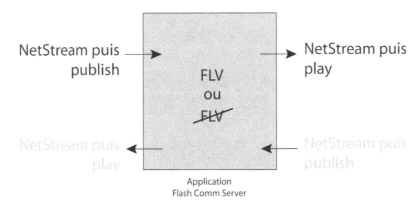

Figure A-3
La diffusion peut se faire indépendamment de la réception, avec ou sans enregistrement du flux sur le serveur.

Vous l'aurez compris, l'émission et la réception de flux audio et vidéo sont des techniques très simples. Pourtant, à la lecture d'un script utilisant Flash Media Server pour diffuser/recevoir un flux, cela semble compliqué car il faut prévoir un certain nombre de boutons, effectuer des vérifications, afficher le flux de diffusion et non uniquement la réception, on obtient alors des scripts assez longs. N'allez pas trop vite. Progressez réellement pas-à-pas. Ne cherchez surtout pas à réaliser dès le début un module de visioconférence. Essayez de commencer par lire un flux, cela sous-entend que vous disposez d'un fichier .flv sur un serveur. Tentez enfin de diffuser le flux provenant de votre webcam, cela sous-entend que vous n'utiliserez plus de fichier .flv.

Comme vous le montre la figure A-3, une personne peut émettre un flux, mais elle peut dans le même temps en recevoir un.

Pourquoi l'un des deux sigles FLV est-il barré ? Tout d'abord, rappelons qu'un fichier .flv est un fichier FLashVideo, pour répondre ensuite à cette question nous allons en poser une autre. Lorsque vous diffuserez une vidéo sur le serveur, un fichier sera généré pour établir une connexion avec d'autres internautes susceptibles de vouloir consulter votre flux. Est-ce que ce fichier stocke une vidéo (celle que vous lui envoyez en continu) ou est-ce une simple liaison entre vous et les autres clients Flash (player) ?

La méthode `publish()` qui permet de diffuser un flux contient deux paramètres.

```
fluxDiffusion.publish("david", "live");
```

Le premier définit le nom du flux (et donc celui du fichier créé) que vous envoyez au serveur. Le deuxième indique justement si le flux doit être stocké sur le serveur. Dans l'exemple ci-dessus, il s'agit d'une simple diffusion. Si vous remplacez le mot `live` par `record`, le fichier .flv (donc le flux) sera alors disponible jusqu'à ce que vous l'effaciez du serveur.

Astuce

Si vous n'avez pas accès au serveur et que vous souhaitez supprimer un fichier .flv, exécutez la ligne d'instruction ci-dessus en mode `live` en enregistrant une séquence très courte, votre webcam pointant dans le vide ou dans le creux de votre main.

Grâce à ce paramètre `record`, il serait possible de créer une application en ligne qui servirait de répondeur vocal et/ou vidéo.

Il est un point que nous n'avons pas encore expliqué. Puis-je diffuser uniquement un son indépendamment de la vidéo et inversement ?

Dans nos dernières explications, nous avons été relativement rapides. Pour savoir comment utiliser les méthodes `publish()` et `play()`.

Commençons par la lecture car il suffit de cinq lignes de code.

```
maTele = new NetConnection()
maTele.connect(null)
laDiffusion = new NetStream(maTele)
ecran.attachVideo(laDiffusion)
laDiffusion.play("http://mizo.gobelins.fr/flashcom/applications/livre/streams/studio1/
➡DemoLivre.flv")
```

Pourquoi la méthode `connect()` possède-t-elle le paramètre `null` ? Ce n'est pas ce que nous avions appris. Avant de vous lancer dans la réception d'un flux en streaming, commencez par vous assurer que vous être capable de lire un fichier en téléchargement progressif. Pour ceux qui savent déjà lire une vidéo en local, vous observerez que vous connaissiez déjà ces lignes d'instruction. La preuve, remplacez l'URL figurant comme paramètre de la méthode play() par un nom de fichier vidéo (.flv) que vous placez à côté de votre fichier .swf. Vous constaterez que cela fonctionne !

À présent, imaginons que vous ayez accès à un serveur Flash Media Server. Remplacez simplement le paramètre null par l'adresse du serveur. C'est ainsi que vous obtiendrez une URL de ce type :

```
liaison.connect("rtmp:/livre/studio1");
```

Pour la diffusion, ce n'est pas tellement plus difficile, mais vous allez devoir préciser la nature des flux à envoyer. Souvenez-vous que vous pouvez envoyer uniquement le son et/ou la vidéo.

Au début de votre script, vous pouvez déjà commencer par saisir les lignes d'instructions suivantes.

```
fluxLocal = Camera.get();
fluxAudioLocal = Microphone.get();
```

Vous venez de stocker dans deux variables, les informations nécessaires pour les deux lignes suivantes.

```
fluxDiffusion.attachVideo(fluxLocal);
fluxDiffusion.attachAudio(fluxAudioLocal);
```

Souvenez-vous encore une fois, nous avions créé un flux intitulé fluxDiffusion. Nous venons tout simplement de lui rattacher les sources audio provenant de votre micro branché à votre ordinateur et vidéo provenant de votre webcam. Vous voilà fin prêt à créer votre première animation en visioconférence ! Un dernier point toutefois si vous n'avez pas de serveur Flash Media Server. Voici une première adresse si vous n'avez pas le temps de chercher dans Google.

http://fcs.media-box.net/flash_com.php

Vous pourrez retrouver le script final de nos explications dans le fichier intitulé MediasVisio-Conference.fla.

Les SharedObject avec Flash Media Server

Votre connexion au serveur est établie. Vous souhaitez à présent envoyer un texte à quelqu'un afin qu'il le reçoive instantanément. Il existe déjà des logiciels qui existent pour cela nous direz-vous, ce sont des Messageries instantanées. Reprenons. Vous souhaitez réaliser un jeu multijoueur… « Quel est le rapport ? », ajouterez-vous !

Dans les deux cas, nous allons utiliser la classe SharedObject() qui permet de partager des données comme son nom l'indique. Pour être plus précis, vous allez stocker des informations qui seront alors synchronisées avec les utilisateurs connectés à un flux.

Établir une connexion

Prenons une nouvelle connexion que nous appellerons `maConnect`.

```
maConnect = new NetConnection();
maConnect.connect("rtmp:/livre/studio1");
```

Nous n'avons pas besoin d'instancier la classe `SharedObject()` avec le constructeur `new`, il suffit simplement d'indiquer trois paramètres lors de l'assignation.

```
coursier = SharedObject.getRemote("position", maConnect.uri);
```

La variable `coursier` va être comparable à une instance, car nous allons pouvoir lui définir des propriétés et faire appel à des méthodes.

Revenons sur les paramètres à renseigner. Le premier est le nom du « cookie », c'est-à-dire la référence côté serveur des informations que vous allez stocker. Si une autre personne veut se connecter sur le serveur et lire les informations que vous lui envoyez, il devra utiliser le même nom.

Le deuxième paramètre est obligatoire, l'URI (Uniform Ressource Identifier), et toujours identique à la connexion.

Il est un troisième paramètre que vous pouvez omettre, mais dans ce cas, les informations que vous enverrez au serveur n'auront pour durée de vie que le temps où vous êtes connecté. Si vous ajoutez `true`, les informations stockées dans `position` (paramètre de `getRemote()`), seront écrites définitivement jusqu'à ce que vous supprimiez le fichier généré à cette occasion.

Il s'agit d'un fichier dont l'extension est .fso. Dans notre exemple, un fichier `position.fso` est créé le temps de la connexion uniquement.

> **Remarque**
> Rappelons qu'il est possible d'utiliser les SharedObject en local avec la méthode `getLocal()`. Le fichier alors généré porte l'extension .sql.

Pour l'instant, nous avons défini une connexion, créé une variable chargée de stocker les informations que nous allons lui confier, mais nous n'avons pas finalisé la relation connexion/cookie. Vous devez donc ajouter la ligne d'instruction suivante.

```
coursier.connect(maConnect);
```

Voilà, la connexion avec cookie côté serveur est effective, nous n'avons plus qu'à lui envoyer des données. Utilisez simplement la propriété `data`.

```
coursier.data.nom = vNom;
coursier.data.prenom = vPrenom;
```

Précisons dans notre exemple que `vNom` et `vPrenom` sont les noms de variables de textes de saisie présents sur la scène.

Nous avons réussi à créer une connexion à un cookie et à envoyer des données, mais comment un autre utilisateur connecté à la même adresse peut-il recevoir les données émises ? Si ce dernier modifie ces données, comment pourrais-je en être informé ? C'est le rôle du gestionnaire onSync. Ajoutez donc les lignes d'instructions suivantes.

```
coursier.onSync = function() {
    vNom = coursier.data.nom;
    vPrenom = coursier.data.prenom;
};
```

Figure A-4

La coordination des données entre plusieurs utilisateurs se fait par le biais du gestionnaire onSync.

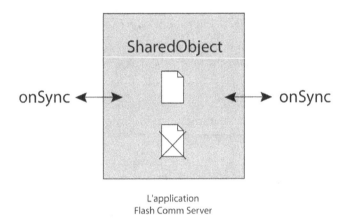

L'application
Flash Comm Server

Si vous souhaitez tester ce que vous venez d'apprendre, rendez-vous à l'adresse suivante : http://mizo.gobelins.fr/flashcom/applications/livre/jeuxdamesintro.swf. Ouvrez deux fenêtres dans votre navigateur ou demandez à un ami de se connecter à la même adresse, vous constaterez que la balle bouge dans les deux fenêtres.

> **Remarque**
>
> Si plusieurs lecteurs de ce livre se retrouvent à cette même adresse au même moment, vous risquez de voir se déplacer les pions dans tous les sens !

Le script correspondant est le suivant :

```
maConnect = new NetConnection();
maConnect.connect("rtmp:/livre/studio1");
coursier = SharedObject.getRemote("position", maConnect.uri);
coursier.connect(maConnect);
//
coursier.onSync = function() {
    pion._x = coursier.data.x;
```

```
        pion._y = coursier.data.y;
    };
    //
    pion.onPress = function() {
        this.startDrag();
    };
    pion.onRelease = pion.onReleaseOutside=function () {
        stopDrag();
    };
    pion.onMouseMove = function() {
        coursier.data.x = this._x;
        coursier.data.y = this._y;
    };
```

Le fichier correspondant est `JeuxDamesIntro.fla`.

La seule difficulté pour réaliser un jeu en réseau est donc de gérer la forme de l'envoi des données.

Il est préférable de stocker ces données dans des tableaux que vous envoyez au serveur. Lors de la réception, vous n'avez plus qu'à parcourir les entrées du tableau.

Dans le chapitre 20 de ce livre, consultez la dernière animation qui est un jeu de dames en réseau.

indexOf() ou la recherche d'une chaîne

Dans de nombreuses applications, cette méthode de la classe `String()` va nous permettre de vérifier si une chaîne de caractères précise est présente dans une autre spécifiée.

La meilleure méthode pour vous expliquer le fonctionnement de cette méthode, reste la démonstration qui s'appuie sur un visuel figure A-5. C'est pourquoi nous vous avons préparé une copie d'écran ci-dessous, qui représente un texte avec une graduation. Pour être plus précis, nous devrions parler de table d'index. La lettre e de `Marine` porte l'index 5, celui de `une` porte l'index 13. Il est donc très important de se souvenir que le premier caractère d'une chaîne de caractères utilisée avec la méthode `String()` porte l'index 0. Le `M` de `Marine` porte l'index 0.

Si nous souhaitons donc trouver la place d'une chaîne de caractères, voici la ligne d'instruction.

```
motTrouve = zoneDeTexte.indexOf("une");
```
La valeur stockée dans la variable intitulée `motTrouve` est 1. Elle représente la valeur de l'index du premier caractère de la chaîne recherchée, c'est-à-dire la lettre u de une. Si la recherche n'avait rien donné, la valeur obtenue aurait alors été -1.

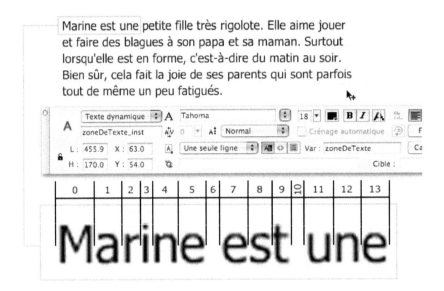

Figure A-5
Le premier caractère d'une chaîne porte l'index 0.

> **Remarque**
> Dans Flash 8, vous devez décocher la case Crénage automatique qui se situe en bas à droite de la palette Propriétés.

La méthode indexOf() doit contenir entre ses parenthèses, un paramètre qui correspond à la chaîne recherchée. Le nom qui précède est le nom d'une variable dans laquelle doit s'effectuer la recherche. Pour ceux qui préfèrent utiliser la propriété text du nom d'occurrence d'un texte dynamique ou de saisie, vous pouvez aussi utiliser la ligne d'instruction ci-dessous.

```
zoneDeTexte_inst.text.indexOf("petite");
```

La documentation fait état d'un deuxième paramètre entre les parenthèses de la méthode. Il s'agit de l'index à partir duquel démarre la recherche. Ainsi la ligne d'instruction suivante ne renverra pas 5 ni 7, mais 13.

```
motTrouve = zoneDeTexte_inst.text.indexOf("e", 10);
```

La recherche de la chaîne démarre à partir du onzième caractère, celui qui porte l'index 10.

Mise en forme du texte
avec la classe TextFormat()

Dans de très nombreuses animations, nous avons utilisé cette classe pour la mise en forme du texte, car cette technique est extrêmement simple et rapide à déployer.

En effet, comme vous l'aurez peut-être remarqué, peu de lignes d'instructions suffisent à changer l'apparence d'un texte. En voici la démonstration.

1. Vous devez toujours commencer par créer une instance de la classe `TextFormat()`.

```
styleTitre1 = new TextFormat()
```

Attention

Respectez bien les majuscules dans le nom de la classe. Un t ou un f minuscule empêcherait en effet le fonctionnement du script. À l'inverse, ne saisissez jamais New au lieu de new.

Le nom que nous avons choisi pour notre instance est très représentatif du style qui sera appliqué. Faites-en de même et ne commencez jamais le nom par une majuscule.

2. Vous devez ensuite définir les paramètres de mise en forme. Commencez par saisir le nom de l'instance, suivie d'un point et d'une propriété.

```
styleTitre1.bold = true;
styleTitre1.size = 14;
styleTitre1.color = 0xDD0000;
```

3. Terminez en précisant le nom d'occurrence du texte dynamique ou de saisie auquel vous souhaitez appliquer le style.

```
titreDeLaPage.setTextFormat(styleTitre1);
```

Le tableau suivant présente toutes les propriétés que vous pouvez définir.

Tableau A-1 Liste des propriétés de la classe TextFormat()

Propriétés	Valeurs	Description
align	left, center ou right	Alignement du texte
blockIndent	Un nombre (valeur exprimée en points).	Retrait d'un bloc.
bold	true ou false	Style gras
bullet	true ou false	Style puces
color	0xFF0000 (couleur exprimée en hexadecimal).	Couleur du texte

Tableau A-1 Liste des propriétés de la classe TextFormat() *(suite)*

Propriétés	Valeurs	Description
indent	Un nombre.	Retrait gauche de la première ligne d'un paragraphe.
italic	true ou false	Style italique
leading	Un nombre qui n'est pas relatif à la taille du texte.	Interlignage
leftMargin	Un nombre (valeur exprimée en points).	Marge de gauche
rightMargin	Un nombre (valeur exprimée en points).	Marge de droite
size	Un nombre (valeur exprimée en points).	Taille des caractères
tabStops	[20,60,90] (Une liste de valeurs).	Liste de taquets de tabulation
target	Nom d'un cadre.	Nom du cadre à utiliser avec la propriété URL.
underline	true ou false	Style souligné
url	*http://www.adresse.com* : vous pouvez aussi utiliser d'autres types d'adresses.	Adresse d'un lien.

Changer la couleur d'une occurrence

Il existe deux techniques dont une qui n'est plus recommandée par Macromedia. Depuis des années et des versions, de nombreuses méthodes et propriétés sont peu à peu déconseillées par l'éditeur. Que dois-je faire, ne plus les utiliser ?

Penons l'exemple de la fonction random(), trois versions plus tard, elle fonctionne encore alors qu'elle est qualifiée comme « depreciated ». Prendre la décision d'utiliser une technique déconseillée par Macromedia relève d'un choix personnel, mais avec l'expérience, nous constatons que de nombreuses commandes existent et fonctionnent encore. Le risque est réel, si une nouvelle version de Flash ne supporte plus la propriété, méthode ou classe que vous avez utilisée, votre animation ou votre programme ne marchera plus.

Depuis Flash 8, la classe Color() est déconseillée, mais la technique qui remplace la possibilité de mise en couleur d'une occurrence est bien plus complexe. Est-ce que les novices qui ne maîtrisent pas bien la programmation doivent dorénavant se passer d'une telle possibilité de contrôle sur une occurrence ?

Nous allons vous présenter les deux techniques de mise en couleur d'une occurrence, retenez celle qui vous semble la plus abordable à votre niveau.

Classe Color()

Voici un exemple de mise en couleur d'une occurrence :

```
maPalette = new Color(nomDeMonOccurrence);
maPalette.setRGB(0,255,0);
```

Comme vous pouvez le constater, deux lignes suffisent, la traduction des termes parle d'elle-même. La seule difficulté est relative au choix de la couleur. Les valeurs sont exprimées en RVB avec une échelle allant de 0 à 255. Dans l'exemple ci-dessus, nous réglons la couleur de l'occurrence `nomDeMonOccurrence` en vert.

Vous devez donc instancier la classe `Color()` en précisant le nom de l'occurrence à contrôler comme paramètre.

Vous utilisez ensuite la méthode `setRGB()` pour définir le dosage de couleur de votre occurrence. La technique est très simple, mais elle n'est plus recommandée par Macromedia.

Méthode ColorTransform()

À présent, voici la mise en couleur d'une occurrence avec la classe `geom.ColorTransform`.

```
import flash.geom.Transform;
import flash.geom.ColorTransform;
//
changeCouleur = new Transform(carre);
nelleCouleur = new ColorTransform(0, 1, 1, 1, 0, 255, 0, 0);
changeCouleur.colorTransform = nelleCouleur;
```

Commencez par importer deux classes afin de disposer des méthodes associées.

Vous devez ensuite instancier la classe `ColorTransform` afin de définir une nouvelle couleur, ou plutôt une nouvelle transformation. Les paramètres à préciser entre les parenthèses offrent effectivement un plus grand contrôle de la couleur.

Nous n'entrerons pas dans le détail des paramètres de la classe `ColorTransform()`, car cela nécessiterait un plus long développement. Nous dirons simplement que vous devez modifier les trois derniers paramètres pour effectuer un simple réglage de couleur. Les deuxième, troisième et quatrième paramètres, permettent de préciser le mode d'application de votre couleur. *=,234

Index